Knotenpunkt–
Angriff auf das Netz

ein Foresight-Roman

von

Hans Joachim Gernert

Vorwort

Opposition nutzt politische Mittel zur Kritik der Regierung und versucht, Änderungen herbeizuführen. Werden diese politischen Mittel durch Machthaber eingeschränkt, etwa die Meinungsfreiheit oder das Wahlrecht, so kann aus Opposition Widerstand werden, das Recht sich zu wehren. Widerstand ist ein Recht.

Die Regeln des geltenden Rechts werden in dem Maße außer Kraft gesetzt wie es von den Herrschenden missachtet wird. Das Recht zum Widerstand erstarkt in gleichen Maß - wie eine Waage, dem hydrostatischen Paradoxon kommunizierender Röhren gleich.

Das Recht zum Widerstand kann zur Pflicht mutieren, wenn keine andere Möglichkeit mehr besteht, ein totalitäres System zu bekämpfen.

I.

Knotenpunkt

1. Der Weg

Sie hatten gesagt, dass es nicht weh tut. Aber das stimmte nicht. Es fühlte sich zunächst wie ein kaltes Ziehen in der Magengegend an, wurde dann aber schnell stechender und präsenter. Es war froh, unter der Brücke zu sein, geschützt, den Jägern – zumindest für den Moment – entkommen zu sein, sich einen Moment auszuruhen und darüber nachzudenken, was wohl als Nächstes sein würde. Diesen Platz kannte nur es, versteckt genug und doch auf seinem Weg.

Hier würden die allgegenwärtigen b-Drohnen keine Spur aufnehmen können. Der steile Berg hinter der Brücke schirmte es perfekt ab.

Die b-Drohnen waren die letzte Stufe der Überwachung geworden. Stationär über den Zentren positioniert oder als überall einzusetzende mobile searcher eingesetzt, die von kleinen Druckluftpatronen beschleunigt in den Himmel geschossen wurden, um dann in einem Umkreis von mehreren Kilometern alles abzutasten und aufzuspüren, was gesucht wurde oder den trackern dienlich erschien.

Wie schnell sich alles verändert hatte. War es nicht erst wenige Tage her, dass sein Sozialkonto überprüft worden war? Lange hatte es so ausgesehen, als könnte es mitlaufen, nicht auffallen, in der Masse verschwinden. Aber die Prüfprogramme der social-compliance waren unerbittlich, jede Spur des Lebens wurde digitalisiert, geordnet und für die Bestimmung der scores gebraucht. Obwohl es sich bemühte, so wenig Spuren wie möglich zu hinterlassen, was zu finden, nein, aufzufinden war, so konnte es doch nicht verhindern, dass die vorhandenen Datensätze mit den Metadaten verknüpft wurden und es begann sich ein immer düstereres Bild, ein auffallendes und nicht mehr angepasstes Bild seiner Existenz abzuzeichnen. Dazu war diese immerwährende Bewertung gekommen, unerbittlich mathematisiert, unbestechlich und nicht abänderbar. Schon im letzten Jahr war es unter das acceptable level gesunken, konnte aber durch eine geschickte Steuerung der additional credits immer wieder verhindern, dass es auffiel. Die social points waren nach der großen Revolution zum Maßstab des Zusammenlebens geworden.

Ausgeklügelte Bewertungen, die jedem über seine Stellung, seine Ansprüche und Rechte in der Gesellschaft sofort Auskunft geben konnten, über die accounts, die jeder mit sich führte in den screens, kleine Bildschirme im linken Arm, die verbunden mit der DNA des Trägers, in der Haut jedes Menschen eingepflanzt wurden, sobald er das Alter von 15 erreicht hatte.

Die große Revolution hatte vieles verändert, was zuvor als Kultur, Politik und Recht gegolten hatte. Eine Optimierung, die mehrere Jahre andauerte, hatte die Ziele der Menschheit und das Zusammenleben der Menschen neu geordnet. Es war das erste Mal, dass eine Ordnung geschaffen wurde, die für alle gelten sollte und diese neue Ordnung wurde streng und ohne Ausnahme durchgesetzt. Und nur wenige Menschen, zumindest in den zivilisierten Ländern, waren noch nicht erfasst, waren noch unabhängig und systemfrei. Und ohne Überwachung.

Schon vorher hatte der Gendermain-Act alle sprachlichen Unterschiede zwischen Männern und Frauen, Alten und Jungen, Nationalitäten, Rassen und Religionen aufgehoben. Es war nicht mehr erlaubt, männlich oder weiblich zu unterscheiden. Es war auch nicht erlaubt, ein menschliches Leben anders als mit „es" zu bezeichnen. Sie und er wurde „es" und statt „der" und „die" hieß es jetzt „es" und „das". Damals war er noch jung und hatte nicht verstanden, wohin dies alles führen würde. Aus dem jungen Mann wurde ein sprachliches Neutrum, damit die Gleichberechtigung endlich vollzogen werden konnte, ein menschliches Wesen, dass nur noch mit „es" bezeichnet werden durfte.

„Die Sprache formt das Denken."

Das war das Motto der Gender-Protagonisten. Sie waren militanter geworden und immer einflussreicher und so hatte der council mit knapper Mehrheit die Abschaffung aller sprachlicher geschlechtsbezogenen Unterschiede beschlossen und jede Zuwiderhandlung wurde mit Abzügen in den scores bestraft.

Das galt für alle, ohne Unterschied, und so war er, wie alle, zu einem „es" geworden, definiert im Algorithmus der Revolution als ein Lebewesen, ein „human being". Die früheren Unterscheidungen hatten, so die Logik der Revolution, zu Spannungen, Kriminalität und sogar zu Kriegen geführt und mussten wegen der erhöhten Anforderungen an das Zusammenleben von immer mehr Menschen eliminiert werden. Alle sind gleich. Es sollte keine Männer und Frauen mehr geben. Keine Christen oder Muslime. Keine Homosexuellen, keine Behinderten. Nur Lebewesen. Zumindest in der Sprache. Jede Unterscheidung führe zu Unterschieden, diese zu Ungerechtigkeiten und das wiederum zu Spannungen, so die Argumentation. Die Abschaffung der Unterscheidungen wurde als ein Menschheitstraum, als das bislang Unerreichbare und die Lösung vieler Probleme angesehen.

Natürlich bestanden die Unterschiede weiterhin, sie durften aber nicht mehr benannt werden. Dahinter stand die Erkenntnis, dass Begriffe, Wörter oder jede Art von differenzierenden Benennungen im Kopf immer in Bilder, einem Rahmen eingebettet werden und diese Implikation, jedwedes Urteil, das sich aus dem verwendeten Begriff ableitete, vermieden werden sollte. Der Prozess der neuronalen Simulation, die Verknüpfung eines Wortes mit bisher gemachten Erfahrungen, die Simulation der abgespeicherten Erfahrungen wurden im Zusammenhang mit Genderfragen als falsch erkannt. Ein Neuanfang musste diese Assoziationen vermeiden, daher die Neutralisierung aller Begriffe. So war vieles neu benannt worden und er, der junge Mann, war zu einem „es" geworden.

Leider, so sah er es bald, wurden die Ziele der Genderpolitik zu Lasten anderer Freiheiten erreicht, sie waren mit einem Beigeschmack versehen, wie Wein, der doch nach Kork schmeckte nachdem man ihn erst für gut befunden und auf den man sich gefreut hatte.

Es war nicht nur der Gendermain-Act, der ihn so verzweifeln ließ, dass er seinen screen, den implantierten Datenträger in der Haut seines Armes, manipuliert hatte. Es war die Überwachung, das Ortungssystem im screen, das alle seine Wege verfolgte und aufzeichnete und die Beurteilung.

Der vollkommene Abgleich der Ortungsdaten mit seinen Aufgaben, seinen Zeitvorgaben und Bewegungsprofilen war unerträglich geworden.

Und dann war da die unbestimmte Sehnsucht nach dem Gestern, dem Ursprünglichen, nach dem nicht Kontrolliertem. Die Sehnsucht nach Freiheit.

2. Amil

Es war Amil gewesen, der ihm gezeigt hatte, wie man das screen manipulieren konnte. Das screen wurde jedem Menschen durch einen kleinen chirurgischen Eingriff eingesetzt, da, wo man früher eine Uhr getragen hatte. Natürlich nicht ohne eine feierliche Zeremonie, mit Ansprachen, Fahnen, viel Pomp und Gloria, das Aufnahmezeremoniell in die Welt der Großen. Und tatsächlich hatte er sich damals irgendwie stolz gefühlt, endlich kein Kind mehr sein, dazu zu gehören. Aber dann hatte er schnell begriffen, dass die screens alles aufzeichneten, nichts ausließen und insbesondere die Ortung, kleine Programme, die seine Bewegungen mit den Aufgaben, die ihm oblagen, abglichen. Sie wurden mit der Zeit immer störender, auch wenn zunächst keine negativen Auswirkungen erkennbar waren. Aber wenn er die Zeitvorgaben nicht erfüllte, war ein sofortiger Punktabzug die Folge.

Amil wusste nicht nur, wie man den tracker ausschalten konnte sondern auch wie man ihn deaktivieren konnte, ohne dass das Ausschalten dokumentiert wurde. Es war eine geniale Kopie des optimalen Bewegungsprofils, KI-optimiert, aber nicht wahrheitsgemäß, die aufgespielt wurde. Niemand würde auf Anhieb erkennen, dass die gesendeten Daten falsch waren, jedenfalls nicht ohne genauere Prüfung oder spezielle Prüfprogramme.

Amil war sofort begeistert gewesen, als er ihn fragte, ob es technisch möglich sei, den tracker auszuschalten. Er grinste sein breites arabisches Lächeln, zog die Augenbrauen hoch und meinte nur „Alles ist möglich, wenn man will – aber was habe ich davon?" So hatten sie freundschaftlich, aber doch jeder seine Interessen vertretend, lange Verhandlungen begonnen, hatten gefeilscht, so wie sich das gehört und der deal war am Ende gemacht als er noch ein zufälliges Treffen mit seiner Schwester Mara draufgelegt hatte, bei dem Amil und sie alleine sein konnten… Amil schlug daraufhin ein, betonte nochmals, dass er mit der ganzen Sache nichts zu tun hätte und machte sich an die Arbeit. Schon am nächsten Tag war er, wieder mit seinem breiten, sympathischen Grinsen, eine Reihe perfekter weißer Zähne zeigend, zu ihm gekommen, sagte „Ich bin der Beste, ich krieg es hin!" und machte sich an die Programmierung des screens an seinem Arm, nicht ohne immer wieder nachzufragen, ob der deal mit Mara immer noch gelten würde, unsicher, ob er es sich vielleicht doch noch anders überlegen würde, aber nein, das hatte er nicht vor.

Er liebte seine Schwester, aber er wusste irgendwie auch, dass Amil sie ebenso lieben würde, wenn er die Chance dazu bekommen würde.

3. Mara

Er musste lächeln, als er an seine Schwester dachte. Mit ihren braunen kurzen Haaren, den unglaublich blauen Augen und ihrer zierlichen Figur fiel es ihr leicht, zu gefallen. Und sie wusste das, mochte es sogar, wenn andere sie auf ihr Aussehen reduzierten. Das passierte vielen, die ihr begegneten. Dann spielte sie eine Weile, genoss es, unterschätzt zu werden und zeigte dann, wenn der Moment der Wahrheit gekommen war, mit einer überraschenden Schnelligkeit die Grenzen auf, die für sie nicht galten, aber für die anderen. Aber sie war mehr als das, sie war klug und stark, mit einem unbändigen Willen, wenn sie etwas für richtig erkannt hatte und der Weg dorthin zu gehen war. Nichts konnte sie dann davon abbringen, mit aller Kraft das zu tun, was ihrer Ansicht nach zu tun war und er bewunderte sie dafür. Letztlich war sie es gewesen, die alle davon überzeugt hatte, dass jetzt die Zeit des Widerstandes gekommen war. „Opposition geht nicht mehr" hatte sie gesagt. „Das System lässt keine Opposition zu, jedenfalls nicht ohne sofortigen Punktverlust. Wenn man nicht angepasst ist, verliert man." Und sie wussten, dass sie Recht hatte.

Sie war wie viele andere durch die Neuordnung aus ihrem beruflichen und persönlichen Gleichgewicht geraten. Als Steuerexpertin hatte sie noch vor einigen Jahren gut gelebt und musste dann feststellen, dass im neuen System Steuern nicht mehr vorgesehen waren. Wozu auch? Man verdiente sich seine points, und wenn nicht, dann hatte man weniger und man war weniger.

Die wenigen Dinge, die jedem als Eigentum überlassen wurden, waren beschränkt auf Persönliches. Die Abkopplung von Eigentum gegen points war perfekt gelungen. Das Punkteeinkommen war der neue virtuelle Zugang zu allem geworden, Konsum, Luxus, Reisen, Kultur, alles, was der score erlaubte. Man brauchte kein Geld mehr, alle Zugangsberechtigungen, die Abos, Einkaufen und was immer man sich sonst wünschen konnte, selbst medizinische Betreuung oder Urlaub ermöglichte der Punktestand. Ein perfektes Abo-System erfüllte jeden Wunsch. Es fühlte sich an wie eine Art Geld, aber es war doch kein Geld, es waren die Möglichkeiten, die genügend Punkte boten.

War nicht schon auch vorher Geld etwas Virtuelles gewesen, etwas, an das man nur glaubte, aber nicht wirklich einen Wert hatte? Es eröffnete Möglichkeiten, so wie die social points. Die Abschaffung des Bargeldes und dann des Eigentums des Einzelnen hatte den Weg für eine neue virtuelle Währung erschlossen, eine Währung, die perfekt für eine shared economy geeignet war…

Mara war nach der Auflösung der Steuerbehörde lange orientierungslos. Sie hatte sich als erst als trainer, dann als router versucht, alles mit wenig

Erfolg und noch weniger Punktegewinn. Nach und nach war sie von einer Elite in die Masse der Menschen geraten, die nur noch beschränkt Zugang zu additional points hatten. Sie hatte daher schon früh über das Ende ihres Lebenskonzeptes philosophiert, über die Ungerechtigkeit, einen vorherigen persönlichen Einsatz plötzlich für wertlos zu erklären, in ihrem Falle das jahrelange Studium und all die Prüfungen, die sie hatte bestehen müssen. Sie konnte sich, obwohl jünger als er, nicht mit den Veränderungen abfinden, die so schnell stattgefunden hatten. „Wozu habe ich mich all die Jahre gequält?" Er hatte sie zu trösten versucht, ihr immer wieder gesagt, dass nicht das was man lernt, sondern auch die Struktur, die man beim Lernen lernt, entscheidend ist. „Du kannst strukturiert Probleme lösen, egal welche, mit dem, was du gelernt hast, das bist du, das macht dich aus, das ist deine Vita!" hatte er gesagt und sie war nicht begeistert.

„Und welches Problem soll ich bitte lösen?" Darauf hatte er auch keine Antwort gewusst. Und so schlug sie sich mit Gelegenheitsjobs durch, die es ihr kaum ermöglichten, über den Standardlevel der Punkte hinauszukommen.

4. Unter der Brücke

Das leise Geräusch einer b-Drohne ließ ihn aufhorchen. Kaum zu hören im Klangteppich unter der Brücke, der Fluss und der Wind, doch so fremd, hochfrequent und einmalig. Es musste eine mobile Drohne sein, kaum größer als ein Insekt, selbstlenkend und suchend, ständig Daten über alles sendend, was erfassbar war von der unglaublich kleinen Sensorik im Innern des Titanzylinders, der von hauchfeinen Rotoren in der Luft gehalten wurde. Wenn sie so nah waren konnten sie ihn eingekreist haben, denn hier, an der Brücke, war nur mit mobil eingesetzten Drohnen zu rechnen, für die stationäre Überwachung war er zu weit draußen…
Jetzt nicht aufschauen, nicht den Fehler machen, das ungeschützte Gesicht den Temperaturscannern zu zeigen, selbst diese schwache Strahlung war von den search-Programmen der Drohne sofort einem

menschlichen Wesen zuzuordnen. Über seinen Kopf und seinem Körper hatte er einen – mittlerweile nicht mehr erhältlichen und seit einigen Jahren verbotenen – alten Thermolevel-Poncho gezogen. Sein Großvater hatte ihm vor Jahren ein kleines Paket in die Hand gedrückt und gesagt „Vielleicht brauchst du das mal. Bewahre es gut auf!" Damals hatte er dem Poncho noch keine Beachtung geschenkt. War es denn nicht ein unglaublicher Fortschritt, dass jeder Mensch sofort lokalisiert werden konnte? Es gab keine Verbrechen mehr, die nicht sofort aufgeklärt wurden, Kinder, die sich verlaufen hatten, waren in wenigen Minuten gefunden und alles, was Menschen zustoßen konnte war binnen Minuten entdeckt und über den Abgleich der P&P-Daten sofort medizinisch behandelbar. Es gab kaum eine Verletzung oder Krankheit, die nicht über die Daten analysiert werden konnte. Waren nicht die Todesfälle mehr und mehr zurückgegangen, jedenfalls die wegen Krankheit und Unfällen? Die tracker hatten über das Psych&Physis – screening alle Daten verfügbar, einschließlich der DNA-Daten und damit alle Möglichkeiten der Hilfe, jedenfalls solange ein positiver score Hilfe zuließ.

Ärztliche Versorgung war daraufhin noch teurer geworden. Schließlich war es ja eine personalisierte medizinische Hilfe und damit einer der benefits, die genügend points erforderten. Die konnte man nämlich auch verlieren, oder, wie früher auch, zu schnell ausgeben oder besser verbrauchen und unter das level der points fallen, die eine bevorzugte medizinische Behandlung erlaubten.

Es war vielen sogar als eine gute Idee erschienen, alten Menschen mit jedem Lebensjahr weniger Punkte zuzugestehen, waren sie doch weniger wertvoll für die Entwicklung und den Fortbestand der Gesellschaft. Und wenn es das scoring nicht mehr zuließ, dass man medizinische Hilfe bekam, dann war man, auch da waren sich die Revolutionäre sicher und glaubten, das Richtige zu tun, zum Sterben verurteilt. Es war Teil der als „natürlich" apostrophierten Auslese der revolutionären Evolutionstheorie geworden, unter dem acceptable level der Punkte nicht mehr zu helfen. Nicht die Stärkeren sollten überleben, sondern die der

Gesellschaft dienlichen, die wertvollen und nutzbaren Individuen. Eine völlig neue Bewertung von Leben, hervorgegangen aus der asiatischen Philosophie des Ganzen, Gemeinsamen. Den Einzelnen als Dienenden für alle zu sehen - es war irgendwie das Ende des Individualismus und der persönlichen Freiheit, aber auch das erschien vielen als das bessere gesellschaftliche Konzept, jedenfalls im Vergleich zum Kapitalismus der Vergangenheit, der immer mehr zu einem Recht des Stärkeren mutiert war und die blutigen Unruhen auslöste, die zur Revolution geführt hatten. Das Recht des Stärkeren war das Recht der Reichen geworden.

Das Geräusch entfernte sich und er konnte sich wieder dem Schmerz widmen. Warum hatte er nicht seine Dosis rewards mitgenommen, die jedem zustand, der sie verdient hatte und die selbstverständlich – neben den Glückshormonen – auch ein Schmerzmittel enthielt. Diese kleinen Pillen, die man fast automatisch jeden Morgen einnahm und die das Leben so einfach und leicht machten. Einen Moment lang war er versucht, aufzustehen und nach rewards zu suchen. Viele Menschen hatten sich einen Vorrat angelegt und er bildete sich ein, in jedem Haus sofort den Platz zu finden, in denen die rewards versteckt wurden.

Aber das wäre Diebstahl. Wäre es das? Und wenn schon, es würde Punkte kosten, wenn es entdeckt würde, aber davon hatte er ja sowieso schon zu wenig, um überleben zu können. Er musste lächeln. Diebstahl. Was für ein altes Wort aus einer anderen Zeit. Es gab schon lange kein Eigentum mehr, viele hatten alles, was sie besaßen an den council übertragen, um sich ein lebenslanges volles Punktekonto zu sichern.

Wozu auch Eigentum? Ein gutes Leben war über die Punkte erreichbar, alle Abos waren möglich, wenn man level 5 erreicht hatte, Luxus, Reisen, Status, einfach alles. Und alles stand jederzeit und überall zur Verfügung, man musste nur ein paar Punkte von seinem Konto opfern. Und der council hatte mit dem Programm „Eigentum gegen Punkte" die Unruhen, die wegen der immer weiter auseinandergehenden Schere zwischen Arm und Reich entstanden waren, beendet und damit auch die Benachteiligten und die Armen zum Schweigen gebracht.

Der Schmerz war jetzt pochender geworden und zog sich vom Bauch hinauf in den Oberkörper. Er wusste, das war Entzug, kalter Entzug.

5. Kena

Er hatte erst nicht glauben wollen, als sie es ihm gesagt hatte. „Doch", sagte sie, „ich weiß es genau!" Und er hatte in ihre rehbraunen Augen geschaut, die ihn herausfordernd und kampfbereit angeschaut hatten und gewusst, was er schon immer gewusst hatte, schon von dem Moment an, als er sie zum ersten Mal an der Tür stehend gesehen hatte, damals, in der Klinik, den Rücken ihm zugewandt, in ihrer weißen Klinikkleidung, die blonden Haare zusammengebunden, aber nicht streng, sondern so als wäre die kleine Klammer verrutscht und sie habe es nicht gemerkt in ihrer Konzentration. Sie hatte sich gar nicht umdrehen müssen, er sah nur wie sie sich über den Bildschirm beugte und gefangen war von dem, was sie dort sah und er hatte gewusst, dass sie schön war, so wie sie dort stand, versunken in sich selbst und in dem, was sie gerade machte. Er hatte den Moment festhalten wollen, aber das ging nicht, nur für den kurzen Moment, in dem sie nicht merkte, dass sie beobachtet wurde.

„Die rewards enthalten zeros, speziell abgestimmte Glückshormone, sie sagen es nur nicht, weil es süchtig macht und weil sie dich ruhigstellen wollen!" Er mochte es, wenn sie so streitlustig und engagiert war und zeigte sein „ich glaub das nicht" – Gesicht, nur, um sie noch einen Moment weiter so anschauen zu können.

„Aber ja, wenn du sie nicht mehr nimmst, wirst du krank, sie wollen dich abhängig machen. Du kannst krank werden oder sogar sterben, wenn du sie nicht mehr nimmst!"

Soweit würden sie gehen? Das war schwer vorstellbar und doch – wenn man es richtig überlegte, die rewards waren die erste Hürde, die es im Leben zu nehmen galt. Wenn der ausreichende score erreicht war, bekam man sie ohne Probleme, sozusagen zugeteilt, ohne weitere Fragen. Man bekam sie und fühlte sich ab dem Moment gut und dazugehörig, angekommen, nicht mehr verletzbar oder angreifbar, ein Teil des Ganzen, ein Teil von Allem, das war ein gutes Gefühl, damals, mit den ersten rewards.

Sie stand immer noch da, die Arme in die Hüften gestemmt und er wusste, sie würde erst dann zufrieden sein, wenn er ihr zustimmen würde. Also sagte er: „Ich werde es ausprobieren. Ok?" Und sie hatte leicht mit dem Kopf genickt und ihn prüfend angeschaut. Und deshalb hatte er seine Pillen heute nicht mitgenommen – sie sollte auf seinen Bericht über die Wirkung warten, auf ihn warten. Und sich vielleicht ein wenig um ihn sorgen…

6. Die Revolution

Die Revolution war damals wegen der Unruhen und der Flüchtlinge notwendig geworden, aber auch, als man entdeckte, dass die offline-Zeit vieler Menschen nur noch 20% der Wachzeit betrug, zu wenig, um all das aufrechtzuerhalten, was das menschliche Leben erforderte. Erst Sandor, der große Politiker und Visionär, erkannte die Katastrophe, die sich anbahnte. „Wer online ist, ist offline Leben" war sein Wahlspruch gewesen, mit dem er die Revolution begonnen hatte.

Es war zu kaum mehr zu kontrollierenden Übergriffen gekommen, angeführt von denen, die mit Streaming, Spielen und all dieser virtuellen Parallelwelt nichts anfangen konnten, die erkannt hatten, dass gerade die Jungen kaum mehr präsent waren, sondern in Welten versunken, die nicht die reale Welt waren. Leichte Beute. Immer mehr junge Menschen erwiesen sich als nicht lebensfähig, kaum praktisch begabt und schon gar nicht wehrhaft. Es war ein Kinderspiel, sie auszurauben, zu manipulieren oder einfach zu übergehen. Die Übergriffe waren zusammen mit den Unruhen der Benachteiligten, Armen und Heimatlosen, die seit Jahren gewaltsam protestierten, der Zündsatz für die Straßenschlachten vor der Revolution geworden.

Das scoring hatte eine strenge Zeitbegrenzung des onlines eingeführt, egal ob VR, Gaming und alles andere, was Menschen in virtuelle Welten entführt hatte, selbst Bücher waren implementiert, sehr umstritten damals, mit endlosen Debatten um das Für und Wider. Aber die Zeitbegrenzung kam. Wer seine Zeiten überschritt, bekam Punkte abgezogen. Mehr online gewünscht? Kein Problem, verdiene es, dann darfst du. Eine neue Hinwendung zur Realität war die Folge. Wer wollte schon ständig Punkte verlieren? Er hatte das für richtig gehalten. Hatte es nicht dazu geführt, dass alle wieder mehr am Leben teilnahmen?

Das musste man auch, denn schon kurz nach der Einführung der scores konnte man ohne Leistung keine Zusatzpoints mehr erreichen. Keine Verbesserung des Lebensstandards, kein Zugang zu allem Schönen.

Die Punkte waren Status und Privilegien, der Schlüssel zu allem.

Alles war abhängig von der eigenen performance geworden, points und auch die rewards gab es nur bei Übererfüllung des Solls. Mehr gearbeitet? Zusatzpunkte. Freiwillige Zusatzleistungen im Interesse aller? Points. Das neue Kapital, Kapitalismus pur, virtuell, als Versprechen der Punkte. Leistung zählt. Oder war es nur die Hinwendung zu alten Konzepten, war es nicht wie in der alten sozialistischen Planwirtschaft? Ein archaisches Belohnungskonzept, Plan übererfüllt…
Er wusste es nicht. Jedenfalls wurde mit Atem beraubenden Tempo ein völlig anderer Anreiz eingeführt, berechenbar und kontrollierbar. Und viele waren erleichtert, endlich eine Struktur zu haben, einfach und für jeden nachvollziehbar. Manche hatten sogar behauptet, das scoring habe viele Sinnfragen beantwortet, alle, auch die zuvor nicht gestellten. Es war eine der Hauptaufgaben des councils geworden, die virtuelle Versammlung aller, die Level 5 der Punkte erreicht hatten, das Level, das alles erlaubte und keine Punktabzüge mehr zuließ, die Punkte zu vergeben für alles, was nützlich erschien und, vielleicht noch wichtiger, den Katalog aufzustellen und ständig zu aktualisieren, der Punkte abzog, bei nicht konformen Verhalten oder bei zu wenig Leistung.

Und das alles funktionierte mit den screens vollkommen digitalisiert, sofort und, das hatte er auch bald gemerkt, unerbittlich.

Die Enteignung war danach nur ein weiterer Schritt gewesen. „Wir sind alle eins - sei Teil vom Ganzen" „Hol dir Deinen high-score!" waren die Werbebotschaften gewesen.

Wer sein Vermögen, sein Haus, seine Firma freiwillig an den council übertrug bekam im Idealfall, wenn es reichte, da war der council genauso geldgierig wie alle Regierungen vorher, den Pilar-Status, eine volles Punktekonto, mit weitgehenden Einschränkungen bei den minus-points, ein ganzes Leben lang... Und viele waren dem Aufruf gefolgt, alles abzugeben, nicht zuletzt, weil auch die Mitgliedschaft im council, dem höchsten Entscheidungsgremium, an das Erreichen von Level 5 geknüpft war. Es erforderte besondere Leistung für das Ganze, sei es kulturell, wissenschaftlich oder, so profan war das System, eine Übertragung von großen Vermögen an den council. „So revolutionär ist die Revolution gar nicht" hatte er damals gedacht. Waren nicht auch vorher die Reichen privilegiert? Mitglied im council zu sein bedeutete die neue Macht, entscheiden zu können, neben all den anderen Privilegien, die man genießen konnte, aber die Macht über die Vergabe der Punkte war das Entscheidende.

Es war Kena zuerst aufgefallen, dass genau diese Macht des councils ins Unermessliche gewachsen war. „Wir sind Schafe, nichts weiter, dumme Schafe! Und die machen was sie wollen!", hatte sie sich ereifert und er konnte nicht anders als ihr zuzustimmen, schon um sie nicht zu verärgern. Das war genau an dem Tag gewesen, als die Punkte für ihre Arbeit, für die Zeit und Zuwendung für Alte und Kranke, fast vollständig abgeschafft wurden. Der council hatte verfügt, dass ärztliche Betreuung für chronisch Kranke und Alte keine Tätigkeit mehr sei, die förderlich für die Ziele der Gesellschaft war. Das war zum neuen Maßstab für die Vergabe der Punkte geworden. Was diente der Gesellschaft und was nicht. Es hatte sie bis ins Mark getroffen, dass gerade ihre Arbeit als Ärztin abgewertet wurde, die Fürsorge für ihre Kranken, die Alten, die gepflegt werden mussten. Er hatte sie in den Arm nehmen wollen, als sie vor ihm stand, enttäuscht, wütend und fassungslos. Aber das ging nicht. Es hätte der Zuordnung widersprochen. Beziehungen zwischen Mann und Frau waren ohne vorherige Zuordnung strengstens untersagt.

So hatte er ihr zugehört und schaute sie an, schaute zu, wie sich in ihr Ablehnung, Widerstand und Wut formte, wie sie einen Ausweg, einen Kanal suchte für alles, was sie fühlte. Und es war ihm klar gewesen, dass er der Einzige sein würde, an dem sie ihre Wut auslassen könnte, er war sogar bereit dazu gewesen, das auszuhalten, er wäre in diesem Moment wichtig für sie gewesen. Er wäre da gewesen, für sie da gewesen, und das wollte er mehr als alles andere.

Kurz darauf war doch passiert, was niemals hätte passieren dürfen. Sie stand mit ihm auf der Terrasse der Klinik, die Haare im Wind, argumentierend und so jung und schön, voll Leben. Als sie zu ihm hochschaute und fragte „Man muss doch was machen, meinst du nicht, dass man was machen muss? Für die Alten, die Kranken?" da hatte er nur ihren Mund gesehen, halb geöffnet und ihre blitzenden Augen und er hatte sich hinuntergebeugt und diesen Mund geküsst, nur ganz zart und schnell, dann wieder als sie nicht zurückwich und ihn nur fragend und staunend ansah. Er küsste er sie wieder, mutiger jetzt und sie ließ es zu. „Was machst du?", flüsterte sie, und er ließ es nicht mehr zu, dass sie etwas sagen konnte, zog sie an sich, wollte sie, ihren Körper, ganz nah und spürte wie sie mit weit offenen Augen begriff, wie schön das war, er und sie, die Nähe… entgegen allem, was sie gelernt hatten, über die Zuordnung, die Entscheidung, den richtigen Partner, das Leben zu zweit, die Entscheidung des sub-councils mit dem hübschen und vielsagenden Namen „Genesis", der den richtigen Partner aussuchen würde, gestützt auf die soziokulturelle und vor allem genetische Datenlage, zu gegebener Zeit… Sie hatte sich plötzlich versteift, drückte ihn weg und sagte, „Bitte nicht", und flüsterte etwas, was er nicht verstand, drehte sich um und lief zur Treppe. Er war froh, dass sie nun wusste, was er für sie empfand, endlich, auch wenn es mehr die zufällige Nähe, der Augenblick ihrer Enttäuschung, gewesen war, der ihn so mutig werden ließ. Vielleicht wäre das nie passiert, wenn sie nicht so enttäuscht gewesen wäre. Er blieb noch eine Weile stehen, durchströmt von einer Wärme, die er so noch nie gespürt hatte und von der er wusste, dass er sie immer wieder spüren wollte.

Das Wetter verschlechterte sich und er zog die Beine an den Körper. Es würde kalt werden unter der Brücke, jetzt im Herbst, wenn die Sonne untergegangen war und er musste einen Platz finden, um zu schlafen. Er war froh, seinen Rucksack zu haben. Er hatte ihn mit allem gefüllt, was ihm bei seiner Flucht notwendig erschien, ohne genau zu wissen, was er brauchen würde. Jetzt war er glücklich, dass er ein shelter eingepackt hatte, ein kleines Päckchen, bestehend aus einem mehrlagigen Stoffgebilde, in das Luftkammern eingearbeitet waren.

Daran angeschlossen war ein digitaler Motor an einem etwa Faust großem Behälter, der ein komprimiertes Spezialgas enthielt. Öffnete man das Ventil, so strömte das Gas in die Luftkammern und blies das shelter zu einer halbrunden fast zwei Meter langen Röhre auf, in der ein Mensch, zur Not auch zwei, geschützt vor Kälte und Nässe war. Der Motor diente auch dazu, das Gas wieder abzusaugen und zurück in den Behälter zu komprimieren, so dass das shelter wenig Platz benötigte und leicht transportiert werden konnte. Er hatte dessen Erfinder vor einiger Zeit kennengelernt. Es war der Mentor von Amil und war sofort begeistert von dem alten Mann, der immer noch gerne konstruierte und die Fähigkeit besaß, neue Erkenntnisse verschiedenster Wissenschaftsbereiche zusammenzuführen und daraus innovative Produkte zu entwickeln. Amil hatte von ihm seine Liebe zur Mathematik, Physik, Materialkunde und zu Konstruktionsplänen, die es ihm ermöglicht hatte, in den elitären Kreis der Programmierer aufzusteigen, die damit betraut waren, die scans, Vita Daten und results zu verarbeiten, die als Grundlage für die Vergabe der points dienten.

Er selbst hatte es nie so weit gebracht. Er teilte aber mit Amil die Leidenschaft für Pläne jeder Art, wenn auch mit mehr Interesse an Mechanik als an digitalen Strukturen. Stundenlang hatten sie immer neue Konstruktionszeichnungen studiert und sich daran gefreut, die Gedankengänge der Ingenieure nachzuvollziehen und aus den Plänen die Erkenntnisse abzuleiten, die zu den Plänen geführt hatten. Amil und sein

Bruder Samir, ebenfalls Programmierer, waren in dieser Zeit seine besten Freunde geworden. Amil ließ ihn nie spüren, dass er nicht den gleichen brillanten Intellekt hatte und dafür war er ihm dankbar. Andererseits bewunderte Amil seine Fähigkeit, komplexe mechanische Strukturen blitzschnell zu erfassen und mögliche Fehlerquellen zu erkennen. Das hatte ihm letztlich die Arbeit an den Knotenpunkten eingebracht, die er jetzt schon einige Jahre hatte. Das gab zwar weniger points als die Programmierung, war aber letztlich das, was er am besten konnte und man konnte gut davon leben. Und er war bis vor ein paar Monaten zufrieden gewesen. Man war häufig unterwegs und mehr oder weniger auf sich allein gestellt, das gefiel ihm. Und da die Knotenpunkte als besonders neuralgisch und sicherheitsrelevant galten, hatte er einige keys in seinem screen, die ihn zu etwas Besonderen machten, er durfte in die abgeschlossenen areas, sah Dinge, die andere nicht sahen und konnte sich einbilden, ein unentbehrlicher, wichtiger Teil des Systems zu sein.

Der sub-council „Jobs" hatte ein Internetportal eingerichtet, über das jeder, der Zeit und die entsprechende Qualifikation hatte, Aufgaben übernehmen konnte, die ihm Punkte einbringen konnten.

Viele nutzten diese Möglichkeit, neben der Grundversorgung ein wenig mehr zu haben ohne sich - wie früher – zu mehr zu verpflichten. Das sicherte zum einen die persönliche Freiheit, selbst entscheiden zu können, wann und wie lange man arbeitete, zum anderen führte das Angebot von Jobs zu einer umfassenden Liberalisierung des Arbeitsmarktes. Und es gab jedem die Chance, vieles auszuprobieren, sich zu versuchen und das zu finden, was passte.

Obwohl es niemand offiziell zugab und es nicht wahrgenommen werden sollte: es war gar nicht mehr genug Arbeit für alle vorhanden. Nachdem die Produktion von vielen Gütern digitalisiert und automatisiert worden war und viele Dienstleistungen im neuen System überflüssig geworden waren, gab es nicht mehr genug für alle zu tun. So war es ein beliebtes Hobby vieler geworden, jeden Morgen nach Möglichkeiten zu suchen, um sich zu beschäftigen und ein paar Punkte zu verdienen.

Jobs bot für jeden etwas und die Bewertung der Arbeit wechselte nach allen nur denkbaren Faktoren täglich und war immer neu. Er hatte auch viel probiert und dabei festgestellt, dass er gerne draußen war, lieber allein als in einem Team arbeitete und so war am Ende die Arbeit als Knotenpunkttechniker genau das, was er wollte. Es war eine mehr oder weniger feste Arbeit, mit Privilegien verbunden und er liebte es, unterwegs und allein zu sein.

Das shelter öffnete sich mehr und mehr und er fixierte es auf den Boden unter der Brücke. Er aktivierte die kleinen Saugnäpfe, um das shelter auf dem harten Beton der Brückenfundamente zu befestigen, so dass der Wind es nicht wegwehen konnte. Der Boden der Röhre war zu einer Liegefläche geworden, deren Luftkammer leidlich Komfort bot und er war froh, hineinkriechen zu können und sich zum ersten Mal seit langer Zeit geborgen und, zumindest für den Moment, sicher zu fühlen.

Er hatte es Amil zu verdanken, dass er Kena kennen gelernt hatte. „Du musst sofort zum Arzt gehen!", hatte er gesagt und er hatte es rührend gefunden, dass Amil sich Sorgen um ihn machte. Die Prellung an seiner Seite rührte von einem Sturz in den Schacht bei einem Knotenpunkt her. Er war an der kleinen Metallleiter zu der Kammer hinabgestiegen, um die Verbindungen zu prüfen und war dabei abgerutscht.

Eher widerwillig ließ er sich von Amil in die Klinik fahren, dort, wo er sie zum ersten Mal gesehen hatte. „Schlägerei?", hatte sie als erstes gesagt, als er vor ihr auf dem Behandlungstisch saß, den Oberkörper entblößt, mit der Beule im Gesicht und den Schmerzen an der Seite, unfähig zu antworten, weil ihr Gesicht noch schöner war als er sich das vorgestellt hatte, eben, als sie in der Tür stand und er sie beobachtet hatte. Und so lächelte er nur, unfähig etwas zu sagen und sah ihr zu, wie sie die Schrammen am Kopf geschickt desinfizierte und seine Seite abtastete, so nah war sie ihm, dass er den Duft ihrer Haare spürte und die Wärme, die von ihrem Körper ausging. „Tut das weh?", fragte sie.

„Mmh", sagte er, nahm ihre Hand und führte sie zu der Stelle, auf die er gefallen war, sie ließ es überrascht zu, dass er sie anfasste, „Da."

„Rippenprellung?", fragte sie, zog ihre Hand zurück und tastete dann vorsichtig seine Seite ab.

Er wusste in diesem Augenblick, dass sie ihn gesehen hatte, jetzt, nachdem er ihre Hand genommen hatte, das war natürlich nicht erlaubt, sie war Ärztin. Aber sie hatte ihn wahrgenommen, er war nicht mehr der Patient, sondern sie hatte ihn jetzt als einen jungen Mann gesehen. Sie hatte jetzt seine Nähe gespürt, die leichte Röte in ihrem Gesicht war nicht zu übersehen, das war er, der kleine, entscheidende Schritt vom Patienten hin zum du, zum „Wer bist du denn?" zum „Bist du es vielleicht?"

Er sah gut aus mit seinem nackten Oberkörper, männlich (auch wenn das Wort nicht mehr erlaubt war), durchtrainiert und überlegen mit seiner Größe, den harten Muskeln und den großen Händen, die er von seinem Vater geerbt hatte. Und sie war ihm sehr nah, bemüht, ihn nur zu behandeln und sich nichts anmerken zu lassen, wie anders denn auch, unter den Augen der allgegenwärtigen Kameras an der Tür des OP-Vorzimmers. Man spürt diese Spannung sofort, sie baut sich nicht auf, sie ist auf einmal da, die Spannung zwischen zwei Menschen, die wissen, nach nur wenigen Blicken, der da, oder die da, das würde sich richtig anfühlen, das wäre so normal und so einfach. Und so lächelte sie ihn an, sah ihm ein wenig zu lang in die Augen, fest und doch mit dieser wunderschönen Röte im Gesicht und sagte „Nichts gebrochen, aber ein paar Tage Ruhe."

„Darf ich dich wiedersehen?", fragte er unvermittelt. Das durfte er, denn das frühere „Sie" war längst das „du" geworden, auch eine Anleihe aus der englischen Sprache. Das „Sie" war verboten worden, gender eben, keine Unterschiede, und er sah, dass sie im Bruchteil einer Sekunde alle Antworten wie „Wir kennen uns doch gar nicht" „Warum sollte ich das tun" und tausend andere Neins sagen wollte und doch sagte sie, wahrscheinlich ohne es wirklich gewollt oder auch nur gewusst zu haben einfach „Ja" und er lächelte sie an und sie konnte gar nicht anders als zurück zu lächeln.

„Wenn du wieder gesund bist", ach ja, ohne Bedingung wäre es zu einfach gewesen, ein paar Hürden musst du schon nehmen, so einfach ist das nicht, mich kennen zu lernen. Aber er war glücklich gewesen, im gleichen Moment war dieser Strahl im Innern, der sich so gut anfühlte, besser noch als die Sonne nach einer kalten Nacht, wärmend, wohlig und er konnte gar nichts anderes sagen als „Bin schon wieder gesund" und sie zog die Augenbrauen hoch, lächelte wieder und drehte sich weg von ihm, musste Abstand gewinnen, etwas zu schnell in ihrer Bewegung, ein wenig irritiert, aber in dem Wissen, dass er sie anschaute und in dem Wissen, welchen Zauber sie jetzt auf ihn ausübte, die Macht des Weiblichen, Begehrenswerten, in diesem Moment Überlegenen. Das war ein gutes Gefühl für sie und es ließ sich nicht so schnell abschalten, schon gar nicht durch Vorschriften.

„Das entscheidet der behandelnde Arzt", sagte sie, drehte sich zu ihm um, die Röte in ihrem Gesicht war wunderschön und er machte wieder „Mmh", bereit, auch die nächsten Tage, Wochen oder sogar Monate zu warten, wenn er sie nur wiedersehen würde.

Das screen in seinem Arm vibrierte. Das machte es immer, wenn sich die scores änderten. Er schob den Ärmel hoch und schaute auf das Display. Auf der rechten Seite befand sich das touchscreen, der alle Informationen, Schlüssel, Zugangsberechtigungen und tasks und das account der scores enthielt. Links war das immer laufende Band der Nachrichten, und, das hatte die neue Weltordnung nicht vermocht, immer wieder Werbung, natürlich individualisiert und zielgruppengerecht. 15 Punkte mehr zeigte das score? Er öffnete die Dokumentation und las. „Bei sofortiger Meldung bei S1" – das war die Bedingung für die additional points.

Das war perfide. Sich selbst stellen, wenn man gesucht wird, mit sofortiger Belohnung? S1 war sein Führungsmentor, ein alter, nicht sehr sympathischer, aber ehrlicher Mensch, dessen Aufgabe es war, ihn und sein Konto zu beobachten, Leistungen zu bewerten und ihm Hinweise zu geben, die viele additional points ermöglichten. Er mochte ihn, so wie fast jeder seinen Mentor mochte, denn es waren Menschen, die ausgesucht waren, um zu helfen, zu beraten und er war fast so etwas wie ein Freund geworden. Es war klar, dass die searcher da sein würden, sobald er sich auf dieses Angebot melden würde.

Sie würden ihn sofort lokalisieren, wenn er antworten würde. Und dass sie S1 einsetzen würden, um ihn zu fassen, war Kalkül. Ihm vertraute er, das wussten sie. Und 15 Punkte waren ja wie ein Hauptgewinn, was musste man nicht alles machen, um so viele additional points zu bekommen. Er hatte einmal gehört, dass man bis zu drei zusätzliche points an nur einem Tag verdienen konnte, wenn man bereit für ein Risiko war, etwa die Beseitigung hochradioaktiven Mülls, dort, wo die Maschinen nicht hinkamen, aber immer ohne Gewähr, dass nichts schief ging. Und jetzt 15 Punkte? Es gab nicht so viele Möglichkeiten, additional points zu erwerben. Die Erfüllung der Aufgaben, die zugewiesen waren, hielt nur den Status. Blieb nur die Übererfüllung oder die Erledigung von speziellen Aufgaben.

So hatte er auch die Liebe kennen gelernt, zumindest die körperliche Liebe. Das Trieb- und Aggressionspotential junger Männer war bekannt und so bot man jungen Frauen die Möglichkeit, Liebesdienste anzubieten gegen Punkte, eine der wenigen Möglichkeiten, sich als Frau etwas nebenbei zu verdienen. Und für die jungen Männer waren diese Dienste eine schnelle Möglichkeit, Sex zu lernen. Aber auch, ihre points zu verringern. Es war offensichtlich so etwas wie ein Ausgleich, aber ein ungerechter, wie er fand. Sein Körper war genauso viel wert wie ihrer, oder? Und war das gender, dass sie die Punkte bekam, die ihm abgezogen wurden?

Er hatte lange darüber nachgedacht, dass es wohl nur eine Buchung zwischen den screens war, wenn sie sich ihm hingab, seine Punkte auf ihr Konto. Es war für ihn irgendwie nicht gerecht. Wieso sollte sie etwas bekommen, wo er doch das Gleiche gab? Sie hatten das lange diskutiert. Mara war sofort der Meinung, dass dies eine Form der Buchhaltung war, bilancia, die Waage, Soll und Haben. Eine Ausgleichsbuchung sozusagen. Amil hatte ihr zugestimmt. Er war der Ansicht gewesen, dass die Gesamtzahl der Punkte sowieso definiert war und nur eine Verschiebung zwischen Einzelnen möglich war, eine Umverteilung also, nur so ließe sich die Vergabe der Punkte mathematisch kontrollieren. Die Ausgabe neuer Punkte war offensichtlich nicht vorgesehen, es würde ja auch die Punkte der Anderen automatisch entwerten, fast so wie die Ausgabe von neuen Aktien einer Firma, die früher zum Kursverlust für die alten Aktionäre führten, damals, als es noch Aktien gab.

Amils Bruder Samir, der wie Amil ebenfalls in der mind Programmierung arbeitete, der Datenzentrale des councils, versprach, diese Frage zu klären, sobald er die volle Zugangsberechtigung zum Zentralprogramm haben würde. Einig waren sie sich nur darin, dass es schlechtere Bildungsprogramme gab als Sex…

Und so wusste er, was die körperliche Liebe war, das war schön, manchmal konnte man sich sogar ein wenig in die Frau verlieben, die doch nur aus einem einzigen Grund da war und der war ausgesprochen egoistisch. Aber war die Liebe nicht sowieso egoistisch? Auch das hatten sie heftig diskutiert.

Nur wenn man etwas empfand, war man bereit, alles für jemand zu geben. Mach mir das Gefühl, dieses Gefühl, dann empfinde ich Liebe? Schaffst du das nicht bist du mir egal?!? Sie waren zu keinem Ergebnis gekommen, außer dass es kommt wie es kommt und man sowieso keinen Einfluss auf seine Gefühle hat. Und dass Gefühle keine Rolle mehr spielen, die Zuordnung war vorgesehen und nicht änderbar, jede Zuwiderhandlung wurde mit dem sofortigen Abzug von points sanktioniert.

War das nicht auch ein Fortschritt der Revolution? Hatten nicht die Gefühle zwischen Menschen oft Probleme verursacht?

Er war damals froh, dass viele alte Muster, etwa „A liebt B und B liebt C" Geschichte waren, Pech für A. Jetzt bestimmte der sub-council Genesis, wer zusammen gehörte, also blieb kein Raum für Gefühle wie Eifersucht oder Neid, das war längst auch als Ursache für Konflikte, Leid, Not und Kriege ausgemacht worden und durch die Zuordnung sollten sie Geschichte sein, Gefühle, die völlig überflüssig waren für das Zusammenleben der Menschen und die in Zukunft keine Rolle mehr spielen sollten. Und auf einmal waren auch alle Partnervermittlungen, die vor der Revolution wie Pilze aus dem Boden geschossen waren, oft digital, aber auch in der realen Welt, mit einem Schlag überflüssig geworden, auch das hatte er gut gefunden, genervt von der ständigen Werbung, doch jetzt den richtigen Partner fürs Leben finden zu müssen, in einer Welt, die immer individueller, einsamer und vielleicht auch egoistischer geworden war. Jetzt war es der council, der bestimmte, wer zu wem gehören sollte, oder vielmehr die Logarithmen, die hinterlegt waren. Und die Punkte, die es bei Zustimmung zur Zuordnung gab, waren auch nicht zu verachten.

Aber gleichzeitig erstickte die programmierte Zuordnung die Liebe, und selbst wenn sie verboten war, weil nicht der Ordnung entsprechend, so waren die Gefühle umso süßer und Gefühle ließen sich sowieso nicht aufhalten. Und er wusste, dass er Kena liebte. Man weiß, wenn man liebt, weil man es fühlt.

Morgen müsste er es bis zur nächsten move-Station schaffen. Dort fand sich immer eine Auswahl an Mobilen, die er über die Zugangsberechtigung nutzen könnte. Es war ihm bewusst, dass man versuchen würde, seine Bewegungen zu tracken, sobald er von seinen Bewegungsmustern abweichen würde – nur gut, dass Amil ihm eine neue Identität gegeben hatte, so dass die Person, die das Mobil nutzen würde, eine andere war…

Es war so leicht, die Programme zu täuschen, wenn man die hinterlegten Parameter hacken konnte. Die Übereinstimmung des Bewegungsprofils mit den Daten des screens war natürlich eine der Kontrollmöglichkeiten des Systems. Metadatenanalyse. Waren aber die Daten falsch, war es nicht einfach, die Bewegungsprofile zu vergleichen, aber einfach sich zu bewegen, ohne dass es auffiel. Er würde für das System an einem ganz anderen Ort sein…

Er wusste auch schon, welches Mobil er nutzen würde, um zum Knotenpunkt zu kommen, die geländegängige Version eines Elektromotorrades. Das bike wurde durch die Bewegung des Fahrers gesteuert, war nur mit einem Drehgriff zum Beschleunigen und Bremsen ausgestattet und verfügte über große Federwege. Das Schleppmoment des Motors reichte aus, um zu verlangsamen, zur Not war eine mechanische Bremse vorhanden, mit der man schneller anhalten konnte. Die Antriebstechnik aller Fahrzeuge war in den Jahren zuvor immer weiter standardisiert worden. Zu jedem Einsatzzweck war ein Gefährt an den Stationen vorhanden. Es gab Lastmobile, Funmobile, schnelle oder luxuriöse Fahrzeuge, je nach dem, was gebraucht wurde.

Selbstverständlich musste man genügend points haben, um sie nutzen zu dürfen. Bei Gebrauch des Mobiles wurde sofort abgebucht. Mit dem Einklicken einer Powerbank wurden die Mobiles in Betrieb genommen, nachdem man sich über seinen screen autorisiert hatte. Oder in seinem Fall, den screen eines Anderen. Mara hatte ihm die Powerbank besorgt. Sie gehörte einem Verehrer, den sie schon lange hinhielt. Er würde es erst merken, wenn die Punkte abgebucht würden…

Er kroch in das shelter und fühlte sich auf einmal sehr müde. Die Vögel waren verstummt und nur der Fluss war zu hören. Gerade wollte er einschlafen, da hörte er sie, als hätte sie auf die Stille gewartet: eine Nachtigall. Ihr Singen durchschnitt die Stille mit einer Schönheit und Klarheit wie er sich das nicht hätte vorstellen können. Das erste Mal eine Nachtigall…

Und er lauschte ihr, dachte an Kena, wünschte sich sie wäre hier und könnte mit ihm dem Gesang lauschen. Nur die Männchen, das wusste er, die kein Weibchen gefunden hatten, konnten so singen und diese Sehnsucht der Nachtigall schien ihm genau das Gefühl zu sein, dass er selbst gerade empfand.

7. Unterwegs

Der Morgen war da. Noch war die Sonne nicht aufgegangen, er musste sich beeilen. Der Knotenpunkt war etwa eine Stunde entfernt. Alles war im Rucksack verstaut. Er suchte noch einmal den Horizont ab. Nichts zu sehen. Die Treppe an der Seite der Brücke hinauf und ganz ruhig über die

Brücke gehen. Nicht auffallen. Auf der anderen Seite war das Dorf. Hier hatte er Jahre gelebt, damals, als alles noch anders war. Es hatte sich nichts verändert und es war ein gutes Gefühl, das zu sehen.

Noch war alles still. Die move-Station befand sich am Ende der Brücke und er wusste, dass ein bike das Beste sein würde. Der Weg würde schwierig werden, abseits der Hauptstraßen, über den Berg und dann hinab in das Tal.

Er musste lächeln. Es war die Datenspeicherung in der cloud, die die totale Kontrolle möglich gemacht hatte. Der council hatte verfügt, dass alle Daten der cloud zusammengeführt wurden, um sie auszuwerten zu können. Es waren enorme Mengen an Daten. Dabei gab es gar keine cloud. Sie existierte nicht. Eine der genialsten Wortschöpfungen der Softwareindustrie, die damals vorgaukelte, die Daten seien sicher irgendwo im Himmel... in Wirklichkeit waren die Datenspeicher in Rechenzentren, die besonders gesichert waren und die miteinander vernetzt werden konnten. Und die Vernetzung erfolgte genau so wenig im Himmel, sondern hier auf der Erde, mit Leitungen, Speichern und auch sonst ganz irdischer Technik.

Er hatte viele dieser Knotenpunkte kennen gelernt, meist gekoppelt mit SR-3 Rechnern, die in der Lage waren, mehr als 1.000.000 Informationen pro Sekunde auf ihre Relevanz und Konformität mit der Ordnung zu prüfen. Die Protokolle selbst wurden wiederum von „inline"-Programmen auf Besonderheiten durchsucht, so dass jederzeit gewährleistet war, dass nichts Besonderes, Abnormes oder gar Gefährliches passierte. Ohne den hack seines screens durch Amil wäre längst aufgefallen, dass er sich nicht an einem Ort befand, der zu seinem Profil passte, nicht das tat, was er tun sollte und nicht der war, den sie definiert hatten, ein Knotenpunkttechniker bei der Erfüllung seiner Aufgaben.

Die Powerbank eingeklickt - mit leisem Summen startete der E-Motor. Danke Amil, du bist der Beste! Das Fahrprogramm „cross" hob die Maschine aus den Federn. Sie würde auch im Gelände funktionieren.

Die Kühle des Morgens tat gut, auch der Fahrtwind und er fühlte sich wach und frei, mit einer wichtigen Aufgabe betraut, vielleicht der wichtigsten, die er jemals gehabt hatte und zum ersten Mal seit langem hatte er das Gefühl, etwas Richtiges zu tun.

Es ging Richtung des Berges, dort oben gab es eine alte Straße, schon seit der Römerzeit, die von den Winzern, die hier ihre Weinberge hatten, immer noch genutzt wurde. Hier mussten die Römer zwischen den alten Metropolen gereist sein, vorbei an den Monumenten der Grabstätten, die wie es früher üblich war, die Straßen säumten, vorbei an kleinen Tempeln, Wachtürmen und Höfen.

Heute waren die Weinberge, die sich steil an den Straßen hochzogen, Eigentum des councils. Aber man war so klug gewesen, die Namen, die Weinlagen, auch die Werbung und vor allen Dingen die Tradition der Weingüter zu erhalten. Schließlich wurde Wein ja auch getrunken, weil er, wie Kena es gesagt hatte, ein in ein Glas gegossener Status und ein Prestigegetränk war…

Es war bei einem Glas Wein gewesen, als ihr gemeinsamer Plan entstand, einen Knotenpunkt anzugreifen, vielleicht die alten Verhältnisse wiederherzustellen oder zumindest die Dynamik der neuen Ordnung, den immer stärker werdenden Druck, vor allem aber die Überwachung aufhalten zu können. Sie hatten zusammengesessen, Amil und Samir, Amil sehr verliebt in Mara, Kena und er, waren über die Flasche Wein, die Samir aus irgendeinem Keller bekommen hatte, glücklich, wie man es nur sein kann, wenn man jung ist und sonst nicht viel hat außer sich selbst. „Das willst du gar nicht wissen, woher ich die habe!" hatte Samir gesagt, „die ist nicht gechipt und existiert gar nicht."

„Ich trinke nichts" hatte Mara gesagt und es hatte einen Moment gedauert, bis alle kapiert hatten, dass dies ein Witz war. „Es müsste mehr Sachen geben, die nicht erfasst sind", überlegte Kena, „man muss sie nur finden."

„Es sind freie Sachen", hatte Amil gemurmelt und jeder in der Runde wusste, dass sie selbst es nicht waren. Die gute Stimmung war auf einen

Schlag dahin und jeder hatte schweigend vor sich hingeschaut. Das unsichtbare Netz. Die Aussichtslosigkeit, die Konformität und die Kontrolle.

„Wir können ja noch ein paar Flaschen befreien!", hatte Samir gegrinst und sein Bruder lächelte plötzlich das gleiche breite Lächeln und das war ansteckend und selbst Mara, die gerade in ein deep fallen wollte schaute Amil an, der wie immer nur Augen für sie hatte, fand ihn jetzt gerade erstaunlich attraktiv und sie schaffte es, mit einem kleinen Zucken ihres Mundes ein Lächeln anzudeuten. „Jou", sagte sie, „das wäre was, Flaschen befreien, sehr heldenhaft, auf, Brüder zur Sonne, zur Freiheit!" und erst als alle sie mit seltsam leuchtenden Augen ansahen, wusste sie, dass sie etwas sehr Ernstes, Großes und Richtiges gesagt hatte.

Und so war ihre Wahl auf diesen Knotenpunkt gefallen, hier im Wein- und ehemaligen Grenzgebiet, eine Reminiszenz an die erste Flasche, die ihnen die Augen geöffnet hatte. Es war der Knotenpunkt in seiner alten Heimat, da, wo er aufgewachsen war, nahe dem Fluss, an der alten Grenze. Er wusste, dass der Knotenpunkt, den er ansteuerte, einer der größten und wichtigsten war. Im ehemaligen Atomkraftwerk, längst abgeschaltet und in ein Wasserstoffkraftwerk verwandelt, da war genug Platz und Energie vorhanden, um ihn zu betreiben. Und ihn zu verstecken.

Denn das Netz war verletzlich, zumindest da, wo es wie eh und je aus Kabeln und Steckverbindungen bestand. Es war der Erdkrümmung zu verdanken, dass auch heute noch Kabel unentbehrlich waren, um Nachrichten weltweit übertragen zu können. „Funkwellen fliegen nicht um die Ecke", hatte er Mara erklärt und sie hatte ihn missbilligend angeschaut. Das hatte sie gewusst, sie war nur nicht darauf gekommen, jetzt, wo sie seit Stunden über die Freiheit und Weinflaschen diskutierten. Der Wein war das Synonym für sie selbst geworden: Pflanzen, die in Reih und Glied gezüchtet wurden, immer wieder beschnitten, kontrolliert, gespritzt, verändert, nie frei und die doch etwas hervorbrachten, was unglaublich wunderbar war…

Es war herrlich, auf dem bike den Schotterweg hinaufzufahren, kühl, still und gerade hell genug, um schnell zu sein. Rechts unten zog sich der Fluss durch grüne Hügel, so wie er es immer getan hatte und auf der linken Seite erwachte der Tag mit einer zarten Morgenröte. „Was für eine schöne Welt", dachte er, Kena sollte hier sein und das sehen. Er wusste nicht genau, ob er den Angriff für sie und die anderen durchführen wollte, oder aus eigener Überzeugung. Natürlich wollte er ihr imponieren, wollte, dass sie ihn für das liebte, was er tat. Er war sich nicht sicher, ob ihr Plan etwas ändern würde, aber er wusste genau, dass sie es wollte und er wollte sie. Er wollte mit ihr leben, nicht auf irgendeine Zuordnung warten und wollte wenigstens das entscheiden dürfen, allein, ohne Bevormundung, wollte frei sein, frei für sie…

„Wir müssen das Gedächtnis auslöschen, soweit das möglich ist, der Zentralrechner heißt nicht umsonst mind" das war eine ihrer Forderungen, nachdem sie lange diskutiert hatten, wie sie leben wollten. „Mind muss gestört werden, nur so kann es einen Neuanfang geben, nur so kann die Kontrolle gestört werden", hatten sie aufgeschrieben, auf den kleinen Block, der ihre Ziele und Forderungen definieren sollte.

„Daten zu manipulieren ist einfach", meinte Samir „aber um sie zu löschen, braucht es schon eine Strategie." Und so hatten sie begonnen, in den viralen Netzen von mind zu denken, die Systeme zu verstehen, aber auch zu beschreiben, was sich ändern sollte, nach einer Störung, wenn sie denn gelingen sollte. Und die Möglichkeiten zu erkennen, die sich daraus ergeben würden. Und zuletzt zu definieren, was sie wollten. Und was nicht, das war das Schwierigste.

Sie hatten festgestellt, dass jeder mit seinem Wissen einen kleinen Baustein liefern konnte zu dem, was sie am Ende, nicht ohne Stolz, NEW nannten, New Exciting World, eine Welt ohne Kontrolle, Zuordnung, Punkte. Ein Ziel, das ihnen immer erstrebenswerter erschien, je länger sie darüber diskutierten. „Man darf keine Revolution beginnen, wenn man nicht weiß, wohin sie führen wird", hatte Mara immer wieder gemahnt, ganz die strategische Denkerin. „Es geht nicht um eine Utopie. Keine neue Gesellschaftsordnung. Das werden wir nicht schaffen und das wollen wir auch gar nicht. Die Geschichte hat sowieso gezeigt, dass alle Versuche, eine neue Ordnung mit Gewalt durchzusetzen, gescheitert sind. Wir können nur definieren, was gut ist und erhalten bleiben soll, und was nicht gut ist, und abgeschafft werden soll. Das ist keine neue Ordnung, das ist nur ein Kampf gegen Fehlentwicklungen, gegen Missstände, die sich im Laufe der Zeit entwickelt haben. Sind wir uns wirklich einig, dass dazu die Zerstörung der Infrastruktur notwendig ist? Und wollen wir nur das, was wir für falsch halten, bekämpfen?"

Alle nickten. Mara schaute einen nach dem anderen lange an. „Dann ist es ernst. Jeder bekommt seine Aufgabe, und wir werden unseren Plan Schritt für Schritt umsetzen."

Und so waren die letzten Monate wie im Flug vergangen – sie trafen sich meistens in einer alten Kneipe, so wie es junge Leute gerne machen, saßen zusammen und freuten sich an der neuen Aufgabe und immer mehr an sich selbst, waren zunächst kritisch, dann immer mehr begeistert und zuletzt enthusiastisch an den Entwurf der neuen Welt, der neuen Gesellschaft gegangen und jetzt, wo alles beginnen sollte, war da auch Respekt und Angst vor dem, was wohl kommen würde.

Die Loskoppelung der virtuellen Welt von der existierenden Welt sollte der erste Schritt sein. Sie hatten erkannt, dass dies unumgänglich war. Die Überwachung, die immerwährende Datenanalyse und die Folgen, die sich daraus ergeben hatten, sollten eingeschränkt werden. Die Daten und damit das Netz mussten verändert werden.

Die Grundsicherung hatten sie lange diskutiert. Sie gab jedem Menschen die Freiheit, zu arbeiten oder nicht. Zum Preis eines einfachen, aber selbstbestimmten Lebens. Mit den Einschränkungen, die das mit sich brachte.

„Viele Menschen können mit zu viel Freiheit gar nichts anfangen!", hatte Mara argumentiert. „Sie brauchen Ziele, Aufgaben und vor allen Dingen jemand, der sie kontrolliert." Das stimmte. Aber war es nicht auch so, dass diese vollkommene Freiheit Energien freisetzen konnte, die irgendwann zu etwas Gutem, vielleicht sogar Großartigem führen konnte?

„Oder zur völligen Desorientierung", hatte Amil eingeworfen. „Ich brauche jedenfalls den Wecker jeden Morgen, sonst bleib ich im Bett und frühstücke Cola und Chips."

Mara hatte ihn verwundert angeschaut. „Ich wusste gar nicht, dass du so wenig Ehrgeiz hast!"

Amil hatte sie angegrinst. „Wenn du da wärst, wäre natürlich alles ganz anders. Dann würde ich um 6.00 Uhr joggen, danach Frühstück machen und dir den Kaffee ans Bett bringen!"

Mara legte den Kopf schief und schien über diese Aussichten nachzudenken. Aber sie sagte besser nichts.

„Jeder Mensch sollte über sich bestimmen können", hatte Kena gemeint, „aber Führung braucht es auch." „Dann lasst uns ein Alter festlegen, ab dem diese Freiheit möglich ist", hatte er vorgeschlagen und alle fanden es gut. Auf ein Alter konnten sie sich aber nicht einigen. Das mussten mehr als sie entscheiden, vielleicht war das die erste Wahl, die sie planen sollten. Wer arbeitete, sollte den Zugang zu allen Möglichkeiten haben, wie bisher auch. Wer mehr tat, sollte belohnt werden, dazu waren die Punkte notwendig. Aber wofür wie viele Punkte gegeben werden sollten, das war die große Frage.
„Das kann nur immer wieder verändert oder besser angepasst werden. Und darüber müsste abgestimmt werden, in einer Art Wahl. Dazu braucht es die Zustimmung möglichst aller", sagte er.

„Basisdemokratie." Samir dachte nach. „Das erfordert präzise Fragestellungen, nicht suggestiv und mit den Informationen, die man braucht, um das Problem zu verstehen. Und ständige Abstimmungen. Sind die Menschen dazu bereit?" Sie wussten es nicht. Aber sie wussten, dass man es versuchen konnte.

„Besser als alle paar Jahre zur Wahl zu gehen ist es allemal", meinte Mara. „Und es nivelliert perfekt das „die da oben und wir da unten". Es sind alle, die entscheiden."

„Das Ende der Politik!“, warf Kena ein. „Wirklich radikal. Aber es hat was. Der Staat verteilt die vorhandenen Güter nach dem Veto aller. Wow!“

„Kannst du dazu ein Programm schreiben?“, fragte er und schaute Samir an.

„Wenn ich die Fragen, über die abgestimmt wird, nicht stellen muss, kein Problem.“ Samir sah Kena an. „Ich bin kein Politiker. Aber ich weiß, dass sogar die Reihenfolge der Fragen Auswirkungen hat. Auch die muss bestimmt werden.“

„Also haben wir eine Priorität, über die abgestimmt wird, dann die Inhalte, dann die Wahl und zuletzt die Umsetzung.“ Mara war ganz der Analytiker. „Reicht dir das um anzufangen?“ „Klar“, meinte Samir. „Es gibt nur ein Problem. Auch die Priorität kann nur bestimmt werden, wenn die Themen bekannt sind.“

„Oh, da fallen mir Themen genug ein“, meinte Mara. „Nummer eins ist: wie werd ich zudringliche Programmierer los!“ Alle lachten und Amil tat als könne er auf gar keinen Fall gemeint sein. Er schaffte es sogar, nicht zu lachen.

Er war froh, jetzt unterwegs zu sein und hier seine Aufgabe zu haben. Eine destruktive Aufgabe. Hatte er nicht auch früher beim Fußball in der Verteidigung gespielt? War er nicht oft das Ende eines Angriffs gewesen, weil er es nicht zugelassen hatte, dass der Gegner durchkam? Es fühlte sich genauso an. Nur dass er diesmal die Speerspitze des Angriffs sein sollte, mit ihm, mit dem, was er heute machen würde, sollte der Widerstand beginnen. Der Widerstand, der die Freiheiten möglich machen sollte, die es einmal gegeben hatte. Freiheiten, die verschwunden waren, als alles analysiert wurde, überwacht und ausgewertet wurde. Wenn das Netz gestört würde, würden die Freiheiten wieder da sein.

Und hier war terra cognita für ihn, jetzt, als er wieder unten am Fluss angekommen war und seinem Lauf folgte. Heimat. Nichts hatte sich verändert, der Fluss war wie immer und er wusste, dass sie ihn hier nicht vermuten würden. Er näherte sich immer weiter dem ehemaligen Grenzgebiet. Hier hatte eine Grenze früher Länder definiert, Länder mit Regierungen, Staatsgebieten und abgezählten Bewohnern, die Papiere brauchten, um sich ausweisen zu können. Das alles gab es nicht mehr.

Die Revolution hatte den Menschen ihre Identität als eine Art Folklore gelassen, ohne jede Bedeutung in der neuen Ordnung, aber doch soweit, dass sie sich zugehörig fühlen konnten zu einem Landstrich, einer Sprache und den Traditionen, die es dort immer gegeben hatte.

Verboten wurde die frühere Unterscheidung in Länder, die zu Spannungen führen konnte. Wie oft hatte man das in der Vergangenheit erlebt, waren nicht ständig Kriege zwischen Ländern geführt worden, die mit Symbolen wie Fahne und Vaterland, natürlich auch mit Ehre und Heimat und vielen weiteren Begriffen, die die meisten Menschen nicht verstanden, begründet wurden? Also waren, nicht ohne erbitterten Widerstand, diese Unterscheidungen abgeschafft worden, die Grenzen wurden aufgehoben, der council übernahm die Macht und alle vorher existierenden, sowieso zersplitterten Regeln und Gesetze verloren mehr und mehr ihre Bedeutung und am Ende traten die Regierungen zurück. Die Macht ging auf den council über.

Nationale Grenzen waren in Europa während des großen Nahostkrieges, der Flüchtlingsströme nach Mitteleuropa gespült hatte, zusätzlich zu denen, die wegen der Klimaveränderungen ihre Heimat verlassen hatten und in gemäßigtere Klimazonen gezogen waren, zunehmend belangloser geworden. Der Anteil an Ausländern war in fast jedem Land auf über die Hälfte angestiegen und es war nicht abzusehen, dass sich daran etwas ändern würde. Wer wollte schon in dieser Gemengelage unterscheiden, wer Einheimischer war, oder seit wann zugereist, oder geflüchtet war? Oder legal da war wo er war?

Es war klar, ohne dass es jemand öffentlich gesagt hätte, dass der Nahostkonflikt, seit dem Ende des 2. Weltkrieges immer wieder nur mühsam gedeckelt, irgendwann wie ein Vulkan zum Ausbruch kommen musste. Wie bei vielen Kriegen war es zunächst ein Stellvertreterkrieg, ein

Krieg der großen Mächte in den Ländern rundum den Persischen Golf und, wie könnte es anders sein, ein Macht- und Religionskrieg.

Alle versuchten, Einfluss auf die Region auszuüben, jeder wusste, es geht in Wirklichkeit um etwas Anderes, um die Großmächte und ihre Interessen. Die waren einem ständigen Wandel unterworfen, war doch der Kampf um Öl längst dem Kampf um Lebensräume gewichen, aber die Ziele waren gleichgeblieben, immer ein Egoismus, immer ein „wir kommen zuerst".

Aber der Krieg hatte sich bald auf genau diese Mächte ausgewirkt – nicht zuletzt eine Folge der neuen Waffen, die der technische Fortschritt gebracht hatte, Waffen, die programmiert und kaum zu bekämpfen völlig autark den Krieg in jede Ecke der Welt tragen konnten, die einer der Kriegsparteien opportun erschien. So waren auch weit entfernt in China, in Russland und zuletzt auch in den USA die Kampfdrohnen eingeschlagen, hatten eine Spur der Verwüstung in Gebieten hinterlassen, die bislang als sicher galten.

Die neuen ferngesteuerten Waffen machten es möglich, die Regierung eines Landes anzugreifen, etwas, was in den Kriegen zuvor nie als zulässig gegolten hatte. Jedenfalls nicht seit den Kriegen Alexanders des Großen gegen die Perser, gegen Darius. Es war tabu, die Machthaber selbst anzugreifen, obwohl dies viele Konflikte schnell gelöst hätte. Die Soldaten töten, ja, auch die Bevölkerung, aber eine Regierung?

Das wäre gefährlich, damit gefährdete man sich selbst und so hatte man direkte Angriffe auf Regierungen vermieden. Aber den neuen Drohnen war das egal, solange sie unentdeckt flogen und dort einschlugen, wo sie sollten.

Der council hatte diese Situation, Länder plötzlich ohne Regierung und unfähig, eine neue zu wählen, wer wollte denn auch regieren, wenn man damit rechnen musste, liquidiert zu werden, politisch geschickt ausgenutzt und die totale Abschaffung von Nationen, Religionen und Rassenunterschieden gefordert, um die Menschen von der Revolution zu überzeugen. Der Krieg hatte, wie jede Krise, die Veränderungsbereitschaft der Menschen gefördert, sie hatte wie jede

Krise das inhärente und kraftvolle Potential für einem Neuanfang
gezeigt.

In China, wo das System der Sozialpunkte längst Einzug in das
Zusammenleben der Menschen gefunden hatte und das Dienen für das
Ganze immer schon eine Grundlage der Gesellschaftsordnung gewesen
war, sicherlich autoritär geführt aber immer am Wohl des Ganzen
ausgerichtet, war weniger Überzeugungsarbeit zu leisten als in den
westlichen, individualistisch geprägten Ländern. Es war dem council
gelungen, die Menschen auch dort von der Notwendigkeit einer neuen
Ordnung zu überzeugen. Unter dem Eindruck des Krieges erschien die
Revolution vielen als der einzige Weg, den alten Konventionen und dem
Krieg zu entkommen und ein lebenswerteres Dasein, vor allen ein Dasein
ohne Angst, führen zu können.

Europa hatte zunächst mit einer Blockbildung auf den Krieg im Nahen
Osten reagiert. Frankreich, Deutschland, Italien, Österreich, Spanien und
die Benelux-Länder hatten sich zusammengeschlossen, nach Zögern auch
Portugal, und hatten den Mittelblock gebildet.
Die Skandinavischen Länder, letztlich auch Dänemark, dort aber erst
nach blutigen Auseinandersetzungen, bei denen erstaunlicherweise
Einwanderer am vehementesten für den Erhalt des Landes kämpften,
waren zum Nordblock geworden.

An der Ostseite Europas waren die baltischen Staaten und alle Länder bis
hinunter nach Griechenland ebenso wirtschaftlich und politisch
zusammengeschlossen worden, der Ostblock. Es entbehrte nicht einer
gewissen Ironie, dass für die Ostländer der gleiche Name wie Jahre zuvor
gewählt wurde. Der polnische Außenminister, der kurz darauf
zurücktreten musste, um dem neuen Ostblockminister Platz zu machen,
hatte in die Kameras gelächelt und gemeint „Geändert hat sich nichts. Die
Russen haben am Ende immer noch das Sagen. Deshalb passt „Ostblock"
historisch gesehen prima."

Die Schweiz und Griechenland hatten so lange wie möglich versucht, an
ihrer Unabhängigkeit festzuhalten, keinem Block anzugehören. Die

Schweiz aus mit immer neuen Facetten vorgetragenen nationalen Überlegungen, bei denen ein archaischer Stolz eine nicht unwesentliche Rolle spielte, Griechenland eher wegen persönlicher Erwägungen der damaligen Politiker, die um ihre Pfründe bangten. Beide Länder waren bald in eine politische und wirtschaftliche Bedeutungslosigkeit abgerutscht. Die neugebildeten Blöcke hatten den Abschluss wichtiger Handelsverträge verweigert. Für die Schweiz kam hinzu, dass ihre Schlüsselindustrie, die Banken, durch die neue Ordnung überflüssig geworden waren. Beide Länder waren die ersten gewesen, die sich daraufhin dem council angeschlossen hatten, sie hatten nichts außer einer glanzvollen Historie zu verlieren – die würde immer bleiben – und fast nur Vorteile aus der Aufgabe ihrer staatlichen Strukturen. War es doch die letzte Möglichkeit für die Reichen, sich ein volles Punktekonto zu sichern…

Das nach dem Brexit politisch völlig unabhängige England, als Konsequenz natürlich weitgehend isoliert, hatte sich nach jahrelangen Vertragsverhandlungen mit den USA zur transatlantischen Achse zusammengetan.

Die zunehmende Abschottung beider Länder gegen den Rest der Welt, natürlich auch gegenüber dem Vertragspartner, der erstarkte Nationalismus in beiden Ländern und die tief verwurzelte Burgmentalität ließen eine Zusammenarbeit letztlich scheitern.

Egoismus in der Form des Protektionismus hatte sich noch nie mit den Notwendigkeiten einer neuen Weltordnung und schon gar nicht mit zwischenstaatlichen Abkommen vertragen. Verträge, wie der Name schon sagt, kommt von vertragen und hat nichts mit der Bedeutung von „contract" zu tun, ein Wort, dass aus dem italienischen „contrare" abgeleitet werden kann und mit „dagegenhalten oder kontern" am besten übersetzt werden kann.

Die USA waren nach einer langen Phase des weltweiten Antiamerikanismus und dem Drohnenkrieg, der erstmals seit dem amerikanischen Bürgerkrieg eine militärische Auseinandersetzung im eigenen Land mit sich brachte, wirtschaftlich so geschwächt, dass der council mit seinem Angebot, für die Versorgung und Sicherheit der Bevölkerung zu sorgen, weite Teile des Landes für sich gewinnen konnte.

England war das Land der owner geworden, fast die Hälfte der Bevölkerung lebte mehr oder weniger recht und schlecht autark. Wer wollte, konnte sich der neuen Weltordnung anschließen, bekam gegen die Aufgabe seines Eigentums Schutz, finanzielle Sicherheit und die Segnungen des social points Systems.

Aber wie so oft in der Vergangenheit scheiterte die vollständige Akzeptanz des Neuen am englischen Konservatismus, der den Inselbewohnern irgendwie in die Wiege gelegt erschien und selbst im größten Elend überwog der Stolz auf die eigene Unabhängigkeit.

Aber eines war nicht mehr aufzuhalten: Die englische Sprache war Universalsprache geworden. Englische Begriffe waren in der Computersprache, der fortschreitenden Vernetzung und Digitalisierung üblich und die Jungen hatten die Sprache mehr und mehr als ihre Sprache angenommen. Mit den Flüchtlingen war sowieso nicht anders zu reden und die Jungen sprachen Englisch immer mehr im Alltag. Alle Bemühungen, andere Sprachen zu erhalten waren durch die weltweiten Flüchtlingsströme immer mehr zum Scheitern verurteilt worden. Der council hatte daraufhin verfügt, dass die englischen Bezeichnungen gelten sollten, zunächst nur für Dinge, denn Dinge müssen richtig benannt werden, sonst kann man sich nicht verstehen. So wurde Englisch mehr und mehr die Sprache, in der kommuniziert wurde. Die normative Kraft des Faktischen. So wurde ein, natürlich berechneter und damit legitimer Grad der Verständigung erreicht, weil er mathematisch weitaus höher lag als in jeder anderen Sprache. Und Verständigung, da waren sich alle einig, war einer der Schlüssel zum Funktionieren der neuen Ordnung.

Der council war damit, mit seinem Punktesystem, der Abschaffung des Eigentums und der neuen Ordnung faktisch eine Weltregierung für alle die Gebiete geworden, in denen die Revolution die alten Strukturen abgelöst hatte.

Afrika war vom council aufgegeben worden. Die Bevölkerungsexplosion in den vergangenen Jahrzehnten und der Klimawandel, der immer mehr Landstriche unbewohnbar gemacht hatte, lösten eine Flüchtlingswelle von Menschen aus, die in die gemäßigteren Klimazonen im Norden drängten. Man hatte versucht, erst die Menschen, dann wenigstens den Klimawandel aufzuhalten, zuletzt durch ein Klimastrafrecht, dass Verursacher von Treibhausgasen wie CO2 identifizierte und hart bestrafte, meist mit drakonischen Geldstrafen, später mit Punktverlust, aber auch mit Gefängnis.

Wer mehr als das definierte Erlaubte verbrauchte, wer sich nicht an die Grenzwerte hielt, wurde bestraft. Die Grenzwerte wurden in einem persönlichen Konto eingegeben, das die erforderliche Nutzung definierte, ganz nach Tätigkeit und Lebensumständen, und jede Abweichung wurde sofort im screen angezeigt. Nicht wenige behaupteten, dass der council allein mit dieser Maßnahme ein unglaubliches Vermögen angehäuft hatte, da die Strafzahlungen in den ersten Jahren seit Einführung des Kontos astronomische Höhen erreichten. Es ist immer schwer gewesen, Menschen zu Einschränkungen zu bewegen, die der Allgemeinheit dienten. Der Egoismus war jedenfalls durch die Revolution nicht abhandengekommen. Und so war offensichtlich nur der Punkteabzug Grund für das gewünschte, das angepasste Verhalten…

Als in Marokko Temperaturen von fast 60 Grad Celsius im Schatten gemessen wurden und weite Teile Nordafrikas keinen Regen mehr bekamen, war klar, dass dort niemand mehr leben konnte. Der Klimawandel aber auch flüchtende Menschen aus Afrika waren nicht mehr aufzuhalten.

Der subcouncil „Guard" wurde beauftragt, Europa abzuschotten, nach amerikanischem Vorbild. Dort war schon vor Jahren eine riesige Mauer mit Stacheldrahtverhauen und Minenfeldern entstanden, eine undurchlässige und tödliche Grenze, die verhindern sollte, dass Menschen aus Südamerika nach Norden, in die gemäßigten Klimazonen, kamen.

Die Lösung des Guard war eine andere: eine elektronische Mauer durch ein künstlich erzeugtes Spannungsfeld, das bei der geringsten Störung durch ein Lebewesen Alarm auslöste und die Grenzwächter in die Lage versetzten, einzugreifen. Es war unsichtbar, aber arbeitete zuverlässig, so dass ein virtueller überwachter Streifen an allen Nordgrenzen Afrikas entstanden war, hunderte von Metern breit. Ein neues Niemandsland, das niemand durchdringen konnte, ohne sein Leben zu riskieren: Die afrikanische Mauer.

Die Grenzwächter griffen mit einer beispiellosen Härte ein, oft wurden Menschen, die den überwachten Streifen überqueren wollten, zusammengeschlagen oder sogar getötet. Der sub-council hatte bei den Einstellungsanforderungen an die Grenzwächter darauf geachtet, dass nur der Wächter werden konnte, der aggressiv genug, im Idealfall brutal, und am besten auch einfach genug gestrickt war, um jedem Befehl Folge zu leisten.

Die Folgen des Klimawandels waren verheerend. Ganze Landstriche verödeten, Menschen und Tiere litten, verhungerten oder verdursteten. Der council hatte, als Alibi für sein Vorgehen, den sub-council „Afrika" geründet, der Hilfslieferungen organisierte, um den Menschen vor Ort zu helfen. Aber jeder wusste, dass diese Hilfe niemals ausreichen würde, um die Katastrophe abzuwenden. Es war ein ambivalentes Gefühl, das alles zu sehen oder zumindest zu wissen: Einerseits war man froh, nicht dort zu sein, andererseits konnte man sich zu viel Mitleid nicht erlauben. Konnte es einen nicht selbst in Gefahr bringen?

8. Die vier Türme

Es war eine geniale Entscheidung des councils gewesen, das ehemalige Atomkraftwerk nicht abzureißen, sondern es als restricted area zu proklamieren, leicht nachvollziehbar, wer weiß denn schon, ob es dort Verseuchungen gab aus der alten Zeit als es noch in Betrieb war, und es zu einem der größten und wichtigsten Knotenpunkte und Datenspeicher auszubauen. Das Gelände war streng gesichert, man hatte die alten Anlagen fast ohne Veränderungen übernehmen können; die

Überwachung, die weitläufige Abschirmung und die unterirdischen Gebäude, die fast alle wie Bunker aufgebaut waren und funktionierten. Auch die Kühltürme waren stehengeblieben und waren durch geschickte Publicity als „Mahnmal zur Erinnerung an die gefährliche, schmutzige Welt von gestern" in das Gedächtnis der Menschen transportiert worden.

So war der Komplex, wenn man ihn sah, nur als Ruine erkennbar und niemand wäre auf den Gedanken gekommen, dass die Kühltürme heute die modernste Computerarchitektur der neuen Welt temperierten…

Die Computer im Knotenpunkt hatten eine Leistung von 16 Terrabits pro Sekunde. Der Knotenpunkt war einer der wichtigsten Bausteine in der Architektur von mind. Von hier aus gingen Glasfaserkabel in alle Welt und vernetzten Computer, Dateien, alles, was erfasst oder kommuniziert wurde. Die Digitalisierung hatte das gigantische Datenzentrum notwendig gemacht, immer mehr Vernetzung und immer präzisiere Auswertungen war die Folge – und eine Kontrolle, die alle Lebensbereiche erfasst hatte...

Und es war nicht nur die Vernetzung der Datenströme, K12 war auch der wichtigste Datenspeicher für mind. Jede Information, die im Netz verschickt wurde, floss durch diese Kabel, wurde auf Relevanz geprüft, sofort gespeichert und weiterverarbeitet. Schon früh waren Stimmen im council laut geworden, die eine an einem Ort zentrierte Vernetzung und gleichzeitige Speicherung für zu gefährlich gehalten hatten. Nicht auszudenken, wenn K12 ausfallen würde. Aber der council hatte diese Bedenken abgetan, zu vielversprechend waren die Möglichkeiten, die eine Verarbeitung und Auswertung des ständigen Datenflusses an diesem Knotenpunkt boten. Durch die gleichzeitige Speicherung in einer cloud war ein back-up gesichert. Hackerangriffe und deny-of-services des Systems waren in der Vergangenheit nicht vorgekommen. Und durch die Automatisierung aller Abläufe war gewährleistet, dass für den Betrieb des Komplexes fast kein menschliches Wesen notwendig war, immer ein Risiko, der Mensch, mit seiner unfassbaren Gefühlswelt, seiner Unberechenbarkeit, Menschen sollten soweit möglich ausgeschlossen sein, schon wegen der niemals ganz auszuschließenden

Sabotagemöglichkeit. Bauarbeiter und Installateure waren handverlesen und Techniker nur selten vor Ort, und wenn, dann nur für Teilbereiche zuständig, ohne den Blick für das Ganze haben zu können. Und die Überwachung übernahm mind selbst, nur das Kontrollzentrum war, streng segmentiert nach Sicherheitsbereichen, autorisiert, Einblicke zu nehmen oder Wartungen anzuordnen. Und so war K12 immer weitergewachsen, ohne dass jemand außerhalb des Führungskreises des councils eine Vorstellung davon haben konnte, was sich hinter und unter dem ehemaligen Atomkraftwerk verbarg. Es war das Herz von mind, ein ständig gekühltes riesiges Konglomerat von Servern, Leitungen und Systemsteuerungen.

Es war ihnen klar gewesen, dass er in dem Moment, in dem er den Komplex mit seiner Sicherheitsstufe im screen betreten würde, geortet und erkannt werden könnte. Hier hatte Amil keine Möglichkeit gefunden ihn zu tarnen. Sein screen würde die Meldung zu mind senden, die inline-Programme würden eine Inkongruenz feststellen und automatisch Gegenmaßnahmen einleiten – und die tracker würden eine Spur haben.

Samir hatte die Aufgabe, seine Entdeckung solange wie möglich hinauszuzögern.

„Ablenkung", hatte er gesagt, „das geht nur mit Ablenkung. Mindestens Defcon 2, mind ist schlau, ich weiß es, weil ich es mitprogrammiert habe, es priorisiert, es priorisiert mit unfassbarer mathematischer Genauigkeit." Der council hatte die Defcon-Stufen der Verteidigungsbereitschaft der ehemaligen USA übernommen, um Gefahren einzuordnen und Maßnahmen zur Gefahrenabwehr einzuleiten.

Mind würde sein unerwartetes Auftauchen in einem Knotenpunkt nicht als eine wesentliche Gefahr einordnen, wenn es andere Probleme gab - und sich erst um diese kümmern. „Und was ist diese andere Gefahr?", hatte Kena gefragt. „Das musst du nicht wissen", hatte Samir bedeutungsvoll erwidert, „aber du wirst es wissen, wenn es soweit ist."

Und so waren sie alle gespannt und dieses Geheimnis mit sich tragend an ihren Einsatzort gegangen, er unter die Brücke und nun auf dem Weg zum Knotenpunkt, Kena in die Klinik, um einen medizinischen Großalarm abzuwarten, Mara beim Gebäude der zentralen Energieversorgung, Amil am Computer, als zentrale Leitstelle mit der Aufgabe, auf alles, was da kommen würde, schnell und flexibel zu reagieren, und sie warteten auf Samirs „go".

Er erreichte die äußere Einzäunung des Geländes und fuhr den Weg hinauf zum Haupttor. Samir musste jetzt das Zeichen für den Beginn der Operation senden, jetzt, sobald er am Haupttor des Komplexes angekommen war.

„Wir müssen kein Zeichen verabreden", hatte Samir vielsagend auf ihre Fragen geantwortet, „Ihr werdet es merken. Und besser ist, ihr wisst nicht wie ich das gemacht habe. Was immer ich mache, es wird zurück verfolgbar sein."

Amil hatte seinen Bruder sorgenvoll angeschaut, was Samir bemerkte. „Keine Angst", sagte er, „ich bin wirklich gut."

9. Samir

Samir hatte mit seiner Fähigkeit, schnell und logisch zu denken und präzise zu beschreiben, einen festen Platz in der Elite der Programmierer gefunden. Seine Aufgabe war das Datenmanagement, also die Programme, die dafür sorgten, dass sowohl Mensch als auch Maschine genau die Daten, die zur Aufrechterhaltung der neuen Ordnung gesammelt und ausgewertet wurden, in der richtigen Auswahl, Menge und zur rechten Zeit zur Verfügung standen. Obwohl er noch nicht den vollen Zugang zu mind hatte, so war er doch immer wieder in Arbeiten eingebunden, die an sich den höchsten Sicherheitslevel erforderten.

Es kam ihm manchmal wie ein Paradoxon vor, dass ausgerechnet hier, an der Schnittstelle der Macht, die Sicherheitsvorschriften missachtet wurden, sei es um früher fertig zu werden oder weil in der Nachbarabteilung ein Tischfußballturnier stattfinden sollte. Die Ordnung des Datenflusses beinhaltete, dass er Zugang zu allen Daten hatte. Das erschien wohl den anderen mehr oder weniger als der Beweis dafür, dass bei ihm keine Sicherheitsbedenken angebracht waren. So wusste er, dass die geplante Störung an einer Stelle ansetzen musste, die neuralgisch war und sie musste ihren Absender tarnen, am besten mit einem Vervielfältiger. Und so hatte er das Störprogramm in hunderttausende Absender eingepflegt und jedem weiteren Absender ein früheres Erstelldatum als dem nächsten gegeben. Ein zeitliches Paradoxon, das kaum gelöst werden würde, zumal er das Ganze als rotierende Variabel programmiert hatte, die sich alle paar Millisekunden änderte.

Es war ihm von Anfang an klar gewesen, dass die DNA der Schlüssel sein würde. Sie erlaubte die sichere Zuordnung jedes Menschen und damit die Überwachung. Das screen hatte einen eingebauten DNA-scanner, der die Daten aufnahm. Mit dem Einsetzen des screens war jede Aufzeichnung zuzuordnen. Eine DNA ließ sich nicht fälschen. Aber diese Zuordnung war nicht mehr und nicht weniger als ein Datensatz, und Datensätze ließen sich manipulieren. Die Identifizierung eines Menschen hatte Fortschritte gemacht: Das Vergleichen eines Fotos auf einem amtlichen Lichtbildausweis mit der Person, die vor einem stand war längst durch Gesichtserkennung automatisiert worden. Dann, nach Fingerabdruck, Irisscanner und Stimmvergleich, war die DNA das ultimative Erkennungsmerkmal geworden, die letzte und wohl zuverlässigste Stufe der Identifizierung. Die Verbindung des screens mit der DNA ermöglichte alle Formen der Überwachung, aber auch Schlüssel und Zugangsberechtigungen, Bezahlfunktionen, die Sammlung von Krankendaten und, wichtig für eine Überwachung, die Ortung. Und das screen war natürlich der Nachweis für die Verdienste und die Stellung eines Menschen in der Gesellschaft.

So zuverlässig die biologische Verbindung der DNA mit dem screen auch sein mochte, es gab eine Schwachstelle: die hinterlegten Daten selbst in den Computern. Mind ging zwingend davon aus, dass die Daten des screens zu der Person gehörten, die das screen trug. Der DNA-Analysator im screen übertrug die Daten an ein Programm, das ab nun diese Person und das screen als übereinstimmend annahm. Name, Aussehen und

Adresse der Person wurden zugeordnet und ab diesem Zeitpunkt waren screen und Person eins…

Das war bislang auch zutreffend, würde sich jetzt aber dramatisch ändern, wenn dieses Programm manipuliert werden würde. Und genau das hatte er vor.

Samir hatte den Faktor 14-5-23 gewählt, synonym für die Stellung von NEW im Alphabet, um die Daten zu verschieben. Und um es nicht ganz so einfach zu machen, wählte er 14,523, nicht ohne mit einer freudigen Erkenntnis festzustellen, dass die Summe der ersten und letzten beiden Zahlen die 5 ergab, die Zahl in der Mitte. „Das hat doch eine gewisse Eleganz, eine Symmetrie, also Schönheit", dachte er, „wir sind doch auch fünf auf dem Weg in eine hoffentlich bessere Zukunft."

Das machte ihn gleichzeitig ein wenig depressiv, waren die anderen doch als Paar zusammen, er aber allein. „Wo bist du?", fragte er und dachte an die Frau, in die er sich verlieben könnte.

Vielleicht machte er sich zu viele Gedanken. Vielleicht reichte es ja, wenn sie hübsche Brüste hatte, dann müsste sie vielleicht nichts von Programmieren verstehen…er musste selbst den Kopf schütteln über so viel Chauvinismus. Aber vielleicht müsste mal irgendeine nicht an ihm vorbeisehen, war er doch im Gegensatz zu seinem Bruder, eher jemand auf den zweiten oder dritten Blick und überhaupt, vielleicht reichte es ja, wenn sie einfach nur da wäre, irgendwann, ein wenig für ihn da sein könnte.

Aber die Sehnsucht nach ihr, die, die er noch gar nicht kannte, wurde immer größer und er spürte, dass er bereit war, bereit für eine Liebe, bereit für sie, wer immer und wo immer sie sein würde und es war das Verlangen was ihn mutig machte, auch mutig genug, jetzt etwas Besonderes zu tun, etwas zu wagen.

Und dann machte er sich daran, das DNA-screen-Programm in mind ein wenig umzuschreiben, verursacht durch hunderttausende Absender… Es würde genau zu dem Zeitpunkt aktiviert, in dem die Operation beginnen sollte, dann, wenn sein Freund K12 erreicht haben würde...

10. Der Knotenpunkt

Das Tor war unbewacht, warum auch, alle Sensoren erfassten ihn, glichen die Daten ab und er brauchte nur sein screen vor den reader halten und das Tor öffnete sich. Erst im Inneren war es möglich, dass die security ein paar Fragen haben würde.

Er stellte das bike ab und schlenderte auffällig langsam auf die Eingangstür zu. Sie öffnete sich automatisch und er fand sich in einem klimatisierten, ganz in Granit ausgekleideten Empfangsraum wieder. Eine ziemlich hübsche security-Frau kam auf ihn zu.

„Ist was Besonderes?", fragte sie, mit einem starken französischen Akzent. „Das wissen wir noch nicht, hab´ erst heute Morgen Bescheid bekommen, ich soll die Schaltschränke im Dritten checken." Sie schaute ihn prüfend an, das war ja ihr Beruf, und das fühlte sich für ihn gar nicht so unangenehm an. Sein screen hatte ihn bereits als Techniker ausgewiesen, noch bevor sie die Tür geöffnet hatte.

„Gut, komm mit", sagte sie, „ich heiße Sara" und ging voraus.

Die Schaltschränke, die für die Stromversorgung der Computer sorgten, waren wie früher alte Technik, nichts Digitales, Mechanik, mit dicken Leitungen, Sicherungen und auf hohe Lasten ausgelegt.

Hier ging es nicht um Hochtechnologie, sondern um eine zuverlässige und sichere Energieversorgung. Zwar waren zwischenzeitlich die alten Pläne digitalisiert worden, so dass alles online abgerufen werden konnte. Selbst bei neuen Schränken übernahmen Fotoscanner die technische Dokumentation. Jeder Schrank wurde bei Fertigstellung fotografiert, ein scanner erkannte die Bauteile und speicherte die Baupläne ab. Schnell und sicher. Trotzdem mussten, wenn Teile ersetzt wurden, weil sie überlastet oder schlicht am Ende ihrer Nutzungsdauer angekommen waren, auch die Pläne nachgezogen werden. Änderungen mussten einprogrammiert werden und das machte neben den Reparaturen einen großen Teil seiner Arbeit aus, also nichts Ungewöhnliches, wenn er einfach so auftauchte. Deswegen hatte sie keinen Verdacht geschöpft und ihn hineingelassen.

Der Fahrstuhl hielt im dritten Untergeschoß und die Tür öffnete sich. Sie hatte während der kurzen Fahrt schweigend eben ihm gestanden, war aber offensichtlich froh, ein wenig Gesellschaft und etwas zu tun zu haben. Wollte sie ihn etwa in den Schaltschrankraum begleiten? Das war nicht eingeplant. Sie gingen in den Korridor, in der sich die Energieversorgung befand.

Der Anfall kam völlig überraschend. Der Schmerz zog seinen Magen zusammen, er stöhnte auf und krümmte sich. Eine weitere Welle raubte ihm dem Atem, er konnte nicht anders als auf den Boden zu sinken, sah noch kurz ihr besorgtes Gesicht – dann wurde es schwarz um ihn.

11. In der Falle

Samir hatte die Ortungsdaten genau verfolgt, die ihm Amil streamte. Er war an seinem Arbeitsplatz im Datenzentrum, einem Großraumbüro mit mehreren hundert Programmierern und er war im System. Zeit für das Ablenkungsmanöver. Es waren nur wenige vorbereitete Befehle, die er eingeben musste. Und es dauerte nicht lange, da vibrierte sein screen. Er schaute umher und sah, dass auch die anderen im Raum erstaunt auf ihren Arm schauten. Und das taten auch Millionen anderer Menschen, draußen, auf den Straßen, in ihren Häusern oder wo sie gerade waren. Samir hatte das Punktekonto verschoben.

Gerade wollte er anfangen sich zu freuen als ein schriller Alarmton aufheulte und sich alle Türen im Computerraum automatisch schlossen und verriegelten. Kurz darauf zeigte sein screen die Meldung „unauthorized access" an. Er schaute auf sein Login und sah – er durfte nicht da sein, wo er gerade war. Im gleichen Moment wurde ihm klar, dass er einen furchtbaren Fehler gemacht hatte. Die Verschiebung hatte nicht nur die Punkte geändert, sondern auch alle keys und die Ortung.

Alle Zugangsdaten waren verändert, alle Berechtigungen. Fieberhaft überlegte er, was jetzt zu tun war. Er war eingeschlossen, nein, alle waren ein- oder ausgeschlossen, die über das screen irgendeinen Zugang zu irgendetwas hatten. Und mind wusste nicht mehr, wo wer war. Schnell prüfte er nach, ob er sich in die Computer einloggen konnte. Das hatte sich nicht geändert. Mind nutzte für virtuelle Zugänge andere Dateien als die von ihm manipulierten. Das war gut. Er war weiterhin online und weiterhin im Programm. Er rief sofort seinen Bruder an.

12. Sara

Der gutaussehende Techniker lag noch immer auf dem Boden und krümmte sich vor Schmerzen.

 Offensichtlich war er dabei, das Bewusstsein zu verlieren. Sara kniete sich neben ihn, zog seinen Körper auf die Seite und legte seinen Kopf auf ihre Knie. Vielleicht war er Epileptiker, so wie ihre Schwester. Also achtete sie darauf, dass er sich nicht selbst verletzte. Ihr screen vibrierte, im gleichen Moment auch seines, und sie sah, dass sich ihr Punktekonto dramatisch verändert hatte: mehr als 200 Punkte! Das musste ein Systemfehler sein. Und sie sah, dass der stille Alarm ausgelöst wurde. Es würde nicht lange dauern bis alle Türen verschlossen waren und sie hier festsitzen würden. Der Mann öffnete die Augen – er versuchte, sich zu orientieren. „Alles gut, ich bin bei dir", sagte sie, weil ihr nichts Besseres einfiel. „Die rewards", stammelte er, „ich brauche rewards."

Sara schaute ihn verständnislos an. Sie hatte ihre rewards nie eingenommen. Es war ihr Vater, einer der letzten owner in dieser Gegend, der ihr schon früh beigebracht hatte, dass man nichts einnehmen sollte, was man nicht kannte. So hielten sie es in der Familie, zumindest die, die ein Anrecht auf rewards hatten – niemand schluckte die Pillen. Es war damals wie ein Wunder gewesen, dass sie die Arbeit in der security bekam – ihre Familie war jedenfalls keine Empfehlung gewesen. Aber sie hatte sich früh ausgezeichnet, war erst erfolgreiches Mitglied der Leichtathletik- und Karatemannschaft gewesen, dann in den

Polizeidienst eingetreten und später, in den blutigen Auseinandersetzungen mit den Drogenkartellen, hatte sie bewiesen, dass sie an der Front und im Kampf furchtlos und effektiv sein konnte.

Sie war immer schon ein Bewegungsmensch gewesen, nicht großgewachsen, aber trainiert und hart von der Arbeit auf dem Bauernhof, den ihre Eltern nach wie vor bewirtschafteten und auf den alle bis heute stolz waren. Es kam gar nicht in Frage, den Hof dem council zu überschreiben und wenn es noch so viele Punkte dafür geben würde. Der Hof gehörte der Familie seit Jahrhunderten und er würde auf die Erben übergehen.

Ihre Arbeit im Knotenpunkt war in der Nähe des Hofes, so dass sie jeden Abend zu Hause sein konnte. Die Arbeit war gut bezahlt, aber eine Qual für sie, sie, die gerne draußen war und vor körperlicher Arbeit nicht zurückschreckte, ja, im Gegenteil, das sogar brauchte. Aber sie hatte den Polizeidienst verlassen, nachdem sie gemerkt hatte, dass es immer weniger um die Verfolgung von Kriminellen ging (wie denn auch, sie konnten sich nicht verstecken) sondern auch gegen Flüchtlinge und Benachteiligte, letztlich um die Kontrolle aller. Jetzt bestanden ihre Tage aus Warten, Dokumentation und ein wenig Verwaltung. Sie wusste seit langem, dass sie nicht bleiben würde. Irgendwann würde sie die Arbeit auf dem Hof fortführen und darauf freute sie sich. Der Techniker kam wieder zu sich.

„Es sind Drogen in den rewards, man bekommt Entzugserscheinungen, wenn man sie nicht nimmt", erklärte er. „Dann war das Entzug?", fragte sie erstaunt und als er nicht antwortete „Dann ist es auf jeden Fall besser, keine mehr zu nehmen", meinte sie. „Nur so wirst du sie los, da musst du jetzt durch."

Er sah ein, dass sie Recht hatte und stand, noch etwas benommen, auf. „Ich hätte nicht gedacht, dass der council so weit gehen würde", sagte er, „Drogen für alle, verpackt in die tägliche Dosis Glückshormone." Er atmete tief durch. „Geht schon wieder."

„Irgendwas stimmt nicht", sagte sie, „mein screen spinnt, ich habe gerade fast 100 Punkte bekommen."

Er sah auf sein screen. Es hatte sich total verändert. Sein Punktekonto war falsch und die Nachrichten und Termine waren nicht seine. Das musste das Zeichen von Samir sein, der verrückte Hund hatte die screens manipuliert!

Ein langer Signalton war zu hören.

„Ich muss zum Computer", sagte sie, „das ist mein Alarm. Ich muss prüfen, ob die Tore geschlossen sind. Du bleibst hier, ich komme zurück sobald ich weiß was los ist."

Er nickte ihr zu und sie lief zum Aufzug und hielt ihr screen vor den reader. Nichts. „Unauthorized access", war auf dem Bildschirm zu lesen. Sie versuchte es noch einmal. Die Tür öffnete sich nicht. „Ich habe keinen Schlüssel zum Aufzug mehr", stammelte sie „das ist unmöglich!" Sie lief zu einem Bildschirm. Er zeigte die Überwachung des gesamten Komplexes an. Im Schaltschrankraum waren zwei Personen als Punkte zu sehen, ein roter und ein grüner. Der rote stand am Aufzug.
„Ich bin der Eindringling!" Sie schüttelte ungläubig den Kopf. Das System hatte sie gerade als Problem erkannt. Blieb nur der Generalschlüssel. Für den Fall eines Stromausfalls trug jeder Sicherheitsmitarbeiter einen Schlüssel bei sich, mit dem sich Türen mechanisch öffnen ließen.

„Ich muss über die Treppe hoch", rief sie ihm zu und verschwand in einer Tür an der Seite des Raumes. Er sah sich um. Das war die Gelegenheit, seinen Plan auszuführen.

Zuerst musste die Energieversorgung unterbrochen werden. Er wusste, dass es eine Notstromversorgung gab, über mächtige Dieselgeneratoren, die für ein oder zwei Tage funktionieren würden. Wenn sie es schafften, dass bis dahin keine neue Energieversorgung sichergestellt werden könnte, war das Netz unterbrochen und alle Daten mussten über das back-up System abgefragt werden.

Jeder Knotenpunkt war durch ein zweites System gespiegelt, das parallel lief. Jedenfalls glaubten sie das. Dieses System war an einem anderen geheimen Ort und versetzte mind in die Lage, im Notfall die Daten wiederherzustellen oder über dieses zweite System zu arbeiten.

Er lief zur Versorgungsklappe und öffnete sie mit seinem Generalschlüssel. Hier, wo noch Mechanik und schwere Technik vorherrschte, gab es keine elektronischen Zugänge. Das wäre auch gefährlich gewesen, denn jedes elektronische Zugangssystem hatte einen Datenspeicher…

Der Hebel zur Abschaltung der zentralen Stromversorgung sah fast wie der Schubregler in Flugzeugen aus, nur größer und schwerer. Er legte ihn ohne zu zögern um und im gleichen Moment erloschen alle Lichter und die Klimaanlage mit ihren Ventilatoren fuhr mit einem Laut herunter, der fast einem Seufzen glich, als wenn sie froh wäre, endlich eine Pause haben zu können.

Fast zeitgleich war ein niederfrequentes Brummen zu hören – die Dieselaggregate waren angesprungen und es würde nur einige Sekunden dauern, bis sie über die Notstromversorgung die Energie wieder fließen lassen würden. Das Licht begann zu flackern und die Lüfter nahmen ihre Arbeit wieder auf. Er wandte sich dem riesigen Schaltschrank zu, in dem die Potis für die Stromverteilung gruppiert waren. Es war ein Leichtes, die Versorgungsklappe zum zentralen Poti zu öffnen und die Isolierungen von den 10 KV-Leitungen zu lösen. Er schob die Drähte mit einer Zange eng zueinander und schloss das Gehäuse wieder. Wenn er jetzt die Stromversorgung wieder anschalten würde, musste ein Lichtbogen durch den Schaltschrank jagen und er konnte sich ausmalen, dass alles in Sekundenbruchteilen verbrennen würde. Hastig legte er den Hebel für die Stromversorgung wieder um. Auf die Explosion, die folgte, war er nicht vorbereitet – er warf sich zur Seite und sah, dass der Schaltschrank brannte. Beißender Rauch breitete sich aus und er beeilte sich, die Versorgungsklappe wieder zu schließen. Wenn später untersucht werden würde, was die Ursache für den Kurzschluss war, würde man zum Schluss kommen, dass nur ein Lichtbogen in einem defekten Poti die Ursache sein konnte, ein seltener, aber möglicher Defekt.

Jetzt musste er nur noch hier rauskommen – er wandte sich den Fahrstühlen zu – sie waren blockiert. Die Treppe! Er lief zur Tür, in der die security-Frau verschwunden war und zog am Griff – nichts. Er zog wieder und wieder, sie ließ sich nicht öffnen. Hier konnte er ohne Hilfe nicht raus. Und der Rauch wurde dichter.

13. Chaos

Amil hatte die Aufgabe, den Zugriff auf das back-up System von mind zu beobachten. Das könnte ihnen Hinweise darauf geben, wo es sich befand und wie man es ab-, nein ausschalten könnte.

Er hatte sofort verstanden, auch ohne den Anruf von Samir, was geschehen war: Die points und die keys waren verschoben, aber nicht gelöscht. Hoffentlich hatte Samir den Algorithmus so programmiert, dass er sich selbst vernichtete nachdem er das System verändert hatte. Er schaute sich um. Überall herrschte Ratlosigkeit, die Mitarbeiter standen in kleinen Gruppen zusammen und diskutierten, was gerade passiert war.

Fast war es ihm, als könne man ihm ansehen, dass er damit zu tun hatte. Er musste sich zusammenreißen und analytisch vorgehen. Nachdenken. Was war nicht vom Algorithmus erfasst worden? Das Ortungssystem? Nein, auch das musste verschoben sein. Anders war es nicht denkbar. Also konnte mind derzeit niemanden lokalisieren.

Jetzt kam es darauf an, wie reagiert werden würde. Würden die back-up-Systeme angesprochen werden? In diesem Moment öffnete sich die Tür und Jekar stand im Raum. Die Programmierer, die ihn sofort sahen, verstummten und starrten ihn an. Jeder wusste, dass es ihn gab, aber gesehen hatten die Programmierer ihren Chef Jekar noch nie. Was immer gemacht werden musste, er hatte es angeordnet. Als Leiter der mind-Programmierung war er dafür verantwortlich, dass die Beschlüsse des

councils umgesetzt werden. Und das tat er mit der Allmacht, die ihm
übergeben worden war. Jeder Programmierer wusste eine Geschichte
über ihn, Gerüchte kursierten, er sei Autist, absolut genial und der einzige
Mensch, der mind jemals verstanden hätte, aber gesichert war nur, dass
er ein brillanter Programmierer war, der Kopf hinter mind. Es war seine
Architektur, seine Struktur, die sie hier programmierten.

Amil sah ihn zum ersten Mal. Er stand ganz ruhig in der Tür und ließ
seinen Blick über den Raum schweifen. Nur mittelgroß, mit grauen
Haaren, fast 60 Jahre alt, strahlte er nichts als Autorität aus.
„Zusammenkommen", sagte er und im gleichen Moment sprangen die
Programmierer von ihren Plätzen auf und scharten sich um ihn. „Wir sind
sabotiert worden", sagte Jekar und blickte jeden einzelnen nacheinander
an. „Das Kalkulationsprogramm der points und alle keys sind gestört. Ich
will in genau einer Stunde wissen, was passiert ist, wer das war und wie
wir ein komplettes reset machen. Niemand verlässt diesen Raum. An die
Arbeit."

Jekar drehte sich ohne eine Antwort oder Fragen abzuwarten um und
ging. Die Programmierer sahen sich an. Und sie bemerkten, dass
bewaffnete Polizisten am Eingang Position bezogen hatten. Es war ernst.

Amil wusste, dass Jekar von jetzt an jeden Schritt überwachen ließ, den
sie taten. Er musste genau das tun, was alle taten, um nicht aufzufallen.
Und er hoffte, dass sein Bruder genau das Gleiche machen würde.

14. Eingeschlossen

Sara starrte auf ihre Kontrollbildschirme. Gerade waren die
Notstromaggregate angesprungen und sie konnte schwarzen Rauch auf
dem Gelände aufsteigen sehen – das war Dieselruß, die Aggregate waren
schon seit langem nicht mehr benutzt worden. Es würde nicht lange
dauern und besorgte Anwohner würden die Feuerwehr alarmieren. Das
war immer so. Der Überwachungsmonitor für den Schaltschrankraum
blinkte rot – Feueralarm! Das war ein echtes Feuer, kein Dieselruß. Der

Techniker war noch dort unten. Er war in Gefahr. Sie musste sofort zu ihm.

Sie löste den Generalarm aus, der die Feuerwehr und alle Mitarbeiter zur Anlage beordern würde und rannte zur Treppe zurück. Ohne ihren Schlüssel konnte der Techniker den Raum nicht verlassen. Hoffentlich war ihm nichts passiert.

Als sie die Tür zum 3. Untergeschoss aufriss lag er am Boden, um dem Rauch zu entgehen, der sich bereits überall ausgebreitet hatte. Sie zog an seinem Arm – er bewegte sich, kroch zu ihr und gemeinsam schafften sie es bis zur Tür. „Geht es?", fragte sie und er nickte. „Was ist eigentlich los?", fragte er. „Wenn ich das wüsste", sagte sie „wir müssen sofort die Treppe hoch und hier raus." Gemeinsam schafften sie es, die Treppe hochzusteigen und waren froh, in der Empfangshalle zu stehen. Der Techniker wandte sich der Eingangstür zu und wollte offenbar hinaus ins Freie. „Das geht nicht", sagte Sara. „Schau hier." Sie zeigte ihm ihr screen – es blinkte rot, die Anzeige dafür, dass es nicht einsatzbereit war. „Meine keys sind weg" sagte sie. „Wir sind eingeschlossen. Wir müssen hier warten bis Hilfe kommt."

„Merde", dachte er, schließlich war man hier in Frankreich, das würde die nächste Aufgabe, nämlich das back-up System zu finden und zu eliminieren, unmöglich machen. Und wie sich das Feuer entwickeln würde, war auch nicht abzusehen.

„Es muss einen Weg geben", sagte er und begann, die Eingangshalle abzusuchen. „Keine Chance", meinte Sara. „Ich habe den Generalalarm ausgelöst. Alles ist hermetisch abgeschlossen."

Sie sah seine Enttäuschung und fragte sich zum ersten Mal, ob sein Besuch und die Probleme zusammenhängen konnten. Sie lief zum news-Terminal.

Es gab nur eine Meldung:

„Technische Probleme bei screen – sie werden bald behoben. Stay where you are."

Sie sah den Mann an. Irgendetwas stimmte nicht. Die screens spielten verrückt und gleichzeitig brach ein Feuer aus. „Was ist dort unten passiert?", fragte sie. Er schaute sie an. „Die Hauptstromversorgung hat einen Kurzschluss", sagte er. „Es hat einen Lichtbogen gegeben."

„Kann das Feuer sich ausbreiten?", fragte Sara.

„Nur wenn es die Computer erreicht. Die Platinen brennen wie Zunder. Aber die Notstromaggregate halten die Kühlung aufrecht. Das sind die Ventilatoren hinter den Computern." Sara nickte. „Vielleicht sollte ich nachschauen?" Er schüttelte den Kopf. „Zu gefährlich. Besser wäre es, hier herauszukommen."

Im dritten Untergeschoss entstand gerade ein Geräusch wie Zischen aus einem Dampfkessel, der zu heiß wird: Die Kühlungsregelung war durch die Explosion des Schaltschrankes beschädigt worden und nur wenige Ventilatoren wurden angesteuert. Die Rechner, die in langen Reihen parallelgeschaltet waren, begannen gerade heiß zu laufen…

Zur gleichen Zeit saßen Jekar und seine engsten Mitarbeiter in einem Computerraum neben dem großen Programmiersaal und starrten auf eine Batterie von Bildschirmen, über die Prüfprogramme liefen. „Es war ein Fehler, die keys mit den Kommunikationskanälen zu verbinden", sagte Jekar. „Alle classified messages kommen nicht an." „Was bedeutet das?", fragte einer.

„Wir können keine Anweisungen geben, das bedeutet das", sagte Jekar. „Unsere gesicherte Kommunikation ist tot. Und was immer über die keys gesendet wird, landet irgendwo, aber nicht beim Empfänger. Es ist eine Katastrophe."

15. Die owner

Erst die Ausrichtung der Revolution an die Dienlichkeit des Einzelnen für die Gesellschaft hatte den Egoismus abgeschafft, jedenfalls sah das der council so.

Die Grundfrage, ob eine Existenz für das Ganze wichtig war, wurde zum neuen Maßstab für das Zusammenleben erhoben. Waren zuvor die Maximierung der eigenen Bedürfnisbefriedigung, der Gewinn oder die Selbstverwirklichung die Grundlagen für den Antrieb vieler Menschen, war jetzt die positive Ausrichtung jedes menschlichen Tuns auf und für das Ganze das gewünschte Sozialverhalten. Das war die neue Grundlage für das Zusammenleben.

Daran orientierte sich die neueste Punktevergabe. Der Gesellschaft dienliches Verhalten, das Wirken für alle, wurde mehr und mehr belohnt. Natürlich war der Egoismus in der Jagd nach points nach wie vor erkennbar, schließlich brachte es persönliche Vorteile ein volles Konto zu haben, jeder war bemüht, seinen account aufzufüllen.

Aber die Zurechnung von Punkten orientierte sich an der neuen Struktur des Systems. Es wurde konsequent an den Bedürfnissen des Ganzen ausgerichtet. Der council hatte eine flexible reward-Politik eingeführt, in der die Ziele und Notwendigkeiten definiert und diejenigen belohnt wurden, die zum Erreichen der Ziele beitrugen.

„Ich finde es gut", hatte Amil gesagt, „warum sollen Menschen belohnt werden, die nur sich sehen, nur für sich arbeiten, und nicht für alle? Früher wurden Belohnungen mit Geld gemessen, das geht heute nicht mehr. Jetzt kämpfst du für deine points."

„Auch früher haben Menschen für das Ganze gearbeitet", wandte er ein. Oder geholfen ohne Lohn. Aber er fand es gut, dass die Revolution Geld, Eigentum und damit auch das gesamte Finanzwesen abgeschafft hatte. Niemand musste points verwalten, entweder man hatte sie oder nicht. Und gestohlen werden konnten sie auch nicht. Auch verleihen ging nicht, also ganz schlicht, ganz einfach. Wozu dann noch Banken?

Banken waren vor der Revolution in Verruf geraten, was eine ausufernde compliance zur Folge hatte, immer neue Vorschriften, die verhindern sollten, dass an sich selbstverständliche Regeln, und sei es nur Anstand oder Respekt, in den Banken eingehalten wurden. Mit wenig Erfolg. Es waren die Jungen, die dafür gekämpft hatten, dass ein neues System eingeführt werden müsse. Punkteabzug bei Fehlverhalten. Ein gerechtes System, das jedem den Zugang zu den Möglichkeiten erschließen sollte, die er nutzen wollte, unabhängig von Status und Reichtum, müsste Fehlverhalten mit dem Abzug von Punkten sanktionieren. Strafen wie Gefängnis wie früher führten unweigerlich dazu, dass der Mensch nicht mehr für andere da sein konnte. Also Punktabzug.

Sandor hatte gesagt, dass die kapitalistische Phase menschlichen Zusammenlebens nur ein Übergang gewesen sei, hin zur neuen Definition der Nützlichkeit für das Ganze. Das ausgeklügelte System der points gab jedem die Chance, etwas zu gewinnen, aber auch zu verlieren. Entsprach sein Einsatz dem gerade Notwendigen, oder das, was als notwendig erachtet wurde, konnte er sein Konto auffüllen.

Als es zu den schweren Auseinandersetzungen, insbesondere zwischen Armen und Reichen gekommen war – immer wieder wurden die Benachteiligten durch staatliche Macht in ihre Schranken gewiesen, zuletzt waren es so viele, dass dies kaum mehr gelang - wurde allen bewusst, dass es eine neue Verteilung des Reichtums brauchen würde. Der Wirtschaftsliberalismus, der lange Zeit funktioniert hatte, war gescheitert. Der Markt als regulierender Mechanismus hatte versagt, Wirtschaft ist Krieg, und im Krieg wird alles Menschliche zur Nebensache.

Als man die protestierenden Massen, die sich benachteiligt fühlten, nicht mehr kontrollieren konnte, gaben nach und nach die Regierungen der Länder auf und schlossen sich dem Punktesystem und damit dem council an. Es fehlte schlicht an der dritten Säule, die einen Staat ausmacht, nämlich der Staatsgewalt. Wer seine Bürger nicht kontrollieren kann, ist kein Staat mehr. Und auf die eigenen Bürger zu schießen hatte sich noch immer als keine Lösung herausgestellt.

Und so hatte der council faktisch auch die Staaten aufgelöst, nachdem die neuen Regeln des Zusammenlebens in immer mehr Ländern angenommen wurden. Das fanden viele sehr gut, denn Nationalismus war ebenfalls und seit langem ein Grund für Konflikte, Kriege und Ungerechtigkeit gewesen.

Sie hatten dies oft und leidenschaftlich diskutiert. „Ich fühle mich als Mensch, Weltbürger, und Fahnen und Hymnen sagen mir sowieso nichts!", hatte Kena gesagt und das fand allgemeine Zustimmung. „Stimmt", hatte er gesagt, „bis auf die Werte, die jedem mit auf den Weg gegeben sind. Die kann man nicht ändern, die sind da, das ist man selbst. Und deswegen unterscheiden wir uns nach wie vor." „Ja", meinte Kena, „aber das hat nicht nur mit Herkunft zu tun, sondern damit wie du aufgewachsen bist, wie du erzogen wurdest. Nationalität ist nur eine Idee, ein künstliches Abgrenzen von Land, sowieso nicht geeignet um Menschen, die dort leben, zu definieren. Grenzen und damit Länder sind willkürlich. Nationalität ist nichts."

„Es pauschaliert", sagte Amil, „du kannst nicht alle Deutschen oder Franzosen in einen Topf werfen, die sind alle verschieden, da hast du keine Differenzierung. Also falsch, von vorneherein." „Man findet sich immer bei denen wieder, die gleich denken und handeln. Sonst macht man etwas falsch. Und das ist gut so. Ich bin jedenfalls froh, euch zu kennen", war Amils abschließende Meinung.

Und zum ersten Mal sahen sie sich nicht nur als Freunde, sondern auch als Gruppe, als zusammengehörig. Sie hatten gemeinsame Werte. Das war ein gutes Gefühl. „Ich bin ein menschliches Wesen", grinste Amil und hielt seine rechte Hand an sein Herz.

„Du bist ein Tier", sagte Mara und es war die einzig mögliche Antwort auf so viel Selbsterkenntnis.

Sie hatte ihn in diesem Moment angelächelt und er war glücklich, wusste aber nicht genau, ob sie sich über ihn freute oder über die neue Freundschaft in der Gruppe.

Die Auflösung kapitalistischer Strukturen war danach ein logischer Schritt gewesen. Es ließ sich nicht mehr begründen, dass künstliche

Gebilde wie Konzerne die Geschicke der Menschheit wesentlich bestimmen sollten.

Die Abschaffung von juristischen Personen, gleich in welcher Rechtsform und gleich in welchem Land wurde beschlossen, die Eigentümer wurden aufgefordert, ihr Vermögen in den council einzubringen, gegen points als Entschädigung selbstverständlich. Und so waren viele der Unternehmer auch Mitglieder des councils geworden, hatten ihren Reichtum in einen virtuellen Reichtum innerhalb der neuen Struktur umgewandelt.

Ganz automatisch war jede Form von Nachfolge, fast wie ein Wunder, sei es Erbschaften oder Übertragungen von Eigentum, in der neuen Ordnung überflüssig geworden. Die Punkte waren höchstpersönlich und nicht übertragbar.

Jeder erhielt seine Grundsicherung und mit 18 Jahren eine Wohnung und, wenn er wollte, Arbeit zugewiesen. Nicht alle waren bereit gewesen, sich dem neuen System anzuschließen und hatten sich als „owner" vereint, die einzige Opposition, die es gab, wenn auch nicht organisiert und eher lächelnd vom council geduldet. Sie versuchten, die bisherigen Strukturen aufrechtzuhalten, autark zu leben und wurden immer mehr durch das System isoliert. Aber sie waren stolz, stolz auf das Erreichte, ihren Besitz und wollten ihn bewahren. So wie alle Menschen, die nicht nur für sich, sondern auch für ihre Kinder und wenn möglich Kindeskinder das Vermögen nutzen wollten, das sie erarbeitet – oder wie auch immer bekommen – hatten. Trotzdem hielten sich die owner wie ein Relikt, ein stolzes Relikt. Sie mussten alles selbst organisieren, von Sicherheit über Hilfe, Schulen und Krankenhäusern bis hin zur Produktion von dem, was sie zum Leben brauchten. Alles, was zuvor staatliche Aufgaben gewesen waren, wurde selbst übernommen. Kleine Keimzellen im großen Ganzen, nicht bereit für die Veränderungen, aber in Manchem durchaus erfolgreich. Und autark. Aber nicht politisch organisiert, also keine Gefahr für die neue Ordnung.

Wenn man sein Eigentum an den council abgab, so war es für immer weg, denn die Gegenleistung in Form von points würden mit dem Tod gelöscht werden. Das war aus Sicht des councils folgerichtig, denn jeder sollte sich seine points selbst verdienen, gemessen an dem, was er für alle leistete.

Und noch ein Nebeneffekt stellte sich ein. Ohne dass es geplant worden wäre waren Berufsgruppen wie Rechtsanwälte, Notare, Steuerberater, Bankmitarbeiter und Makler plötzlich so gut wie überflüssig. Keine Verträge mehr, kein Erbrecht, kein Strafrecht, alles über die Punkte regelbar. Auch ein Umstand, der vielen Menschen eher als Segen denn als Fluch vorkam.

Auch wenn es die üblichen und zum Teil heftigen Widerstände gegeben hatte – diese Berufsgruppen bekamen Aufgaben zugewiesen, die in der neuen Verwaltung entstanden waren.

In der übernahm der council immer mehr Aufgaben in der Daseinsfürsorge. Wohnraum wurde standardisiert und zugewiesen. Das senkte die Kosten der Herstellung enorm und die Zuweisung von Wohnungen hatten vor allem die Armen als Wohltat empfunden. Jeder hatte das Recht auf 25 qm Raum, das war steigerungsfähig, wenn man die level erreichte, die dies zuließen. Der council hatte dafür gesorgt, dass die überhitzten Mietmärkte nach und nach durch staatlichen Wohnungsbau ersetzt wurden. Die Wohnungen waren erstklassig ausgestattet und technisch auf dem neuesten Stand. Und man hatte dafür gesorgt, dass niemand alleine sein musste, zu jedem Wohnblock gehörten öffentliche Räume für Geselligkeit, Kultur und Sport, die jeder kostenlos nutzen durfte, der ein Anrecht auf eine Wohnung hatte. Animateure verdienten sich ein paar Zusatzpunkte. Auch die Einsamkeit war als Problemfeld erkannt worden und durch die Gemeinschaftsräume konnte man anderen ungezwungen begegnen und Nachbarn lernten sich kennen.

Durch die automatisierte Massenfertigung von Wohnungen waren die Herstellungskosten auf ein Minimum gesunken. Damit konnte der council Wohnungen ohne Miete zur Verfügung stellen. Zum neuen Leben gehörte auch dazu, dass der council für Essen und medizinische Grundversorgung sorgte. Das Modell einer Grundsicherung hatte sich so durchgesetzt und wurde von der Mehrheit der Bevölkerung als richtig angesehen. Niemand brauchte mehr Angst vor Armut zu haben. Für mehr als die Grundsicherung musste man arbeiten.

All das gab es in der Familie von Sara nicht. Sie waren owner geblieben. Der Hof, auf dem Sara zu Hause war, befand sich in der Nähe des ehemaligen Kernkraftwerks. Er hatte so gar nichts von den Errungenschaften, die der council propagierte.

Der Hof bestand aus einem Haupthaus, in dem die Familie lebte, seit 1756, wie ihr Vater immer stolz betonte, und einem Nebengebäude, in dem sich früher die Ställe befunden hatten und das heute als Werkstatt und Unterstand für die Geräte genutzt wurde. Die Tiere befanden sich weiter entfernt in einer modernen Halle, die fast automatisch die Versorgung der Rinder sicherstellte. Das war aber die Ausnahme, denn die Tiere durften so oft sie wollten und wann immer das Wetter es zuließ hinaus auf die Wiesen, die sich bis an den Fluss hinunterzogen und genug Futter vom Frühjahr bis fast in den Winter hinein boten.

Von den Veränderungen draußen, in der neuen und von der virtuellen Welt hatte man nie viel gehalten, auch nicht von der Revolution. Die Eigenständigkeit aufgeben? Autark leben können, selbstbestimmt, das war doch das was jeder sich wünschte. Frei sein, gegen Punkte? Niemals, hatten sowohl Saras Mutter als auch ihr Vater immer gesagt. Das war für sie keine Freiheit, denn der Preis war konformes Verhalten. Und so hatten sie den Hof behalten, lebten von dem, was sie produzierten und das Wenige, was sie nicht hatten, tauschten sie mit anderen ownern. Es gab einen Arzt (Himmel, wie lange noch?), den Bäcker und einige Handwerker. So war man immer mehr zusammengerückt und gegenseitige Hilfe hatte es immer schon im Dorf gegeben. Also wie früher auch, mit dem Unterschied, dass manches nicht möglich war. Aber das fehlte nicht wirklich.

Heute war alles anders, man spürte, dass etwas vorging, etwas nicht stimmte, selbst die, die kein screen trugen bemerkten die Veränderung.

Saras Mutter hatte sorgenvoll auf die schwarzen Rauchwolken geschaut, die an den vier Türmen zu sehen waren. Die Nachrichten im Radio berichteten von chaotischen Verhältnissen in der Stadt.

„Ich gehe nach Sara sehen", sagte sie und weil sie etwas, dass sie sich vorgenommen hatte, auch sofort umzusetzen pflegte, war niemand erstaunt, dass sie zu ihrem Auto lief und davonfuhr.

Saras Vater sah ihr nach und dachte daran, wie es sein würde, wenn Sara hier sein könnte, wenn sie alt wären, so wie sein Vater und seine Mutter. Es würde gut sein, wenn es noch weitere Generationen auf dem Hof geben würde. Er würde stolz sein auf Sara, auf den Hof und vielleicht die Enkel, die sie ihm schenken würde. Alles andere war nicht wichtig.

16. Neuanfang

Kena war genauso gespannt wie alle auf das Signal, dass sie erkennen sollte. Sie dachte an ihn, als die Zeit zum Handeln gekommen war, wusste aber nicht, wo er jetzt war und was passieren würde. Als ihr screen verrücktspielte, musste sie lächeln. Samir war ein Spinner, er hatte alles verändert! Ihr Status hatte sich schlagartig verbessert, sie hatte Zugang zu fast allem, was sie sich vorstellen konnte, einschließlich Regierung und VIP-Service. Nicht schlecht, aber das war nicht was sie wollte. Sie wollte eine Welt, die ein wenig wie früher funktionierte, die nicht digitalisiert und berechnend war. Denn wer anfängt zu rechnen, der zerstört irgendwann das Vertrauen.

Sie hatte dies in ihrer Familie erlebt. Die Beziehung ihrer Eltern war gescheitert, als sie anfingen, alles zu bewerten. Sie hatten sich vorgeworfen, was der eine für den anderen getan hatte und vor allen Dingen was nicht. Das Schlimmste waren die Urteile gewesen, die sie immer wieder daraus abgeleitet hatten. Das ständige „Du hast" und „Du wolltest".

Die Liebe rechnet nicht. Sie gibt und erwartet nichts. War das aus dem Paulus-Brief? Sie konnte sich nicht mehr daran erinnern, es war zu lange her, dass sie sich damit beschäftigt hatte, aber sie wusste, jede Liebe müsste sterben, wenn man rechnet, alles aufrechnet und vor allen Dingen über den Anderen urteilt.

Das war das, was ihr an der Revolution am meisten Angst machte. Dieses Gefühl, ständig beurteilt zu werden. Nichts war möglich, ohne dass es auf seine Bedeutung hin überprüft wurde, alles wurde bewertet, eine Belohnung war nur vorgesehen für das, was für das Ganze wichtig war. Oder für den council. Es war ein Gefühl wie früher bei den Schulnoten, nur noch präziser, genauer und bestimmter. „Die Beurteilung erstickt die Liebe, Toleranz und die Güte", dachte sie. So wollte sie nicht weiterleben.

Sie wurde durch den Chefarzt aus ihren Gedanken gerissen, der zur Tür des Bereitschaftsraumes hineinkam. „Machen Sie sich bereit, wir müssen operieren", sagte er. „Und wir haben keine Daten. Der DNA-Abgleich ist gestört. Verlasst euch bloß nicht auf das screen. Ihr müsst diagnostizieren. Und es kommen eine Menge Patienten."

Mit einer Mischung aus Schuldgefühl und gespannter Erwartung zog sie sich an, wusch sich die Hände und ging mit den anderen Ärzten in den Vorraum der OP-Abteilung. Die Ordnung war gestört, das konnte man überall sehen und spüren. Würde sich alles ändern, alles besser werden? Und ohne die Daten des screens zu behandeln war etwas, was sie schon lange nicht mehr gemacht hatten. Diagnosen stellen durch Untersuchung des Patienten ohne Datenabgleich, erkennen, was die Ursache einer Krankheit war, selbst herausfinden, woran der Patient litt, das war neu und jetzt die drängendste und wichtigste Aufgabe. Alles andere würde später kommen…

17. Brand

Sara war zu ihren Überwachungscomputern zurückgegangen und starrte auf die Anzeigen. Der Alarm wurde angezeigt, ihr nicht autorisiertes Hiersein ebenfalls, aber da war auch eine neue Meldung: „Defcon 3."

Das bedeutete, dass ein Angriff unmittelbar bevorstand oder bereits begonnen hatte. Sie musste auf die geheimen Funkfrequenzen umschalten. Und die Waffen scharf machen. Konnte das stimmen? Ja, das konnte es, es war genug passiert heute Morgen, um einen Angriff anzunehmen…

Dann starrte sie auf den Bildschirm, der den Status des Generalarms wiedergab. Der Alarm war ausgelöst, aber keine Reaktionen waren zu sehen. Weder war die Feuerwehr unterwegs, noch waren Statusmeldungen der Kollegen zu sehen. Was hatte das zu bedeuten? Sie drehte sich zu dem Techniker um, der mit seinem screen beschäftigt war.

„Der Alarm funktioniert nicht", rief sie ihm zu.

„Das kann er auch nicht, wenn die Empfänger über keys alarmiert werden. Meine keys sind weg oder durch völlig unsinnige ersetzt." Sara begann zu begreifen, dass sie auf sich allein gestellt sein würden. Meldungen innerhalb der security waren nur für berechtigte Personen, der Feueralarm erforderte ebenfalls einen Zugang. Niemand war alarmiert worden, jedenfalls niemand, der dazugehörte.

„Wir müssen das Feuer löschen!", rief sie und sprang auf.

„Kannst du den Schaltschrankraum über die Video-Überwachung sehen?"

Sara stellte auf das dritte Untergeschoß um. Der Bildschirm war schwarz.

„Ich sehe nichts", sagte sie. „Wir müssen runter." Sie lief zur Kellertür und öffnete sie. Im gleichen Moment wurde sie von einer Druckluftwelle aus Hitze und Rauch zurückgeworfen und landete hart auf dem Boden. Schwarzer Qualm drang aus dem Treppenschacht hinauf. Er sah, was passierte und lief zu ihr. Heiße Luft waberte hinauf und er musste sich ducken, um zu ihr zu gelangen. Sie war bewusstlos. Er warf sich gegen die Tür und schaffte es, sie wieder zu schließen. Da unten musste die Hölle los sein.

Sara lag seltsam verdreht auf dem Boden und er zog sie mit einem Griff unter den Schultern weg von der Tür. Sie mussten hier raus. Er musste hier raus. Er zog sie an das andere Ende der Halle und überlegte. Amil musste ihm helfen. Er sandte ihm eine Nachricht, verschlüsselt.

Amil war immer noch fasziniert von den Verwerfungen, die sich ergeben hatten. Das war mehr, als man erwarten konnte. Aber es war nicht das, was sie geplant hatten.

Die Nachricht seines Freundes erreichte ihn verschlüsselt: K x –

K stand für Knotenpunkt, das war klar. X war ein Zeichen für verboten oder verschlossen oder Gefahr – x for danger.

Der Strich konnte ein minus sein oder eine Richtungsanzeige. Sollte er den Knotenpunkt überprüfen? Er öffnete den Status des Knotenpunktes an seinem Computer, auch wenn dies mit der Gefahr verbunden war, dass er später gefragt werden würde, warum er das gemacht hatte.

Er sah sofort, dass es dort brannte. Das Netz war gestört. Die Notstromversorgung lief nicht mehr. Sie hatten es geschafft, sein Freund hatte es geschafft. Aber er war eingeschlossen und in Gefahr. Er musste zunächst eine Meldung machen…

„Problems detected: fire & power failure K12", versah die Meldung mit den GPS-Angaben und schickte sie an mind. Und dann würde er Samir alarmieren. Er würde versuchen, einen Zugang zu K12 zu finden. Er würde wissen, was zu tun war. Samir war immer schon der bessere Stratege gewesen…

18. Eleonore

Saras Mutter wurde von allen Elli genannt, obwohl sie auf ihren richtigen Namen Eleonore sehr stolz war. Er stammte noch aus der alten Zeit, war nicht, wie es Mode geworden war, eine Kurzform und passte zum Namen ihres Mannes, Richard, wie sie fand, wunderbar. Die Namen Richard und Eleonore waren stimmig, gehörten zusammen und zeigten, dass sie zu den ownern gehörten und an den alten Traditionen festhalten wollten. Schon ihre Großmutter hatte Eleonore geheißen.

Sie erreichte nach kurzer Fahrt das Tor zum Knotenpunkt und stellte verwundert fest, dass es offenstand. Aus dem Gebäude drang Rauch. Das waren keine Dieselabgase der Generatoren. Das war ein Feuer.

Und Sara war nirgendwo zu sehen, sie musste sich noch im Gebäude befinden. Panik kam in ihr auf, sie sprang aus dem Wagen und rannte auf das Hauptportal zu. Es war verschlossen.

„Sara!", rief sie „Sara, wo bist du?" Sie bekam keine Antwort.

Im Empfangsraum des Gebäudes glaubte er, eine Stimme gehört zu haben. Er hatte Sara in den hintersten Winkel des Raumes gebracht, wo der Rauch noch nicht angekommen war. Draußen stand eine Frau, die verzweifelt versuchte, in das Gebäude zu gelangen. Er lief zu einem Fenster und hämmerte gegen die Scheibe – Panzerglas.

Sie bemerkte ihn und kam auf ihn zugelaufen. Er deutete ihr an, dass alles ok war, aber die Tür verschlossen war. Sie nickte und blickte sich hilfesuchend um. Wo war ein Weg in das Gebäude?

In diesem Moment gab es einen dumpfen Knall, der das Gebäude erschütterte. Das Feuer musste etwas Explosives entzündet haben. Der Rauch quoll durch die geschlossenen Fahrstuhltüren und durch die Tür zur Treppe.

Samir hatte sich, alarmiert durch seinen Bruder, mittlerweile durch das Steuerungsmenü des Knotenpunktes vorgearbeitet. Die Sprinkleranlage war elektrisch gesteuert und von der Notstromversorgung abhängig. Sie konnte nur von der Leitzentrale des Knotenpunktes aktiviert werden. Das machte Sinn, denn nur vor Ort ließ sich zuverlässig entscheiden, ob sie eingesetzt werden sollte. In diesem Fall waren Schäden an der Anlage, vor allen an den Rechnern, zu erwarten. Und logischerweise musste die Sprinkleranlage die Türen öffnen – wie sonst wäre die Feuerwehr in der Lage, in das Gebäude zu gelangen. Er sandte eine Textnachricht - „Sprinkleranlage!!!"

Und dann musste er einen Weg finden, sofort zum Knotenpunkt zu fahren, egal, wie sehr Jekar oder die anderen oder mind ihn hier brauchten.

Er sah die Nachricht sofort auf seinem screen. Sprinkleranlage? Sie musste von hier aus gesteuert werden…

Er rannte zum Empfang und sah sich die Steuerung an. Da war ein Schlüssel für die Anlage, aber der Schlüssel fehlte. Vielleicht hatte Sara den Schlüssel. Sie kam gerade zu sich und schaute ihn verwirrt an.

„Bleib ruhig liegen", sagte er „es hat eine Explosion gegeben. Ich brauche den Schlüssel für die Sprinkleranlage!"

Sara schaute ihn an, es ging ihr offensichtlich nicht gut. Aber sie verstand, was er wollte und löste ihren Schlüsselbund vom Gürtel.

„Der Rote", sagte sie und schaute ihm nach, wie er zum Empfang zurücklief.

Das Drehen des Schlüssels löste einen schrillen Alarmton aus und aktivierte die Sprühvorrichtungen. Das Wasser wurde in einem feinen Nebel von der Decke versprüht. Und er konnte deutlich hören, wie sich die Riegel an den Türen zurückschoben – sie waren frei!

Er lief zu Sara und half ihr auf. „Schnell", sagte er, „bevor hier alles in die Luft fliegt." Er stützte sie und sie gingen zum Haupteingang.

Vor dem Gebäude kam Eleonore auf sie zu. „Gott sei Dank, schnell zum Wagen!" Sara schaute sie dankbar an. „Ich will nach Hause", sagte sie nur. Er ging automatisch mit zum Auto und Saras Mutter warf ihm wortlos den Schlüssel zu. Sie stützte Sara, die noch benommen war und jetzt noch einmal stehen blieb und zurückschaute. Das Gebäude war von schwarzem Rauch eingehüllt und es sah nicht so aus, als würde die Sprinkleranlage viel bewirken. Hier war für sie nichts mehr zu tun.

Samir wusste, das Jekar und sein engster Beraterstab nicht weit weg sein konnten. Er ging zu den Wachmännern an der Tür und sagte, „Ich muss dringend den Chef sprechen." Die Wachmänner sahen sich kurz an und einer bat ihm mitzukommen.

Jekar und einige andere waren in dem kleinen Kontrollraum, von dem sie das Geschehen an Monitoren beobachten konnten. An zwei Terminals wurde gearbeitet – Jekar gab kurze Befehle und Samir begriff sofort, dass das back-up gestartet werden sollte.

„Was gibt's?", fragte Jekar und drehte sich halb zu den beiden um, die in der Tür standen.

„Ich glaube die Ursache liegt bei K12", sagte Samir. „Es brennt dort, die Stromversorgung ist ausgefallen."

„K12 auf Schirm 1", bellte Jekar und sie sahen den Knotenpunkt mit den vier Türmen aus der Perspektive einer b-Drohne – alles war in schwarzen Rauch gehüllt.

„Feuerwehr alarmieren, über Telefon", rief Jekar „und das Gelände absichern!"

„Ich will hinfahren, ein back-up ziehen, wenn das noch geht", sagte Samir. „Und das Protokoll."

Jekar überlegte kurz, nickte und sagte, „Nimm Deinen Bruder mit! Ich will sofort einen Bericht. Du gehst mit, nimm den Defender, der vor der Tür steht." Die letzte Aufforderung war an einen Sicherheitsmann gerichtet.

Samir wunderte sich, dass Jekar Amil kannte und wusste, dass er sein Bruder war. Und er musste gesehen haben, dass Amil im Haus war. Offensichtlich kannte er seine Leute besser als gedacht. Er fing an, den Mann zu bewundern. Er war nicht nur ein genialer Computerprogrammierer, er war wahrscheinlich wirklich der Kopf von mind.

Jekar wandte sich wieder seinen Leuten zu. „Das erklärt noch nicht die Verschiebung in den screens. Weitersuchen und das System mit dem letzten konformen Zeitpunkt hochfahren!" Alle wandten sich wieder den Terminals zu.

„Hier ist das Team, das den back-up versucht", erkannte Samir. Wer sonst als Jekar konnte das schaffen? Das war eine wichtige Information, wenn sie verhindern wollten, dass mind die alten Strukturen wieder hochfahren würden. Es war sehr bedeutsam, dass dies nicht passierte. Er lief zusammen mit dem Sicherheitsmann zurück zu seinem Terminal, funkte Amil an und packte seine Sachen zusammen. Und er freute sich darauf, hier herauszukommen, fast war es ihm so vorgekommen, als sei er jetzt ein Fremdkörper in diesen Räumen, würde nicht mehr dazu gehören. Es schien als wäre es richtig, mind, dass er wie ein Tier verletzt hatte, angeschossen aber noch nicht getötet, jetzt zu verlassen. Mind, dem er fast sein gesamtes bisheriges Leben gewidmet hatte, dass er immer wieder optimiert, überwacht, protokolliert hatte – sie waren jetzt Gegner. War das ein schlechtes Gewissen? Nein, das war es nicht, er fühlte nur eine Fremdheit, die neu für ihn war, zu dem Gebäude, den Menschen hier und den Aufgaben, die sie hatten. Es war kein Mitleid, dass er empfand, nur eine Mischung aus Adrenalin und dem Wissen, dass jetzt etwas Neues beginnen konnte, etwas gutes Neues, jedenfalls nach dem Chaos, das mit jeder Veränderung unweigerlich verbunden war. Und da war jetzt ein Geheimnis, das Geheimnis ihres Widerstandes, und alle hier würden versuchen, dieses Geheimnis zu lüften. Amil würde wissen, was zu tun war. Mit ihm zusammen würde alles gelingen, was immer sie auch erwarten würde.

19. Der council

Der Vorsitzende des councils tat, als sei nichts Besonders geschehen. Es gehörte zu seinen Gepflogenheiten, auch bei größtem Stress Ruhe zu bewahren und mit ruhiger Stimme und fast unbeteiligter Miene die Sitzung zu leiten.

Die Runde der obersten member saß wie immer an dem großen Tisch, hier wurden die Entscheidungen gefällt, in der Schnelligkeit des Netzes, ohne Kontrolle durch irgendein anderes Organ und damit effektiv und widerspruchslos wie in einer Diktatur. Die Führerschaft des councils war absolut geworden. Und das hatte bis jetzt unglaublich präzise und mit für alle überraschender Schnelligkeit funktioniert. Fast alle früheren staatlichen Aufgaben waren auf den council übergegangen und bis auf die Aufgaben, deren Bearbeitung sub-councils oblagen, wurden alle Entscheidungen von einiger Bedeutung hier, in dieser Runde getroffen, mit einfacher Mehrheit. Und er, der Vorsitzende, hatte ein Veto.

Das hatte dazu geführt, dass selbst komplexe Änderungen ohne viel administrativen Aufwand umgesetzt wurden. Demokratische Strukturen hatten sich in der Vergangenheit als zu langsam und schwach herausgestellt, schon wegen der ständigen und lähmenden Wahlen. Immer mehr waren diktatorisch geführte Länder führend geworden, konnten sie doch langfristiger planen und handeln. Demokratische geführte Länder wurden wirtschaftlich und in ihrer Machtentfaltung überholt – einer der Gründe, warum der Vorsitzende des councils eifersüchtig darauf achtete, dass nur er Entscheidungen treffen konnte und seine Macht niemals in Frage gestellt wurde.

Der Vorsitzende blickte in die Runde. Hier waren, jedenfalls nach den Kriterien des councils, die besten und fähigsten Köpfe der Gesellschaft versammelt, alle mit pilar-Status in den points, Menschen, die Außergewöhnliches geleistet hatten, oder, wie er immer noch missbilligend fand, so viel Geld und Vermögen in den council eingebracht hatten, dass nichts anderes übrigblieb als sie in die Runde der Obersten aufzunehmen. Wobei er selbst auch mit einer großen Summe nachhelfen musste, um in das Gremium gewählt zu werden, aber das war eine andere Geschichte. Zugeschaltet waren über Videokonferenz weitere Mitglieder des councils. Sie konnten die Sitzung live verfolgen, hatten aber nur ein schriftliches Antragsrecht.

„Was haben wir?", fragte er und ein schmächtiger, blasser Mann rechts von ihm stand auf und begann zu sprechen. Eigentlich war er viel zu jung, um hier zu sein.

„Komplette Störung der screens in den points, der keys und der Zuordnung über die DNA. Damit ist auch die Überwachung chaotisch, die Ursache ist noch nicht bekannt, muss aber ein Hackerangriff sein. Wir haben alle Teams, die Zugang zu mind haben, in den Zentralen eingeschlossen. Niemand kann heraus. Das waren ein oder mehrere Insider. Jekar versucht das heraus zu finden und arbeitet an einem back-up. Das Netz ist durch einen Brand gestört.“

Der Vorsitzende nickte. Das war eine gute und zutreffende Zusammenfassung. Er war stolz auf seinen Sohn. Trotz seiner jungen Jahre hatte er es geschafft, in den council gewählt zu werden, und dass ohne die Protektion seines Vaters, darauf war er besonders stolz. Er war der Garant der Zukunft im council, brachte die Impulse der Jugend in das doch ziemlich vergreiste Gremium, argumentierte schnell und präzise und konnte sehr überzeugend sein. Seine Konzepte zur gesellschaftlichen Weiterentwicklung hatten ihm schon früh den Respekt der anderen eingebracht.

Und genügend Punkte, um überhaupt in den Kreis des councils zu kommen.

„Er ist wie seine Mutter“, dachte der Vorsitzende. Viele gute Eigenschaften seiner Persönlichkeit hatte er von ihr, nicht von ihm. Er selbst war ein Machtmensch, gewohnt zu befehlen und nicht zimperlich in seinen Entscheidungen, ganz anders als sie, die warmherzig und blitzgescheit zugleich war. Aber zu weich. Vielleicht waren es diese Gegensätze, die seinen Sohn soweit kommen ließen, es kam ihm vor, als hätte er sich von beiden Eltern das Beste herausgesucht…und nicht allzu viel stammte von ihm.

„Was tun wir?“, fragte er knapp. In der Runde herrschte Schweigen. Niemand wollte sich angesichts des Chaos mit einem Vorschlag hervorwagen.

Es deprimierte ihn, wie wenig kreativ die anderen Mitglieder in Krisensituationen wie jetzt waren. Analyse des Sachverhaltes, Möglichkeiten zur Optimierung, Lösungen, entscheiden. So einfach war das, wenn man strukturiert vorging. Er verachtete die anderen. „Wir sind auf DEFCON 3", sagte er. „Das gibt uns einige Möglichkeiten."

„Die Veränderung der points ist nicht so wichtig wie die keys", meldete sich einer der Senatoren. „Die Ordnung wird insbesondere durch die fehlerhaften keys gestört."

Das stimmte allerdings. Verschlossene Türen, Polizisten, die ihre Waffenschränke nicht mehr öffnen konnten, Mütter mit Kindern, die nichts mit ihrem screen kaufen konnten, das war primär.

„Können wir ein reset machen?", fragte er und wusste die Antwort sofort selbst. Ohne die Anbindung an die Biodaten war die Autorisierung unmöglich. Und genau diese Anbindung war durchbrochen worden.

„Bei den points ja, jedenfalls irgendwann, bei den keys nein!", meldete sich ein Mitglied zu Wort „wir müssen neue keys schaffen." Der Vorsitzende überlegte. Das war richtig. Aber wie so schnell neue Zugangsberechtigungen schaffen? Für Türen, Sicherheitsbereiche, noch existierende Konten, Abos, einfach alles. Was früher eine Identitätsprüfung erfordert hatte, war jetzt nur durch die screens möglich. Selbst das frühere Bezahlen war durch die Umbuchung von screen auf screen ersetzt worden.
„Wir müssen uns erst um die Türen und das Einloggen kümmern. Wir müssen alles öffnen", sagte sein Sohn. Entsetztes Gemurmel war zu hören.

„Wir gewähren Zugang nur bei drei übereinstimmenden persönlichen Bestätigungen von Menschen, die vor Ort sind und bezeugen können, dass dieser Zugang zuvor dieser Person gegeben war. Damit erreichen wir, dass jeder in seine Wohnung kann und an seinen Arbeitsplatz gelangt. Damit kann einigermaßen sichergestellt werden, dass keine unberechtigten Zutritte erfolgen."

Das wurde diskutiert und letztlich für gut befunden.

„Pressemitteilung?", fragte der Vorsitzende. „Ist vorbereitet", antwortete eine Assistentin und las vor: *„Es ist heute zu Störungen in den screens* *gekommen. Der council bittet alle, Ruhe zu bewahren, auf Bekanntmachungen zu achten und den Anweisungen Folge zu leisten."*

„Okay, raus damit. Aktiviert die Garde", sagte der Vorsitzende. „Sie werden die Stadt schützen. Und jeder geht an die Arbeit!" Mit der Aktivierung der gefürchteten Garde des councils war praktisch der Notstand ausgerufen. Die Garde würde notfalls mit Gewalt die Interessen des councils durchsetzen. Jeder wusste das hier im Raum. Aber keiner wagte es, dem Vorsitzenden zu widersprechen. Schließlich war die Garde auch für den Schutz der member zuständig. Nicht auszudenken, wenn das nicht mehr funktionieren würde.

20. Silva

Sofort nach der Sitzung begab sich der engste Kreis der pilars in einen Nebenraum, wo sie eine hochgewachsene, schöne und sehr blonde Frau bereits erwartete. Silva leitete das data mining. Alles was an Daten gesammelt wurde kam in ihre Sektion, die Auswertung. Sie war verantwortlich für die Rückschlüsse aus den Datenmengen und als KI-Spezialistin gewohnt, auch aus den unscheinbarsten Erhebungen Zusammenhänge herauszuarbeiten. Sie hatte sich diese Position mit ihren brillanten Analysefähigkeiten, aber auch mit ihrem Aussehen erarbeitet. Manche behaupteten, der Vorsitzende und sie hätten ein Verhältnis gehabt.

Wer glaubte, in einem schönen Menschen wäre auch ein guter Charakter zu finden sah sich bei ihr bald eines Besseren belehrt. Im Gegensatz zu ihrem attraktiven Äußeren war sie zu keinerlei Empathie fähig, egozentrisch bis zum Narzissmus und war auch aus diesem Grund in ihrer Karriere so weit gekommen. Nur was ihr nützlich erschien, war es wert getan zu werden. „Wenn es keine bösen Menschen gibt, kann es keine Guten geben", war einer ihrer Lebensweisheiten und sie war fest entschlossen, zu den Bösen zu gehören. Es war so viel einfacher und brachte so viel mehr ein… Sie hatte diese Stelle bekommen, nachdem sie ein einfaches Programm geschrieben hatte, das GPS-Daten, Veränderungen der Körpertemperatur und das Geschlecht der durch die screens überwachten Personen zusammengeführt hatte und mit unheimlich genauer Präzision Rückschlüsse aus diesen Daten ziehen konnte. Das konnte verbotener Sex sein. Denn wer entgegen der Zuordnung sexuelle Beziehungen zu anderen Personen unterhielt, wurde erkannt und durch massive Punktabzüge sofort bestraft.

Nur bei gleichgeschlechtlichen, natürlich ebenso heimlichen Paaren, war die Treffergenauigkeit zu ihrem größten Bedauern geringer. Es war ja möglich, dass zwei Frauen lediglich zusammen kochten oder Männer Schach spielten – ein Makel, den der Vorsitzende bei ihrem ersten Bericht lächelnd zur Kenntnis genommen hatte. Er hatte ihr, nachdem sie das Programm vorgestellt hatte, natürlich mit life-Aufnahmen von Überwachungskameras, die als Beweissicherung eingesetzt wurden, die Leitung des data mining versprochen, sie dann in sein Büro mitgenommen und schon in dem Moment, als er die Tür abschloss war ihr klar, was jetzt kommen würde. Er hatte sie wortlos ausgezogen und sie wagte es nicht, sich zu widersetzen oder zu widersprechen. Und obwohl er viel älter war und er sie hart und lieblos genommen hatte, fühlte sie sich gut dabei. Sie würde die Leitung des data mining übernehmen…

Erst als sie nackt nebeneinander lagen verwies er auf den Sinn der Zuordnung, nämlich möglichst perfekte Kinder zu zeugen, also war es egal, ob homosexuelle Liebe existierte, warum sie also verbieten, ein Argument, dem sie nicht widersprechen konnte. Obwohl sie gerade das Argument der perfekten Kinder, eben, als sie sich gefickt hatten, er, der Alte und sie, die noch Junge, ad absurdum geführt hatten.

„Manche Regeln gelten wohl nicht für alle," hatte sie damals gedacht. „Wenn das zur Macht dazugehört, dann für mich ab jetzt auch nicht mehr."

„Was haben wir?", fragte der Vorsitzende ohne weitere Einleitung oder Begrüßung. Silva war vorbereitet: „Wir können die Daten aus dem GPS, P&P-Daten, Zuordnung und die keys nicht mehr verwenden, daneben gehen personalisierte News und Werbung an die falschen Personen. Das Schlimmste ist - die keys sind falsch. Unsere Kommunikation funktioniert nur teilweise, der Zugriff auf die Terminals ist gestört. Ich kann alle Auswerter in den Urlaub schicken!"

„Wir arbeiten an einem reset", sagte der Vorsitzende und verließ den Raum, gefolgt von seiner mehr oder weniger wichtigen Entourage.

21. Defender

Der Defender war die neueste Entwicklung in der Sicherheits- und Waffentechnik, ein schnelles, gepanzertes Fahrzeug, per Autopilot oder manuell gesteuert und mit allen kompakten Angriffs- und Verteidigungswaffen ausgestattet, die heute verfügbar waren.

Amil und Samir saßen hinter dem Fahrer und einem Gardisten im Defender und führten ein Gespräch wie viele andere in diesem Moment auch, natürlich über das Hauptthema des Tages, Chaos, immer darauf bedacht, nichts zu sagen, was sie verraten könnte. In Gedanken waren sie bei NEW, was war geschehen? Und wie würde es weitergehen?

Monatelang hatten sie diskutiert, wie die neue Welt aussehen sollte. Fair, selbstbestimmt, frei, sozial und gerecht sollte sie sein. Nur die besten Errungenschaften sollten bestehen bleiben, nicht aber die Überwachung und Beurteilung, die Zuordnung und schon gar nicht die rewards.

Und es sollte keine gekauften Privilegien mehr geben. Mara und Kena argumentierten besonders für die Abschaffung der Zuordnung. Beide wussten bereits, sie würden niemals mit den Menschen zusammen sein können, die sie liebten, wenn die Zuordnung bestehen bliebe. Es sind immer die Frauen, die schneller und viel mehr als Männer die Größe und Bedeutung einer Liebe erkennen, vielleicht deswegen mehr und tiefer, weil trotz aller Gender-Bemühungen Kinder immer noch von den Frauen geboren wurden.

Die tracker sollten abgeschaltet werden und damit die Grundlage für jegliche Ortung. Nur auf ausdrücklichen Wunsch des screenträgers sollten sie noch eingesetzt werden können. Die DNA-Identifizierung sollte bleiben, hatte sie doch alle „Papiere", die früher notwendig waren, einfach abgeschafft, natürlich auch alle Personenkontrollen, alle Grenzen und Beschränkungen, die mit Ausweisen verbunden waren. Das war für jeden eine Erleichterung gewesen und sollte beibehalten werden.

Schwierig war die neue Lösung für Besitz. Alle in der Gruppe hatten noch das alte System des Eigentums, Lohn für Arbeit und Geld als Tauschmittel kennen gelernt und nicht alles war schlecht daran. Die points und damit verbundenen Rechte hatten das ersetzt, fühlten sich aber virtuell an, als hätte man sie nicht wirklich, anders als früher, wenn man Geld auf dem Konto oder in der Tasche hatte und die Befürchtung, points könnten sich genauso schnell auflösen wie es auf das screen gebucht wurde, war nicht von der Hand zu weisen.

„Wir leben in einer realen Welt und brauchen auch eine reale Zuordnung von Vermögen", hatte Mara gesagt, „im Moment gehört alles dem council, weil er bestimmt, wer Zugriff bekommt." Kena hatte ihr zugestimmt.

Andererseits war vieles durch die points ersetzt worden oder überflüssig geworden, was schon vorher in der Kritik gestanden hatte und die Abschaffung wurde von ihnen für gut befunden. Es gab keine Banken mehr, keine Steuern, so gut wie alle Vermögensdelikte, angefangen vom Diebstahl bis hin zum Betrug, waren Geschichte. Die Punkte konnte man nicht stehlen, es sei denn man hätte gewusst wie man eine DNA austauscht. Und wer sich am Eigentum des councils vergriff, hatte sowieso verloren. Der wurde wie früher bestraft.

Und welchen unglaublichen Aufwand hatte die frühere Ordnung getrieben, um an Geld zu kommen, um es dann möglichst gerecht zu verteilen? Und wie viele Menschen hatten ihre Lebensenergie darauf verwendet, sich um Geld zu sorgen, Ansprüche geltend zu machen oder über Ansprüche zu streiten? Nicht zu vergessen die vielen Instanzen und Gerichte, die über diese Fragen zu entscheiden hatten.

In der neuen Ordnung brauchte es keine Rechtsanwälte mehr, keine Zivilgerichte, nur wenige Strafgerichte, die für Straftaten gegen Leib und Leben und die Störung der Ordnung zuständig, aber so gut wie nie mit

Vermögensdelikten befasst waren. Lokale Schiedsstellen mit professionell ausgebildeten Mediatoren kümmerten sich um fast alle anderen Konflikte und es ging darin selten um Vermögensfragen, sondern um das Zusammenleben der Menschen. Vermögen, Wohlstand, Besitz, Geld – das alles war mathematisiert, durch Punkte ersetzt worden, die Abonnements erlaubten. Und alles wurde automatisch durch mind angepasst.

Wurden nicht die blutigen Aufstände auch durch die Schere zwischen Arm und Reich verursacht? War nicht Geld, die Gier, die Motivation für viele Ungerechtigkeiten, Ausbeutung und Kriege? War Geld nicht die Inkarnation des Bösen, da es doch immer wieder den Stärkeren, denen, die sich nicht an Regeln hielten, gehörte? Das konnte nicht sozial sein, Gerechtigkeit und Gleichheit waren etwas anderes. Die staatliche Grundversorgung hatte eine Art Gerechtigkeit bei den Lebensgrundlagen hergestellt, die es jedem überließ, seine Möglichkeiten durch Arbeit, Leistung und Wohlverhalten zu erweitern. Und so waren sie nach langer und oft hitziger Diskussion auf eine Mischung von alt und neu gekommen, die in der neuen Ordnung gelten sollte.

Mara war beauftragt worden, die neuen Vorschläge zu durchdenken und zu formulieren. Es war eine Aufgabe, die perfekt auf sie zugeschnitten war. Sie stürzte sich mit Begeisterung in die Arbeit.

Der Defender war schnell unterwegs und sie wurden durch den Ruf des Fahrers „Da!" aus ihren Gedanken gerissen.

Eine riesige schwarze Rauchsäule stand über den vier Türmen, die sich am Horizont abzeichneten.

„Wow", sagte Samir, „früher waren die Rauchsäulen aus den Türmen weißer Qualm…" Er schaute seinen Bruder an, der ebenfalls beeindruckt war.

„Sieht aus wie ein Vulkanausbruch", sagte er und beide dachten an ihren Freund und hofften, dass es ihm gut gehen würde.

22. Hauptquartier

Er war noch dabei, Sara, die noch benommen und dankbar für jede Hilfe war, zum Auto ihrer Mutter zu bringen, als sich ein Konvoi mit hoher Geschwindigkeit näherte. Es war Militär, Fahrzeuge der Garde des councils, das dunkelrote „GC" auf den Fahrzeugen war nicht zu übersehen. Sie fuhren durch den Haupteingang, stoppten die Fahrzeuge und 10, 15 Männer sprangen, schwer bewaffnet, heraus, und schwärmten aus. Eine Gruppe kam direkt auf sie zu. Sie wurde von einem gedrungen aussehenden Mann mittleren Alters angeführt, dem anzusehen war, dass er hier das Sagen hatte.

„Wer sind Sie und was machen Sie hier?", lautete die knappe Frage und Eleonore antwortete:

„Das ist meine Tochter, sie wurde verletzt, sie arbeitet bei der security im K12. Und das ist ein Techniker."

„Befindet sich noch jemand im Gebäude?" „Nein", sagte Sara, „wir waren die Einzigen." „Was ist passiert?", fragte der Soldat.

„Wir hatten einen Stromausfall", antwortete er, „danach sprangen die Notstromaggregate an und es muss zu einem Kurzschluss gekommen sein." Ein Soldat kam vom Gebäude zurück. „Es wird ausbrennen", sagte er. Der Kommandant nickte. „Sie kommen mit uns!"
Er drehte sich um, denn in diesem Moment kam ein Defender die Einfahrt hinaufgefahren und Amil und Samir und Gardisten sprangen heraus. Jetzt war es wichtig, sich nicht zu kennen.
„Mind", rief Samir laut. „Wir sind befugt, Analysen an den Systemen vorzunehmen." Er zeigte seinen screen und wusste im gleichen Moment, dass dies nichts nutzen würde.
Der Fahrer des Defenders kam ihm zur Hilfe. „Wir sind Mitarbeiter von Jekar, Zentrale Programmierung mind", sagte er. Der Name Jekar und das Fahrzeug hinter ihm – ein Defender – schien dem Kommandanten als Ausweis auszureichen. Defender fuhren nur die obersten Befehlshaber.

Samir war nicht gewillt, sich von irgendjemand die Führung in dem Gespräch abnehmen zu lassen. „Kann man das Gebäude betreten?"

„Auf keinen Fall", antwortete Sara, „es brennt lichterloh und giftige Dämpfe sind überall." Er sah sie an. Ihr rußgeschwärztes Gesicht zeigte noch die Erschöpfung, sie wurde von ihrer Mutter gestützt. „Sofort einen Arzt!", bellte Samir, dem es gefiel, das Kommando zu übernehmen. Ein Soldat kam angerannt und kümmerte sich um Sara.

„Diese Personen sind Verdächtige, wir werden sie mitnehmen", sagte der Kommandant.

Sara erschrak. Genauso wie er. Und Eleonore zog den Kopf ein, bereit, mit jedem zu kämpfen, der ihrem Kind etwas antun würde.

„Das werden Sie nicht", sagte Samir mit fester Stimme. „Wir brauchen jede Information über den Ablauf des Feuers. Die beiden sind wichtige Zeugen. Wir haben die Aufgabe, alles zu analysieren und Daten zu retten. Da kommt es auf jede Sekunde an. Diese Leute bleiben bei mir. Ich brauche sie."

Der Kommandant zögerte. Sein Befehl lautete K12 zu sichern und weiteren Schaden zu begrenzen. Hier kam offensichtlich jede seiner Maßnahmen zu spät. „Sie sind mir für diese Personen verantwortlich", sagte er zum Fahrer, offensichtlich ein erfahrener Offizier der Garde, der leicht nickte. „Abrücken! Wir sichern das Gelände!" So schnell, wie sie gekommen war, rückten die Soldaten wieder ab. Samir sah sich um. „Hier können wir nicht arbeiten. Wir brauchen ein Hauptquartier, von dem aus wir arbeiten können."

Wir haben einen Hof, ganz in der Nähe", sagte Eleonore. „Dort können wir vorerst hin." Samir nickte Amil zu. Das war eine gute Idee, vor allen Dingen, weil man sie dort nicht vermuten würde. Und sie konnten zusammen sein. „Okay, wir nehmen den Defender und das bike mit!"

Sara sah Samir an. Vielleicht kein schöner Mann, aber ein Mann für den zweiten Blick, sehr selbstbewusst, er hatte keine Angst vor den Soldaten, irgendwie hatte er sie gerade auch gerettet. Das war ein gutes Gefühl. Sie fühlte sich immer noch verantwortlich für den Brand… Samir hatte blitzende Augen, die sie jetzt ganz nah anlächelten.

Nicht lange danach hatten sie den Hof erreicht. Es war ein typisches, altes Herrenhaus mit einem Nebenhaus für das Gesinde, solide aus Stein gebaut. An der anderen Seite des Hauses war der ehemalige Stall angebaut, weit weniger aufwendig, ohne die Sandsteinsimse und Verzierungen der Haupthäuser, jetzt genutzt als Unterstand für die Gerätschaften und als Garage. Der neue Stall befand sich in einiger Entfernung vom Gebäude entfernt auf dem weitläufigen Gelände.

Die Freunde hatten während der Fahrt immer wieder verstohlene Blicke getauscht, wagten aber nicht in Anwesenheit der anderen über die Situation zu sprechen. Samir musste immer wieder zu Sara schauen. Auch ihr blieb nicht verborgen, dass er sie ansah.

23. Richard

Richard hatte die immer stärker werdende Rauchentwicklung über den vier Türmen mit Sorge beobachtet und die Rückkehr seiner Frau und Nachrichten von Sara sehnsüchtig erwartet.

Als der Wagen von Eleonore, gefolgt von einem Defender und dem Motorrad auf den Hof fuhren, lief er hinaus. Er sah sofort, dass Sara voller schwarzem Ruß war und Hilfe brauchte.

„Hi", sagte Sara nur, „ich glaube, ich brauche ein Bad."

„Bist du in Ordnung?", fragte er und sie nickte. „Nur ein Bad, dann geht es mir besser." Richard half ihr und nickte den anderen zu, ins Haus zu kommen, wo sie in der großen Stube Platz nahmen.

Durch die Holzfenster konnte man den Knotenpunkt brennen sehen und jeder im Raum war froh, hier zu sein. Und unbeschadet entkommen zu sein. Niemand wollte etwas sagen. Zu viel war passiert und jeder musste seine Gedanken und Gefühle ordnen und durchatmen.

Samir sah in die Runde. Da waren sein Bruder und sein Freund, der Fahrer des Defenders, der Security-Mann und Richard. Der stellte vor jeden ein Glas, brachte eine Karaffe mit Wasser und, wie könnte es anders sein, ein paar Flaschen Weißwein. Eleonore half Sara im Bad.

Alles in der Stube war geschmackvoll eingerichtet, ursprünglich, aus Stein, Metall und Holz, wohin man blickte und, das fiel ihm sofort auf, zwar alt aber zeitlos schön in den natürlichen Farben. Die Möbel waren noch Schreinerarbeiten, selbst die Vorhänge vor den Fenstern waren bestimmt keine Industrieware, sondern selbst genäht. Eine Armada silbern gerahmter Fotos stand auf einem Sideboard aus poliertem Nussbaumholz. Er stand auf und betrachtete die Fotos. Eine schöne Familie.

„Familie", dachte er. Außer Amil hatte er niemand. Richard, der gespannt auf einen Bericht wartete, sagte nur „Bienvenue" und hob sein Glas. Alle tranken dankbar und wie immer, wenn man zusammen ist und etwas gemeinsam trinkt, entspannte sich die Atmosphäre schnell und Richard wurde informiert.

Sie waren noch dabei zu beratschlagen, was jetzt zu tun sei, als Sara und ihre Mutter die Treppe herunterkamen. Sara hatte sich total verändert, sie hatte die Haare hochgesteckt, trug statt der Uniform ein hellblaues Kleid und offene Schuhe - sie hatte sich von der Security-Angestellten in eine strahlend schöne Frau verwandelt. Samir konnte nicht anders als aufzuspringen und sie bewundernd anzuschauen, bis er merkte, dass die anderen ihn fragend ansahen. Verlegen setze er sich wieder und bekam in seiner Verlegenheit nicht mehr mit, dass Sara leise lächelte.
„K12 wird ausbrennen", sagte Amil und alle schauten aus dem Fenster.
„Was bedeutet das?", fragte Richard.

„Es hat nicht nur in K12 gebrannt. Auch alle screens sind gestört", sagte Samir. „Wir werden eine Zeit lang ohne die Daten von mind auskommen müssen. Alle, die ein screen haben, werden falsche Informationen bekommen. Der Brand ist nur ein zusätzliches Problem. Da hier ein Teil des gesamten Netzwerkes war, ist das Netz nicht nur gestört, sondern auch zum Teil verbrannt. Ein Netz hängt halt zusammen. Das bedeutet, dass die Kommunikation, die Datenerfassung und die Dokumentation der Daten nicht funktionieren."

„Wahrscheinlich wird versucht werden, ein reset zu machen, also den Datenzustand wiederherzustellen, der vor den Störungen vorhanden war und dann diese Daten wieder aufzuspielen", meinte Amil. „Aber das mit dem Netz dauert länger."

Richard nickte. „Das musste ja irgendwann so kommen. Wir leben nicht nur in einer virtuellen, sondern in einer realen Welt. In unserer Familie hat nur Sara einen screen, und dass auch nur, weil sie sonst ihre Arbeit nicht bekommen hätte. Wir haben keine screens. Für uns ändert sich nicht viel."

Es wurde Zeit, dass er, der Techniker, etwas sagte. „Der Brand ist wahrscheinlich durch Überspannung entstanden", sagte er. „Bei plötzlichen Spannungsabfällen gibt es schon mal Kurzschlüsse. Ich weiß nur, dass bei den Schäden, die ich gesehen habe, ein völliger Neubau des Knotens notwendig sein wird."

„Ich muss Bericht erstatten", sagte der Security-Mann und als alle ihn fragend ansahen „wir haben ein autarkes Kommunikationssystem, es funktioniert auch ohne mind."

Das war eine wichtige Information. Die Sicherheitsbehörden konnten sich also nach wie vor abstimmen, allerdings ohne die Unterstützung der Daten von mind. Amil und Samir sahen sich vielsagend an.

„Und wie funktioniert das?", fragte Samir. „Ganz archaisch", lächelte der Mann „Radiotechnik, Kurzwelle!" Er nahm sein Sprechfunkgerät und wollte hinaus, um nicht gestört zu werden.

„Es ist der Sender", sagte er zu Amil und Samir und deutete aus dem Fenster. Einige Kilometer hinter den vier Türmen war ein großer, rot-weißer Sendemast zu sehen. Er wusste sofort, wie die Kommunikation funktionieren musste: sie nutzten den alten Radiosender für interne Nachrichten. Der Sendeturm, ein 285 Meter hoher, freistehender

Stahlfachwerkturm, war groß genug, um eine weite Fläche mit Funksignalen abzudecken.

„Eigentlich bin ich ganz froh, dass der Überwachungsspuk gestört ist", meinte Richard. „Wir haben nie viel von der neuen Ordnung gehalten, auch wenn man das nicht laut sagen darf. Jeder sollte so leben können, wie er es für richtig hält."

„Sie machen sich gerade ziemlich verdächtig", meinte der Fahrer, der bis jetzt noch nichts gesagt hatte. Richard grinste ihn an.

„Wir werden jetzt erst einmal etwas zu essen machen. Wer in der Küche helfen will, ist willkommen!" Samir war der erste, der sich meldete. „Ich helfe dir", lächelte er Sara an, ohne zu wissen, ob sie mithelfen würde. „Kannst du denn kochen?", fragte sie zurück. „Kartoffelbrei", grinste Samir, „aber ich lerne schnell!" Alle lachten, das erste Mal an diesen Tag, und es tat gut.

Samir konnte gar nicht anders als die Küche des Hofes zu bewundern. Ein Mix aus modernen Geräten, perfekt eingepasst in die alten Möbel, die alten Mauern. Und eine Patina, die bewies, dass hier Generationen gelebt hatten. Das gab dem Raum einen Charme, der ihn sofort in seinen Bann nahm. Noch mehr natürlich Sara, die sich anmutig bewegte und das Essen vorbereitete.

Samir hatte immer in den zugewiesenen Wohnungen gewohnt: Wohntürme, die wegen des knappen Baulandes trichterförmig errichtet worden waren, an den Stahlgerüsten waren die Wohncontainer angehängt, je nach Bedarf mehr oder weniger. Wenn notwendig waren sie leicht zu demontieren und wurden an einen anderen Platz transportiert.

Die Container waren praktisch und funktional, man konnte sogar die Farben im Inneren bestimmen, aber ansonsten waren sie gleich. Auf 25 qm war alles vorhanden, um leben zu können. Wenn man zugeordnet wurde, hatte man das Recht auf eine größere Wohneinheit, in der man zu zweit leben konnte. Das hier war etwas ganz anderes. Hier konnte eine ganze Familie gemeinsam leben. Das Haus strahlte eine ruhige Eleganz und Wärme aus. Das war ein Zuhause. Und die Wärme kam nicht nur aus den Räumen. Es war Sara, von der die Wärme auszugehen schien. Sie passte genau hier hin. Und sie sah wunderschön aus.

Sara merkte, dass Samir sie anschaute. „Was ist?", fragte sie. „Nichts", antwortete er „es ist nur so, dass man heute kaum mehr Frauen in einem Kleid sieht…"

Sara lächelte. „Und es gefällt dir?" Samir nickte und wurde rot. „Ja. Du, du siehst hinreißend aus." Sara lächelte wieder. „Ich bin gerne Frau", sagte sie schlicht und er glaubte es ihr.

Wer geglaubt hatte, es würde ein schnelles Essen geben, sah sich bald getäuscht. Das war mal Frankreich gewesen, hier, und Essen war so ziemlich das Wichtigste am Tag und selbst ein Apero dauerte ohne Weiteres vier bis fünf Stunden, mit immer wieder neuen Leckereien, die mit passendem Wein aufgetragen wurden, vieles frisch aus dem Garten. Und so hatten alle Zeit, sich kennen zu lernen und sogar ein wenig anzufreunden. Es ging um das Zusammensein, das war der Sinn des gemeinsamen Essens. Amil und Samir diskutierten leidenschaftlich, wann sie das letzte Mal so zusammen mit anderen gegessen hatten. Es war Monate her. In der mind-Zentrale war es üblich, sich etwas am Automaten zu ziehen und an den Terminals zu verspeisen. Gegen das Automatenessen war dies hier das reinste Festmahl. Richtiges Essen.

„Noch nie so gut gegessen", sagte Samir.

„Furchtbar", sagte Eleonore, „Wenn ein einfaches Essen euch so begeistern kann, muss das Essen bei mind furchtbar sein." Ihr war nicht entgangen, dass die Brüder mit dem Techniker bekannt, ja befreundet sein mussten. Sie war geschickt genug, sich nichts anmerken zu lassen, immerhin waren zwei Vertreter der Sicherheit des councils am Tisch. Aber irgendwas Geheimnisvolles war zu spüren.

Die Diskussion zeigte bald, dass der Sicherheitsmann und der Fahrer des Defenders, ein älterer Mann, der früher in der Garde im Range eines hohen Unteroffiziers Dienst getan hatte, gar nicht unglücklich über die Störung des Systems waren. Sie waren wie viele andere nicht davon überzeugt, dass eine totale Überwachung und ständige Beurteilung ein gerechteres Zusammenleben ermöglichen. Und sie bekamen hautnah mit, dass das System und damit ihre Arbeit immer repressiver gegenüber der Bevölkerung geworden waren. Es ging immer mehr um Machterhalt und Kontrolle, nicht mehr um das Glück der Menschen oder die Entwicklung der Menschheit. Und so schwelgten fast alle am Tisch bald von den guten alten Zeiten und wie schön es doch früher gewesen war, vor der Revolution und vor den Aufständen und vor der Flüchtlingskrise.

Samir hatte sich wie zufällig neben Sara gesetzt, unterhielt sich angeregt mit ihr und beide bekamen wenig von dem mit, was am Tisch diskutiert wurde – es war ihnen anzumerken, dass sie sich nicht egal waren.

Er sah die beiden immer wieder an und dachte an Kena und daran, was sie wohl gerade machen würde. Und an Mara, die nur die Nachrichten verfolgen konnte und darauf wartete, die ihr zugedachten Aufgaben zu erfüllen.

„Wir müssen einen Bericht schreiben", mahnte Amil und schaute Samir an. Der nickte und sie setzten eine Nachricht an Jekar ab:

„K12 zerstört, brennt aus. Schadensaufnahme und Datensicherung derzeit unmöglich. Eine Sicherheitsangestellte und ein Techniker haben überlebt, werden derzeit angehört." Die Antwort ließ nicht lange auf sich warten: „Sicherungsmaßnahmen durchführen. Laufende Berichterstattung."

Das bedeutete, dass man vorerst hierbleiben musste. Man kam überein, zwei Mal am Tag zum Knotenpunkt zu fahren, die Schäden festzustellen und zu versuchen, ob man sich irgendwo in das System einloggen könnte.

Eleonore wies allen ein Zimmer zu. „Ihr seid willkommen", sagte sie schlicht und so war das Haus seit langer Zeit wieder voller Menschen, voll Leben. Und darüber freute sie sich.

Die nächsten Tage vergingen wie im Flug, nicht weil viel zu tun gewesen wäre, sondern weil alle sich besser kennen und am Ende schätzen lernten. Die Nachrichten wurden gemeinsam verfolgt und diskutiert. Es stellte sich immer mehr heraus, dass alle, auch der Fahrer, nicht unglücklich über die Probleme des Systems waren.

Es wurde gemeinsam gekocht und Richard verteilte die Arbeit auf dem Hof so, dass jeder etwas zu tun hatte. Samir kam es vor, als würde er zum ersten Mal seit langer Zeit leben. Die Kontrollen am Knotenpunkt erwiesen sich als viel zu früh – noch brannte es und niemand konnte ohne Gefahr in das Gebäude.

24. Kena und Mara

Kena sank in dem Stuhl im Ärztezimmer in sich zusammen, völlig erschöpft. Das Krankenhaus war voll mit Patienten und die Ärzteteams hatten seit gestern Nachmittag ununterbrochen behandelt, operiert, beraten und organisiert.

Viele Menschen, die plötzlich nach ihrem neuen Punktestand das Recht auf Behandlung oder eine medizinische Vorzugsbehandlung hatten, waren mit ihren Beschwerden sofort in die Klinik gefahren. Eine solche Chance kam vielleicht nie wieder. Bei einigen war offensichtlich, dass sie durch die Punkteverschiebung gewonnen haben mussten.

Man brauchte kein Hellseher sein, um zu erkennen, dass gerade Arme und chronisch Kranke, die sonst keine Chance auf Hilfe gehabt hätten, gekommen waren, viele mit nicht behandelten Leiden. Das war eine gute Entwicklung, das gefiel ihr, sie arbeitete deswegen gern und es kam ihr vor, als sei dies ein erster Erfolg der Revolution, so etwas wie eine ausgleichende Gerechtigkeit. Die Entscheidungen des councils, Armen und chronisch Kranken keine medizinische Hilfe mehr zu geben, waren konterkariert.

Von anderen hatte sie gehört, dass es draußen einen Run auf die Einkaufszentren gegeben hatte – jeder, der durch die Verschiebung der

Daten einen höheren score hatte, war unterwegs und versuchte, die Situation auszunutzen und es wurde gekauft und gehandelt. Wer konnte schon wissen, wie lange das anhalten würde?

Natürlich gab es auch die, die Punkte verloren hatten. Die Sicherheitsbehörden waren völlig überfordert mit Beschwerden von wütenden Menschen, die sich betrogen und bestohlen fühlten. Sie selbst hatte heute Morgen einen Mann ablehnen müssen, der mit schriller Stimme immer wieder behauptete, er habe pilar-Status, und der eine sofortige Behandlung, nein, Sonderbehandlung einforderte. So hatten sie jedenfalls hier Erfolg gehabt, zumindest für den Moment. Zumindest in der Klinik war eine Gleichheit, eine Gerechtigkeit hergestellt, zumindest ein temporäres équilibre – davon hatten sie geträumt.

Sie musste an ihn denken. Sie vermisste ihn. Seit das Chaos ausgebrochen war, hatte sie nichts mehr von ihm gehört. Sie versuchte immer wieder, Kontakt aufzunehmen, aber offensichtlich war auch die Kommunikation gestört. In den Nachrichten liefen in einer endlosen Schleife die Versicherungen des councils, dass man einen reset machen würde. Aber noch war davon nichts zu sehen.

Gerade als sie wieder an ihre Arbeit gehen wollte, öffnete sich die Tür und Mara stand vor ihr.

„Hey", rief sie, „gut dich zu sehen, wie geht es dir?" Die Frauen fielen sich in die Arme und hielten sich erst einmal fest. „Danke, war schon mal besser, hier ist so viel los. Aber wie geht es dir?"

„Ich bin total geflasht", grinste Mara. „Was für ein Durcheinander! Jeder ist irgendwie und irgendwo unterwegs und tauscht points gegen Greifbares, gegen Essen, Klamotten, was immer da ist. Draußen auf den Straßen ist ein riesiger Tauschhandel im Gange." „Ja", sagte Kena, „habe ich schon gehört. Und wir hatten noch nie so viele Patienten auf einmal. Jetzt kommen die Armen…sieht so aus als hätten wir die Punkte neu verteilt. Mir gefällt das!"

„Mir auch, aber noch funktioniert das System. Nur nicht wie geplant. Viele haben gewonnen, andere verloren. Die pilars stehen überall herum und jammern. Eine unglaubliche Umverteilung von Reich nach Arm! Wir sind auf dem besten Weg in eine gerechte Anarchie, hoffentlich eine geordnete Anarchie. Das ist die größte Umverteilung, die jemals stattgefunden hat!"

„Dann waren wir erfolgreich?" „Nein, noch nicht", antwortete Mara, „das sind wir erst, wenn die Verschiebung nicht rückgängig gemacht werden kann. Und wenn die Umverteilung eine Gerechtigkeit hergestellt hat. Und wenn das Ganze nicht in einen Bürgerkrieg ausartet." „Wir müssen zu den anderen, wir müssen uns abstimmen", sagte Kena. Mara nickte. „Ich gehe sofort. Du bleibst hier und wir bleiben in Kontakt."
„Mara?", fragte Kena. „Sagst du ihm, dass ich ihn liebe?"

Mara lächelte. „Das weiß ich doch. Und ich liebe ihn auch." Die Frauen umarmten sich und wussten beide, dass sie ihr Glück gefunden hatten, ein Glück, dass sie nicht wieder loslassen wollten. Und für das es sich lohnen würde, zu kämpfen.

25. Analyse

Jekar war in der Zwischenzeit nicht untätig gewesen. Sie hatten herausgefunden, dass die Eingabe zur Veränderung der scores aus dem Rechenzentrum von mind kam. Von hier. Ein Verräter.

Und dass die Eingabebefehle nicht zufällig gewesen sein konnten, denn der Absender hatte sich mit tausenden von IP-Adressen als Absendern getarnt, die sich zudem ständig veränderten. Es musste einer von ihnen sein, ein Programmierer, einer, der hier war. Die Tarnung des Absenders für die Befehle war das Geständnis.

„Wir haben einen roll-over-Code", sagte einer der Programmierer. „Wir können ihn nicht zurückverfolgen."

So einfach wollte sich Jekar nicht geschlagen geben. Sie hatten die genaue Zeit des Eingabebefehls und den Ort, das Rechenzentrum. Die Kaskade von Befehlen musste eine Spur hinterlassen haben und diese Spur würde zum Täter führen. Aber welche Spur, wenn die Eingabe nicht zurück verfolgbar war?

„Ich brauche die Zeitprotokolle und jeden Einzelnen, der bei der Verschiebung online war!", bellte er die umstehenden Programmierer an.

„Haben wir schon. Nichts Auffälliges!", sagte einer.

Jekar war enttäuscht, aber nicht überrascht. Wer immer die Verschiebung geplant und durchgeführt hatte, verstand sein Metier. Aber das tat er auch. Und er war der Beste, er war immer der Beste gewesen. Dann kam ihm eine geniale Idee: „Ich brauche die Energienachweise pro Terminal! Und wenn es die nicht gibt, dann programmiert sie!"

Wenn Tausende von Befehlen ausgeführt wurden, hatte das Terminal eine Datennutzung, die zumindest überdurchschnittlich sein musste. Das brauchte Energie. Strom, Saft. Vielleicht könnte man den Energieverbrauch des Zentrums in die einzelnen Terminals, in einzelne Verbraucher aufteilen…eine Rückverfolgung, alles, was im Netz geschieht, musste Spuren hinterlassen. Die Programmierer machten sich sofort an die Arbeit. Das war zumindest ein erster Ansatz.

Jekar sah sich die Liste der inline-Auswertungen der letzten Stunden vor dem Chaos an. Es war nichts Besonderes zu entdecken, hier und da einige Ungereimtheiten, aber nichts, was auf einen Anschlag hindeutete. Trotzdem konnte es nicht schaden, alle Abweichungen genauer zu prüfen. Er gab die Liste der Auswertungen in ein Programm ein, dass Risikomodelle berechnen und die Wahrscheinlichkeiten für Schäden beziffern konnte.

Es zeigte bald zwei Risikobereiche mit der höchsten Ursachenwahrscheinlichkeit an – „Manipulationen an Programmen" und „Störungen der Hardware".

Darauf musste er sich konzentrieren. An den Programmen wurde bereits gearbeitet. Und Hardwareprobleme? Es hatte nur einen Vorfall gegeben – in K12. Das Feuer. Konnte ein Zusammenhang bestehen? Er musste dorthin. Sofort schrieb er einen kurzen Bericht an den council, dann ließ er den Sicherheitschef kommen.

„Wir fahren zu K12", sagte er, „nimm ein paar Männer mit." Dann versuchte er, Amil und seinen Bruder zu erreichen. Sie mussten noch dort sein. Ihm wurde klar, dass die Kommunikation gestört war, nur die abgeschirmten Funkverbindungen funktionierten. Aber die waren den Sicherheitsbehörden vorbehalten. In einem Wutanfall warf er den Stuhl um, der vor ihm stand.

Gerade jetzt, wo alles so gut lief, jetzt, wo er im council eine Nr. 1 war, er war der Chef von mind, der Herr über die Daten, warum musste das jetzt passieren?

Er nahm sich vor, den Verantwortlichen, wer immer es sein mochte, hart bestrafen zu lassen.

Und er musste Silva fragen, ob ihre Auswertungen einen Hinweis auf das geben könnten, was passiert war.

26. Sara und Samir

Auf dem Hof hatten sich die Besucher eingerichtet, genossen das ruhige Landleben. Sie verfolgten die Nachrichten, die von immer mehr Ausschreitungen in den Städten berichteten – vielen Menschen war die Lebensgrundlage entzogen worden und viele hatten Angst. Der council forderte jeden auf, zu Hause zu bleiben und Ruhe zu bewahren. Der öffentliche Verkehr war weitgehend zusammengebrochen, so dass sowieso nichts anderes übrigblieb als zu warten.

Viele nutzten die Situation aus und begannen zu plündern – es hatte sich herumgesprochen, dass die Sicherheitskräfte selbst technische Probleme hatten, so dass man ziemlich alles machen konnte ohne entdeckt zu werden. Wenn doch, bestand die Chance, dass ein anderer Mensch seine Punkte verlieren würde. War das nicht wunderbar?

Und so teilte sich die Welt da draußen in wenigen Stunden in Gut und Böse, die, die niemals so etwas tun würden und die, die jetzt ihre Chance gekommen sahen. Es herrschten immer mehr anarchische Verhältnisse und ernsthaft gefürchtet werden musste nur die Garde des councils. Die hatte ihr eigenes Kommunikationssystem.

Ein Funkspruch aus dem Hauptquartier hatte den Sicherheitsmann in die Stadt zurückbeordert, er hatte das bike genommen und versprochen, bald wieder zu kommen. Das Leben auf dem Hof hatte ihm, wie allen, gut gefallen. „Wie Urlaub!", hatte er behauptet.

Der Fahrer des Defenders wartete auf weitere Instruktionen und beschäftigte sich mit seinem Gefährt. Er gab an, er sei Warten gewohnt und er freue sich auf jeden Essenstermin in der Stube und auf die guten Gespräche. Er hatte sich als ein glühender Verfechter der alten Verhältnisse herausgestellt und wurde nicht müde, die Revolution zu kritisieren. Komischerweise bekam er zwar von Elli und Richard, manchmal auch von Sara Zustimmung, während sich die Programmierer und der Techniker auffallend in den Diskussionen zurückhielten.

Sara war ebenfalls nicht entgangen, dass die drei Freunde, wenn sie sich unbeobachtet glaubten, so miteinander sprachen, als würden sie sich schon lange kennen. Sie nahm sich vor, Samir danach zu fragen.

Die Tage auf dem Hof vergingen für Samir wie im Flug. Er war so oft es ging mit Sara zusammen und sie führten intensive Gespräche, sie gingen spazieren und arbeiteten zusammen, denn es war immer etwas zu tun.

Samir fühlte sich so gut wie schon lange nicht mehr. Sara war wunderbar, zeigte ihm alles und die körperliche Arbeit auf dem Hof tat ihm gut.

„Es hätte schlimmer kommen können", dachte Samir, als er abends in seinem Bett lag. Eigentlich fand er sich selbst ganz normal, ein Produkt der Generation Wissen.

Technokrat, zuverlässig. Aber man geht nicht mehr aus sich heraus, man singt und tanzt nicht mehr, schon seit der Kindheit nicht mehr. Warum eigentlich nicht? Vielleicht sind wir zu abgeklärt. Zu ausgewogen, zu wissend, zu abwägend.

Zu wenig Spaß und immer zu wenig Leben. Außer Arbeit von allem zu wenig. Zu wenig Gefühl. Man lebt im Kopf. Man kommt mit Vielem zurecht. Souverän. Ist das das Leben, für das man gekämpft hat? Warum sind alle anderen glücklicher? Manchmal kommt es ihm so vor. Alles wird bewertet, analysiert, gewusst. Und zu wenig gefühlt. Das macht traurig. Er wusste, er hatte zu spät begonnen, das zu erkennen. Zu lange war seine Arbeit der Mittelpunkt seines Lebens. Und die innere Leere wurde größer, jetzt, denn beruflich hatte er fast alles erreicht, was er sich vorgenommen hatte. Die Leere war nur notdürftig mit Ablenkung und Konsum überdeckt, aber er spürte, es gibt sie, die eine, die andere Bestimmung seines Lebens. Er wusste nur nicht, ob diese Bestimmung ein Mensch sein würde oder vielleicht eine Aufgabe.

Das Leben, das begriff er hier, war draußen, in der realen Welt. Er hatte oft nicht gemerkt, wenn die Sonne schien oder es anfing zu regnen. Zu wenig Menschen kennen gelernt. Er war zu viel allein gewesen, hatte zu wenig unternommen. Ein seltsames Glück, wenn man nur wenig mehr tut als arbeiten. So hat man sich das nicht vorgestellt, das glückliche Leben. Das musste sich ändern, das spürte er seit langem. Jeder möchte ein erfülltes Leben. Auch wenn man es alleine leben muss. Wenn es einem nicht vergönnt ist, zu diesem Leben den Richtigen zu finden.

Und jetzt war plötzlich Sara da. Sie zeigte ihm das Leben draußen, das Leben auf dem Land. Er liebte es sofort. Es war der perfekte Gegensatz zu seinem bisherigen Leben. Und er entdeckte, wie viel Freude es ihm machte, in der Natur zu sein, körperlich zu arbeiten, mit den Tieren, auf den Feldern. Und vielleicht war es auch Sara. Er hatte noch nicht gewagt, ihr näher zu kommen, aber freute sich jeden Morgen auf den Tag, auf den Tag mit ihr.

„Manchmal muss man sich alleine freuen. Oder ärgern. Oder traurig sein", hatte sie gesagt. Er wusste einen Moment nicht, was sie meinte.

„Wenn andere nicht mal merken, worüber man sich freut." Sie schaute ihn fragend an.

„Sie hat unglaublich schöne Augen", dachte er. Er musste sich auf das konzentrieren, was sie sagte.

„Es gibt viele Dinge, die man nur alleine tun kann", sagte er. „Wenn sie Anderen nichts bedeuten. Oder wenn man sie nicht teilen kann, weil der andere sich nicht dafür interessiert."

Sie dachte nach. „Du bist zugordnet, nicht wahr?", fragte er. Sie nickte.

„Ja, schon lange. Er heißt Marc."

„Wo ist er?" „Ich weiß es nicht, ich nehme an, er hat Dienst. Er ist bei der Garde des councils."

Samir dachte nach. Sara war mit einem Gardisten zusammen. Das wollte gar nicht zu ihr passen. Aber er sagte nichts. Die Zuordnung hatte Sara mit Marc zusammengebracht. Das hatte sie sich nicht aussuchen können.

Er war wie sie ausgebildet als Polizist und hatte schnell Führungsaufgaben übernommen. Er war zuverlässig, sah gut aus, war aber wie eine Karikatur des neuen Systems mit seiner Angepasstheit und der ausgeprägten Neigung, Dinge nie in Frage zu stellen. Sie mochte ihn, insbesondere seit er ihr das Leben gerettet hatte, damals, in den Straßenkämpfen. Er war mit einem Riesensatz gegen die Männer gesprungen, die sie am Boden festhielten und gerade versuchten, sie mit ihrer eigenen Waffe zu töten, während sie auf sie einschlugen. Einer hatte sich sofort den Arm gebrochen, als Marc mit seinem vollen Gewicht auf ihn schlug, der andere konnte dem harten Griff an seine Haare nicht ausweichen, als Marc ihn in einer Abrollbewegung mitriss.

Er hatte laut aufgeschrien und sie sah für einen Moment ein Büschel seiner Haare in Marcs Faust. Mit einem schnellen Ruck über seinen Arm hatte Marc ihm in der nächsten Bewegung das Genick gebrochen.

Sie war sehr dankbar gewesen für diese Rettung und ja, fasziniert von Marcs Aggressivität, seiner Entschlossenheit und seiner männlichen

Kraft. Aber lieben, dass wusste sie bald, würde sie ihn nie. Aber jetzt war er ihr zugeordnet und mit ihrer Zustimmung hatten sie die additional points bekommen, die es ermöglichten, ein Leben zu zweit aufzubauen. Komisch nur, dass sie damit bis heute noch nicht begonnen hatte.

Er drängte auf eine gemeinsame Wohnung, sie wollte den Hof nicht verlassen. Ihr würden die Tiere, die Felder, ja, auch ihre Familie fehlen. Und ihre Freiheit. Und sie wusste nicht, ob sie mit ihm leben wollte. Aber sie genoss es, wie er um sie warb. So hatte sie ihn immer wieder hingehalten, versprochen, bald eine Entscheidung zu treffen. Und er war geduldig genug, sie nicht zu drängen, wohl wissend, dass dies kontraproduktiv sein würde.

Und jetzt war Samir da, mit seinem Humor, seinem Intellekt, so ganz anders als Marc, der Gegenentwurf, die andere Seite. Und sie wusste nicht mehr, was sie wollte, außer dass sie nichts ändern wollte, nichts ändern, was dazu führen würde, den einen oder anderen zu verlieren.

„Bist du glücklich?", fragte Samir.

Sie wartet lange mit ihrer Antwort. „Man hat nicht immer das Glück, dass man gleiche Ziele oder Interessen hat."

„Ist das nicht schon eine Trennung, der Anfang von „jeder geht seinen Weg"?", fragte er. Sie antwortete nicht.

„Mir macht das zu schaffen, weil ich niemanden habe, mit dem ich etwas teilen kann. Ich frage mich oft – sind alle anderen Menschen glücklicher als ich?"

Sie lächelte. „Vielleicht tun sie nur so. Oder es scheint so. Mir geht es auch so. Niemand interessiert sich wirklich für das, was ich machen möchte. Die Kollegen, klar, die sind nett, aber das hat seine Grenzen."

„Vielleicht brauchst du jemanden, jemanden der dich kennt und der dich versteht", sagte er.

„Das ist mir egal", sagte sie. Er sah sie an und merkte, es war ihr nicht egal.

„Man will immer seine Gedanken und Sorgen, seine Siege und Niederlagen mit jemandem teilen.“

„Ja“, sagte sie. „Aber da braucht man jemanden, der zuhört.“ „Ich hör dir zu.“ Sie lächelt. „Man muss in sich hineinhorchen. Nur das tun, was man jetzt tun möchte. Alles andere lassen“ sagte sie.

„Was möchtest du jetzt tun?“, fragte er. Sie war ganz nah. Aber dann schaute sie weg. Das war eine Killerfrage. Eine, die nicht zu beantworten war. Jedenfalls nicht mit der Wahrheit, nicht hier und nicht jetzt.

„Ich möchte dich jetzt gern in den Arm nehmen“, dachte er, „und noch viel mehr.“ Aber er wagte es nicht zu sagen. Wenn man vergeben ist, darf man solche Fragen nicht stellen. Oder der andere. Man darf sie auch nicht beantworten. „Sie zwingt mich, zu lügen“, dachte er. „Ich muss so tun, als wäre nichts. Nicht lügen. Ich will, dass sie gern mit mir zusammen ist.“

„Krieg ich eine Antwort?“ „Nein“, sagte sie. Sie dachte nach und schaute ihn lange an. Wenn das Gespräch auf etwas Persönliches kam, reagierte sie wie ein Magnet mit gleicher Polung. Auseinander. Plötzlich, überraschend.

„Ich muss jetzt, es ist schön spät“, sagte sie. Sie drehte sich um und ging. Er schaute ihr nach. Er mochte ihren Gang.

„Wir wissen beide, dass dies ein Nein war, ein Nein für mich“, dachte er. Sie wusste es auch, das konnte er ihr ansehen.

Immer wenn sie eine Grenze zog, wenn sie Nein sagte, hatte sie diesen Gesichtsausdruck. Ihre Augen leuchteten nicht mehr, sie wirkte plötzlich völlig unbeteiligt. Vielleicht überspielte sie damit ihre eigene Enttäuschung.

27. Spiegel

Manchmal begegnet man Menschen, die wie ein Spiegel sind. Es ist ein Gefühl wie nach Hause kommen. Es ist ein schönes Gefühl. Eigentlich zufrieden mit sich zu sein. Wenn man gerne für sich ist und nicht wirklich einen anderen sucht. Weil man den Richtigen nicht kennt. Und dann sieht man sich selbst in einem anderen. Oder vielleicht den Menschen, der man selbst gerne sein würde. Vielleicht beides.

Zuerst war er überrascht. Er merkte, dass sie hart arbeitete, wie er auch. Ihre Arbeit war ihr wichtig. Sie hatte den Anspruch, gut zu sein. Keine Fehler, einer ihrer Grundsätze. Sie opferte viel für ihre Arbeit. Aber gleichzeitig wollte sie frei sein und wild, innendrin, unter der Haut, versteckt. Man sah es erst beim zweiten, dritten Mal.
Er kannte dieses Gefühl, es war schwer zu beschreiben – in einem Käfig zu sein. Gerne herauswollen, geht nur grade nicht. Der Arbeitskäfig. Geht das Leben an einem vorbei?

Sie sagte Sätze wie „Ich würde gerne mal nach Asien gehen" oder „Ich bin verrückt nach Pferden" und „Ich will alles lernen." Wollte sie eine Veränderung in ihrem Leben, ein anderes neues Leben?

Vielleicht machte sie sich nur interessant. Oder glaubte sie an die Wünsche, die sie manchmal aufblitzen ließ? Vielleicht neigte sie zur Selbstsuggestion.

Sie machte es ihm nicht einfach, sie wirklich kennen zu lernen. Sie liebte die Ablehnung, gerne auch provokant. Aus der Reaktion auf eine Provokation konnte man so viel schließen.

Wenn man gemeinsam unterwegs ist, wird viel gelacht. Sie freute sich, irgendwie Teil der Gruppe zu sein, die es auf den Hof verschlagen hatte. Er wusste, dass sie zugeordnet war. Jemanden zugeordnet, der Marc hieß. Man darf sich nicht suchen, wenn man vergeben ist. Alles andere wäre wie ein Verrat gegenüber dem anderen und gegen sich selbst. Aber war die Zuordnung nicht willkürlich? Wenn man für den anderen keine Gefühle hat? Und doch ist es oft so, dass man verteidigt, was man hat. Auch wenn man sich manchmal etwas anderes wünscht. Veränderung ist immer schwierig. Mit der Zeit kam es ihm vor, als wenn sie gerne mit ihm allein war. Sie schien es zu genießen. Einfordern durfte er das nicht, dann wies sie ihn ab. Es blieb nur, sich zufällig zu begegnen. Es war nicht einfach, sich zufällig zu sehen, allein.

Aber er hatte das Gefühl, dass sie es auch wollte, und so suchte er sie. So war es in den letzten Tagen oft vorgekommen, dass sie allein waren und sich kennen lernen konnten. Dann war seine Einsamkeit verschwunden. Wenn sie bei ihm war.

Vieles, was sie sagte, fand er neu und doch vertraut. Wie schon einmal gefühlt, aber nicht ausgesprochen. Oder durchdacht. Aber immer dagewesen, auch für ihn dagewesen. Ein Gefühl zu beschreiben, dass man vorher noch nicht kannte, ist nicht einfach. Es war wie nach Hause kommen. Wissen, wohin man gehört? Warum dieses Gefühl plötzlich da war und wann es kam – schwer zu sagen. Wenn man es herausfinden könnte. Dazu müsste man sich besser kennen lernen. Aber dann kommt man sich zu nah, das würde sie nicht zulassen. Sie glaubte an Versprechen, die man gegeben hatte. Aber war die Zuordnung ein Versprechen? Wenn man sie annimmt, ja. Aber wenn nicht?

Es ist stark, dachte er, das Gefühl für sie. Und es ging nicht weg. Kann man sich in einem anderen Menschen wiederfinden? Oder glaubt man nur in einen Spiegel zu schauen? Sind es Erinnerungen? Hat man etwas wieder gefunden, was man lange vermisst hat, ohne es zu wissen? Ein fremder, ein anderer Mensch, in dem man sich selbst sehen kann, natürlich anders, aber ein Pendant, eine Entsprechung. Vielleicht aber auch nur eine Täuschung, ein Wunschtraum. Vielleicht idealisiere ich nur, dachte er. Ich weiß nicht, ob sie mehr für mich empfindet.

Es gibt Zeiten, die keine andere Entscheidung zulassen als die zu arbeiten. Weil man die Verantwortung tragen und ertragen muss. Dann leidet man doppelt. Dann braucht man wenigstens Freunde, die einen tragen. Die versuchen zu verstehen. Und nicht runterziehen. Einen Gleichgesinnten.

Kann sie ein Freund sein? Kann er es für sie sein? Manchmal wünschte er sich wenigstens das. Es darf nur nicht mehr werden.

Er sagte: „Kann es eine Freundschaft zwischen Mann und Frau geben? Ohne eine Anziehung als die, sich über den anderen zu freuen. Wenn er da ist. Als Mensch?"

Sie lächelte. „Es gibt keine Freundschaft zwischen Mann und Frau."

„Ein Spruch. Das stimmt nicht."

Sie legte den Kopf schief und sah ihn lange an. Das tat sie immer, wenn sie nachdachte. Dazu brauchte sie meistens nur wenige Sekunden. Er hatte noch nie einen Menschen kennengelernt, der so schnell dachte, so schnell wie er selbst. Er bewunderte sie dafür. Aber dieses Mal überlegte sie lange.

„Es geht, wenn man sich nicht zu nahekommt. Oder wenn man gar nicht zueinander passt. Und das beide wissen. Ein hässlicher Mann kann ein schönes Kompliment machen. Man nimmt es ihm nicht übel, weil er nicht passen kann. Jeder braucht Anerkennung. Das gleiche Kompliment von einem, der passen könnte, ist anbaggern."

Sie hat Recht, dachte er. „Also ist es manchmal gut, wenn man nicht zueinander passt oder vergeben ist. Dann sind die Fronten geklärt."

„Ja, das meine ich", sagte sie. Ihre Augen verengten sich. „Warum fragst du das?"
„Hmh, vielleicht weil ich nicht möchte, dass unsere Freundschaft daran scheitert, dass wir zusammenpassen könnten."

Sie schwieg lange. Manchmal sah sie ihn dabei an mit ihren tiefen Augen. „Ich mag dich. Mehr geht gerade nicht. Kann man akzeptieren, oder?", fragte sie.

„Manchmal ist mehr daraus geworden. Mit der Zeit", sagte er.

„Es wird immer mehr daraus, mit der Zeit", sagte sie und ihre Augen verengten sich wieder.

„Man lernt lieben, was man kennt", sagte er. Sie sah ihn an. „Ja, aber Gefühle können auch abhandenkommen, wer weiß schon wann und wo."

„Das tut dann weh", meinte er. „Ich wünschte, ich würde wenigstens das fühlen. Das Schlimmste ist, nichts zu fühlen."

Sie nahm ihn spontan in den Arm. „Ist nicht wahr, keine Liebe, kein Gefühl?" Es fühlte sich gut an, ihre Umarmung. Sie war so natürlich, gar nicht kompliziert. Er schüttelte den Kopf. „Immer wenn ich mehr wollte, bekam ich ein Nein", sagte er. „Also habe ich immer so getan, als wollte ich gar nicht, um wenigstens ein wenig mit ihr zusammen sein zu können."

„Verrückt", sagte sie. „Und das ist ja wirklich eine komplizierte Lage. Und eine Lüge. Du hast gesagt Ehrlichkeit ist die Grundlage von allem."

„Wenn man sich sonst verlieren würde, dann ist eine Notlüge erlaubt. Und lieben es Frauen nicht auch, so zu tun als ob?"

„Wir tun immer so als ob, das macht uns interessant", sagte sie und lächelte.

„Du hast Recht", sagte er. „Ehrlichkeit ist die Grundlage, für eine Freundschaft. Für alles. Besonders für eine Liebe. Wer spielt, verliert. Nur Ehrlichkeit schafft Vertrauen. Und ohne Vertrauen geht sowieso nichts."

„Es gibt Wahrheiten, die man nicht hören will", sagte sie. „Die muss man nicht sagen." Dann überlegte sie wieder. „Was ist für dich die schlimmste Art der Lüge?"

„Die schlimmste Art der Lüge? Wenn man etwas nicht sagt, was gesagt werden muss. Wenn man schweigt, obwohl man reden muss. Wenn man nicht sagt ich will oder ich will nicht, sondern etwas ganz anderes tut. Fluchtverhalten. Und sich dann nicht mal mehr streiten kann oder will."

Sie fühlte sich ertappt. Er hatte gerade ihre Beziehung zu Marc analysiert. „Ups", sagte sie und zog die Augenbrauen hoch. „Du kannst dich ja richtig aufregen. So ernst, das mit der Wahrheit?"

„Ja", sagte er schlicht. „Sehr wichtig."

„Was ist mit Nichtbeachtung?", fragte sie und musste wieder an Marc denken. „Man schaut den anderen nicht mehr an. Man interessiert sich nicht für ihn und sein Leben. Man schenkt ihm keine Zeit."

„Das tut besonders weh", sagte er. „Das kann niemand lange ertragen."

„Aber man sagt manchmal nein, obwohl man ja meint. Ablehnung kann überlegen machen. Gut fürs Ego." Sie versuchte zu argumentieren, konnte man auch Beziehungslügen legalisieren?

„Das ist schlecht für jede Beziehung. Irgendwann sagt man nichts mehr", sagte er.

„Dann ist es irgendwann aus?", fragte sie.

„Ja", sagte er. Er sah sie lange an. Plötzlich wussten sie beide, es gab nichts mehr zu sagen. Jedenfalls jetzt nicht. Aber ihr Blick zeigte ihm, dass sie ihn verstand. Er liebte sie dafür. Gefühle ehrlich ausdrücken, ohne Hintergedanken und offen. Eine Beziehung, die das zulässt. Nein sagen ohne zu verletzen. Ja, wenn man es will. Nicht erst irgendwann, später, sondern sofort, dann wenn man es weiß. Es braucht Charakter, eine solche Beziehung auszuhalten. Die Wahrheit sagen können, auch wenn sie nicht schön ist. Kritik ertragen können. Eine seltene Reife.

Und dann ist da die Lüge, alles sei in Ordnung. Selbst wenn nur noch Fassade vorhanden ist. Wenn von den Gefühlen nur noch Routine und Gewohnheit übriggeblieben ist. Man kann keine Fassade für immer ertragen. Niemand kann das. Eine Freundschaft kann überleben. Wenn man einsieht, dass sie genauso wichtig ist und man stark genug ist, den anderen freizugeben. Vielleicht weil man ihn einmal geliebt hat. Wenn man akzeptieren kann, dass er immer ein Teil des eigenen Lebens ist und bleiben wird, aber jetzt nicht mehr als eine Freundschaft möglich ist. Und wenn man ein neues Glück gönnen kann. Kann man das? Es wäre wahre Liebe.

Sara spürte, dass sie ehrlich sein muss. Zuerst gegenüber sich selbst, dann gegenüber Marc und auch zu Samir. Sie hatte Angst davor. Sie ging ihren Weg immer allein. Trotz der Zuordnung. Sie verstand, dass beide, Marc und jetzt Samir, wissen wollten, was sie möchte. Konnte sie nicht für beide da sein? Vielleicht war es besser, nicht mehr darüber nachzudenken. Es tat weh. Aber es wird vorübergehen.

„Es geht solange es geht", hatte sie gesagt auf seine Frage, ob sie mit Marc wirklich zusammen ist.

Welch ein Trost. Sie rechnete schon von vornherein mit dem Ende. Und irgendwann geht nichts mehr, wenn man so denkt. Sie lenkte ab: „Findest du es gut, dass die Ordnung gestört ist?", hatte sie gefragt.

„Ja", sagte er schlicht, „das finde ich gut. Besonders die Zuordnung braucht niemand." Sie hatte gelächelt. Und genau gewusst, was er meinte.

28. Die Erde

Sie saßen auf dem Boden unter den Bäumen und schauten über das Tal. Das Feuer war nicht mehr zu sehen. Alles wirkte friedlich.

„Ist es nicht so, dass sich Prioritäten mit der Zeit verändern?", fragte er. „Ja, wahrscheinlich", sagte sie. „Oder du dich selbst, das ist Deine eigene Entwicklung."

„Bei mir ist die Karriere oder der Erfolg plötzlich nicht mehr wichtig. Sondern dass, was ich jetzt will und gut finde."

„Das ist die ewige Suche. Man muss wissen, was schön für einen selbst ist, das muss man suchen." Sie schaute ihn fragend an. „Was ist für dich wichtig?"

„Die Welt begreifen, sehen, fühlen. Nicht gefangen zu sein. Freiheit."

„Das muss das Alter sein." Sie lächelte ihn lange an. Ein bisschen zu lange für Freunde. Sie konnte wunderschön lächeln. Ihr Existentialismus hatte ihn beeindruckt. Sie war erdig, bodenständig, direkt. Wie sie mit kleinen Freuden zufrieden sein konnte. Er konnte sich vorstellen, wie sie lange Spaziergänge liebt, den Geruch der Felder, die Farben am frühen Morgen und den Sonnenuntergang. Die Arbeit auf dem Hof. Die Erde. Das würde sie allem vorziehen. Oder nicht?

So gut kannte er sie nicht. Wäre es mit ihr immer so wie jetzt, nie langweilig?

„Wo bist du zu Hause?", fragte er.

„Hier." Sie sagte es so, dass kein Zweifel aufkommen konnte. Das können nur Menschen, die in sich selbst ruhen. Die zufrieden sind. Die auf sich selbst vertrauen. Und die mit der Erde verbunden sind.

„Wo ist Deine Heimat?", fragte sie. „Ich habe keine Heimat", sagte er. „Jetzt schau nicht so, solche Menschen muss es auch geben." Sie konnte es kaum glauben. Jeder Mensch braucht eine Heimat.

„Wo willst du beerdigt werden?", fragte sie, ein letzter Versuch, ihn zu verstehen. „Bei meinem Bruder", sagte er.

Sie spürte, dass sie ihm das geben kann, was er am meisten vermisst – ein Zuhause und eine Liebe. „Wenn man am Ende seines Lebens steht, bedauert man nur das, was man nicht gemacht hat" hatte er gesagt. „Nicht die Fehler. Nicht die Irrwege. Und am meisten wird man bedauern, dass man nicht geliebt hat." Sie hatte seinen Satz nicht vergessen.

Es gibt für alles eine Zeit. Einen Moment, in dem man sich entscheiden muss. Und sei es nur für einen Augenblick, es zuzulassen, dass man es versucht. Man muss manchmal seinen Gefühlen folgen. Ohne zu fragen was wird. Ohne abzuwägen.

Sie nahm ihn in den Arm und schaute ihn lange an. Dann küsste sie ihn. „Was ist mit der Zuordnung?", fragte Samir.

„Die ist gestört", lächelte sie.

29. Reset

Der Vorsitzende des councils war genervt. Seit Tagen wurde er mit Anfragen von pilars konfrontiert, die ihre Privilegien nicht wahrnehmen konnten, irgendwo festsaßen oder irgendwo nicht hineinkamen. Und eine Lösung für die Probleme der screens war auch noch nicht gefunden.

Der council hatte seine wichtigste Waffe zur Disziplinierung und Kontrolle der Menschen, die social points, verloren. Die inline-Programme waren wertlos. Außerdem hatte man sich bis auf die Knochen blamiert. Er traf eine schnelle und einsame Entscheidung. Und er würde die Entscheidung heute Abend live, zur Hauptnachrichtenzeit, in den Nachrichten verkünden lassen. Die Ordnung musste wiederhergestellt werden. Vielleicht würde er selbst ein Interview geben, nur um zu zeigen, dass alles unter Kontrolle war.

Und er brauchte einen Schuldigen. Die Wut der Bevölkerung musste sich gegen etwas richten, besser gegen jemanden. Er rief Jekar an.

Jekar war gerade dabei, mit seinem Team zu K12 aufzubrechen. Er berichtete kurz, was bislang herausgefunden worden war.

Seiner Meinung nach war einer der Programmierer verantwortlich. Ansonsten gab es die Verantwortung für das verheerende Feuer in K12 zu klären.

Der Vorsitzende hörte wortlos zu, unterbrach Jekar nicht, aber wusste sofort, was zu tun war. „Lass alle Verantwortlichen in K12 festnehmen", sagte er. „Und bring sie sofort her. Und finde den verdammten Hacker!"

Bis dahin wollte er Silva besuchen, die er seit vorgestern nicht mehr gesehen hatte. Wenn sie schon nichts zur Lösung der Krise beitragen konnte, so musste sie wenigstens mit ihrem schönen Körper für ihn da sein. Er nahm sich vor ihr Vorwürfe zu machen, ihr anzudrohen, sie zur Verantwortung zu ziehen und dann würde er sie nehmen, aber erst in dem Moment, in dem sie Angst bekam vor ihm, vor seiner Macht und seinen Drohungen. Er begann sich auf die Angst in ihren Augen zu freuen und es war das erste Mal seit der Krise, dass er sich auf etwas freute. Und danach würde er verkünden lassen, dass alle Punkte bis auf weiteres auf das acceptable level zurückgesetzt werden. Die Begründung war einfach: Es musste um jeden Preis verhindert werden, dass Punkte von nicht berechtigten Personen eingelöst werden. Das würde das Chaos da draußen zumindest ein wenig beruhigen. Und er würde verkünden, dass man die Verantwortlichen bereits gefunden habe und bald festnehmen werde und dass ein reset in Vorbereitung sei. Die Menschen mussten wieder an die Ordnung glauben, das war das Wichtigste. Und dann würde er verfügen, dass die Ausgabe von rewards eingestellt und die Zuordnung ausgesetzt wird. Es würde die Krise nur verstärken, nicht auszudenken, wenn die falschen Leute Drogen bekamen oder einem falschen Partner zugeordnet würden. Die einzige gute Nachricht war, dass Zugänge und Berechtigungen mehr oder weniger wieder funktionierten – viele hatten die Anweisung des councils befolgt und Berechtigungen mit Zeugen protokolliert. Allerdings waren dafür viele der Datenschlösser zerstört oder abgebaut worden – eine neue Sicherung war nicht in Sicht. Sollte sich sein Sohn darüber Gedanken machen…

Silva saß zusammengesunken in ihrem Büro. Sie hatte seit der Krise kaum etwas gegessen und war weder zu Hause gewesen, noch hatte sie sich gewaschen oder frisch gemacht. Sie war so müde, dass sie vor den Terminals regelmäßig eingeschlafen war, um beim Aufwachen festzustellen, dass immer mehr Kontrollmöglichkeiten durch die Verschiebung absurd geworden waren. Die Auswertung der Daten ergab keinen Sinn und die inline-Programme warfen Inkongruenzen ohne Ende aus. Und die Punkte auf den screens waren Makulatur.

Als der Vorsitzende hereinkam blickte sie ihn müde an und schüttelte den Kopf. „Nichts", sagte sie.

„Was soll das heißen, nichts?", bellte er zurück. „Bring Ordnung in deinen Laden!" Er baute sich drohend vor ihr auf.

„Das ist ja wohl dein Laden, nicht meiner!", gab sie, selbst erstaunt über ihren Mut, zurück. „Verschaff du mir die richtigen Daten!" Mit einer schnellen Bewegung schlug er ihr ins Gesicht und begann an ihrer Bluse zu zerren. Auch wenn sie gerade müde und nicht sehr attraktiv aussah wollte er sie haben. Silva schrie auf und stieß ihren Stuhl zurück. „Lass mich in Ruhe!"

Er schlug erneut zu und sah gerade noch das trotzige Aufblitzen in ihren Augen, als ihre Hand schon auf seinem Gesicht aufprallte. Er taumelte zurück und fasste sich an seine Wange. Ihre langen Nägel hatten drei blutrote Spuren in sein Gesicht gezeichnet. Einen Moment lang war er versucht, wieder auf sie einzuschlagen. Aber dann drückte er den kleinen roten Knopf an seinem Armband. Security, seine Leibgarde, sie waren immer in der Nähe und bereit ihn zu beschützen. Sofort wurde die Tür aufgestoßen und zwei Sicherheitsmänner mit gezogenen Waffen stürmten hinein. „Festnehmen", rief der Vorsitzende. „Auf dich wartet eine Anklage wegen Hochverrat!"

Die Sicherheitsmänner packten Silva, die schrie und ihn laut verfluchte, und schleppten sie hinaus. „Ohne Datenauswertung ist sie nichts wert", dachte er, schade, dass er sich jemand anderes suchen musste. Aber noch mehr schmerzte der Machtverlust – Silva hatte ihm gerade klar gemacht, dass er nicht mehr alles bekommen konnte was er wollte. Er musste vor allem Sicherungsmaßnahmen einleiten, nicht für die da draußen, sondern für sich selbst.

Von der kleinen Insel, die hermetisch abgeschirmt war und die für einen Notfall vorbereitet war, wussten nur ein paar absolut zuverlässige Mitarbeiter. Dorthin würde er flüchten, wenn hier alles zusammenbrechen würde.

Und dann gab er die Order, sämtliche screens auf den acceptable level zu schalten. Sie waren zu nichts mehr nutze, wenn kein reset gelingen würde. Alle würden jetzt die gleiche Punktzahl haben.

30. Mara und Amil

Mara wusste, dass ihr Bruder und die Freunde Zuflucht auf einem Bauernhof gefunden hatten und war nach einer Odyssee endlich angekommen.

Bald würde es dunkel werden. Box, der alte Hofhund, kam herbeigeschlürft, um sie zu begrüßen. Sie sah die Stube hell erleuchtet. Es war ein schönes Bild und sie blieb stehen, um es in sich aufzunehmen. Box ließ sich gerne ein wenig kraulen.

Dann ging sie hinein, eigentlich wollte sie alles berichten und alles wissen, aber dann blieb sie noch einmal stehen und wusste, dass dies Zeit haben würde. Hier waren Türen nicht verschlossen und so öffnete sie die Tür zur Stube. Alle waren beim Abendessen. Ihr Bruder kam auf sie zu, umarmte sie und stellte sie den anderen vor. „Meine Schwester Mara", sagte er. Mara sah Amil an und ging auf ihn zu. „Guten Abend zusammen" sagte sie schlicht in die Runde.

„Verzeiht, wenn ich erst etwas tun muss, was ich schon lange hätte tun sollen." Sie nahm Amil, der erstaunt aufgestanden war, an die Hand, zog ihn mit sich und führte ihn nach draußen.

„Amil" sagte sie mit einer Stimme, die keinen Zweifel daran ließ, was sie ihm sagen wollte und zog ihn zu sich heran. Er nahm sie in den Arm, schaute sie an und nickte dann leicht. „Ja", sagte er und es war die Antwort auf eine Frage, die sie nicht stellen musste. Mara wusste später nicht mehr, wie lange sie draußen gestanden hatten, sich festhielten, mit den Händen entdeckten und immer wieder küssten, aber irgendwann kam Sara hinaus, lächelte und bat sie wieder hinein. Und wie jeder vor sich hin grinste machte auch klar, dass alle verstanden hatten.

Der Abend verging schnell, jeder hatte etwas zu berichten und zu fragen und so war es bald Mitternacht als Elli mahnte, man müsse jetzt zu Bett gehen.

Es war Sara, die die Frage stellte, die jetzt beantwortet werden musste. „Ihr kennt euch?" Er wusste, es würde keinen Sinn machen, zu lügen.

„Ja“, sagte er, „das sind meine besten Freunde.“ Eine kurze Pause
entstand. Der Fahrer des Defenders stellte die nächste Frage. „Ihr habt
aber nichts mit dem Brand zu tun?“ Eine Pause entstand. Richard
reagierte als erster. „Das wird bestimmt untersucht werden.“

Der Fahrer beantwortete seine Frage selbst. „Und wenn es so wäre, ist mir
egal. Ich freue mich immer mehr darüber, dass der council mal eins auf
die Nase kriegt.“ Der Fahrer hatte etwas zu viel getrunken und machte
keinen Hehl daraus, dass er nichts von der neuen Ordnung hielt. So
entspannte sich die Situation wieder. Sara wusste, dass sie mit Samir
sprechen musste. Aber erst, wenn sie sich geliebt hatten.

„Tja“, sagte Elli „da ja sowieso nichts mehr funktioniert, mache ich heute
Abend die Zuordnung. Das heißt ich mache alle Augen zu, und du,
Richard, machst das auch, sucht euch selbst aus, wer mit wem das
Zimmer teilt!“

Alle lachten und feixten darüber, dass Richard sich sofort an Mara schob
und fragte: „Na, wie wär´s denn mit uns?“, was ihm sofort einen gar nicht
so liebevollen Klaps von Elli einbrachte.

Er dachte an Kena und schrieb ihr nur ein Wort. „Komm.“ Er hatte
Sehnsucht nach ihr und wünschte sie wäre hier.

31. Marc

Marc hatte die letzten Tage wie im Rausch erlebt. Endlich war etwas
Handfestes zu tun. Die Garde war für Sicherheit in den Straßen
verantwortlich und unterstützte die Polizei. Selbst in der Nacht
patrouillierten spezielle Eingreiftrupps durch die Straßen, nahmen
Plünderer fest, schützten die öffentlichen Gebäude und versuchten, der
aufkommenden Anarchie Herr zu werden.

Marc wusste, dass sich viele Menschen bei Einführung der social points
Vorräte angelegt hatten, weil sie dem System nicht trauten, entweder in
Gold, das wurde immer akzeptiert, oder in rewards. Es war sozusagen
ein Sicherheitsnetz, die einzigen Güter, die immer und überall akzeptiert

wurden. Nichts Virtuelles. Etwas was man mitnehmen konnte. Etwas Greifbares. Er wusste auch, dass ein reger Tauschhandel auf dem Schwarzmarkt stattgefunden hatte, immer schon, aber seit der Krise ganz besonders.

Darum war es nicht ganz unlogisch, dass Plünderer, neben den Sachen, die sie mitnehmen konnten, insbesondere auf rewards und Gold aus waren. Es war bereits erkennbar, dass das Recht des Stärkeren immer mehr Oberhand über das geltende Recht bekam. Und da war es ein gutes Gefühl, noch stärker zu sein. Wenn immer sie einen Ort entdeckten, an dem offensichtlich schwarz gehandelt wurde, eine Gruppe von Menschen, die vielleicht dabei war, Dinge auszutauschen, ging er mit brutaler Härte vor. Die Leute wurden erst zusammengeknüppelt und dann durchsucht. Mehrmals schon hatte er die Verstecke mit Gold oder den Pillen entdeckt, meist am Körper verborgen, und verkündet, das sei alles beschlagnahmt. Aber im Hauptquartier hatte er meist weniger als das, was sie gefunden hatten, abgegeben – wenn überhaupt – und es bestand eine stille Übereinkunft in seiner Truppe, dass alles geteilt würde. Plünderer würden wohl kaum ihre Beute zurückfordern. Es war einfach, Diebe zu bestehlen – ein wunderbares Gefühl kein Risiko eingehen zu müssen, weil alle mitmachten und sich niemand traute zu widersprechen. Sara würde sich wundern, wie reich er in den vergangenen Tagen geworden war. Sara. Sie hatte sich lange nicht gemeldet. Vielleicht lag es ja an dem Chaos, das gerade herrschte. Er hatte die Nachrichten über den Brand in K12 verfolgt und vermutete, dass sie gerade sehr viel zu tun haben würde. Sobald sich die Gelegenheit ergeben würde, nach Hause zu fahren, würde er sie wiedersehn und dann endlich sein Recht aus der Zuordnung einfordern. Die Gelegenheit kam eher, als er es gedacht hatte.

Der Befehl lautete, Jekar und seine Leute zu begleiten und die Ursache des Brandes in K12 zu klären. Alle Verantwortlichen für K12 waren unverzüglich festzunehmen.

Und so saß er bereits kurze Zeit später mit seinen Leuten in einem Defender, der hinter dem Fahrzeug der Programmierer herfuhr. Die Straßen waren leerer als sonst und es schien ihm als würde heute eine

Entscheidung fallen, über was oder warum wusste er nicht, aber er hatte das Gefühl, dass heute etwas passieren würde. Nur was? Alle sollten festgenommen werden. Sara musste unbedingt da rausgehalten werden. Er würde es nicht zulassen, dass sie festgenommen oder verhört würde. Nicht so, wie er es oft gesehen hatte, zu oft, um es zu vergessen, die Schreie der Gefangenen, die Schläge und Qualen, das Blut und den Tod. Nicht sie.

Kena war sofort nach dem Erhalt der Nachricht zu ihrem Vorgesetzten gegangen und hatte ihm gesagt, dass sie für ein paar Tage keinen Dienst machen würde. „Meine Familie" hatte sie gesagt. „Wir brauchen Sie hier" hatte er nur geantwortet und dann genickt. „Passen Sie auf sich auf."

Es war kein Problem für sie, mit ihrem neuen social status ein Fahrzeug zu bekommen. Auch wenn jedem klar war, dass die Punkte verschoben waren, ein volles Punktekonto war trotzdem eine Freikarte für Vieles. Insbesondere wenn man einem Transfer der Punkte zustimmte, was einfach mit dem Auflegen der screens funktionierte. Man gab die Punkte ein und schon hatte der Empfänger sie erhalten.

Sie konnte nicht wissen, dass sich ein paar Kilometer hinter ihr eine kleine Kolonne aus Fahrzeugen auf den gleichen Weg gemacht hatte. Sie würde gleich bei ihrem Liebsten sein, mit ihm zusammen sein und sie würde ihn lieben. Alles andere war egal.

32. K12

Jekar hatte mit Absicht seinen Besuch nicht angekündigt. Er wusste, dass eine Einheit den Knotenpunkt sicherte, und seine beiden Programmierer arbeiteten an der Fehlersuche. Es war immer gut, überraschend aufzutauchen, dann bekam man ein viel genaueres Bild von dem, was gerade vorging, nichts konnte vorbereitet oder versteckt werden. B-Drohnen sandten Bilder auf sein Terminal und so konnte er sehen, dass nicht viel von den Gebäuden übriggeblieben war. Aber wichtiger war, was mit den cloud-Computern in den Geschossen unterhalb der Gebäude passiert war, und noch wichtiger, warum es zu diesem verheerenden Brand gekommen war.

Samir hatte ihm von Zeit zu Zeit Berichte gesandt – nur ein Techniker und eine Sicherheitsfrau waren zum Zeitpunkt des Brandes im Gebäude. Das waren die Hauptverdächtigen. Aber auch jeder andere kam für einen Anschlag in Frage, Brandsätze waren genauso programmierbar wie alles andere auch. Bis jetzt war die Ursache ein Kurzschluss. Seltsam nur, dass der Hack der screens und der Brand gleichzeitig passierten und so ein reset nicht sofort durchgeführt werden konnte. K12 musste vom Netz genommen werden. Eine Überbrückung wäre vielleicht später möglich, um das Netz wiederherzustellen. Man würde sehen.

Die Videoauswertungen der Kameras und die Satellitenüberwachung vor dem Brand hatten keine Besonderheit ergeben. Es kam darauf an, was er und seine Leute feststellen würden. Jekar war fest entschlossen, alles aufzuklären und die Sabotage „zu nullen“, wie er es seinen Leuten eingetrichtert hatte. Und er hatte alle Vollmachten…

Er konnte nicht ahnen, dass sich alle, die mit dem Umsturz zu tun hatten, auf einem kleinen Hof in der Nähe von K12 aufhielten. Und er hatte keine Vorstellung davon, was gerade im council vor sich ging. Er hoffte nur, dass alles wieder so werden würde wie früher.

Aber das war nicht möglich, nach dem Versagen des Systems, nach dem Zusammenbruch, es war auch ein Versagen von ihm selbst.

Warum war ihm nicht eingefallen, eine Schwachstellenanalyse durchzuführen, vor dem Anschlag, ein autarkes Back-up zu schaffen, das Netz zu doppeln und vor allen Dingen ein override bei Ausfällen zu vorzusehen – man hätte die Krise weg programmieren können, dann wäre er jetzt ein ganz Großer, ein Held. So lief er den Dingen hinterher, musste in der Vergangenheit graben, um eine Lösung für die Zukunft zu finden. Er war nicht mehr der Akteur, der große Erfinder und Gestalter, sondern musste zum ersten Mal in seinem Leben reagieren. Und zum ersten Mal spürte er tief im Innern eine Angst, eine Angst, die er noch nicht definieren konnte, aber die da war und sich dumpf breitmachte in seinem Bauch, irgendwo in seinem Kopf und die seine Brust zusammenzog – und das machte ihm wieder Angst.

Kena schrieb nur die beiden Worte, „Bin da", und kaum war sie auf den Hof gefahren sprang er aus dem Haus, lief auf sie zu, nahm sie in den Arm und küsste sie. „Endlich." „Ja", sagte sie „endlich!" Es tat gut seine Stimme zu hören, ihn zu fühlen, bei ihm zu sein. „Komm ins Haus, du musst die anderen kennen lernen." Jetzt war es an den anderen, sie willkommen zu heißen. Und wie es nicht anders sein konnte, wurde aufgetischt und getrunken und erzählt.

Richard war aufgestanden und sah aus dem Fenster. „Da ist einiges los in K12", sagte er. Die Kolonne der Fahrzeuge war mit bloßen Augen zu sehen.

Samirs und Amils screens vibrierten gleichzeitig. Das waar der Befehl sofort zu K12 zu kommen. „Wir müssen rüber", sagte Samir. „Jekar ist dort und will alle Verantwortlichen sprechen."

Sara sah ihn an. „Das müssen dann wohl wir sein, oder?", fragte sie. „Du wirst nicht gehen", schaltete sich Elli ein. „Melde dich krank."

Kena überlegte. Auch sie war überhaupt nicht daran interessiert, dass eine Untersuchung beginnen würde. Nicht auszudenken, wenn Jekar irgendwelche Schlüsse ziehen würde. „Ich habe eine Idee", sagte sie. „Sagt Bescheid, dass beide in ärztlicher Behandlung sind. Sagt ihnen es gibt eine Verstrahlung, die untersucht werden muss." Sara stand auf. „Ich gehe", sagte sie, „ich habe mir nichts vorzuwerfen. Aber ich werde vorsorglich sagen, dass ich in ärztlicher Behandlung bin."

„Dann gehe ich mit", sagte Elli. Das duldete keinen Widerspruch. „Ich bin auch dabei!", meinte der Fahrer „bin gespannt was dort los ist und ob der council einen Plan hat."

„Wir werden ein live-streaming senden", sagte Samir „dann wisst ihr was geschieht."

„Ich habe kein gutes Gefühl“, meinte Kena und sah ihn an. „Es wird nicht schwer sein für Jekar, herauszufinden, dass Sara hier auf dem Hof lebt. Wir sollten uns darauf vorbereiten, dass sie herkommen.“ Richard stimmte zu. „Du hast Recht, Kena. Ich packe ein paar Sachen zusammen.“

33. Verdacht

Es war nicht viel zu sehen in K12. Die Einheit, die das Gelände sicherte, war informiert und erstattete Bericht. Ein Brand, der den Knotenpunkt irreparabel beschädigt hatte. Die Ursache wahrscheinlich ein Kurzschluss. Die Männer standen in Gruppen zusammen und erzählten, was in der Stadt und hier los gewesen war. Marc suchte nach Sara.

Jekar war ungehalten. Wo waren Samir und Amil? Gerade als er Befehl geben wollte, sie zu suchen, kamen sie mit zwei Frauen und einem Mann in die Einfahrt gefahren. Amil sprang aus dem Auto heraus. „Wir haben eine Kontaminierung festgestellt“, rief er, „nichts anfassen oder untersuchen!“ Er stellte die Anwesenden vor. Marc kam hinzu und nahm Sara in den Arm. „Fehlt dir nichts?“, fragte er. „Alles gut“, sagte Sara „die Ärzte untersuchen nur eine Verstrahlung.“
Samir sah die beiden und wusste sofort, dass dies Marc sein musste. Ein komisches Gefühl, ihn zu treffen.

„Sie kennen sich?“, fragte Jekar. „Ja“, sagte Marc „wir sind zugeordnet.“ Jekar wusste mit dieser Information im Moment nichts anzufangen, nahm sich aber vor, dies nachzuprüfen und darüber nachzudenken. „Sie waren verantwortlich für die Sicherheit zum Zeitpunkt des Brandes?“, fragte er Sara.

„Ja, das stimmt“, antwortete sie. „Der Brand brach kurz nach der Störung der screens aus. Wir konnten nichts machen, er hat sich schnell ausgebreitet und der Feueralarm war durch die Störung des Kommunikationssystems nicht möglich.“

Jekar überlegte. „Wo ist der Techniker?“

„Er ist in ärztlicher Behandlung", sagte Samir „wir wissen nicht wie schlimm es ist. Offensichtlich ist Radioaktivität ausgetreten." Die Umstehenden blickten sich um – ihnen wurde unwohl bei dem Gedanken, dass sie hier einer Strahlung ausgesetzt sein könnten. Auch Jekar sah sofort ein, dass es gefährlich sein könnte, lange hier zu bleiben.

„Ich habe Befehl, dich in die Stadt zu bringen." sagte er zu Sara. „Du wirst deine vollständige Aussage zu Protokoll bringen." Marc zuckte zusammen. „Das kann ich übernehmen."

Jekar kniff die Augen zusammen. Wenn es einen Anschlag im Knotenpunkt gegeben hatte, dann war Marc vielleicht involviert. Und er sollte alle festnehmen, die mit der Sache zu tun haben könnten. Auf der anderen Seite war es nicht ungefährlich, ein Mitglied der Garde zu verdächtigen.

„Ich brauche dich hier", sagte er. „Du wirst die Messungen überwachen und vor allen Dingen den Techniker herbeischaffen. Sofort!" Marc bewegte sich nicht.

„Meine Tochter geht nirgendwohin", schaltete Eleonore sich ein. „Sie bleibt hier!" Eleonore war klar, was eine „vollständige Aussage" bedeuten konnte. Sie würde Sara niemals von der Garde verhören lassen. Sie wusste zu viel von den Methoden, die dort angewendet wurden.

„Wir haben die Aussagen bereits", sagte Samir. „Sara wurde von dem Brand genauso überrascht wie alle anderen. Sie kann nichts weiter zur Aufklärung beitragen." Jekar sah alle an. Dass die Mutter sich einer Festnahme widersetzte, war verständlich. Auch dass Marc sich vor seine Frau stellte.

Aber Samir? Irgendwas stimmte hier nicht. Das konnte er nur mit einer Provokation herausfinden. Er wandte sich an den Fahrer des Defender. „Du übernimmst das. Nimm dir ein paar Leute von der Sicherungseinheit. Bring die Frau sofort weg." Der Fahrer grinste und bewegte sich nicht. Dann schüttelte er den Kopf: „Das mache ich nicht. Was soll das bringen? Es hat gebrannt. Das kommt vor."

„Noch einer, der meine Befehle nicht befolgt", dachte Jekar. Er wurde wütend. Der Befehl des Vorsitzenden war eindeutig. Er wollte Schuldige. Und er würde sie liefern. Jede Krise ist eine Herausforderung und nur die Stärksten werden sie meistern. Und er war nicht gewillt, zu verlieren. Er drehte sich zu Sara um, schrie, „Du kommst sofort mit!", und packte sie am Arm. Mit eisernem Griff zog er sie in Richtung des Defender.

Er sah den Schlag erst kommen, als er schon in seinem Gesicht explodierte. Sein Kopf wurde zurückgeschleudert, er merkte noch kurz wie sein Gehirn gegen die Stirn schlug, dann wurde es schwarz um ihn.

Sara war klar, was ein Verhör bedeuten würde. Marc hatte oft genug erzählt, was bei Verhören der Garde passierte und sie hatte ihn immer dafür verachtet, dafür, wie er es erzählte und dafür, was dort gemacht wurde und dass Marc ein Teil davon war. Die Würde des Menschen ist unantastbar. Unantastbar. Das heißt, man darf nicht einmal berühren. Und jetzt wagte dieser Jekar es, sie festzunehmen um sie zu einem Verhör zu bringen?!?

Trotzdem war ihre Reaktion nicht gewollt. Sie hatte überreagiert. Marc hier zu sehen, die Anschuldigungen, Samir, die plötzliche Angst um alles… es war der eintrainierte Reflex einer Kämpferin, der Schlag kam aus der Mitte ihres Körpers, die jahrelange Übung, mit voller Wucht und schnell. Jekar sank zu Boden. Er war k.o. Die Sicherheitsleute griffen zu ihren Waffen, aber Marc war schneller. „Ruhig, Leute", rief er. „Das ist meine Frau. Ich bin verantwortlich für sie. Sie ist einer von uns."

Er ging zu Sara und nahm sie in den Arm. Die Soldaten blickten ihren Kommandeur an, unsicher, was sie tun sollten. „Kümmert euch um ihn!", befahl Marc mit Blick auf Jekar. „Bringt ihn ins Krankenhaus, nehmt den Defender!" Zwei Soldaten liefen zu Jekar und hoben ihn an. Er kam gerade wieder zu sich.

„Du machst jetzt genau was ich sage", raunte Marc Sara zu. „Und ihr kommt mit!" zu Amil und Samir gewandt.

Der Anführer der Sicherungseinheit war noch nicht überzeugt. „Ich habe die Verantwortung für die Sicherheit hier", sagte er und ging auf Marc zu. „Und ich handele auf Befehl des councils!", antwortete Marc. Einen Moment lang standen sich die Männer schweigend gegenüber.

In diesem Moment war ein dumpfer Schrei von Jekar zu hören. Er schüttelte sich wie ein angeschlagener Boxer und riss sich von den Soldaten los.

„Das sind die Verräter!", schrie er und zeigte auf Marc und Sara. „Die Saboteure! Nehmt sie fest!"

Der Kommandeur legte seine Hand an die Waffe und blickte erst Jekar, dann Marc an. „Es ist besser ihr folgt mir. Das war ein Angriff auf ein Mitglied des councils. Ich übernehme die Befehlsgewalt."

Marc ließ Sara los und baute sich vor ihm auf. „Mit welcher Begründung?" „Dazu brauche ich keine Begründung", gab der Kommandeur zurück. „Ich nehme die Frau und alle anderen mit in die Zentrale. Du kannst gerne mitkommen."

Auch Marc legte seine Hand an die Waffe. Für einen Moment herrschte gespannte Stille, wer war der Befehlshaber, was war zu tun? Würde es zu einer Auseinandersetzung kommen, wer gegen wen? War Jekar der Befehlshaber oder der Offizier der Garde? Oder der Kommandeur mit seinen Leuten? Fast sah es so aus, als wäre keiner der Beteiligten bereit, nachzugeben. Jekar bedauerte zutiefst, dass er seine Leibgarde nicht mitgenommen hatte. Wer konnte denn schon ahnen, dass die Soldaten seinen Befehlen keine Folge leisten würden? Er tastete unter seinen linken Ärmel und drückte den roten Knopf, den nur die wichtigsten Mitglieder des councils hatten – die Leibgarde würde so schnell wie möglich zu ihm kommen und ihm beistehen.

Dann war ein Klicken zu hören. Die Soldaten erkannten das Geräusch sofort – es war der Sicherungshebel einer Maschinenpistole. Von den anderen unbemerkt hatte sich der Fahrer des Defenders hinter einen

Mauervorsprung bewegt und richtete seine Waffe, entsichert, auf die Gruppe vor ihm.

„Jetzt ist Ende der Vorstellung!", rief er. „Die Waffen runter, das gilt für alle!" Sein Ton ließ keinen Zweifel daran, dass er es ernst meinte. Und die entsicherte Waffe auch nicht. Die Soldaten schauten sich an. Der Kommandeur nickte langsam und auch Marc gab seinen Leuten ein Zeichen. Die Waffen fielen zu Boden. „Alle hierüber!", wies der Fahrer an und sie bewegten sich zu ihm. „Hinsetzen!" Er kam hinter dem Mauervorsprung hervor und nickte Sara freundlich zu. „Hab keine Angst. Du bleibst erst mal hier", sagte er.

Samir hatte die ganze Zeit geschwiegen, wie sein Bruder auch, überzeugt, dass jetzt jede Aktivität nur schädlich sein würde. Entweder Jekar oder Marc, das war vor einigen Sekunden noch die Situation, der Kommandeur würde dem Sieger folgen. Wer würde sich mit wem verbünden?

Mit dem Fahrer hatte er nicht gerechnet. Er erwies sich immer mehr als ein Freund, ein Verbündeter. Und hatte das getan, was einer Konfrontation immer eine neue Richtung gibt: eine dritte Front eröffnet. Mit dem Effekt, dass sowohl Marc als auch Jekar einen neuen Gegner erkannten und fixierten.

„Der council ist derzeit offensichtlich nicht in der Lage, dieses Land zu regieren. Bevor wir Schuldige suchen, sollten wir die Fakten klären", sagte der Fahrer. Das klang vernünftig, jedenfalls für alle außer Jekar.

Samir trat vor, was sofort die Waffe des Fahrers in seine Richtung bewegte. „Die Sabotage hat nicht hier, sondern im Rechenzentrum von mind stattgefunden", berichtete er. „Hier gibt es keine Zugänge zu mind. Das haben wir überprüft. Wenn wir Schuldige suchen, dann dort. Und wir wissen nicht mal, ob es Sabotage war."

„Und der Brand?", rief Jekar. „Das war doch kein Zufall! Der Brand hat unser Netz unterbrochen!"

„Wir wissen nicht, ob das zusammenhängt", sagte Marc, froh, dass Sara nicht mehr im Mittelpunkt stand. „Aber wir werden es herausbekommen."

Der Kommandeur schaltete sich ein. „Wir haben hier alles untersucht. Wir haben keine Hinweise auf Brandstiftung gefunden, nichts. Auch die Auswertung der Luftbilder bringt keine Klarheit."

„Ich will auf jeden Fall den Techniker haben", sagte Jekar. „Ich befehle, ihn sofort festzunehmen!"

„Das übernehme ich", sagte der Fahrer. „Ich bringe ihn in die Stadt." Das klang wie ein erster kleiner gemeinsamer Nenner. Wie in jeder Auseinandersetzung lohnt sich das Suchen nach dem ersten möglichen Kompromiss, dem ersten Schritt, der gemeinsam gegangen werden kann. Der Effekt auf eine Konfrontation ist verblüffend: Eben noch Gegner werden die Beteiligten in eine gemeinsame Entscheidung geführt, sind nicht mehr nur Gegner, sondern – zumindest in diesem Teilbereich – Verbündete. Marc und der Kommandeur sahen sich an.

„Okay", meinte der Kommandeur, froh, mit dem verseuchten Techniker nichts zu tun haben zu müssen. „Wir bleiben hier und überwachen die Aufräumarbeiten. Und messen die Strahlung." Das fand – bis auf Jekar, der sich zurückhielt – allgemeine Zustimmung.

Jekar wandte sich an Marc. „Du bleibst hier und bürgst dafür, dass Sara jederzeit zur Verfügung steht. Und ihr beide", er drehte sich zu Amil und Samir um, „überwacht die Aufräumarbeiten und sichert alle Daten. Die Garde fährt mit mir zurück." An den Kommandeur gewandt: „Sie bleiben hier und sichern alles. Und der Techniker wird sofort in das Hauptquartier der Garde gebracht!"

Er funkelte den Fahrer an. Ein Mitglied des councils mit der Waffe zu bedrohen würde nicht ungesühnt bleiben.

Jekar war klar, dass er Marc und Sara in der jetzigen Lage nicht ohne Probleme trennen konnte. Das würde er später nachholen. Und dann alle Beteiligten, aber wirklich alle, festnehmen zu lassen. Einschließlich der

Soldaten, die Marc begleitet hatten. Eine Erosion der Befehlskette konnte nicht geduldet werden. Die Leibgarde des councils waren handverlesene und kampferprobte Leute, mehr noch als die Garde. Ihnen würde sich niemand widersetzen. Bestimmt waren sie bereits auf dem Weg, über das unabhängige tracking-System kannten sie jederzeit den Aufenthaltsort der wichtigsten council-Mitglieder. Und dann würde die Falle zuschlagen. Jetzt war wichtig, von hier wegzukommen und dem Vorsitzenden Bericht zu erstatten.

Er ging etwas zur Seite und rief über den sicheren Kanal den Vorsitzenden an. Nur einige wenige Mitglieder hatten einen direkten Zugang und er war stolz darauf, dazuzugehören. Die Verbindung wurde hergestellt, doch niemand meldete sich. Er checkte seine Nachrichten. Der Vorsitzende hatte soeben die accounts neutralisiert. Jeder hatte das gleiche level. Die Entscheidung war gerade in den Nachrichten bekannt gegeben worden. Jekar wurde bleich. Das kam einer Entmachtung oder noch viel schlimmer, einer Niederlage des Systems, seines Systems, gleich. Ganz zu schweigen von der Enteignung, wenn alle Punkte weg waren. Es war das Eingeständnis einer Niederlage, der totale Kontrollverlust. Zum ersten Mal begann er am Vorsitzenden zu zweifeln. Versuchten sie nicht gerade, die accounts wiederherzustellen, die Daten zu sichern und ein reset zu machen? Die accounts löschen oder zurücksetzen? Das war eindeutig eine falsche Entscheidung, wie konnte der Vorsitzende so etwas entscheiden, ohne ihn zu fragen?

Jekar wurde übel. War das der Anfang vom Ende der Revolution, das Ende seiner Macht, seiner Bestimmung, über alles entscheiden zu können, vielleicht sogar der nächste Vorsitzende zu werden? Es kam ihm vor, als hätte man alles, was ihm wichtig war, wofür er gearbeitet, wofür er gelebt hatte, mit einmal weggewischt. Man hatte sein Herz herausgerissen.

Auch Marc hatte ein ungutes Gefühl, wusste aber nicht was es war und woher es kam. Er hatte sich einem direkten Befehl widersetzt. Aber auch Sara gezeigt, wie stark er sein konnte, stark für sie. Er hatte sie aus einer schwierigen Lage befreit und erwartete jetzt, dass sie dankbar sein würde. Nein, noch mehr, dafür musste sie ihn doch lieben. Er hatte sich klar gegen Jekar gestellt, einen der mächtigsten Männer im council, und er hatte gewonnen. Sie würde nicht zum Verhör gebracht, sie würde bei ihm bleiben. Er hatte ohne zu zögern seine Karriere aufs Spiel gesetzt, für sie. Das tut man nicht für jeden. Das tut man nur für Menschen, die man liebt. Konnte sie ihn jetzt noch zurückweisen?

Er war zu ihr gegangen, wollte sie in den Arm nehmen, bereit, ihre Dankbarkeit und Zuneigung bescheiden zu akzeptieren und sich gut dabei zu fühlen. Jetzt konnte Sara zeigen, wie sehr sie ihn bewunderte. Aber als er sie in den Arm nehmen wollte, eben, als die anderen sich aufmachten, den Anweisungen Jekar's Folge zu leisten, nickte sie ihm nur kurz zu und drehte sich dann von ihm weg. Er stand da, ungläubig, irritiert. Sara ging zum Fahrer, der bei Eleonore und den beiden Programmierern stand. Wieder eine Ablehnung, das war wieder ein Nein. Es traf ihn mitten ins Herz. Da waren schon so viele Neins, seit sie zugeordnet waren, dieses kam jetzt dazu. Es kam ihm vor als wäre es das Nein, das kein Zurück mehr zuließ, das alle anderen Neins bestätigte. Er, der gerade alles riskiert hatte... oder waren es nur die vielen Menschen hier, die aus ihrer Sicht nicht erlaubten, dass man sich jetzt nahekam, oder wollte sie Jekar nicht provozieren? Das wäre eine Erklärung. Oder wies sie ihn doch zurück, war er, Marc, gemeint? Er wusste es nicht und er hasste dieses Gefühl der Unsicherheit. Hatte er ihr nicht immer wieder gezeigt, dass er sie liebte, schon damals, als sie zusammen im Polizeidienst waren, mit dem gemeinsamen Traum, irgendwann in der Garde zu dienen, etwas, was er geschafft hatte und sie aus ihm noch immer nicht nachvollziehbaren Gründen einfach aufgegeben hatte? Für einen Job bei der security?

Marc fragte sich seit langem, ob es ihre ständigen Zurückweisungen, ihr Hinhalten war, die ihn so starke Gefühle für Sara haben ließen. Er konnte jedes Mädchen haben, das wusste er, aber er wollte nur sie. Warum wollte sie nicht? Sie sollte ihn lieben, ihm zeigen, wie gut sie ihn fand, ihn bewundern, die anderen Frauen waren ihm egal. Aber da war immer diese Sperre gewesen, diese Grenze, die sie nie überschreiten konnte. Sie hatte nie zugelassen, dass er ihr zu nahekam, selbst als sie sich das erste Mal geliebt hatten war es so, als wenn sie nicht bei ihm gewesen wäre.

Sie hatten nicht oft darüber geredet, auch da war sie ausgewichen. Er wollte mehr, alles, jetzt. Sie wollte mehr Zeit. Und es schien ihr nichts auszumachen, wenn er tagelang in der Kaserne war, nicht bei ihr war. Ihre Freude, wenn sie sich wiedersahen, war zwar da, aber immer irgendwie kontrolliert und mit einer Ablehnung verbunden, die er nicht verstand.

Er hatte es immer bedauert, dass er eine Frau kennen musste, um Gefühle für sie haben zu können. Und sie respektieren musste, um wirklich zu lieben. Es wäre so viel einfacher, wenn das nicht so wäre, es ihm egal wäre, wenn er nicht so sensibel wäre. Er hatte viele Frauen kennen gelernt, aber das waren Episoden, sie bedeuteten nichts, sie waren gekommen und gegangen, man hatte Spaß und es war nicht wichtig. Jedenfalls nicht für ihn. Bei Sara war das anders. Es war ihm nur einmal gelungen, sich zu verlieben. In Sara. Sie war klug, schön und sie wusste was sie wollte. Sie war stark. Und anders als er, vielschichtig, sanft und gleichzeitig hart, sie konnte unglaublich liebevoll sein, wenn sie wollte. Er hatte damals, als er sie kennen lernte, sofort den Wunsch gehabt mit ihr zusammen sein. Sie war nicht leicht zu bekommen, und das reizte ihn. Oder war es nur die kühle Art, mit der sie ihn behandelte, sah sie denn nicht, wie toll er war? Er war in seinem männlichen Selbstbewusstsein sofort getroffen, als sie ihn behandelte wie alle anderen, nicht wie jemand Besonderes. Immer wieder hatte er in der Kaserne versucht, sie zufällig zu treffen, so oft es ging, in ihrer Nähe zu sein, hatte alles getan, damit sie ihn bemerkt. Sie müsste ihn nur besser kennen lernen, dachte er.

Er hatte sich dafür gehasst, für die Erniedrigung, die er sich selbst antat, jedenfalls kam ihm das so vor, wenn er stundenlang wartete, um sie zu sehen, unter den Bäumen in der Kaserne, im Schatten.

Darauf hoffend, dass sie irgendwann aus der Tür kommen würde oder am Tor, wenn alle ins Wochenende gingen und sie vielleicht auch, wenn sie dienstfrei haben würde.

Und sie kam nicht, der Zufall wollte oft nicht, dass er sie traf. Und jedes Mal, wenn sie nicht kam, war er enttäuscht und es war meistens kalt, damals, aber das hatte er ausgehalten. Oft wollte er seinen Ärger darüber, dass sie nicht gekommen war, so wie er es vorausberechnet hatte und gehofft hatte, an ihr auslassen. Das nächste Mal, wenn sie sich sehen würden, aber er hatte gewusst, dass es nicht so sein würde, er würde wie immer lächeln, wie ein Idiot vor ihr stehen und ihr nichts übelnehmen, er wollte sie nur anschauen, ihre Stimme hören und nichts weiter. Er würde wütend über diese Abhängigkeit, diese Macht, die sie über ihn hatte, ohne es zu wissen, und das war das Schlimmste, Macht, das war doch sein Ding. Er war doch der Starke und wollte führen, dominieren und beherrschen, er war stark – aber sie bemerkte es nicht oder wollte es nicht bemerken. Und manchmal fing er an, sie dafür zu hassen, das sollte sie nicht tun, nicht mit ihm. Er wollte nicht, dass sie ihn so beherrschte, seine Gedanken, sein Leben, er wollte wieder frei sein davon, so verrückt nach ihr zu sein, und doch war es so ein schönes Gefühl, da irgendwo innendrin, bittersüß und süchtig machend.

Er sehnte sich danach, dass Sara endlich ihren Widerstand aufgeben würde, sich fallen lassen könnte, bei ihm, in seinen Armen, zu ihm kommen würde. Sie sollte genauso verrückt nach ihm sein wie er nach ihr. Aber das war sie nicht. Oder sie verstellte sich. Wenn es so wäre, würde er es ihr übelnehmen. Und so war es gerade wie ein weiteres Mosaiksteinchen in dem Bild, das immer fertiger wurde und auf dem Bild stand ein großes Nein, Nein, Nein…

Er wurde aus seinen düsteren Gedanken herausgerissen durch ein Geräusch, das sich schnell näherte. Das musste ein Vector sein, ein Flugzeug der neuesten Generation, elektrisch, senkrecht startend, bewaffnet und gefährlich. Er hatte erst einmal einen Vector im Einsatz gesehen, er war unglaublich schnell, konnte in der nächsten Sekunde in der Luft stehen und es war so gut wie unmöglich, es zu bekämpfen. Nur die Leibgarde des councils hatte das Recht, Vector zu fliegen. Nur die Leibgarde… Plötzlich wurde ihm klar, dass Jekar sie gerufen haben musste. Er war angegriffen, geschlagen worden und hatte den Alarm ausgelöst.

Die Leibgarde würde ihn nicht nur beschützen, sie würden alle Beteiligten festnehmen oder, bei Widerstand, sofort töten. Sara war in höchster Gefahr.

In Augenblicken wie diesem funktioniert das menschliche Gehirn entweder gar nicht oder blitzschnell. Marc sah sich um. Die anderen Soldaten waren abgezogen, seine Leute sammelten sich. Sara stand noch mit ihrer Mutter, dem Fahrer und den Programmierern neben dem Defender.

Der Defender war die einzige Möglichkeit, die noch blieb. Er rannte auf Sara zu und rief schon im Laufen „Vector, in den Defender!" und nur der Fahrer schien zu verstehen, was gleich passieren würde, denn er schob – mit einem kurzen Blick zum Himmel – Sara in die offene Tür des Fahrzeuges. Eleonore folgte ihnen. Marcs Männer verstanden nicht.
Auch sie hörten den Vector. Wieso sollte die Leibgarde eine Gefahr sein? Sie blieben unentschlossen stehen und warteten auf neue Befehle. Auch Jekar hatte das herannahende Geräusch gehört. Der Vector kam gerade in einem eleganten Schwung eingeflogen, die Düsen nach unten gerichtet und langsamer werdend. Er lief auf das Flugzeug zu, trotz der Staubwirbel, die von den Düsen verursacht wurden. Jetzt konnte er seinen Plan doch noch umsetzen.

Auch Amil und Samir erschraken. „Wenn wir jetzt flüchten, machen wir uns verdächtig!", raunte Amil und Samir nickte. Was immer passieren würde, war es nicht besser, stehenzubleiben? Aber dann liefen sie hinter den Defender und duckten sich. Aus dem Flugzeug sprangen die Leibgardisten mit den Waffen im Anschlag, sahen Jekar und liefen auf ihn zu, umringten ihn, so als wollten sie ihn auf der Stelle mit ihren Körpern schützen. Zuletzt kam ein gedrungener kahlköpfiger Mann aus dem Vector und schritt selbstbewusst und die Umgebung taxierend auf seine Männer und Jekar zu.
Amil und Samir konnten nicht hören, was gesprochen wurde, dafür waren die Düsen des vectors noch zu laut. Aber es war klar, dass Jekar

seinen Plan, alle festnehmen zu wollen, jetzt durchsetzen würde. Marc hatte gehofft, dass der Defender bereits losgefahren wäre, wenn die Leibgarde eintreffen würde. Aber das Fahrzeug stand da, verschlossen, und nichts rührte sich. Jekar kam mit der Leibgarde auf ihn zu. An der Miene Jekar's war erkennbar, dass er triumphierte. Es sah schlecht aus.

Jekar wollte gerade den Befehl geben, alle festzunehmen, da war die Stimme des Fahrers aus dem Defender über das Lautsprechersystem zu hören: „Stehenbleiben! Die Waffen runter!"

Der Fahrer kannte die Feuerkraft eines Vectors. Und er wusste, wie gefährlich die Leibgardisten waren. Er hatte sofort gehandelt und beließ es nicht bei der Warnung, sondern gab einen Schuss aus der 4-Zentimeter-Kanone des Defenders ab. Er hatte schneller reagiert, immer ein Vorteil im Kampf, und er hatte genau gezielt. Das Projektil traf den Vector am hinteren Leitwerk, explodierte, riss ihn herum, so dass sich die rechte Flügelspitze in den Boden grub und das Fluggerät in einem grotesken Winkel nach oben gerichtet wurde. Wer immer im Vector verblieben war, fliegen konnte er nicht mehr. Und mit den Bordwaffen zielen auch nicht.

So überrascht die Leibgardisten waren, so schnell reagierten sie. Es waren eintrainierte Abläufe, wie sie sie immer wieder geübt hatten. Zwei Soldaten zogen Jekar zur Seite hin zum Gebäude, das Schutz bieten würde, die anderen gingen zum Angriff vor. Ein Kugelhagel prasselte auf den Defender, Marc konnte sich gerade noch durch einen Sprung hinter das Fahrzeug retten.

Die Panzerung des Defenders hielt. Und die Kanone feuerte ein zweites Mal. Ein kurzes Plop war zu hören, als die Granate vor den anstürmenden Gardisten einschlug, dann eine ohrenbetäubende Explosion, dann war Stille. Die Soldaten, die eben noch in vollem Lauf den Defender angegriffen hatten, lagen zerfetzt auf dem Boden.

Die Granate hatte auch Jekar und seine zwei bodygards zu Boden geworfen, aber sie bewegten sich noch. Nur Marcs Männer, die etwas weiter weg standen, waren unversehrt.

Marc reagierte. Jeden Moment konnte die Sicherungstruppe zurückkehren. Sie mussten die Schüsse gehört haben. Es war nicht sicher, auf welcher Seite sie stehen würden. Er lief auf seine Männer zu. Er musste seine Männer vorbereiten. „Gefechtsbereitschaft!", brüllte er. Er war nicht schnell genug. Der Pilot des Vectors stand plötzlich in der Tür und feuerte aus einer automatischen Waffe auf ihn. Das
Letzte, was Marc sah, war ein Blitzen auf seiner rechten Seite, dann schlug er hart auf dem Boden auf. Noch bevor sein Körper zum Stillstand kam, war er tot.

Auch der Pilot erlebte den nächsten Moment nicht mehr. Ein zweites Geschoss des Defenders zerriss die Maschine in zwei Teile. Was oder wer immer in dem Flugzeug gewesen sein mochte, es lebte nicht mehr. Die Kanone des Defenders richtete sich auf Marcs Männer. Sie blieben stehen und warteten ab. Jetzt besser nicht bewegen.

„Die Waffen weg!", hörte man die Stimme des Fahrers aus dem Defender. Die Männer gehorchten. Gegen einen Defender konnten sie kaum etwas ausrichten und ihr Anführer war tot. Sie legten die Waffen vor sich und warteten ab.

Sara hatte mit Entsetzen auf dem Bildschirm im Defender verfolgt, was geschehen war. Sie wollte sofort zu Marc, und zu ihm laufen, aber der Fahrer wirbelte herum und hielt sie am Arm fest. „Er ist tot", sagte er. „Und wenn du leben willst, bleib im Fahrzeug! Denk an die anderen Soldaten!" Eleonore stimmte ihm zu.

Sara war wie betäubt. Sie schaute ihre Mutter mit Tränen in den Augen an und wusste, dass sie Recht hatten. Da waren die Soldaten des Sicherungstrupps irgendwo im Gebäude. Sie mussten die Schüsse gehört haben und jeden Moment eintreffen. Es war nicht der Moment für Trauer. Auch wenn sie es wollte, sie konnte nicht zu ihm.

„Wir müssen weg!", rief der Fahrer und startete das Fahrzeug. „Wir müssen Amil und Samir mitnehmen!" rief Eleonore. Sie lief zur Tür und öffnete sie. Die beiden Programmierer sprangen hinein. Samir sah Sara, ihre Tränen und ihre Verzweiflung. Er rückte zu ihr und nahm sie in den Arm. Mehr konnte er nicht tun.

In einer Fontäne aus Dreck und Staub wirbelte der Defender herum und raste auf den Ausgang zu. Im Rückspiegel beobachtete er, wie Marcs Männer die Waffen wieder aufnahmen – aber sie schossen nicht. Dann plötzlich stoppte der Fahrer den Defender. „Wir müssen die Kommunikation der Garde unterbrechen, sonst ist der nächste Vector hier ehe wir den Hof erreichen!"

Samir und Amil schauten sich an. „Es ist der Sendeturm im Norden. Sie nutzen Kurzwellen. Der Sender muss zerstört werden." Der Fahrer verstand sofort. Er wandte sich der Zielprogrammierung zu. Amil schob ihn weg. „Das ist ein Spezialgebiet!", sagte er und programmierte die Koordinaten des Sendemastes in die Zielerfassung des Defenders.

„Rakete?", fragte er. Der Fahrer nickte. Ein kurzes Zischen war zu hören, dann konnte man die Flugbahn der Rakete auf den screens erkennen – der Radiosendemast war kurz zu sehen, als die Kameras der Rakete ihn erfassten, dann wurde der Bildschirm schwarz. „Treffer!", sagte der Fahrer.

„Damit haben wir die Kommunikation der Sicherheitsbehörden zumindest unterbrochen", meinte Samir. „Das verschafft uns einen Vorsprung!" Der Fahrer nickte. „Jetzt sind wir endgültig auf der Flucht!"

Kena und er hatten auf dem Hof eine glückliche Zeit verlebt. Richard hatte behauptet, er müsse für ein paar Stunden den Stall in Ordnung bringen, sei aber auf jeden Fall zum Essen wieder zurück – ein offensichtlicher Vorwand, um die beiden allein zu lassen – und so waren sie schnell in seinem Zimmer gelandet und hatten sich geliebt. Kena lag in seinem Armen und er schaute sie unverwandt an und wünschte sich nichts mehr als dass es immer so bleiben würde. Aber er wusste auch, dass jetzt eine Welle von Veränderungen auf sie zukam. Sie selbst hatten diese Veränderungen verursacht. Waren sie schuld an dem Chaos, das entstanden war? Nein, Schuld war das falsche Wort, es wäre das Eingeständnis, etwas falsch gemacht zu haben. Sie hatten alles so gemacht, wie sie es wollten, sie hatten alles richtig gemacht. Es war von

Anfang klar gewesen, ohne Zerstörung konnte nichts Neues aufgebaut werden. Nun, das Zerstören war einfach gewesen, jedenfalls einfach im Vergleich zu dem, was nun kommen würde. Ein neuer Aufbau war viel schwieriger. Und hatten sie sich nicht vorgenommen, für eine bessere Welt zu sorgen, das Chaos wieder neu zu ordnen, besser zu ordnen als zuvor? Das war jetzt wichtig. Aber noch wichtiger war Kena, waren sie beide. Sie gingen hinunter in die Stube, um die neuesten Nachrichten zu verfolgen.

Mara wachte schweißgebadet in dem kleinen Zimmer im ersten Stock des Hofes auf. Sie hatte wie ein Stein geschlafen, lange und tief, der Körper hatte sein Recht nach den langen Dienstzeiten im Krankenhaus gefordert. Es war ein Alptraum gewesen, der sie geweckt hatte und für einen Moment wusste sie noch, dass Amil in Gefahr gewesen war in ihrem Traum. Und sie wollte ihm helfen, konnte es aber nicht. Ihre Füße waren wie festgewachsen am Boden, alle Mühen, zu ihm zu gelangen und ihm beizustehen waren vergeblich. Sie schrie stumme Schreie, sah, wie er sie anschaute und nach ihr rief, konnte ihm aber nicht zur Seite stehen. In einem Anfall von Panik war sie aufgewacht.

In den letzten Tagen war ihr klar geworden, dass niemand anderes als Amil zu ihr gehörte. Ja, sie hatte ihn lange hingehalten, erfreut über seine immer neuen Bemühungen, ihr zu zeigen, dass er sich verliebt hatte. Es ist immer ein Kompliment, wenn sich jemand interessiert, ja, noch mehr, dass er etwas empfindet, etwas fühlt und mutig genug ist, es nicht für sich zu behalten. Aber manchmal dauert es etwas, bis man selbst etwas fühlt, merkt, langsam merkt, wie sehr ein anderer Mensch fehlt und dann ist sie auf einmal da, die Sehnsucht, wobei ihr gerade nicht klar war, ob das Wort Sehnsucht etwas mit der Sucht zu tun hat, jemanden sehen zu wollen. Aber das war jetzt egal, sie wollte zu ihm, ihn in ihre Arme nehmen und – komischerweise – ihn beschützen, jetzt für ihn da zu sein. Und zum ersten Mal in ihrem Leben wollte sie mit jemandem wirklich zusammen sein, sogar eine Familie gründen. Es würden wunderschöne Kinder sein, die sie haben könnten, das war ihre Bestimmung, weil sie sich nichts mehr wünschte als das.

Sie stand auf und suchte die anderen. In der Küche fand sie Kena und ihren Bruder, die besorgt aufblickten als sie hineinkam. Auf dem Tablet vor ihnen war der livestream von K12 zu sehen, den die Kamera aufgenommen hatte und sie stellte sich ohne zu fragen hinter die beiden, legte beiden einen Arm auf die Schultern und sah auf den Bildschirm. Da lagen Tote und ein zerstörtes Flugzeug, Soldaten standen abseits... Ihr Traum hatte sie nicht getäuscht, etwas war passiert und sie hatte geschlafen! Sofort schoss Adrenalin in ihre Adern, die Angst um Amil und die anderen war schlagartig da. Ihr Bruder spürte ihre Anspannung. „Keine Angst Mara, es geht allen gut, aber Marc ist tot. Und einige von der Leibgarde. Der Fahrer hat die anderen gerettet. Das sind Bilder aus dem Defender."

Die Erleichterung machte sich in einem tiefen Seufzen, das sie selbst gar nicht wahrnahm, bemerkbar. Kena stand auf und nahm sie in den Arm. „Sie kommen gleich zurück" sagte sie „und dann werden wir sehen, wie es weitergeht." „Wir sollten alles für eine schnelle Abreise vorbereiten", sagte er „denn was immer dort passiert ist, es wird ein Nachspiel haben." Mara stimmte zu. Nur wohin? Wichtig war jetzt erst einmal, dass alle zurückkamen. Und sie würde ihren Plan umsetzen, den sie für den Fall einer erfolgreichen Mission vorbereitet hatte.

Für den Fall, dass sie es schaffen würden, die Strukturen zu durchbrechen.

„Die accounts sind gelöscht worden", informierte sie Kena. „Der council hat es gerade bekanntgegeben. Jeder wurde zurückgesetzt, alle sind nur noch auf dem acceptable level."

Das war eine unglaubliche Neuigkeit. Alle auf acceptable level, das bedeutete alle waren gleich. Und hatten ab jetzt die gleichen Möglichkeiten. Ein Neuanfang. Aber es bedeutete auch, dass der council die Kontrolle über die accounts verloren hatte. Jedenfalls für den Moment. Und es war eine echte Enteignung, jedenfalls für die, die ihr Eigentum an den council übertragen hatten, gegen Punkte natürlich, um Privilegien zu erhalten. Mara lächelte in sich hinein. Davon hatte sie nicht zu träumen gewagt. Es war der ultimative Ausgangspunkt für eine gerechtere Gesellschaftsordnung. In ihren Diskussionen hatten sie immer wieder eine materielle Gleichstellung aller für gut und richtig gehalten, aber es war wohl etwas wie ein Naturgesetz, dass auch bei gleichem Eigentum wenige Zeit später einige mehr und andere weniger haben würden. Aber nicht, wenn ihr Plan umgesetzt werden würde. Nicht wenn die Punktevergabe reformiert werden könnte. Sie waren davon überzeugt, dass jeder Mensch die gleichen Chancen haben sollte. Die Abschaffung des Erbrechts durch die Revolution war ein erster, richtiger Schritt in diese Richtung gewesen. Warum sollte jemand davon profitieren, dass vor ihm andere mehr verdient hatten als er selbst? Und durch die Grundsicherung musste niemand Not leiden.

Mara war überzeugt, dass das Punktesystem seine Berechtigung hatte, es war der gerechtere und ausgewogenere Weg im Vergleich zum früheren Kapitalismus, jedenfalls der bessere Weg hin zu einer neuen, fairen Gesellschaft, in der es keine oder weniger Verteilungskämpfe gab. Und hatten nicht die accounts dazu geführt, dass jeder Mensch sich frei entfalten konnte, sich mit dem beschäftigen konnte, was ihm besonders gut lag und für das er sich interessierte?

Niemand war gezwungen, zu arbeiten, nur um seinen Lebensunterhalt zu verdienen. Jeder konnte das mit seinem Leben tun, was er für richtig hielt. Es hatte eine neue Kreativität hervorgebracht, in der Sicherheit der wirtschaftlichen Absicherung waren viele neue Ideen entstanden und neue Denkansätze – die Menschen hatten die Zeit und die Wahl, sich für ihr Leben zu entscheiden. Jedenfalls die, die in der Lage waren, an sich selbst zu arbeiten oder sich mit etwas zu beschäftigen, die, die keine Anweisungen oder Befehle brauchten, um ihr Leben zu strukturieren. Und mind hatte ihnen durch den Zugang zu allen Informationen, die existierten, die Tür geöffnet, sich selbst zu bilden, sich auszubilden für das, was ihnen wichtig war. Online, sofort und überall. Das war Freiheit, die Freiheit, die sie suchten, nur die Bewertung durch den Punkteschlüssel des councils war ein Element der Unfreiheit und die Ausübung von Macht mit anderen Mitteln. Wer darauf verzichten konnte, war wirklich frei. Das Schulsystem war durch den digitalen Zugang zu Wissen in den letzten Jahren auf ein notwendiges Minimum zurückgefahren worden. Schule war jetzt in erster Linie dazu da, die Kenntnisse für ein selbständiges Studium zu vermitteln. Dann bekamen die Jugendlichen ihren screen und das acceptable level. Wenn sie mehr wollten, mussten sie sich weiterbilden, was ohne weiteres durch das Netz möglich war. Und siehe da, selbst in vorher sozial benachteiligten Familien blühten Talente auf, zeigte sich eine vorher verborgene oder durch den Zwang zur Arbeit unterdrückte Kreativität, die jeder Gesellschaft willkommen sein musste. Der council war weise genug gewesen, keine weiteren Vorschriften zur Arbeit zu erlassen, mit der Verleihung des screens wurden Vorschläge gemacht. Aber kein Zwang ausgeübt. Und es war eine gute Entscheidung gewesen, allen, die sich nicht in die üblichen Berufe einordnen ließen, ein Forum zu geben, einen Ort, eine Plattform, die jedem für Veröffentlichungen freistand und über die sie sich austauschen konnten.

Der subcouncil „Reflexion" war für diese virtuelle Plattform verantwortlich und strukturierte die Beiträge, Ausführungen, manchmal trivial, manchmal hoch wissenschaftlich, ja, sogar Bilder, Skulpturen, Geschichten und Gedichte wurden ohne jede Zensur in die Plattform eingebracht und eingeordnet. Wie in einer guten Bibliothek. Und jeder konnte sie nutzen, sich mit Gleichgesinnten verbinden und über das Internet die Plattform zu dem weiterentwickeln, was es sein sollte: das Wissen der Welt. Der Markplatz für Interessen. Die Dokumentation menschlichen Schaffens. Es zeigte sich bald eine erstaunliche Expansion des Wissens, eine neue Energie war freigesetzt worden und manche waren so weit gegangen, die reflexions-Plattform als die neue Kultur, die Dokumentation des Wissens der Welt und als die nächste Revolution zu apostrophieren. Niemand sollte mehr sterben, ohne zuvor die Möglichkeit gehabt zu haben, das, was ihm wichtig war, zu teilen.

Der sub-council hatte diese rasante Entwicklung unterstützt, durch geschicktes Marketing, Ausschreibungen und Preise, öffentliche Ehrungen. Und so war Reflexion eine der wenigen Errungenschaften der

Revolution geworden, die allgemein als Fortschritt angesehen und von allen gut geheißen wurde.

Es stand für Mara fest, dass diese Freiheit der Arbeit und ein Punktesystem seine Berechtigung hatte. Es musste nur reformiert werden. Nicht der council sollte entscheiden, wer belohnt würde, sondern alle. Ein demokratischer Prozess, in dem alle, wirklich alle, nicht nur die Privilegierten, für den Wert einer Leistung votieren konnten. Bot nicht die Vernetzung die Möglichkeit, das umzusetzen? Und der Weg dorthin waren vielleicht die likes, die früher nur ein Beifall in den sozialen Medien gewesen waren. Jetzt konnten sie in ein Wahl- und Bewertungssystem einfließen, dass jedem die Chance gab, eine Leistung zu loben und zu belohnen. Jeder hatte eine Stimme und die Mehrheit würde die Belohnung bestimmen. Und jeder wäre stimmberechtigt, mit seiner Stimme. Das wäre die Basisdemokratie, von der sie geträumt hatten und die sie für einzig richtig gehalten hatten, die Schwarmintelligenz aller nutzen. Sie hatten lange über dieses neue Bewertungssystem nachgedacht und Amil war so begeistert gewesen, dass er sofort angefangen hatte, ein mind-kompatibles Programm zu schreiben, dass diese Bewertung vornehmen könnte. Aufgespielt auf die screens würde es ein großer Schritt sein, wenn es denn funktionieren würde und die Menschen reif genug wären für das alles, wenn sie bereit sein würden, ihr Votum abzugeben.

Natürlich nur wenn sie einen Zugang zu mind finden könnten, um das Programm aufzuspielen und andere endgültig zu löschen oder zu reformieren… Aber diese Möglichkeit hatten sie derzeit nicht, der council würde seine Macht, über die Punkte zu bestimmen, niemals kampflos aufgeben. Zuviel hing davon ab, wer über die Punkte bestimmte. Obwohl der council mit seiner Entscheidung, die Punkte auf das acceptable level zurückzusetzen, diese Macht gerade nicht hatte.

Es war den Versuch wert, darum zu kämpfen. Jetzt, mit der „zurück auf Los-Entscheidung" des councils könnte ein neuer Anfang gelingen. Es keimte so etwas wie Hoffnung auf, dass all ihre Bemühungen, die Risiken, die sie eingegangen waren, zu einem guten Ende führen könnten. Die Unsicherheit beenden.

Was immer notwendig war, was immer sie tun konnte, um dieses Ziel zu erreichen, sie würde es tun.

34. Flucht

Kurz darauf waren die anderen da. Sie saßen in der Stube zusammen, still und doch aufgeregt, und beratschlagten, was zu tun sei. Die Annullierung der Punkte hatte die Welt verändert, ihre alte Welt. Es war wie ein Vakuum, was entstanden war, vielleicht ein Vakuum, das sich für eine neue Welt füllen würde, für ihre neue Welt. Es war klar, dass man sie verfolgen würde. Und man konnte sie hier finden. Saras Wohnort war bekannt. Sie würden bald hier auftauchen. Der Fahrer war entschlossen, nicht auf dem Hof zu bleiben. Mit der ersten Drohung gegen Jekar hatte er sich als ein Widerständler identifiziert.

Sara hatte Samir nur kurz angeschaut und gesagt, „Ich gehe nicht ohne dich", und so war offensichtlich, wer bleiben konnte und wer gehen musste.

Er sollte mit Kena, Samir und Sara und dem Fahrer untertauchen. Mara und Amil hatten die Revolution vor Augen, die Welt, die sie sich erträumt hatten und wollten versuchen, dieses Ziel zu erreichen.

Die Frage blieb wohin? Richard schaltete sich ein. „Es gibt einen Ort, an dem sie euch niemals vermuten würden, weit genug weg, aber ganz nah an allem, was hier passiert und vor allem, in das System integriert, es ist nur alles ein wenig eingeschlafen", sagte er kryptisch.

Alle schauten ihn fragend an. „Es gibt ein Archiv, ein statisches back-up", sagte Richard. „Im Süden. Es wird nicht ständig benutzt, nur hin und wieder erfolgt ein up-date, aber es hat alle Zugänge. Ich weiß es, weil wir dort gearbeitet haben." Er lächelte, als ihn die anderen verständnislos ansahen. „Ich war nicht immer Bauer, irgendwann musste ich auch Dienst in der Armee ableisten, lange her, aber ich erinnere mich! Wir haben damals das Archiv gebaut."

Er beschrieb die geheime Anlage, die sich unter einem mittelalterlichen Dorf im Süden Frankreichs, befand. Die Provence. Das Rechenzentrum mit dem Gedächtnis, dem Speicher von mind. In das Hauptquartier konnten sie nicht zurück. Dort würde Jekar alles tun, Manipulationen zu verhindern und er würde versuchen, ihrer habhaft zu werden. Aber das back-up-System hätte wahrscheinlich die Möglichkeit, in mind einzudringen und die Programme zu laden, die Programme für ihre Zukunft.

Samir sagte großspurig: „Kein Problem, back-ups sind mein Spezialgebiet." So richtig wollte keiner ihm glauben, aber ein besserer Weg war auch nicht zu erkennen. Und zunächst mussten sie sich in Sicherheit bringen.

Richard und Eleonore hatten ein Haus, dort im Süden, ein Haus, das schon seit langer Zeit in der Familie als Feriendomizil genutzt wurde. Niemand konnte wissen, dass es ihnen gehörte, die Grundbücher waren nie fortgeschrieben worden und die Tante, die es vermacht hatte, war längst tot. Das Haus sollte ihr Zufluchtsort sein.

Und so machten sie sich auf den Weg, ausgestattet mit Vorräten aus Eleonores Küche, im alten Pick-up von Richard. Auf der Ladefläche hatten sie eilig alles zusammengeworfen, was sie auf der Reise brauchen würden, dann fuhren sie los. Mara und Amil, Eleonore und Richard blieben zurück, nicht ohne zu versprechen, bald nachzukommen.

Der Truck fuhr noch mit Benzin, wie früher, überhaupt nicht autonom und bestimmt nicht überwacht und es war für alle wie eine Reise in die Vergangenheit. Eine Reise in die Vergangenheit, die ihnen eine neue Zukunft zeigen sollte. Er fuhr, Kena an seiner Seite, und Sara und Samir kuschelten auf der Rückbank. Und der Fahrer hatte sich dazu gequetscht und war schon kurz nach der Abfahrt eingeschlafen.

35. Le Sud

Es war eine andere Welt, in die sie spät in der Nacht eingetaucht waren, noch ohne allzu viel in der Dunkelheit erkennen zu können. Das Haus am Rande der Stadtmauer des mittelalterlichen Dorfes war alt, irgendwann aus den Steinen gebaut, die man hier finden konnte, ein heller Muschelkalk, und es war alles vorhanden, was sie brauchten. Im Kamin brannte bald ein Feuer und es wurde ein wenig warm, bevor sie einschliefen.

Es kam Samir vor wie das Paradies, an dem ersten Morgen, als sie nach der langen Fahrt aufgestanden waren, die Sonne schon hoch am Himmel, das Licht hell und freundlich und ihr neues Zuhause in Augenschein nahmen. Das Haus hatte eine überdachte Terrasse und einen Garten, in dem alles wie von selbst wuchs, Blumen, Oliven, Wein, ein Khakibaum, Früchte, Gemüse und Reste von Weizen und Hafer auf der Wiese, übriggeblieben aus einer Zeit, als hier noch die Landwirtschaft die Grundlage der Existenz waren. An einem alten Wasserbassin fanden sich Frösche und eine Rinne versorgte den Garten mit Wasser, sobald das Bassin gefüllt war. Hier schien alles wie immer, wie es früher gewesen war, und nichts konnte diese friedliche und freundliche Stimmung trüben, kein council, keine Revolution und keine Veränderung.

Kena hatte aus der kleinen Dorfbäckerei Croissants besorgt und so saßen sie auf der Terrasse, durch die hohe Mauer geschützt vor Blicken von der Straße, und schlürften Milchkaffee und aßen in der Sonne diese Croissants, die nur aus Butter zu bestehen schienen und im Mund zusammen mit der selbstgemachten Marmelade von Eleonore einen wunderbaren Geschmack zauberten – ein kleines Glück, und ein Glück, hier zu sein.

Samir sah Sara an, die gedankenverloren in den Garten schaute und wünschte sich, dass dieser Moment so bleiben könnte, Sara in der Morgensonne, an seiner Seite…

Auf der Fahrt in den Süden war ihnen das Chaos begegnet, Menschen, die versuchten, sie anzuhalten, Menschen die bettelten und fragten, ob sie noch einen Platz im Auto hätten oder ob sie rewards zu verkaufen hätten. Menschen, die nicht wussten, was sie tun sollten und andere, die auf der Suche nach irgendetwas waren oder versuchten, sich zu orientieren.

Die Nachrichten waren alarmierend gewesen, in vielen Städten hatte es Revolten gegeben. Die Polizei war gegen die Menge der Angreifer machtlos und so war es zu Plünderungen gekommen, auch zu Gewalt und viele hatten sich in die egoistische Welt des „ich bin mir der Nächste" geflüchtet und wie immer, wenn es keinen Schutz oder kein Recht gab oder gerade nicht mehr gab, wurde das Recht des Stärkeren zu dem was es immer gewesen war – das ursprünglichste aller Rechte, dem es erlaubt war, Konflikte auf die einfachste Art zu lösen, die es seit Menschengedenken gegeben hatte – durch Vernichtung oder Gewalt. Wer immer sich dem Mob in den Weg stellte, musste mit dem Schlimmsten rechnen und so war es in den letzten Tagen zu einer Umverteilung gekommen: Alles, was transportiert werden konnte, wurde genommen, alles, was man kriegen konnte und wer etwas dagegen hatte, musste mit dem Schlimmsten rechnen. Die Alten und die Schwachen und natürlich die Kinder, wenn sie nicht beschützt wurden, waren im Nachteil, sie beobachteten das Chaos, resigniert und staunend über diesen archaischen Ausbruch. Etwas, von dem man geglaubt hatte, dass es längst überwunden wäre, in einer zivilisierten Welt. Die Plünderer rechtfertigten ihr Tun und sich selbst mit dem in Krisenzeiten immer wieder gut funktionierenden Spruch „Not kennt kein Gebot…" und natürlich „die anderen tun es ja auch."

Im Garten des Hauses war davon nichts zu spüren. Sie wussten, dass es an ihnen liegen würde, das Chaos zu ordnen, jetzt musste die nächste Phase beginnen, die neue Ordnung, NEW musste kommen. Wo anders als hier, wo alles Geschichte atmete, hier, wo alles so schien wie immer, waren die Fundamente zu finden, auf denen man bauen konnte, aufbauen, diese noch unbekannte, aber ersehnte neue Welt zu bauen. Wenn sie den Zugang zu dem unterirdischen System finden würden, von dem Richard berichtet hatte. Und wenn sie eine Möglichkeit finden würden, in mind einzudringen, es neu auszurichten. Wenn sie es schaffen würden. Und vor allen Dingen, wenn sie die Menschen überzeugen könnten, wie es denn weitergehen könnte. Und sie zu überzeugen, dass wieder Recht und Ordnung gelten sollten. Ein besseres Recht und eine neue Ordnung. Dann wäre wieder Frieden, vielleicht in einer besseren Welt.

36. Hauptquartier

Jekar war verärgert. Und enttäuscht. Den ganzen Morgen war eine Nachricht nach der anderen hereingekommen und keine war gut. Der Vorsitzende war verschwunden. Er hatte Jekar einen versiegelten Umschlag auf seinen Schreibtisch gelegt, den Jekar sofort nach seiner Rückkehr von K12 geöffnet hatte.

„Jekar", stand da, „Du wirst übernehmen, wenn du den reset schaffst. Ich bin in Sicherheit."

„Feigling", war das erste Wort, das Jekar dazu eingefallen war. Die Annullierung der Zusatzpunkte hatte eine Welle der Empörung in der Bevölkerung ausgelöst, bei denen, die Punkte verloren hatten, und das waren fast alle, die anderen waren sowieso auf dem acceptable level. Draußen herrschte nach wie vor das Chaos, niemand schien sich noch wirklich um die Aufgaben zu kümmern, die ihm zugewiesen waren.

Das Zusatzpunktesystem war außer Kraft, ebenso das Ortungssystem und das Zugangssystem begann erst in einigen Bereichen wieder zu funktionieren. Eine unglaubliche Menge an nutzlosen Daten brachte mind und vor allen Dingen die Prüfprogramme zum kochen.

Selbst der sub-council „Administration", zuständig für die Verwaltung von Allem, was zu verwalten war und das war viel, und die Verteilung der Aufgaben des councils, funktionierte nur beschränkt. Den Mitarbeitern fehlten die Anreize und die Struktur. Es hatte sich herumgesprochen, dass der council selbst in einer Krise war, sogar Gerüchte darüber, dass der Vorsitzende geflüchtet war gab es – da war es klüger, sich um sich selbst zu kümmern als um Zuständigkeiten, die vielen von einem Tag auf den anderen zu Makulatur geworden schienen.

Die Überprüfung der Zugangsdaten der Programmierer vor dem Anschlag war ohne Ergebnis geblieben. Nur die Messung des Stromverbrauches brachte einen, wenn auch nicht verwertbaren Hinweis: die Manipulation von mind war im Programmierraum erfolgt, es gab einen eklatanten Anstieg der Verbrauchswerte. Leider keinem Terminal zuzuordnen. Die Auswertung der Kameras hatten keine Auffälligkeiten gezeigt. Wer immer den bot eingespielt hatte, hatte sich dabei nichts anmerken lassen. Aber er musste gut sein, ein mind-Programm konnte nur schreiben, wer mit der Struktur des Systems vertraut war. Das begrenzte zwar die Zahl der Verdächtigen auf die Programmierer mit vollem Zugang zum System. Es waren noch zu viele, um den Täter zu finden. Jekar hoffte, dass die Datenanalyse, das Auswerten des Journals aller Aktivitäten, einen Hinweis geben könnte. Aber das würde dauern.

Für einen reset brauchte er den Wiederherstellungszeitpunkt und den Zugriff auf die Daten zu diesem Zeitpunkt. Aber die Datenspeicherung in K12 war durch den Brand vernichtet worden, damit auch die Speicher. Das Netz funktionierte nur da, wo es nicht über K12 geschaltet war. Und zu allem war Silva nicht aufzufinden. Jekar sprang auf und wischte mit einer Wut, die er sich selbst nicht zugetraut hatte, alles, was auf seinem Schreibtisch war, mit einer schnellen Armbewegung vom Tisch und brüllte „Bringt mir Silva, sofort!!!" Die Umstehenden sprangen zu Seite und liefen zur Tür, nur einer blieb stehen. „Was willst du?", blaffte Jekar ihn an. „Wir haben noch das statische Archiv!", stammelte der rothaarige Junge. „Es müsste verfügbare Daten haben." Daran hatte Jekar nicht gedacht. Das letzte back-up, völlig veraltet, von ihm nie gemocht, was sollte man auch mit Daten, die nicht dynamisiert waren. Aber jetzt könnte es eine Lösung sein. „Wie oft machen wir das back-up?", fragte er den Jungen. „Alle sechs Monate, aber das letzte Mal ist erst zwei Monate her." Der Junge war zu gebrauchen.

„Wie heißt du?", fragte er. „Leon", antwortete der Junge. Jekar betrachtete ihn. Eigentlich war er viel zu jung, um hier zu arbeiten. Aber es gab immer wieder diese Talente, die unglaublich früh brillante Programmierer waren, bis in die Spitze des Wissens vordringen konnten und bei denen das Alter keine Rolle spielte. „Gut, Leon, du stellst mir eine reset-Planung aus dem Archiv zusammen, und nimm dir ein Team, nimm dir, wen du brauchst. Ich will den Plan heute Abend auf meinem Tisch haben!" Der Junge rannte hinaus.

Ein Assistent kam hinein. „Silva ist im Arrestblock!", berichtete er. Jekar überlegte fieberhaft. Hatte sie etwas mit dem Anschlag zu tun? Warum war sie festgenommen? Er brauchte Silva, das war klar, und wenn sie etwas mit dem Ganzen zu tun gehabt hatte, würde er es herausfinden, denn dann brauchte er sie noch mehr. Sie würde wissen, wie dieser Alptraum rückgängig gemacht werden könnte… „Wir gehen zu ihr!", sagte er, drückte auf seinen roten Alarmknopf und sofort waren zwei Leibgardisten da. „Ihr kommt mit in den Arrestblock!", befahl er und machte sich auf den Weg durch die langen weißen Korridore.

Sein screen blinkte. Eine classified Message: *„Wir haben den Defender gefunden."* Die erste gute Nachricht für heute.

37. Restitution

Mara und Amil verfolgten gespannt die neuesten Nachrichten auf den Digitalschirmen. Es hatte sich eine Restitutionsbewegung gebildet und sie hatte sofort viele Unterstützer. Sie verlangten nicht mehr und nicht weniger als die Rückübertragung allen Eigentums, dass der council bekommen hatte. Angeführt wurden sie von einer Gruppe der pilars, wie könnte es anders sein, die in immer neuen Interviews und Statements forderten, dass nur ein Rückabwicklung der Übertragungen der richtige Weg sei, um das Chaos zu beenden, wenn es keinen reset geben würde. Es gab nur ein Problem: ohne eine richtige Zuordnung war auch das nicht umsetzbar. Ohne ein reset von mind war auch eine Restitution unmöglich.

Es war der Sohn des Vorsitzenden, der versuchte, die Öffentlichkeit zu beruhigen. In einem Exklusiv-Interview, das über alle Kanäle ausgestrahlt wurde, sagte er: „Wir arbeiten an einem reset, es handelt sich nur noch um ein paar Tage. Wir haben die besten Köpfe des councils und alle Spezialisten an der Arbeit." Für einen kurzen Moment war Jekar im Bild zu sehen. „Bis dahin bitte ich alle, Ruhe zu bewahren!"

Amil sah Mara an. „Wir müssen bald unser Programm veröffentlichen und vor allen Dingen die Daten einspielen, sonst ist die neue Welt die alte! Die Restitutionsbewegung kann schnell stark werden. Es wäre ein Rückfall in alte Zeiten. Und auch ein reset ist das Letzte. Das wollten wir nicht."

Mara nickte. „Es wird Zeit, dass wir den Zugang zu mind finden", sagte sie. „Und es wird Zeit, dass wir die neuen Bewertungen ins Netz stellen und alles, was wir nicht mehr wollen." Sie schaute auf die Unterlagen vor sich. Sie hatten sich darauf geeinigt, dass nicht allein die Dienlichkeit für das Ganze Maßstab für die Vergabe der Punkte sein sollte, sondern eine zweite Säule notwendig und genauso wichtig war. Die Menschlichkeit. Das hatten sie lange diskutiert, das neue Bewertungssystem, was dazu gehören sollte und vor ihr lagen lange Listen, die diese neuen Punkte zuließen. Dazu gehörte auch die Pflege von Alten und Kranken, ein Herzenswunsch von Kena und wie die Sorge für die Schwachen und die Armen, Grundlage jeder Menschlichkeit. Und Hilfe für die, die an den Außengrenzen warteten, Not litten und die in die gemäßigten Zonen wollten. Ganz zu schweigen von denen, die irgendwo da draußen in der Welt allein gelassen wurden. Das waren wichtige Änderungen. Das tracker-System sollte abgeschaltet werden. Die ständige Überwachung sollte Geschichte sein. Und die staatliche Zuordnung von Mann und Frau war in ihrem Programm nur möglich, wenn beide es wollen. Niemand sollte mit jemand zusammengebracht werden, wenn er sich nicht selbst dafür entscheidet. Und niemand sollte ohne seine Zustimmung beobachtet oder verfolgt werden können.

Das Programm, das in mind eingespielt werden sollte, war fertiggestellt. Es war ein Trojaner, der täuschend echt den up-dates und Veröffentlichungen des council glich. Das Programm konnte sich in alle Nachrichten einloggen. Es würde eine Weile dauern, bis der council realisieren würde, dass ein Trojaner im Programm war. Sie würden erst merken, dass etwas eingespielt wurde, wenn alle screen-Träger es gelesen hätten.

Auch wenn die Menschen Zeit brauchen würden, bis sie merken würden, dass der Urheber der Nachrichten nicht der council war, sie würden sie lesen, sie würden verstehen, was passiert war, sie konnten darüber nachdenken und diskutieren. Sie hatten eine Alternative. Eine Chance, darüber nachzudenken ob das, was passiert war, richtig oder falsch war. Und vielleicht würde es soweit kommen, dass daraus eine Wahl werden könnte. Das wäre der Anfang.

„Lass uns zu den anderen fahren", sagte Mara. „Richard und Eleonore warten schon. Sie haben jemand gefunden, der sich um den Hof kümmern kann. Und sie sind in Gefahr."

38. Die Vinothek

Mara konnte nicht wissen, wie nah die Gefahr bereits war. Auf ihrer Flucht nach Süden hatten die anderen zunächst den Defender nehmen wollen. Aber der Fahrer hatte davor gewarnt und berichtet, dass die Defender in einer zentralen Datei geortet werden konnten. Das war bestimmt schon geschehen und es war trotz der Kommunikationsprobleme der Sicherheitsbehörden nur eine Frage der Zeit, bis Soldaten den Defender suchen und auf den Hof kommen würden. Richard hatte ein Täuschungsmanöver vorgeschlagen. Er würde den Defender nach Norden fahren, um die Verfolger abzulenken. „Ich kenne da jemand", sagte er, „einer der letzten großen owner. Er wird mir helfen."

Und so war er mit dem Defender losgefahren und er hatte den anderen einen Vorsprung verschafft - sie hatten das alte Auto genommen und waren in den Süden gefahren.

Richard erreichte ein kleines Dorf am Fluss und fuhr einen Berg hinauf zu einem imposanten Gebäude, das in hellem Travertin in der

Nachmittagssonne leuchtete. Es war weitläufig und elegant, wie es ich in die Landschaft einfügte. Er stellte den Defender ab und machte sich auf die Suche nach seinem Freund.

Die Vinothek hatte schon bessere Zeiten gesehen. Efeu wucherte die Mauern hinauf und da wo früher Parkplätze gewesen sein mochten, hatte die Natur die Flächen zurückerobert. Wiesen und Büsche bestimmten das Bild.

Der Besitzer stand schon in der Tür, leicht gebeugt aber mit wachen Augen und ein Lächeln hieß Richard willkommen. „Richard", sagte er schlicht. „Schön dich zu sehen."

Richard nickte. Sie kannten sich seit Jahren. Wein gegen Fleisch. Die owner tauschten, was sie entbehren konnten, die einzige Möglichkeit, zu überleben. „Ich brauche Deine Hilfe. Ich muss einen Defender verschwinden lassen."

Er bekam ein Lächeln als Antwort. „Ich habe ihn schon gesehen. Wenn´s weiter nichts sein soll! Aber ich werde ihn bestimmt nicht verschwinden lassen." „Warum nicht?", fragte Richard.

„Weil dann sofort klar wäre, dass ich mit dem Ganzen irgendetwas zu tun habe. Ich frag nicht woher der Defender ist, ich brauche es nicht zu wissen. Lass ihn einfach hier stehen." Richard bewunderte den alten Winzer. Sein Denken war klar und logisch wie immer, trotz seines Alters. Er hatte Recht. „Ich muss eine Zeitlang untertauchen", sagte Richard. „Ich melde mich!" Und er machte sich auf den Heimweg zum Hof, mit einem Fahrrad. Das konnte man bestimmt nicht so einfach verfolgen wie einen Defender.

Die Soldaten hatten den Befehl, den Defender zu suchen, fast zur gleichen Zeit bekommen. Jekar operierte jetzt mit Boten, die das Siegel des councils als Vollmacht mit sich trugen, ganz wie früher, gar nicht virtuell… Es würde nicht lange dauern und sie würden das Fahrzeug finden und hier auftauchen, diesmal vorsichtiger, diesmal wissend, dass der Defender seinem Namen durchaus gerecht werden konnte. Und sie hatten Befehl,

alles zu zerstören, was verdächtig war. Einschließlich Menschen, die
Widerstand leisteten.

39. Arrest

Der Arrestblock stank nach Menschen und war völlig überfüllt, als Jekar
und seine Gardisten eintraten. Ein mürrischer Wachmann schaute auf,
erkannte ihn und salutierte. „Bringen Sie Silva zu mir!", befahl Jekar. Der
Mann sprach in sein screen und es dauerte nicht lange da öffnete sich die
Tür und Silva wurde hereingebraucht. Sie war in einem
erbarmungswürdigen Zustand.

„Ich nehme sie mit", sagte Jekar und nickte Silva zu. Schweigend fuhren
sie in ihr Apartment. Silva brauchte fast eine Stunde, um sich zu waschen
und neu einzukleiden. Dann kam sie blass, aber mit einem dankbaren
Ausdruck auf ihrem Gesicht zurück zu Jekar, setzte sich und nahm das
Glas mit Cognac, das er ihr eingeschenkt hatte und trank es in einem Zug
leer. Und dann nahm sie ihre rewards.

Jekar berichtete, was in der Zwischenzeit geschehen war. Vom
Vorsitzenden des councils, der ihn beauftragt hatte, zu übernehmen. Und
dass er sie brauchen würde, um die Ordnung wieder herzustellen. Und
um sie ganz für sich zu gewinnen, gab er ihr das Band mit dem roten
Alarmknopf zurück. Sie würde ab jetzt wieder geschützt werden. „Was
weißt du?", fragte er. Silva dachte noch über die Nachricht nach, dass der
Vorsitzende verschwunden war. Das Schwein. Aber sie war klug genug,
Jekar nichts von den Vorkommnissen zwischen ihr und ihm zu erzählen.
Sie sagte nur: „Er hat Schuldige gesucht. Und er hat seine Wut an mir
ausgelassen."

„Wer hat die screens gestört?", fragte Jekar. „Ich hatte Zeit darüber
nachzudenken", sagte Silva. „Aber das ist jetzt nicht wichtig. Das reset ist
wichtig, die Täter kommen später."

Was immer Silva im Arrest erlebt haben mochte, es hatte ihrem Verstand
nicht geschadet. Jekar nickte. „Wir gehen auf den nächstmöglichen

Wiederherstellungspunkt zurück. Das laufende back-up ist zerstört. Wir müssen in die Archive. Sie sind aus Sicherheitsgründen nicht online. Aber sie sind ein vollständiges back-up."

Jekar nickte wieder. „Das wirst du tun. Ein Programmierer namens Leon wird dich begleiten. Er arbeitet schon an einem reset. Fahrt zum Archiv im Süden und übertragt das back-up zu mir, notfalls per Boten. Ich spiele es in mind ein. Nimm einen Vector und genügend Leute mit. Und Deine Leibgarde. Es ist alles unsicher da draußen. Und Silva?" „Ja?" „Ich bring das wieder in Ordnung. Sobald ich das back-up habe. Und vergiss nicht, was ich für dich getan habe." „Niemals", sagte Silva und sie hatte Tränen in den Augen.

40. Schuld

Es gibt Menschen, die behaupten, es gäbe keine Schuld. Denn jeder sollte immer sein Bestes geben, um Schlimmes zu verhindern. Und wenn man das getan hat, dann ist da nichts, was man sich vorwerfen kann. Auch wenn das Beste nicht gut genug war. Dann kann man verzeihen, auch sich selbst. Aber es gibt sie, die Schuld, wenn man sich nicht bemüht hat, wenn man zugelassen hat, dass etwas passiert, obwohl man es hätte verhindern müssen, wenn man es hätte verhindern können, es aber nicht getan hat. Diese Schuld kann einen Menschen auffressen. Und man kann sich auch schuldig machen, wenn man etwas nicht getan hat, was getan werden musste.

Der Fahrer war erst spät wachgeworden und kam auf die Terrasse, wo die anderen bereits freudig Mara und Amil sowie Eleonore und Richard begrüßt hatten. Sie waren die ganze Nacht durchgefahren und saßen nun müde und hungrig in der Sonne und waren froh, bei den anderen zu sein. Der Fahrer bekam einen Kaffee und ein Croissant vor sich gestellt und nahm dankbar an. „Da sind ja alle. Schön, dass ihr es auch geschafft habt!"

Ohne, dass er das jemals zugeben würde, hatten ihm die letzten Tage zugesetzt. Er wusste, dass er gejagt werden würde, gejagt wegen des Todes seiner Kameraden, für den Verrat und dafür, dass er Sara und den anderen geholfen hatte. Dass diese jungen Leute etwas mit den Ereignissen der letzten Tage zu tun hatten, war offensichtlich.

Sie hatten zwar immer mehr ihre Zurückhaltung ihm gegenüber aufgebeben. Sie vertrauten ihm. Und hatten schon auf der Fahrt hierher in den Süden immer offener über die Entwicklung nach den Veränderungen und mögliche nächste Schritte gesprochen. Da waren der Knotenpunkttechniker und Samir, der Mind-Programmierer, offensichtlich Freunde. Sie hätten die Möglichkeiten gehabt. Sara passte für ihn nicht ins Bild, aber es war insbesondere sie, die er verteidigt hatte. Kena und der Techniker waren nicht nur befreundet, sie liebten sich. Zumindest hatte er das die letzten Nächte sehr deutlich hören können. Und auch Mara und Amil waren befreundet. Aber er wollte nicht fragen, wollte dass ihm freiwillig das gesagt würde, was er wissen wollte. Das wäre der Vertrauensbeweis, den er brauchte. Um entscheiden zu können, ob er alles richtig gemacht hatte.

Ob es das wert war, Menschen zu töten. Er hatte sie beschützt, ohne zu fragen und ohne zu wissen, ob sie schuldig waren oder nicht.

Der Techniker stand auf und kam zu ihm. Er gab ihm, ohne etwas zu sagen, die Hand und blickte ihn lange an. „Wir haben dir noch gar nicht gedankt" sagte er dann. „Du hast unser Leben gerettet." Er hielt die Hand des Technikers fest, es tat gut, berührt zu werden, es war wie eine tröstende Geste. „Ein hoher Preis", sagte er dann und schaute Sara an, die Tränen in den Augen hatte. „Es sind viele gute Männer gestorben." Alle schwiegen. Die Bilder der vergangenen Tage waren plötzlich wieder da, es erschien fast surreal, hier im sonnigen Garten, im Frieden des Südens, dass alles wirklich passiert war. Kena durchbrach das Schweigen. „Wir können das, was geschehen ist, nicht mehr ändern. Ich bitte euch um eine Minute des Gedenkens, um die Toten zu ehren."

Alle standen auf und nahmen sich spontan an den Händen. Es war das erste Mal, dass sie alle zusammen waren. Es war ein gutes Gefühl. Und es war ein gutes Gefühl, hier zu sein. Es kam ihm vor, als wäre dies der Moment, den sie brauchten, um der Angst, den Schuldgefühlen und der

Unsicherheit einen Raum zu geben, alles das war da, man konnte es fühlen, innendrin, und es war wichtig, das alles zu spüren.

Vielleicht war dieser Moment der Anfang, vielleicht ein erster Schritt, anzunehmen, was passiert war. Und vielleicht, um irgendwann damit leben zu können. Er würde wieder so handeln. Er würde nicht zulassen, dass junge Leute keine Zukunft haben sollten. Sie waren die Zukunft. Und deshalb fühlte sich alles immer noch richtig an.

Es war Samir, der sie aus ihren Gedanken riss. „Wir sind noch nicht in Sicherheit", sagte er. „Und wir müssen arbeiten. Damit alles einen Sinn ergibt." Samir sah alle an, dann ließ er Saras Hand los und schaute zum Fahrer und dann zu Sara und ihren Eltern. „Ich habe mind gestört. Ich habe die Punkte verschoben."

Sara sah ungläubig zu ihm hinauf, suchte seine Augen, hielt sie fest und begann dann langsam zu begreifen, das zu begreifen, was sie längst in ihrem Innern gewusst hatte. Es waren keine Zufälle, nichts passiert, ohne dass es verursacht worden wäre. Sie hatte es gespürt, tief drin, nicht genau und nicht präsent, aber sie hatte es gewusst. Sie nickte langsam. Auch der Fahrer nickte. „Ja", sagte er langsam „das ergibt einen Sinn." Er stand auf. „Mein Name ist Ronald, aber alle sagen Ron. Sieht so aus, als gehöre ich jetzt zu euch." Samir ging zu ihm und reichte ihm die Hand. „Willkommen."

Jetzt war es an ihm, die Wahrheit zu sagen. „Auch von mir willkommen, Ron. Samir hat das Netz gestört. Das mit dem Brand, das war ich. Dadurch wurde das Netz unterbrochen und die Speicher vernichtet. Damit kein reset gemacht werden kann."

Ron gab ihm die Hand. „Hab ich mir schon fast gedacht, dass du das warst."

Er lächelte. „Mein Name ist Ben", sagte er.

Dann wandte er sich zu Sara, ging zu ihr und nahm sie in den Arm. „Es tut mir leid, wenn du verletzt worden bist. Das wollte ich nicht." Sara nickte. „Das mit dem Feuer, darüber reden wir noch!", sagte sie und machte ein böses Gesicht. „Wenn ich Dienst habe brechen keine Feuer aus!" Aber dann lächelte sie. Richard und Eleonore gingen zu ihr und sie umarmten sich.

„Wir haben viel zu besprechen", sagte Samir. „Und viel zu tun. Am besten, wir fangen gleich damit an."

Ben ging zu Kena, sah sie mit seinem „hab ich alles richtig gemacht – Gesicht" an und war froh, als sie mit einem leichten Augenzwinkern zustimmte. Er nahm ihre Hand.

Da waren sie, die, die verantwortlich waren, für das was geschehen war. Und auch die, die sie mit hineingezogen hatten. Gemeinsam waren sie jetzt dafür verantwortlich, dass die Opfer nicht umsonst waren.

Es war an ihnen, die Welt zu ordnen, besser zu machen und vielleicht neu zu gestalten.

NEW konnte beginnen.

II.

New exciting world

1. Der Sohn des Vorsitzenden

Der Sohn des Vorsitzenden wunderte sich darüber, wie schnell er sich während der Krise in der Rolle seines Vaters wiederfand. Ohne es zu wollen, hatte der council seine Anwesenheit im Rat als Zeichen dafür gedeutet, dass er nun die Geschäfte seines Vaters fortführen würde. War es sein Vater selbst, der weg war und doch irgendwie noch da? Oder war es die Gewohnheit der Menschen, die jahrhundertelang in Erbmonarchien gelebt hatten und ganz automatisch unterstellten, er sei der Nachfolger seines Vaters?

Jedenfalls war nicht zu übersehen, dass die Mitglieder des councils ihm folgten, mehr als ihm das zugestanden hätte. Irgendwie gingen alle davon aus, dass sein Vater ihn eingesetzt hatte, oder jedenfalls bevollmächtigt hatte. Und so tagte der council, als wäre sein Vater in seiner Person noch anwesend.

Den hatte er seit seinem Verschwinden in Schutz genommen. Nicht, dass sein Vater mit ihm gesprochen hatte oder ihn darüber informiert hätte, wo er nun war und was er machen wollte, er hatte wie alle anderen council-Mitglieder nur die knappe Nachricht erhalten, dass er für „einige Zeit" nicht mehr kontaktiert werden könne. Das hatte ihn getroffen, hätte er sich doch gewünscht, dass wenigstens er, sein Sohn, über die Motive und Absichten unterrichtet worden wäre. Aber das hatte sein Vater nicht getan.

Trotzdem bemühte er sich in den regelmäßigen Briefings den Eindruck zu erwecken, er wisse mehr. Natürlich ohne etwas Konkretes zu sagen. Nach einigen Tagen hatte er sich darauf festgelegt, sein Vater habe sich zurückgezogen, um die neue Ordnung nach dem Störfall vorzubereiten. Bis dahin habe jeder seine Pflicht zu erfüllen. Das funktionierte erstaunlich gut und der Respekt, den ihm die anderen council-Mitglieder entgegenbrachten, war sichtlich auch von der nachwirkenden Autorität seines Vaters getragen.

Trotzdem wurde die Situation draußen immer unerträglicher. Die Kontrolle der Macht über die Verteilung der social credits musste so bald als möglich wieder hergestellt werden. Das ursprüngliche Chaos hatte sich zwar etwas geordnet, aber es war abzusehen, dass die Autorität des councils schwinden würde. Alles entwickelte sich weg von der zentralistischen Lenkung hin zu mehr oder weniger chaotischen und zersplitterten selbstgeschaffenen Strukturen. Schon waren einzelne Regionen dazu übergegangen, selbst neue Regeln aufzustellen. Die betrafen die Verteilung von Lebensmitteln und Wohnraum, aber auch Sicherheitsfragen. In manchen Teilen des Landes hatten sich Bürgerwehren gegründet, die großen Zulauf kannten und die sich selbst schützen und vermeintliche Angriffe von außen abwehren wollten.

Er stand vor dem großen Versammlungssaal und wartete auf die Vorsitzenden der sub-councils. Da war Administration, Mind, Genesis, Security, Public relations und Jobs.

Der Vorsitzende des sub-councils Afrika war verhindert, das war aber nicht so wichtig, musste man sich doch gerade jetzt um sich selbst kümmern. Und Genesis war im Moment auch nicht entscheidend. Die Zuordnung funktionierte nicht und überall hörte er Geschichten über Affären, Partner, die fremd gingen und wilde Feiern ohne jedes Tabu, alles das war im Moment ganz ohne die Sanktionen des councils möglich. Widerlich.

Er schaute Silva an, die das Data-mining repräsentierte. Sie war perfekt zurechtgemacht, trug ein elegantes Kleid und war sich ihrer Wirkung wohl bewusst. Und obwohl sie viel älter war er dachte er kurz daran, wie es wohl sein würde. Wenn er allein mit ihr wäre und sie haben könnte.

Die Nachrichtenlage war unübersichtlich. Dort, wo die Überwachung durch die Polizei sichergestellt war, funktionierte das öffentliche Leben einigermaßen. Alarmierend, aber auch faszinierend zugleich waren Nachrichten, dass draußen auf dem Land viele Menschen dazu übergegangen waren, sich zurückzuziehen und abzuschotten. Grenzen wurden proklamiert, notdürftig eingerichtet und jeder Fremde wurde kontrolliert. Als ob das zu mehr Sicherheit führen würde. Fast kam es ihm vor wie ein Rückfall in mittelalterliche Kleinstaaterei…

Und noch etwas war unübersehbar: die Menschen begannen wieder, sich selbst zu versorgen. Man vertraute dem System der zentralen Versorgung nicht mehr. Lebensmittel waren plötzlich wichtig geworden. Selbstversorgung war das Motto der Stunde. Jeder mit Zugang zu einem Stück Land begann damit, Gärten und Felder anzulegen. Obst, Möhren und Kartoffeln standen hoch im Kurs. Selbsternannte Gurus gaben Tipps und Ratschläge zum Anlegen von Beeten und Vorräten. Die Menschen interessierten sich für Einkochen von Marmelade und das Pökeln von Fleisch.

Auch ein reger Tauschhandel hatte begonnen und blockierte viele Dienstleistungen. Die Menschen sorgten für sich selbst und vernachlässigten die ihnen zugewiesenen Aufgaben. Warum auch Dienste für den council leisten, wenn die Punktevergabe nicht funktionierte? Dafür war keine Zeit. Dann lieber auf einen der Märkte gehen, die überall wie Pilze aus dem Boden schossen und handeln, verkaufen oder tauschen.

Einige Kommunen, so wurde berichtet, hatten sogar damit begonnen, eigenes Geld auszugeben, lächerliche bedruckte Scheine, Phantasiegebilde, die nur dort akzeptiert waren, woher sie kamen, aber nur dort Wert hatten. Umso erstaunlicher war, dass es funktionierte. Es vereinfachte den umständlichen Tauschhandel in den Dörfern. Den Preis bestimmten die Tauschenden selbst. Und gab den Leuten ein Wir-Gefühl, zum Dorf, zur Gemeinschaft zu gehören, etwas, dass offensichtlich nicht zu unterschätzen war. Dieses Wir-Gefühl hatten sie vielleicht nicht genug beachtet, damals, als der sub-council Administration aufgebaut wurde, der sich um alles Materielle kümmern sollte. Es kam ihm alles wie eine Zersplitterung der mühsam aufgebauten Strukturen vor. War nicht die Daseinsvorsorge die vornehmste Aufgabe der Verwaltung, hatte nicht der council dafür gesorgt, dass jeder ein Grundeinkommen hatte und ein Dach über dem Kopf? Und jeder mit genug Punkten konnte zum Arzt oder ins Krankenhaus gehen. Und jetzt schien mit einem Wisch alles weg zu sein.

Selbst die Medien begannen, satirisch zu berichten. „Wo ist er denn?" war ein Bonmot geworden. „Wer, der Vorsitzende?" „Nein, mein Punktestand!"

Aber das wollte er alles nicht wirklich wissen. Verdrängung ist ein guter Problemlöser. Jekar würde kommen und über die Fortschritte der Arbeiten beim reset berichten. Das war jetzt das Wichtigste.

Und doch ahnte er in seinem Innern, dass die Veränderungen, die da draußen vor sich gingen, nicht nur vorrübergehend waren, sie hatten eine Besonderheit, die er noch nicht fassen konnte, vielleicht wussten sie noch zu wenig über die Ursache der Störung. Klar war, dass sich die Punkte nicht ohne Grund verschoben hatten. Jemand hatte mind manipuliert, sehr planmäßig und nicht ungeschickt. Aber warum? Es wurde ihm immer klarer, dass es etwas mit Freiheit zu tun haben musste.

„Freiheit" hatte sein Vater gesagt „ist das Gefährlichste, was ein Staatswesen fürchten muss. Hüte dich vor zu viel Freiheit! Die Menschen müssen geführt werden. Sie brauchen Vorgaben. Wenn man sie nicht führt, bricht das Chaos aus".

Er war sich da nicht so sicher gewesen. Die Führung eines Staates funktionierte über Regeln und Sanktionen. Und die entstanden meist nach Verstößen Einzelner, der laute Aufschrei nach sofortigen Sanktionen war dann allzu populär. Aber die Regeln, die folgten, betrafen alle. Also bestimmte das Fehlverhalten von wenigen das Leben von vielen. Richtet sich das Recht nach den schwarzen Schafen? Das war ihm immer zu billig vorgekommen, warum sollte er an einer Stelle langsamer fahren, nur weil hier irgendwann jemand einen Unfall hatte?

Und war es nicht so, dass jede Regel pauschalieren musste? Es gibt gute und schlechte Fahrer. Auch das war ihm ungerecht vorgekommen.

Es gab offensichtlich eine Grenze für Führung, Regeln und Sanktionen. Eine Grenze, ab der die Menschen nicht mehr bereit waren, zu folgen. Vielleicht hatten sie diesen Punkt überschritten.

Dafür sprach auch der Zulauf zu den ownern. Sie hatten sich nie den Regeln des councils unterworfen. Sie wollten frei bleiben. Sie wollten behalten, was sie hatten. Und sie verwalteten alles selbst, nicht nur ihren Besitz, sondern auch ihr Leben.

Gerade jetzt konnten sich die owner vor Angeboten von Screenträgern, die sich als Mitarbeiter andienten oder etwas kaufen oder verkaufen wollten, kaum retten. War diese Entwicklung nicht ein Rückfall in alte Gesellschaftsformen? Oder konnte man dem Ganzen nicht auch etwas Positives abgewinnen? Sind Menschen, die sich um sich und ihr Eigentum selbst kümmern, glücklicher oder erfolgreicher? Er wusste es nicht. Offensichtlich war nur, dass die Krise eine Vielfalt neuer Entwicklungen und Initiativen hervorbrachte. Und möglicherweise neue Werte, die so schnell nicht wieder verschwinden würden.

Er wurde das Gefühl nicht los, das etwas begonnen hatte, was sich nicht mehr zurückentwickeln würde. Etwas, das er noch nicht genau erkennen konnte. Aber etwas, was schnell wuchs und größer wurde. Etwas, was mit Freiheit zu tun haben musste, etwas, was ihm Angst machte aber gleichzeitig auch so etwas wie Bewunderung auslöste. Die waren gar nicht so dumm da draußen.

2. Vinothek

Der alte Winzer sah die Soldaten schon von weitem kommen. Sie bewegten sich fast lächerlich vorsichtig, nach allen Seiten mit ihren Waffen absichernd und es machte den Eindruck, als wären sie im Krieg.

Er ging vor die Tür und schaute ihnen zu. Erst als sie sich vergewissert hatten, dass kein Angriff drohte und der Defender verlassen in der Ecke des Hofes stand, kam einer auf ihn zu und musterte ihn.

„Woher kommt der Defender?" fragte er.

Der Winzer schüttelte den Kopf. „Der wurde irgendwann hier hingestellt. Seitdem steht er da".

„Warum haben Sie das nicht gemeldet?“ fragte der Soldat.

Der Winzer schüttelte wieder den Kopf. „Muss ich das?“

Der Soldat schien verunsichert.

„Der Defender ist offen!“ rief einer der Soldaten. Der Mann wandte sich um und sah, dass das Fahrzeug durchsucht wurde. Gerade wollte er etwas fragen, als der Winzer sagte „Na seht ihr, das ist doch Euer Auto, also nehmt es mit, ich will es hier nicht haben“.

„Du bist festgenommen!“ antwortete der Soldat. „Du begleitest uns.“

„Das glaube ich nicht“. Der Winzer lächelte.

Der Soldat nahm die Waffe hoch. „Willst du dich widersetzen?“

„Das brauche ich nicht. Das hier ist owner´s Land und es gelten die Regeln der owner. Ohne einen Durchsuchungsbefehl oder einen Haftbefehl geht hier gar nichts“.

Das stimmte. Wenn es etwas gab, dass der council nicht vermocht hatte, dann die Abschaffung der alten Regeln für die owner. Sie galten weiter. Eigentum war und blieb geschützt. Und die owner hatten darauf bestanden, dass auch das Hausrecht Geltung hatte. Und die Grundrechte. Der council hatte dies akzeptiert, war es doch ein offenes Geheimnis, dass die staatliche Produktion in so manchen Bereichen nicht die Qualität und das Niveau erreichte, dass die owner bieten konnten - insbesondere im Bereich der Lebensmittel, oder vielmehr Genussmittel, die auch der council nicht missen wollte. Und die Offenheit und Toleranz gegenüber den ownern war wunderbar geeignet, um dem council einen politisch korrekten Anstrich zu geben. Und so hatte man die Fortgeltung des alten Rechts und die autarke Lebensweise toleriert.

„Wir sind im Auftrag des councils hier und haben alle Befugnisse“ antwortete der Soldat. „Außerdem ist Gefahr im Verzug“.

Der Winzer lächelte wieder. „Gefahr, von mir? Ich bin alt, ich laufe bestimmt nicht weg und Eure Kriegsspiele interessieren mich nicht. Wo soll die Gefahr sein?"

Der Soldat dachte nach. Ihr Auftrag lautete, den Defender sicherzustellen und Verdächtige zu suchen. Der Mann machte nicht den Eindruck, als könne er verdächtig sein. Schon gar nicht wegen Cyberkriminalität. Aber er konnte ein wichtiger Zeuge sein, wenn ihm etwas aufgefallen war.

„Haben Sie irgendetwas Verdächtiges gesehen oder gehört?" fragte er.

Der Winzer schüttelte den Kopf. „Hier ist alles ruhig."

Der Soldat schaute sich um. Besser hätte man die Vinothek nicht beschreiben können. Es war alles ruhig.

„Du wirst hier nicht weggehen, für den Fall, dass wir Dich noch brauchen" sagte er.

Der Winzer lächelte wieder. „Ich gehe ganz bestimmt nicht weg. Warum sollte ich auch?"

Der Soldat sah sich noch einmal um. Das glaubte er. Hier würde er auch gerne leben. Ein besonderer Ort. Ein schöner Ort. Hier gab es nichts Künstliches oder Genormtes. Man sah, alles war für die Vinothek ausgesucht und angefertigt worden war. Der Garten blühte. Und es war ruhig.

Und so zogen sie mit dem Defender ab, nicht ohne sich vorgenommen zu haben, wieder zu kommen, dann nicht dienstlich, sondern um die schöne Atmosphäre zu genießen. Und vielleicht um ein Glas Wein zu trinken.

Jekar reagierte ungehalten auf den Bericht der Soldaten. Außer dem Anhaltspunkt, dass die Gesuchten in Richtung Norden geflohen sein mussten, brachte die Rückkehr des Defenders keine weiteren Erkenntnisse. Wenigstens funktionierte die Kommunikation der Sicherheitsbehörden wieder. Der Funkmast konnte schnell wieder repariert werden. Und so war der council in der Lage, Anweisungen an die Ordnungskräfte zu geben, die bei der richtigen Person ankamen. Security und Defense funktionierten wieder.

3. Jérôme

Es war kalt an diesem Morgen. Das Niemandsland lag in dichtem Nebel, so dass kaum etwas zu sehen war. Sie hatten, wie jeden Morgen, die Aufgabe, den Grenzstreifen abzufahren und auf Auffälligkeiten zu achten. Dazu gehörte auch die Durchsuchung der Felsspalten, die sich an der Küste entlangzogen, nicht ungefährlich jetzt, wo die Steine nass waren und man kaum die Stellen erreichen konnte, die die Flüchtlinge gern als Versteck nutzten. Die, die es bis hier geschafft hatten, waren die Guten, die Starken, sie hatten die Barrieren im Süden überwunden und waren über das Meer gekommen. Eine Leistung, die Bewunderung verdiente. Aber hier, direkt an der Grenze, sollte das Ende ihrer Reise sein. Dafür waren sie, die Grenztruppen, da.

Niemand sollte wissen, was hier jeden Tag geschah. Hier wurde der Preis für das gute Leben in den gemäßigten Klimazonen gezahlt, nicht von denen, die dort lebten, sondern von denen, die dort nicht hinkommen konnten. Mit denen nicht geteilt wurde, nicht geteilt werden sollte aus Angst, es könnte nicht genug für alle da sein. Und die Grenztruppen sorgten dafür, dass alles so blieb wie es war, sorgten für dieses gute Leben. Er war jetzt schon mehr als drei Jahre dabei und hatte fast die Hälfte seiner Strafe hinter sich.

Sie hatten das Land hinter dem Niemandsland scherzhaft looserland getauft, da, im Süden, wo die Flüchtlinge herkamen. Das machte es etwas erträglicher, der schwarze Humor, den brauchte man, um das ertragen zu können, was sie hier taten.

Die Flüchtlinge mussten sofort zurück oder sterben. Nur wenige wurden zu Arbeiten eingeteilt, die selbst den Strafgefangenen zu gefährlich oder zu anstrengend erschienen. Und die, die geblieben waren, die da leben mussten, wo die Flüchtlinge herkamen, hatten sowieso keine Chance. Es wurde von Hunger, Krankheiten und Epidemien im Süden gemunkelt, aber keiner wusste das genau. Er hatte hin und wieder versucht, die Menschen zu fragen, die sie festnahmen. Aber die meisten waren verängstigt und wollten oder konnten kaum Auskunft geben.

Sie wollten es nur über die Grenze schaffen und irgendwo untertauchen.

Der council und die Umstände hatten die Welt in zwei Zonen geteilt – den reichen Norden und den Süden, der sich selbst überlassen blieb. Das Armutsgefälle war auch schon vor der Revolution vorhanden, hatte der Norden nicht schon immer auf Kosten des Südens gelebt? Mit seinem Ressourcenverbrauch, mit seinen Emissionen, mit seiner Ausbeutung billiger Arbeitskräfte? Aber die Grenze hatte das jetzt zementiert. Jetzt war es nicht mehr möglich, in den Norden zu kommen und vielleicht zu denen zu gehören, die es besser hatten.

Aber auch sie selbst, die Mitglieder der Grenztruppe, waren Ausgestoßene, Parias, der Abschaum. Jedenfalls bekamen sie das jeden Tag erzählt. Zu den Grenztruppen kam nur, wer sonst nur noch die Abschiebung vor sich hatte, die Abschiebung über die Grenze, in das looserland.

Jérôme war zweimal wegen Diebstahls von Eigentum des councils verurteilt worden und dann noch einmal wegen Widerstand gegen die Staatsgewalt. Das hatte ihn seine Grundsicherung gekostet. Man hatte ihn vor die Wahl gestellt, Abschiebung oder Dienst in den Grenztruppen. Es war die einzige Möglichkeit für ihn geblieben, auf dieser Seite der Grenze zu bleiben.

Er war jung und es war nicht schwer gewesen, die Polizisten zusammenzuschlagen, es waren nur zwei und sie waren nicht vorbereitet und er war schnell. Aber er hatte sie unterschätzt, sie hatten nicht aufgegeben, obwohl er sie beide besiegt hatte. Er war nicht weit gekommen. Vielleicht weil sie schon älter waren, vielleicht mehr aushalten oder durchhalten konnten, sie waren, obwohl verletzt, hinter ihm hergelaufen und sie hatten ihn nicht entkommen lassen. Ein wenig hatte er sie dafür bewundert. Der Richter hatte ihn gefragt „Willst du Abschiebung hinter die Grenze oder Dienst bei den Grenztruppen?"

Also hatte er das kleinere Übel gewählt. Hier gab es wenigstens zu essen und einen Platz zum Schlafen. Aber niemand hatte ihn auf das Töten vorbereitet. Auf die Brutalität und die Gnadenlosigkeit, mit der die Grenztruppen verhinderten, dass Menschen in das Gebiet des councils eindringen konnten. Das Schlimmste war, dass er sich an die Bilder gewöhnt hatte, die toten Leiber, die im Wasser trieben, aufgedunsen und entstellt, die Schreie der Verletzten, die Schüsse und immer wieder die Leichensäcke, die sie zum Friedhof transportieren mussten, wo sie namenlos und ohne Zeremonie in großen Löchern verschwanden. Er war wütend über sich selbst, dass er so abstumpfen konnte, so kalt geworden war angesichts des Todes.

„Das ist ein natürlicher Reflex!" hatte sein Gruppenführer beteuert. „Sonst würdest du das nicht ertragen. Es hält dich am Leben." Es war kein Trost.

Die Grenztruppen waren straff organisiert. Es war nicht ungefährlich für den council, Strafgefangene mit Waffen auszustatten, aber man hatte sich zu helfen gewusst, jeder trug eine Fußfessel, die eine Flucht unmöglich machte und die, sollte es irgendein Problem geben, von den guards zur Explosion gebracht werden konnte. Das riss einem den Fuß ab oder Schlimmeres. Und sie explodierte auch, wenn man seinen Sektor verließ. Und manchmal auch, weil irgendein Techniker die Parameter falsch eingestellt hatte.

Und die guards ließen keinen Widerstand in den Grenztruppen zu, erstickten jeden Verstoß gegen die Ordnung im Keim – natürlich mit Gewalt, wie anders auch, hatten sie doch selbst Angst und waren sie doch selbst Verlierer, viele hierher strafversetzt und ohne Perspektive.

Eigentlich hatte er Arzt werden wollen. Er war klug und hätte es schaffen können. Ein privilegiertes Leben. Aber er hatte nicht eingesehen, dass sie alles abgeben sollten, damals, als sein Vater entschied, ihr Haus und das Vermögen auf den council zu übertragen. Sein Eigentum gegen ein volles

Punktekonto zu tauschen. Ohne seine Mutter, ohne ihn zu fragen. Als sein Vater ankündigte, ab nächste Woche würden sie in einem Wohnblock leben, nicht mehr in ihrem schönen Haus, waren sie fassungslos gewesen, er und seine Mutter, aber alles Diskutieren hatte nichts genutzt. Seine Eltern waren nicht verheiratet, dem Vater gehörte fast alles, was sie besaßen. Und jetzt hatte sie plötzlich nichts.

Seine Mutter bekam kaum genug Punkte, um über die Grundsicherung hinauszukommen. Für sie war ein gutes, abgesichertes Leben mit einem Mal zu Ende. Sie war gescheitert, jedenfalls aus ihrer Sicht, nicht nur wirtschaftlich, sondern auch in ihrer Beziehung. War nicht die Grundlage ihrer Beziehung ein gutes Leben? Ein besseres Leben als allein? Die wirtschaftliche Sicherheit, alles was sie mit aufgebaut hatte, war mit einem Mal weg. Und ihr Kind, ihr Sohn, würde nichts erben.

Sein Vater ließ sich nicht umstimmen.

Er hatte ihn dafür gehasst, hatte gesehen, wie seine Mutter litt. Er wollte sich nehmen, was ihnen zustand, eben noch zugestanden hatte, wollte seiner Mutter helfen. Es hatte ihn auf die schiefe Bahn gebracht.

4. An der Außengrenze

Sie waren schon fast den ganzen Tag umhergefahren und hatten nichts gefunden. Dann hörten sie die Schreie der Flüchtlinge und die Befehle der Grenzer. Eine andere Gruppe hatte sie gefunden und begann die, die nach den Schüssen noch nicht tot waren, abzuführen. Ihr Auftrag lautete: Überführung ins Lager. Dort wurden die Menschen untersucht und eingeteilt. In Leben und Tod. In Arbeiten oder Sterben.

„Ausschwärmen!" rief einer der guards und Jérôme sprang vom Fahrzeug und begann, die Umgebung abzusuchen. Das Boot, mit dem die Flüchtlinge das Meer überquert hatten, dümpelte unterhalb der Felsen im Wasser, zerschossen und bereits halb untergegangen. Die Küste hier bot viele Verstecke, Verstecke, die sie jetzt durchkämmen würden, vielleicht hatte es einer doch geschafft, dem Kugelhagel zu entkommen und hatte sich irgendwo in einer der Felsspalten verborgen. Und der Nebel schien immer dichter zu werden. Und bald würde es dunkel werden.

Er hätte sie fast nicht gesehen, diese Geräusche, die sich anhörten wie das Wimmern eines Kindes, ließen ihn weiter durch die Felsen gehen. Sie saß, ein Kind an sich gedrückt, hinter einem Vorsprung und schaute ihn mit großen, angstvollen Augen an. Eine junge Frau, das Kind noch fast ein Baby.

Er blieb vor ihnen stehen, die Waffe im Anschlag. Dann sah er, dass sie harmlos war, die Frau, die vor Kälte zitterte und Angst um ihr Kind hatte. Er ließ die Waffe sinken und ging auf sie zu und bedeutete ihr mitzukommen.

Sie schüttelte den Kopf. Immer wieder. Und hörte nicht auf, ihn anzuschauen. Aus irgendeinem Grund blieb er stehen. Erst viel später wurde ihm klar, dass er in diesem Moment seine Mutter gesehen haben musste, im Unterbewusstsein, in dieser Frau, in dieser Frau in ihrer Hilflosigkeit, irgendwo im Verborgenen seiner Gefühle und Erinnerungen, und vielleicht hatte er auch sich selbst gesehen, damals, verloren und hilflos, als der Vater plötzlich verschwunden war. Jetzt stand er nur da und wusste, wenn er sie mitnehmen würde, dann würde sie zurückgeschickt. Oder Schlimmeres.

Aus einem Reflex heraus nahm er seine Wasserflasche, die wie immer mit Tee gefüllt war, ungesüßt, damit man den Tee zum Auswaschen von Wunden benutzen konnte, öffnete sie und hielt sie ihr hin. Sie nahm die Flasche und trank gierig und gab auch dem Kind zu trinken.

„Dein Sohn?" fragte er.

„Nein" lächelte sie. „Es ist ein Mädchen. Die Tochter meiner Schwester. Wirst Du uns festnehmen?" Sie sprach mit einem harten Akzent, langsam, aber gut verständlich.

Jérôme zögerte. Er schaute sich um. Es war niemand von den anderen zu sehen.

„Wohin willst Du?"

„Zu meinem Vater. Er lebt nicht weit weg von hier. Er hat Aissa noch nie gesehen." Sie hob das Kind an. Er überlegte. Genauso gut hätte er sie übersehen können. Viel weniger Aufwand, viel weniger Ärger und viel weniger Verantwortung. „Ich nehme Dich mit bis zum Weg. Dort lasse ich euch zurück. In zwei Stunden ist der Wachwechsel. Dann sind hier keine Streifen unterwegs, weil die Nachtüberwachung eingeschaltet wird. Dann kannst Du über die Straße, niemand wird Euch dann sehen."

Sie schaute ihn dankbar an und wollte aufstehen, sank aber sofort mit schmerzverzerrtem Gesicht zurück.

„Du bist verletzt!" sagte er und kniete sich neben sie. Sie fasste sich an den rechten Fuß

„Es wird gehen!" behauptete sie trotzig. Er kniete sich neben sie und schob ihre Hose hoch. Der Knöchel war geschwollen. „Ich gebe Dir ein Schmerzmittel" sagte er. „Das wird helfen. Und Du solltest den Fuß kühlen."

Es war nicht weit hinauf bis zum Weg und gemeinsam schafften sie es, dort hin zu kommen. Die Frau duckte sich hinter ein Gebüsch, noch immer das Kind im Arm. Sie hatte es nicht loslassen wollen.

„Ich muss weiter" sagte er. Sie sah ihn an, direkt in seine Augen, prüfend und so lange, dass er sich vorkam als würde er vollständig von ihr durchschaut, als würde sie erforschen, was er dachte, wer er war und was er jetzt tun würde. Dann nickte sie leicht.

„Danke" sagte sie. „Danke, dass Du uns geholfen hast. Du gehörst zu den Guten."

Es war ihm ein wenig peinlich, so angesprochen zu werden. Wie konnte sie glauben, dass er zu den Guten gehörte, er, der so viele Menschen gejagt und gefangen hatte, er, der Ausgestoßene, der Paria? Er sah sie an.

„Vielleicht kannst Du mir mal helfen" sagte er, um die Stille zu beenden. „Man sieht sich immer zweimal im Leben."

Sie lächelte ihn an und es war ihm als würde die Sonne aufgehen in all der Kälte und dem Elend. Er war auf einmal seltsam berührt.

„Ja" sagte sie schlicht. „Das werden wir." „Wir?" fragte er erstaunt.

„Ja" sagte sie und hob das Kind hoch. „Das ist Aissa, die 34. Rei. Sie wird herrschen."

Jérôme verstand kein Wort.

5. Richard und Marie

Richard war irgendwie klar, dass er sie hier im Süden wiedersehen würde. Es war das gleiche mittelalterliche Dorf wie damals, als er jung war und Soldat. Es kam ihm vor, als hätte sich kaum etwas verändert seitdem, irgendwie schien auch die Zeit hier langsamer zu vergehen. Sie war nie weggegangen, war immer hiergeblieben, soweit er es wusste. Es gibt Menschen, die brauchen keinen Urlaub, keine Reisen, keine Veränderung. Sie war so eine. Sie passte perfekt zu diesem Dorf. Hier aufgewachsen, mit jedem bekannt, immer im Mittelpunkt. Hin und wieder hatte er sich in den letzten Jahren nach ihr erkundigt, wollte wissen, ob es ihr gut geht, aber nicht mehr. Schließlich war er mit Eleonore zusammen und daran wollte er nichts ändern.

Es kam ihm wie gestern vor, als er mit seinen Kameraden auf den Dorfplatz hochgegangen war, an diesem Samstag vor über zwanzig Jahren, in ihren Ausgehuniformen, Khaki, mit kurzem Hemd und frisch geduscht, jung und voller Erwartungen an einen schönen Sommerabend, an das Dorffest, das hier jedes Wochenende im Sommer stattfand, hier im Süden, in der Provence.

Die Musik, die bunten Lampions, der Geruch des Sommers und der Rosé, der sich so leicht trank und der das Lebens sofort angenehm machte, jedenfalls fühlte es sich bald so an. Und alle waren da, selbst die Alten wurden aus ihren Häusern geholt, hier wurde nicht allein gefeiert, das verstand sich von selbst und auch die Kinder durften lange wachbleiben. Selbst die Hunde und, in sicherem Abstand, einige Katzen waren da.

Er hatte sie damals sofort gesehen. Sie bediente an einem der provisorischen Stände, an denen man sich eine kleine Mahlzeit zusammenstellen lassen konnte, ein paar gegrillte Fische, etwas Salat, ein paar Soßen und die kleinen Teigfladen, die nach Mehl und Salz schmeckten und mehr brauchte es auch nicht, das war genug.

Sie war nicht groß, schlank, das Haar nach hinten gebunden, ihre Augen blitzten, wenn sie nach den Wünschen der Gäste fragte und sie bewegte sich schnell und geschickt mit einer Anmut, die ihn sofort faszinierte, sie schien alles zu sehen und schaffte es, neben ihrer Arbeit für jeden ein Lächeln und ein paar aufmunternde Worte zu finden. Alle schienen sie zu kennen und es kam ihm vor als wenn sie mit jedem flirtete, egal ob jung oder alt, groß oder klein. Ja, das tat sie, denn jeder kam mit einem Lächeln zurück, wenn er mit ihr gesprochen hatte.

Er wollte sie kennenlernen. Er musste sie kennenlernen.

Aber das war nicht einfach. Als er an der Reihe war, etwas zu bestellen, schaffte er es zwar, von ihr bedient zu werden, aber in dem Moment, als sie sich zu ihm stellte, ihn anlächelte und mit ihrem südfranzösischen Akzent „Oui mon général?" sagte, konnte er nicht antworten, er konnte sie nur anschauen und wollte nicht damit aufhören.

„Alors?"

„Kann ich dich kennenlernen?" fragte er dann, selbst erstaunt über seinen Mut.

Sie lachte. „Das wollen viele! Stell Dich hinten an!" Das war deutlich. Und ganz bestimmt kein Ja.

„Wo ist das Ende der Schlange?" fragte er, ziemlich stolz auf sich selbst, etwas Humorvolles heraus gebracht zu haben.

„Da wo sie aufhört!" scherzte sie zurück.

„Dann findest Du mich da, wenn Du willst.“

Sie lächelte, stellte ihm ohne dass er gefragt hätte, eine Schale mit gegrilltem Fisch hin und hielt die Hand auf. Er schob ihr sein gesamtes Geld zu. Er wollte ihr lieber weiter in die Augen schauen als jetzt sein Geld zählen.

„Oh“ machte sie „das ist immerhin ein guter Anfang! Das Geld kommt in die Kinderkasse!“

Und ehe er sich´s versah, hatte er den teuersten Fisch seines Lebens gekauft.

Und ob es der Fisch oder das Geld war oder nicht, er hatte Glück, an diesem Abend, oder besser, wenn er gewusst hätte, wie sehr ihn dieser Abend leiden lassen würde, eher Pech. Sie war zu ihm gekommen, später, als es ruhiger geworden war, alle gegessen hatten und nun entweder an den langen Tischen zusammensaßen oder tanzten. Sie setzte sich, musterte ihn von oben bis unten und war – jedenfalls für den Moment – mit dem Ergebnis zufrieden und kam sofort zur Sache.

„Du hast dich verliebt. Ich kenne diesen Ausdruck in den Augen der Männer“. „Und Du?“ fragte er zurück.

„Ich verliebe mich nie“ sagte sie und sie sagte es so, dass er es fast glauben mochte. „Es ist besser, nicht zu lieben. Viel zu anstrengend. Aber man kann Spaß haben“. Sie berührte seine Hand mit ihrem Zeigefinger, ganz langsam, lasziv, keine andere Deutung zulassend als die mit dem Spaß.

Und ein paar Gläser Rosé später konnte er nicht widerstehen, obwohl ihm das alles zu schnell ging, viel zu schnell, später konnte er sich nicht mehr genau daran erinnern, wie sie in das kleine Zimmer gekommen waren, wo sie übereinander herfielen wie Verhungernde, ohne Zeit, Romantik, ohne ein Wort zu sprechen und ohne nachzudenken. Sie schien es gewohnt zu sein, die Initiative zu übernehmen und er ließ es zu. Und war fassungslos, als sie, nachdem sie sich geliebt hatten, aufstand, sich anzog und zur Tür ging.

„Marie?" rief er ihr nach und sie blieb stehen. „Was ist?" fragte sie zurück und sah ihn ohne eine Regung an. Er sagte nichts, erstaunt über den Ausdruck in ihrem Gesicht, der keine Frage zuließ und wollte nicht glauben, dass sie einfach so gehen wollte. Aber genau das tat sie.

Die nächsten Wochen waren die Hölle für ihn. Er konnte nicht begreifen, dass es ihr nichts bedeutet hatte. War es wirklich nur Spaß für sie gewesen? Warum wollte sie ihn nicht besser kennen lernen, mehr von ihm wissen, ihm vielleicht eine Chance geben? Es macht doch Freude, andere kennen zu lernen, und da war so viel, was er ihr sagen wollte, zeigen wollte, sie fragen wollte. Aber von ihr kam nichts mehr.

Er dachte nur noch an sie, an nichts anderes mehr, malte sich aus, was er wohl sagen würde, wenn sie sich wiedersehn würden und wie es sein würde. Immer wenn er dienstfrei hatte, ging er zum Dorfplatz, manchmal sah er sie von weitem, in dem kleinen Restaurant in dem sie aushalf. Es war also ganz einfach, sie wiederzusehen, er musste sich nur auf die Terrasse setzen und warten, bis sie kam und ihn bediente.

Aber sie tat, als sei nichts geschehen, bediente ihn freundlich, aber nicht mehr. Natürlich bemerkte sie, wie er sie anschaute, hin und wieder lächelte sie leise, sagte aber nichts. Er brauchte den ganzen Sommer, um zu verstehen, dass es für sie wirklich nur Sex und nichts weiter gewesen sein musste. Und dass er nicht der einzige Mann in ihrem Leben war und bestimmt auch nicht der letzte Mann sein würde.

Er sehnte sich damals nach der Zeit zurück, in der man sich erst kennen, dann vielleicht lieben lernte, und dann ins Bett ging. Bei ihr war es offenbar umgedreht, und das mit dem Lieben fiel offenbar ganz weg oder es war nicht vorgesehen.

Er bekam keine zweite Chance mehr während der ganzen Monate Dienstzeit im Süden. Kein Gespräch und keinen Abschied. Seine Einheit wurde verlegt, ohne dass er sie informieren oder noch einmal wiedersehen konnte.

Trotzdem glaubte er, sie zu lieben, was ihn selbst am meisten staunen ließ. Vielleicht war es wegen der Ablehnung, die ihn immer noch verletzte? Es viel schwer, ihr Desinteresse nicht persönlich zu nehmen. Immer wieder drehten sich seine Gedanken um sie, und manchmal um sich selbst, was war falsch an ihm? Andere Frauen interessierten sich offensichtlich für ihn. Wie konnte sie so desinteressiert sein? Oder tat sie nur so? Er wusste es nicht und musste anfangen, mit diesen offenen Fragen zu leben. Mit der Zeit begriff er, dass sie so war wie sie war und es vielleicht nicht an ihm gelegen hatte. Er konnte trotzdem nicht aufhören, an sie zu denken, selbst als er Eleonore kennen lernte. Und obwohl er Eleonore liebte, war sie immer noch da, in seinen Gedanken.

Und jetzt würde er sie wiedersehen. Er würde es nicht planen, nicht suchen, aber er war sich sicher, dass sie sich hier begegnen würden. Sie gehörte hierher und sie war bestimmt nicht weggegangen.

6. Wahlvorbereitung

Sie saßen zusammen auf der Terrasse im Garten des Hauses, noch blühte alles und es roch nach Sommer und nach Süden. Richard begann, das unterirdische Labyrinth des back-up zu zeichnen, die anderen diskutierten, wie es weitergehen sollte. Alle waren träge von der spätsommerlichen Sonne und dem Rosé, der in der Kooperative des Dorfes mit einem Schlauch, fast so wie an einer Tankstelle, in 10 oder 20 Literkanister abgefüllt wurde – wenn man keine Lust auf Flaschen hatte und wenn man denn einen Kanister hatte. Dann kostete der Wein nur die Hälfte und alle fanden es gut, was sollte man auch mit den Flaschen machen, wenn sie leer waren. Und nachhaltig war das Weintanken auch.

Mara hatte die Fragen, die zur Wahl gestellt werden sollten, sorgsam ausgewählt und abgestimmt. Selbst die Reihenfolge, nach Wichtigkeit und Dringlichkeit, war überlegt. Und es war nicht ganz einfach, die Fragen so zu formulieren, dass sie weder suggestiv noch am Problem vorbei gestellt waren. Und alle mussten mit ja oder nein, mit Zustimmung oder Ablehnung zu beantworten sein. Das gab nicht viele Möglichkeiten, auch komplizierte Probleme mussten komprimiert werden. Aber sie waren sich sicher, dass die allermeisten Menschen da draußen eine genaue Vorstellung von dem hatten, was wohl gemeint war und sich vorstellen konnten, welche Abwägungsprozesse hinter den Fragen standen. Und sie vertrauten darauf, dass die Menschen wissen würden wie sie leben wollten. Und dass sie bei ihrer Entscheidung all die Überlegungen anstellen würden, die im Hintergrund selbst einer einfachen Frage standen. Und wenn nicht, dann waren es die Glücklichen, die Probleme schon deswegen nicht hatten, weil sie sie gar nicht kannten.

Samir und Amil hatten das Programm geschrieben, das die Fragen auf die screens laden würde. Wenn man den Zugang zu mind finden würde. Es würde jeden, der ein screen trug dazu animieren, auf Zustimmung oder Ablehnung zu drücken.

Sie hatten sich auf nicht mehr als zehn Fragen geeinigt. Mehr sollten es nicht sein und weniger auch nicht. Sie mussten alles umfassen, was ihr Programm für die neue Welt vorsah. Nur die Richtung und den Weg aufzeichnen, mehr nicht, einfache Fragen zu dem was sein sollte und was nicht.

Die erste Frage war, da bestand Einigkeit, die nach dem Punktesystem. Damit war die Anerkennung des bestehenden Punktesystems verbunden – es sollte nicht abgeschafft werden. Aber es musste dringend revidiert werden.

- „Seid ihr dafür, das frühere level der points wieder herzustellen?"

Das war die wichtigste Frage von allen, die Frage nach dem reset, und sie beinhaltete alle Fragen nach Gerechtigkeit, Verteilung, Machtausübung und den Lebensumständen, die vor der Störung bestanden hatten. Ein Nein würde bedeuten, dass alle, die ihr Punktekonto mit der Übertragung des Vermögens auf den council erreicht hatten, endgültig verlieren würden. Ein Vertrauensbruch? Vielleicht, aber die Verteilung des Vermögens des councils sollte neu geordnet werden. Gerechter. Und jeder sollte etwas davon haben.

„Immer, wenn Vermögen nicht mehr zugeordnet werden kann, einem Menschen, einer Familie, sondern Kapital wird, entsteht Ungerechtigkeit!" hatte Mara argumentiert. „Diese Welt und alles was darin ist soll Menschen dienen und nicht irgendetwas Undefinierbarem wie einem Staat, einer Regierung oder einer Kapitalgesellschaft gehören."

Und fast war es klar, dass die Mehrheit der Wähler für ein Nein entscheiden würde. Denn die Benachteiligten sind immer in der Mehrzahl. Und die Privilegierten nur deshalb privilegiert, weil sie weniger sind.

War eine solche Mehrheitsentscheidung richtig? Sollte immer die Mehrheit entscheiden? Gab es nicht auch Entscheidungen, die sowohl falsch als auch richtig waren? War es demokratisch, wenn 51 % der Wähler eine Entscheidung treffen und die Meinung der anderen keine Berücksichtigung findet?

Sie wussten es nicht, aber sie vertrauten auf das Interesse und den gesunden Menschenverstand der Menschen da draußen.

- Soll die Überwachung durch die Ortung abgeschafft werden?"

Das war die Frage nach der Freiheit, nach Datenschutz, Persönlichkeitsrechten und weniger Kontrolle. Es war ihnen klar, dass andere Kontrollsysteme eingeführt werden mussten, schon um das social points-System aufrechtzuerhalten. Aber das war etwas, über das nachgedacht werden musste, wenn die Antwort ein Ja war.

- „Soll die Zuordnung freiwillig werden?"

Das war die dritte Frage und sie war leicht zu beantworten. Wer wollte, kann zugeordnet werden. Die anderen nicht. Freiheit.

- „Soll Kranken und Hilflosen und den Menschen im Süden geholfen werden?"

Das war die Frage nach dem Geben und nach dem Teilen. Nach der Menschlichkeit, dem Egoismus oder Solidarität. Es kann auch glücklich machen, zu helfen. Und es würde den Verteilmechanismus des council nach Nutzen und Gewinn für die Gesellschaft oder besser für sich selbst durchbrechen…

Alle hofften, dass diese Frage ein Ja finden würde. Und sie hatten bereits begonnen, Hilfen für Afrika zu planen.

- Wollt ihr wieder mehr Eigentum statt Punkte haben?

Das war eine schwere Frage. Besitz kann Menschen besitzen, unfrei machen. Andererseits gab es die Sicherheit, die Gewissheit, etwas zu haben und vielleicht auch den Stolz, etwas erreicht zu haben.

Der council hatte sich jedem Versuch widersetzt, die social points kenntlich zu machen, niemand außer den pilars war es erlaubt, auf ihren Status hinzuweisen. Man konnte einem Menschen nicht ansehen, ob er reich oder erfolgreich war. Das hatten viele gut gefunden, damals, war es denn nicht die Gleichstellung, die man wollte?

Und die Grundsicherung stand jedem zu, der sich an die Regeln hielt. Jedenfalls war die Stigmatisierung von Armut unmöglich geworden, wer konnte denn schon wissen, wer da vor einem stand. Die Gleichstellung hatte auch gleich gemacht. Andererseits war jetzt kein Anreiz mehr da, keine Anerkennung, nur der Punktestand. Es war äußerlich keine Hierarchie mehr in der Gesellschaft erkennbar.

Die Frage war schwierig und die Entscheidung offen. Die owner, die ihr Vermögen behalten hatten, würden so leben wie früher. Die anderen konnten entscheiden. Das „mehr" in der Frage relativierte die Entscheidung. Trotzdem waren alle gespannt, wie auf diese Frage geantwortet werden würde.

„Auf keinen Fall darf es wieder dazu kommen, dass wie früher mit Grund und Boden oder Energie und Lebensmitteln spekuliert wird" hatte Kena die anderen beschworen. „Erinnert ihr euch noch wie die Preise für Häuser und Wohnungen explodiert waren? Und niemand sich mehr ein vernünftiges Zuhause leisten konnte?"

Die anderen stimmten ihr zu.

„Das wird nicht passieren" sagte Mara. „Dem council gehört doch fast alles in diesem Bereich. Das gibt keinen Raum für Spekulation. Und die owner werden nichts abgeben." Das stimmte.

Trotzdem war dies ein wichtiger Aspekt, der auch für alle anderen begrenzten lebenswichtigen Güter galt, ob Rohstoffe, Medikamente oder Lebensmittel.

Die freien Marktkräfte für lebenswichtige Güter sollten durch die Wiederzulassung von Eigentum nicht wieder entfesselt werden. Ein freier Markt in diesen Bereichen hatte nur Unglück gebracht, jedenfalls den meisten Menschen. Und nur einige wenige hatten sich bereichert. Unanständig bereichert. Sie waren in den Diskussionen, die sie geführt hatten, von allen verachtet worden.

„Soll es Minuspunkte geben?" fragte Ben. Das war ein weiterer wichtiger Bereich.

„Bei Fehlverhalten sollte es sie geben" meinte Kena. „Aber wer die Grundversorgung wahrnimmt und keine besonderen oder zusätzlichen Leistungen zeigt, soll beim acceptable level bleiben. Ich glaube, die möglichen Zusatzpunkte sind Anreiz für jeden genug, sich zu engagieren, zu entwickeln und zum Wohl des Ganzen beizutragen. Wer das nicht will, akzeptiert die Beschränkung der Möglichkeiten, die das acceptable level gibt".

Über viele weitere Fragen mussten sie bald diskutieren, keinesfalls sollten die falschen Fragen gestellt werden. Und nur noch wenige Fragen waren offen, um nicht zu viel auf einmal zu wollen. Da war „Wollt ihr die Abschaffung der rewards?" und „Soll ein neuer council gewählt werden?" und die Bindung der Grundsicherung an eine Gegenleistung. Und vielleicht auch die Abschaffung des Gender-Wahnsinns.

Und dann war noch das Gefühl, umsonst zu arbeiten, ganz umsonst, wenn sie die Fragen nicht in mind einspielen könnten. Wenn sie keinen Zugang finden würden. Dann würde die neue, aufregende Welt eine Utopie bleiben. Nur ein Traum.

Und dann würden sie nicht als Revolutionäre, nicht als Widerständler, dann würden sie einfach nur als Terroristen gesehen werden. Als Zerstörer. Weil sie keine Alternative aufgezeigt hatten. Das machte Angst.

Aber von Problemen darf man sich nicht abhalten lassen, die Wahl würde irgendwie gelingen, nein, sie musste gelingen. Es war das, was jetzt am Wichtigsten war. Deswegen waren sie hier, auf der Suche nach dem Zugang zu mind, aber viel wichtiger war die Legitimation ihres Widerstandes, der Sinn des Widerstandes und es war wichtig für alle, die gelitten hatten. Man darf nicht boykottieren oder zerstören, ohne eine Alternative anzubieten. Und man darf nicht auf halbem Weg stehen bleiben.

7. Begegnung

Richard meldete sich: „Mein Plan vom Archiv ist fertig. Wir können den Zugang suchen." Die anderen scharten sich um ihn.

Er hatte die Zeichnung aus der Erinnerung heraus gefertigt. Das ehemalige Militärdepot war schon vor dem 1. Weltkrieg unterirdisch angelegt worden, verborgen unter dem heutigen Dorfplatz, der wie das ganze Dorf von großen Kalksandsteinblöcken umgeben war. Kaum jemand konnte ahnen, dass ein Zugang von der westlichen Seite des Dorfes in die Gänge unter den Platz existierte. Hier hatte zunächst die Armee ihr Depot, später die Resistance Vorräte und Waffen versteckt und selbst die Deutschen wären nie auf die Idee gekommen, dass dieser Platz ein unterirdisches Geheimnis verbarg.

Der Zugang befand sich, zumindest damals, so berichtete Richard, in einem mittelalterlichen Haus am Rande des Dorfes, dort, wo man einen wunderschönen Blick auf den Luberon hatte, am schönsten am Abend, wenn die Sonne sich dem Horizont näherte und alles in ein warmes Licht tauchte.

Das Haus hatte immer der Gemeinde gehört und nur einige wenige Eingeweihte konnten wissen, dass im Haus der Zugang zum Archiv war.

Das Archiv von mind. Das Haus war alt, mit mittelalterlichen Faschen und Verzierungen aus Stein, den alten Holzfenstern und sah leer aus mit den zugewachsenen Türen und den alten, eisenbeschlagenen Schlössern. Aber wenn man die Tür öffnete, fand man sich in einer anderen Welt wieder.

Das Baumaterial hier war Muschelkalk, der sich leicht bearbeiten ließ. Und fast schien es logisch, dass die Steine für die Häuser aus dem Boden, auf dem sie standen, geschlagen worden waren. Das ergab automatisch einen kühlen Keller und die Wege für den Transport der Steine waren nicht weit. Und das war auch der Grund für die vielen Tunnel, Keller und Höhlen unter dem Dorf. Sie mussten über Jahrhunderte entstanden sein.

Die gleichbleibende Temperatur und Trockenheit hatten den Bau und die Nutzung einer unterirdischen Anlage begünstigt. Die Höhlen waren wahrscheinlich schon immer ein Versteck gewesen. Und so war er entstanden: ein geheimer Ort dort, wo ihn niemand vermutete. Ein Ort, der sich hervorragend dazu eignete, Dinge aufzubewahren, die verborgen bleiben sollten.

Ben und Sara sollten ihn begleiten. Ein Vater mit seinen erwachsenen Kindern, Touristen, die das Dorf besichtigen. Eine gute Tarnung. Die anderen blieben im Haus und planten.

Sie machten sich auf den Weg, der hinauf zum Dorfplatz führte, wandten sich dann nach links, durch kleine gepflasterte Gassen mit Wasserablaufrinnen an den Seiten, die aus den gleichen Steinen wie die Häuser bestanden. Sie kamen zum Rand des Dorfes. Eine Mauer vor dem Bergabhang mit schmalen und steilen Zugängen zu den Terrassengärten war die Grenze des Dorfes nach Westen.

Richard sah sich um. Das Haus war nicht groß, mit den Fundamenten um Muschelkalkblöcke herumgebaut, die im Miozän, als hier noch Meer war, entstanden sein mussten. Wenn man genau hinschaute, so konnte man die versteinerten kleinen Muscheln und Abdrücke von Pflanzen erkennen. Ein steinerner Friedhof.

„Von hier aus führt ein Gang bis unter den Dorfplatz. Er ist mit Hochsicherheitstüren verschlossen. Das Archiv ist nahezu quadratisch und erstreckt sich unter dem Dorfplatz bis hin zur alten Festungsmauer im Norden, im Süden bis fast zur Festungsmauer. Es ist etwa ein Hektar groß, auf zwei Ebenen angelegt und hat soweit ich weiß einen Notausgang. Wir haben damals die Anlage erweitert und mit Stahl armiert. Durch das Haus kommen wir nicht hinein. Das ist zu gut gesichert. Aber vielleicht finden wir den Notausgang."

„Wo würde man den Notausgang anlegen?" fragte Ben.

„Wahrscheinlich auf der anderen Seite" antwortete Richard. „Gehen wir ein wenig spazieren."

Sie liefen die steile Gasse hinauf, in der Mitte ein Steinstreifen zum Gehen, oft unterbrochen durch Stufen, an den Seiten die Rinnen für das Regenwasser.

Er sah Marie bereits von weitem. Sie stand an einer Mauer gelehnt und unterhielt sich mit einem älteren Mann. Richard blieb unwillkürlich stehen, dann ging er weiter auf sie zu.

Marie wandte sich der kleinen Gruppe kurz zu, erkannte ihn zunächst aber nicht. Erst als sie fast vorbeigingen schaute sie nochmal auf, diesmal mit einem fragenden Ausdruck im Gesicht.

„Ich hätte sie sofort und überall erkannt…" dachte Richard.

„Hallo Marie" sagte er schlicht. Sie schaute ihn an, überlegte, erkannte ihn aber immer noch nicht.

„Ja" sagte sie langsam. Sie sah älter aus als er gedacht hatte, aber sie war immer noch schön, anders schön, trotz der angegrauten Haare und den nicht zu übersehenden Falten im Gesicht.

„Ich bin´s, Richard" sagte er und zu Sara und Ben: „Geht schon mal weiter, ich komm gleich."

Sie wandte sich ihm zu, schien sich jetzt an ihn zu erinnern.

„Richard, ja, das ist aber lange her!" Richard nickte. „Ja" sagte sie wieder „du warst lange nicht hier." Er lächelte verlegen, fast klang es aus ihrem Mund wie ein Vorwurf.

„Bleibst Du länger?" fragte sie. „Ein paar Tage, Urlaub mit meiner Frau und Freunden".

Fast glaubte er einen Hauch von Enttäuschung in ihrem Gesicht zu sehen, als er seine Frau erwähnte, aber vielleicht hatte er sich das auch nur eingebildet.

„Dann sehen wir uns ja vielleicht" sagte sie und lächelte. „Ach, ich arbeite immer noch im Restaurant."

„Würd mich freuen" antwortete Richard und ging den beiden andern nach. Sein Herz klopfte noch immer bis zum Hals und er hasste sich dafür. „Es ist solange her. Und es hatte keine Bedeutung, jedenfalls nicht für sie" dachte er „und für mich auch nicht mehr." Aber gegen Herzklopfen kann man nun mal nichts machen.

Aber vielleicht war es wichtig, ihr begegnet zu sein. Wie oft hatte er sich ausgemalt, wie es wohl sein würde, sie wiederzusehen. Und jetzt war die Wirklichkeit weit weniger spektakulär als in seinen Gedanken und Träumen. Es fühlte sich ganz normal an, mit ihr gesprochen zu haben, jedenfalls bis auf das Herzklopfen. Jetzt würde es ihm gelingen, alles zu klären. Man muss manchmal abschließen, ein Ende finden. Und dann muss man nicht mehr zurückschauen. Und das Wissen, dass es jetzt so sein würde, war ein gutes Gefühl.

8. Das Rescue-Team

„Rescue-Team", so hatte Jekar die kleine Gruppe aus Silva, Leon, einigen Technikern und den Sicherheitsleuten genannt, die sich auf den Weg ins Archiv machen sollten. Er hatte ihnen zwei Vectoren bereitstellen lassen, ein Trupp von Soldaten folgte auf dem Landweg. Es war keine Zeit zu verlieren. Sie mussten sofort fliegen. Je länger das reset ausstand, desto schwerer würde es sein, das Chaos zu beenden, das immer weiter um sich griff. Am Morgen war ihm berichtet worden, dass selbst Kirchen, seit der Revolution im Besitz des councils, geplündert wurden. Die Leute hatten vor nichts mehr Respekt.

Dabei war den Kirchen ihre Religionsfreiheit vom council garantiert worden. Aber mit dem Wegfall der Steuern gab es natürlich auch keine Kirchensteuern mehr, jedenfalls in den Ländern, in denen der Staat für die finanziellen Mittel der Kirchen sorgte. Und das waren einige. Und das Spendenaufkommen war in der neuen Ordnung, ohne das Geld, drastisch zurückgegangen.

Der finanzielle Unterhalt der Kirchen und vieler ihrer Einrichtungen war schlagartig zusammengebrochen. Es blieb nichts anderes übrig, als immer mehr Eigentum an den council zu übertragen. Als erstes waren Land und Immobilien gegen Zugang zu Dienstleistungen und Lieferungen getauscht worden. Nur die allerwichtigsten Dinge, Gebäude und die berühmten Kirchen konnten bislang gehalten werden und waren der Kirche verblieben. Das neue Konkordat sah gnädig vor, dass Nutzungs- und Erbbaurechte eingeräumt wurden. Dafür mussten alle Einnahmen abgetreten werden, die nicht für die laufenden Kosten benötigt wurden. Und die Punkte, die die Kirche für ihre Dienstleistungen berechnete.

Das sicherte den Kirchen bislang ihren Fortbestand, aber jeder konnte erkennen, dass es den Kirchen schlecht ging.

Und jetzt auch noch Plünderungen in Klöstern und Kirchen. Es war Zeit, all dies zu beenden und zur alten Ordnung zurückzukehren.

Silva hatte sich in den vergangenen Tagen erholt und sah wieder umwerfend aus. Sie trug einen engen Tropenanzug, so wie wenn es auf eine Expedition ginge, und war entschlossen, den reset mit Jekar umzusetzen. Sie würde wieder ganz oben sein. Und wieder mächtig.

Und alle, die sie in der Haft gequält hatten, würde sie bestrafen lassen. Nein, sie würde sie erst selbst quälen, misshandeln, ihnen das antun, was man ihr angetan hatte. Dann würden sie sterben. Darauf freute sich am meisten. Rache ist ein starker, unkontrollierbarer und rastloser Antrieb. Sie lächelte in sich hinein. Niemand würde sie aufhalten können. Und wenn es das Letzte wäre, was sie in diesem Leben machen würde.

Leon konnte nicht anders, als Silva bewundernd anzuschauen. Noch nie war er der Frau so nah gewesen wie jetzt, sie war bislang immer auf dem Podium gewesen, während er hinten gestanden hatte.

„Du weißt was zu tun ist?" hatte sie ihn nur kurz gefragt und als er genickt hatte sich wieder anderen Dingen zugewandt.

Leon hatte ganz kurz den Duft ihres Parfums wahrnehmen können. Er war entschlossen, zu beweisen, dass er mehr war als einer von vielen Programmierern. Das war vielleicht die Chance, ganz weit nach vorn zu kommen, den Platz einzunehmen, den er verdiente, einen Platz an der Spitze. Aber zuerst musste er Silva mit seinem Können beeindrucken.

Jekar wollte im Hauptquartier bleiben und auf ihre Rückkehr warten.

Der Flug dauert nicht einmal 3 Stunden, dann schwebten die Fluggeräte über dem alten Dorf ein, landeten ohne Rücksicht auf die Menschen zu nehmen, die verwundert nach oben schauten, auf dem Sportplatz hinter der Schule und die Sicherheitsleute sprangen heraus und bildeten eine Gasse für Silva und ihre Begleiter. Es war für jeden klar erkennbar - was immer sie hier brauchen würden, sie würden es sich nehmen.

9. Alte Freunde

Richard hatte nicht lange auf die nächste Begegnung mit Marie warten müssen. Es war Eleonore, die vorschlug, doch heute Abend in das Restaurant essen zu gehen und ohne eine Antwort abzuwarten einen Tisch für neun Personen reserviert hatte.

„Neun?" fragte Richard, „wir sind doch nur acht?"

„Überraschung" antwortete Eleonore. „Ich habe jemand kennen gelernt, den ich eingeladen habe."

Und so saßen sie in dem Restaurant, das etwas heruntergekommen war, was aber mit einem unbezahlbaren Blick über das Tal ausgeglichen wurde und warteten auf die Bedienung. Marie kam zu ihnen und bemerkte Richard. Ohne zu zögern ging sie zu ihm und begrüßte ihn, wie anders als hier im Süden möglich, mit bisous, nickte den anderen zu und verteilte dann die Speisekarten an die Gäste. Und als sie zurückging bemerkte nicht nur Eleonore, dass sie unter ihrer weißen Schürze ein kurzes Kleid trug, das ihre immer noch hübschen Beine ausgesprochen gut zur Geltung brachte.

Eleonore schaute Richard an. Der tat als sei nichts gewesen und studierte bereits die Karte.

„Kennt ihr euch?" fragte sie. „Ja" sagte Richard nach einer Pause. „Von früher".

Er begann wieder die Karte zu studieren, aber Elli ließ nicht locker. „Von früher?" Die anderen schauten interessiert zu und gaben sich Mühe, so zu tun, als wären sie nicht interessiert. Sogar Richard bemerkte, wie angestrengt gelangweilt sie taten.

Er ging in die Offensive. „Nur ein Abenteuer vor langer Zeit. Lange vor deiner Zeit." Das saß. Eleonore starrte erst ihn an, dann zu Marie, die sich gerade an der Kasse zu schaffen machte.

„Du hast mir nie etwas von ihr erzählt" schüttelte sie den Kopf.

„War auch nicht nötig" antwortete Richard, der jetzt eigentlich das Thema beenden wollte.

In diesem Moment öffnete sich die Tür und der erwartete Gast kam herein. Eleonore sprang auf und begrüßte ihn herzlich. „Das ist Khor, der Bürgermeister hier" sagte sie und lud ihn ein, neben ihr zu sitzen.

„Woher kennt ihr euch?" fragte Richard. Elli antwortete sofort: „Von früher." Das ließ nicht zu, weiter zu fragen.

Dabei hatte sie Khor erst heute Morgen kennen gelernt. Es war in der kleinen Bäckerei. Sie hatte einfach hinter ihm gestanden und gewartet, als er sich umdrehte und sie anschaute.

„Du bist neu hier" hatte er gesagt. „Ja, zu Besuch, es ist sehr schön hier."

Er hatte genickt und seine Hand ausgestreckt. „Khor. Ich bin der Bürgermeister. Willkommen!" Sie hatte seine Hand genommen, war etwas überrascht von so viel Freundlichkeit und sagte „Eleonore". Da hatte er plötzlich gelächelt. „Ein schöner Name. Er kommt aus meiner Heimat und bedeutet „Gott ist mein Licht". Es ist ein arabischer Name". Das hatte Eleonore gar nicht gewusst. Und so kam es, dass die Verkäuferin warten musste, weil beide so vertieft in ein Gespräch waren.

„Da hatten sich aber zwei gefunden" dachte sie. Sie hörte der anregenden Diskussion über die Schönheit arabischer Namen zu und es wurde immer offensichtlicher, dass beide irgendwie vergessen hatten, wo sie waren und warum sie eigentlich hier waren.

Und als Eleonore zurück zum Haus ging, in der Morgensonne, da fühlte sie sich gut.

Zum ersten Mal seit langer Zeit hatte sie ein Mann, ein attraktiver Mann, angesprochen, sie gesehen und ihr das Gefühl gegeben, interessant zu sein. Und noch ein bisschen mehr, eine Frau merkt sowas. Das war ein gutes Gefühl. Es tat einfach nur gut, es tat ihr gut. „Schön" dachte sie, „schön, dass mir so etwas passiert".

Nicht dass sie sich in irgendeiner Weise wünschte, es könnte mehr daraus werden. Richard war ihr Mann. Das würde sie niemals in Frage stellen. Und trotzdem freute sie sich, über den Mann, über die Sonne, die plötzlich viel wärmer schien und nicht zuletzt über sich selbst.

Richard betrachtete Khor, der wie selbstverständlich neben Eleonore saß. Er war groß, etwa in seinem Alter, schlank, vornehm aber dezent gekleidet und hatte einen bronzefarbenen Teint, der ausgesprochen gut mit seinem vollen dunklen Haar harmonierte. Und er hatte eine angenehme, sonore Stimme. Richard nahm sich vor, darauf zu achten, dass er Eleonore nicht zu nahekam.

Das Essen war einfach, aber die Gesellschaft angenehm. Khor berichtete vom Dorfleben und es wurde schnell klar, dass hier auf dem Land der council kaum eine Rolle spielte. Jeder hier war stolz auf die lange Geschichte des Dorfes, fast keiner hatte sich der Revolution angeschlossen. Warum auch, wenn alles gut war? Oder wenigstens wie immer.

Richard wagte einen Vorstoß, um vielleicht Informationen zu bekommen. „Khor ist ein Name, der nicht von hier stammt?"

„Das stimmt. Ich bin vor 20 Jahren hierhergekommen, in den Wirren der Revolution, und bin dann geblieben, als die Grenzen zugingen und niemand mehr zurück in den Süden konnte. Und irgendwann haben die Leute hier entschieden, dass ich der Bürgermeister sein sollte, obwohl es die alte Verwaltung ja gar nicht mehr geben sollte."

„Woher kommt der Name?" fragte Samir.

„Aus dem Norden Afrikas. Mein Volk ist im südlichen Atlasgebirge zu Hause. Es ist ein alter Vorname eines Berbervolkes. Vielleicht sagt euch die 21. Dynastie der Pharaonen etwas?" war die Antwort.

„Nicht wirklich" antwortete Samir. „Das muss noch vor Christus gewesen sein?"

„Ja" antwortete Khor „die Imazighen, wie sich das Volk selbst bezeichnet hat, oder Libyer oder Berber wie man hier sagt, herrschten fast 500 Jahre lang als Pharaonen in Ägypten." Er berichtete, dass um 2300 v. Chr. Völker aus dem Westen der Sahara in das ägyptische Reich kamen und sich dort ansiedelten, bis hin zum Nil. Einige Jahrhunderte lang waren sie zu hohen Würdenträgern und sogar Pharaonen aufgestiegen.

„Meine Vorfahren haben die Kunst des Reitens und auch die Bearbeitung von Metall nach Ägypten gebracht. Das war wichtig für den Aufstieg Ägyptens. Nur so war die lange Zeit der Regentschaft der Pharaonen möglich. Es war die technische Überlegenheit, die wir mitbrachten."

Es folgte eine anregende Unterhaltung über Geschichte und Kultur Nordafrikas und ihre Einflüsse auf die Gegenwart. Eine interessante Geschichte, so viel Kultur, Erfindungen und Wissenschaft. Und vieles davon war heute vergessen.

Mara war fasziniert. Irgendwie denkt jeder, die eigene Geschichte sei bedeutend. Und auch, dass man selbst überlegen ist. Aber meistens ist das nur Unkenntnis. Man weiß einfach nicht genug über die anderen.

Richard verfolgte das Gespräch und kam zu dem Schluss, das Khor, der sicher etwas über das Depot wissen musste, jetzt vielleicht zugänglich war. Jetzt war vielleicht der richtige Zeitpunkt, etwas zu erfahren.

„Ich war genau hier vor langer Zeit Soldat. Wir haben damals an dem unterirdischen Depot unter dem Dorfplatz mitgebaut. Gibt es das noch?"

Khor schaute ihn überrascht an und brummte: „Hier ändert sich nicht viel. Das wollen wir auch nicht." Das war eine kryptische Antwort. Das konnte alles und nichts bedeuten.

Richard nahm sich vor, vorsichtig zu sein. „Wir hatten viel Spaß damals. Vielleicht kann man das Depot besichtigen?"

Khor winkte ab. „Es gibt ein paar Dinge, über die ich nichts sagen darf. Das Depot gehört dazu."

„Dann fragt mich doch" sagte die Stimme von Marie, die gerade neue Getränke brachte. Richard schaute sie erstaunt an. „Ich kenne das Depot in- und auswendig und ich unterliege keiner Schweigepflicht!"

Khor schaute sie zwar missbilligend an, sagte aber nichts. Marie war eine Institution hier im Dorf. Sie konnte machen, was sie wollte, das war schon immer so gewesen.

Als sie aufstanden, um nach Hause zu gehen entstand ein neues Problem. Marie brachte die Rechnung das Essen. Kena bot ihr screen an. Khor lachte auf.

„Ihr seid neu hier, keiner hat Euch gesagt wie man hier bezahlt. In diesem Restaurant gibt es keine Punkte. Wir haben unser eigenes Geld. Mit Punkten kann man hier nicht bezahlen."

„Hier kannst du dir Geld nur selbst verdienen" sagte Marie.

Sie stellte sich hinter Richard und legte beide Hände auf seine Schultern. „Du kannst morgen auf einen Kaffee vorbeikommen, wir öffnen um zehn. Ich verrate dir dann, wie du hier zu Geld kommst. Und dann sag ich dir auch was ich über das Depot ist. Deal?"

„Deal" nickte Richard.

Eleonore war empört.

10. Das Depot

Eleonore bestand darauf, Richard am nächsten Morgen zu begleiten. „Quid pro quo" hatte sie gesagt, „ich werde mitgehen und dir dafür berichten, woher ich Khor kenne!"

So hatte Richard zugestimmt und sie trafen Marie bei ihrer Arbeit. Sie brachte Kaffee, setzte sich zu ihnen, sah Eleonore an und gab ihr spontan die Hand. „Ich freue mich, dass du mitgekommen bist. Schön, dass ich dich kennen lernen darf." Eleonore, die eigentlich in einem

Abwehrmodus war, war überrascht. Positiv überrascht. Die Frauen lächelten sich an.

„Richard, kannst Du mir bitte meine Zigaretten holen? Sie liegen dort auf der Theke".

Marie nutzte den Moment, als Richard losging, um Eleonore zu informieren, sachlich, einfach und ehrlich. Mit einer Offenheit, wie sie nur zwischen Frauen möglich ist.

„Er war einer meiner vielen Abenteuer. Ich habe ihn seit damals nie wieder gesehen." Eleonore war dankbar für so viel Ehrlichkeit. „Danke" sagte sie schlicht.

„Ich habe damals so viele Männer gehabt" erinnerte sich Marie „ich habe ihn fast nicht wieder erkannt."

„Bist du verheiratet?" fragte Eleonore.

„Nein" antwortete Marie. „Aber ich habe einen Sohn, Pol". Sie zog ein Foto aus der Tasche, das einen etwa 20-jährigen Mann zeigte. „Sein Vater wollte mich nicht. Er war damals schon ein hohes Tier, wir haben nicht zusammengepasst. Außerdem war er ein Arsch, entschuldige".

Richard kam wieder.

„Gut sieht er aus" sagte Marie noch schnell mit einem Blick auf Richard „vielleicht hätte ich mich doch mehr um ihn kümmern sollen!" Ein Knuff von Eleonore machte klar, wie die Verhältnisse waren.

„Das Depot also." Marie sah sich um. „Es ist immer noch geheim, aber ich putze schon immer für die Gemeinde. Und manchmal auch in der Anlage. Putzfrauen wissen alles!"

Sie berichtete, dass aus dem ehemaligen Militärdepot eine hochmoderne Anlage geworden war, voller Computer. Von Zeit zu Zeit kamen Besucher mit speziellen Ausweisen und Zugangskarten, sie waren meistens nur für ein, zwei Tage da und verschwanden dann wieder.

Nur Khor als Bürgermeister und ein Aufseher, der ihr zum Putzen öffnete, hatten Zugang zu den Räumen.

„Kann man hineinkommen?" fragte Richard.

„Unmöglich. Jedenfalls offiziell. Aber es gibt einen kleinen Gang, der nur mit einer einfachen Tür verschlossen ist. Und der so alt ist, dass er keine Überwachung hat."

Marie schaute bedeutungsvoll. Mit einem Mal wurde Richard alles klar. „Das ist der Gang durch den wir in den Garten hinter der Kirche gegangen sind?"

„Gutes Gedächtnis!" staunte Marie. „Heute ist dort die öffentliche Toilette für Besucher des Dorfes. Und in der Behindertentoilette ist an einer Seite ein großes Brett an der Wand. Dahinter ist der alte Gang. Sie haben ihn nie zugemauert."

Das waren gute Neuigkeiten.

Es folgten sofort schlechte. Ron kam hereingestürzt und beugte sich über den Tisch.

„Es sind Vectoren angekommen, mit Sicherheitsleuten. Und ich habe Silva gesehen. Die Leiterin des data mining. Sie wird mich erkennen. Und sie werden bald hier sein."

Ron wurde beauftragt, die anderen zu warnen. Es konnte nicht ausgeschlossen werden, dass die Security Fahndungsfotos und Daten haben würde und sie erkennen könnten, wenn auch nichts darauf hindeutete, dass man sie hier vermutete.

„Wir treffen uns im Haus" sagte Richard.

Marie schaute verwundert. „Was ist los?" Richard schaute Eleonore an.

„Wir können Marie vertrauen" sagte sie schlicht. In Menschen hatte sie sich noch selten getäuscht.

Richard berichtete, was in K12 vorgefallen war. Und dass ihre Tochter Sara gesucht wurde. Und sicherlich auch Ron.

„Wir müssen wissen, was im Depot vorgeht" bat er Marie. „Kannst Du uns helfen?"

Marie nickte sofort. „Von der neuen Ordnung und dem council habe ich noch nie was gehalten. Und Pol auch nicht. Ach, Richard, das weißt du ja noch gar nicht. Pol ist mein Sohn. Naja, wie könntest Du auch von ihm wissen. Ich überlege mir was und komme sobald ich kann bei euch vorbei".

Im Haus angekommen, warteten die anderen bereits auf ihren Bericht. Sie hatten von einem der oberen Fenster des Hauses beobachtet, wie der gerade angekommene Tross in Richtung Markplatz marschiert war. Eleonore und Richard erzählten, was vorgefallen war. „Wir können über einen Gang unbemerkt in das Depot gelangen!" freute sich Richard.

Samir und Amil checkten die Datenbanken von mind nach gesuchten Personen. Vielleicht waren sie ja zur Fahndung ausgeschrieben. In die Datenbanken der Sicherheitsbehörden kamen sie aber nicht hinein. Sie mussten vom schlimmsten Fall ausgehen: dass sie alle gesucht werden würden.

„Wir bleiben vorerst im Haus" empfahl Ron. „Wir müssen vorsichtig sein. Wenn es geht keinen Kontakt zu den Dorfbewohnern."

11. Khor

Auch Khor hatte die Flugzeuge gesehen und gehört. Sie würden bald hier sein. Und er war vorbereitet. Dieses Mal. Denn das war nicht immer so gewesen. Als er sich aufmachte, in den Norden zu gehen, damals, um vielleicht etwas für die Seinen zu finden, dass ihnen in ihrer Not helfen könnte, da hatte er nicht erwartet, hier bleiben zu müssen. Niemand konnte wissen, dass sie die Grenzen schließen würden. Er konnte nicht mehr zurück.

Seine Reise damals war nicht nur schlecht vorbereitet, sie war auch nicht zu Ende gedacht. Es folgten Monate, Jahre der Verzweiflung, der Sehnsucht nach zu Hause und das Gefühl, versagt zu haben. War er doch damals aufgebrochen, um Hilfe zu holen und Geld zu verdienen. Für die, die zu Hause geblieben waren.

Die Schließung der Südgrenzen kam von einem Tag auf den anderen, niemand durfte mehr hinaus oder hinein in das Gebiet, das der council kontrollierte. Kontakt zu den Menschen im Süden war verboten. Gerüchte, gezielt gestreut, von Krankheiten, Seuchen und hochansteckenden Viren machten die Runde, so dass die Bevölkerung im Norden froh war in Sicherheit zu sein.

Und so war er gezwungen, ein Leben hier, in der Fremde, zu finden. Er hatte zunächst als einfacher Arbeiter auf einer der vielen domaines gearbeitet, in der Hoffnung, Geld nach Hause schicken zu können – aber auch das war schon bald nicht mehr möglich. Und so wartete er auf den Tag, an dem das wieder möglich sein würde, sparte und bereitete sich darauf vor.

Er war fleißig, zuverlässig, loyal und intelligent. Bald war er ein gefragter Vorabeiter, dann wurde er Chef der Winzergenossenschaft. Es hatte sich herumgesprochen, dass er ein guter Kaufmann und ein noch besserer Menschenkenner war. Die Geschäfte der Kooperative liefen besser als zuvor. Und irgendwann verzieh man ihm seinen immer noch harten Dialekt und auch, dass er keiner von hier war. Man kannte sich und man vertraute ihm.

Als niemand den Posten des Bürgermeisters haben wollte, war die Wahl auf ihn gefallen. Es war die Zeit, in der viele in die neue Ordnung wollten, die alte Ordnung drohte zu zerfallen und er hatte in der großen Bürgerversammlung nichts anderes getan als sich für eine Vielfalt einzusetzen, ein Nebeneinander der Systeme. Und er hatte die Brücken gebaut, die es allen ermöglichten, zuzustimmen. Ja, man würde die neue Ordnung respektieren, aber man würde auch die owner vertreten. Aus einem „entweder oder" war ein „und" geworden. Er hatte sich kaum nach seiner Ansprache hingesetzt, als klar war, dass er derjenige sein würde, der diesen Sonderweg gehen müsste, vorangehen müsste. Das konnten alle sehen. Er würde wissen, wie das gehen sollte, kam er doch aus einer anderen Welt und kannte nicht nur diese Welt hier, sondern auch die andere. Und die Leute hatten das Gefühl, er würde es richtig machen. Und so wählten sie ihn.

„Bist du jetzt ein owner oder willst du auch ein screen?" hatte einer aus der Versammlung gerufen. Khor hatte nur gelächelt und geantwortet: „Ich wäre gern ein owner, aber ich habe nichts. Also bleibt mir nur das Leben ohne Punkte auf dem screen! Und dazu brauch ich keins."

Alle lachten und wenig später war er der Bürgermeister des kleinen Dorfes.

Und er war es nicht nur, er lebte es auch. War nicht für jeden die Aufgabe, die ihm zugewiesen wurde, nur deshalb gestellt, um sie so gut wie möglich zu erfüllen? Jedenfalls hatte Khor sich vorgenommen, das Chaos zu ordnen, mit seiner eigenen Vorstellung von Ordnung und sie hatte sich bewährt.

Dem Dorf ging es bald gut, das Nebeneinander von ownern und den Anderen funktionierte und vieles, was woanders bereits abgeschafft war, konnte hier noch gelebt werden. Und der Weinhandel blühte, denn dem Wein war es egal wer ihn trinken würde. Und darüber freuten sich alle.

Aber jetzt wusste er, würde es schwierig werden. Ein außerplanmäßiger Besuch im Depot konnte nichts Gutes bedeuten. Es war ihm schon bei der Störung der screens klar, dass sie irgendwann hier auftauchen würden. Dass sie im Archiv eine Lösung suchen könnten. Das Archiv, das er in den Jahren immer besser kennen gelernt hatte, war das statische Gedächtnis von mind.

Er war sich schon seit langem wie ein Hüter vorgekommen, eine Funktion, die in seinem Volk seit Jahrtausenden bekannt war und die hohes Ansehen mit sich brachte. Da waren die Hüter der Geschichten, Überlieferungen aus einer längst vergangenen Zeit, es gab die Hüter der

Reichtümer und Schätze des Stammes und nicht zuletzt die Männer, die bei den Tieren waren. Auch sie passten auf etwas auf. Sie waren verantwortlich für etwas.

Lange war ihm nicht klar gewesen, auf was er bei dem Archiv aufpassen sollte. Warum das Archiv wichtig war. Es waren nicht die Computer, die technischen Anlagen. Die wurden regelmäßig geprüft und gewartet. Es waren die Daten. Aber waren das nicht vergangene Daten, Dinge, die längst passiert waren und die heute keine Bedeutung mehr hatten? Waren die Gegenwart und vielleicht die nahe Zukunft nicht viel wichtiger?

Er hatte es lange geglaubt und hatte sich das Archiv wie einen Buchhalter vorgestellt, der die Zahlen eines vergangenen Jahres ordnet, zusammenstellt und dann ablegt. Aber dann hatte er begriffen, dass hier ein Schatz verborgen war. Alle Menschen waren erfasst, mit all ihren Eigenarten, Gewohnheiten, Vorlieben und Kontakten. Und sogar mit ihren biochemischen Daten. Informationen, offen für jeden, der dies auswerten und brauchen würde. Und jeder Mensch, der registriert war, konnte personalisiert erreicht werden, jedenfalls solange das System, solange mind funktionierte. Die Daten waren Macht, Steuerungs- und Manipulationstool, mit einem Wort: Herrschaftswissen.

Es war Pol, der Sohn von Marie, der ihm vieles erklärt hatte. Pol war aufgeweckt und interessierte sich für alles, insbesondere Technik und natürlich Computer. Khor hatte ihn schon als kleinen Jungen gerne in das Archiv mitgenommen, um das Protokollbuch zu führen und seinen Rundgang zu machen. Und der Junge war immer begeistert gewesen. Und heute, als junger Mann, wusste er mehr über das Archiv, die Computer und die Datenspeicherung als sonst jemand.

Mind tat gerade das, was niemals hätte passieren dürfen. Es funktionierte nicht. Es war offensichtlich, warum die Vektoren angekommen waren. „Sie wollen an die gespeicherten Daten. Mind wieder herstellen, die Macht wieder herstellen.“ Der Gedanke war ihm gleichgekommen, als er von den Problemen gehört hatte. Das hatte etwas gedauert, hier im Süden, hier war alles etwas ruhiger und wie es ihm oft vorkam, langsamer.

Niemand war ein Nachrichtenjunkie, dazu war es zu schön hier, Nachrichten kamen immer irgendwie verspätet im kollektiven Bewusstsein an.

Das war an sich nichts Schlechtes, denn oft war manches Problem bereits gelöst, wenn es hier bekannt wurde. Das war beruhigend. Und von live-Berichterstattung hatte hier sowieso noch niemand etwas gehalten.

Aber nach der Störung der screens war schnell klar geworden, dass das Archiv eine neue Bedeutung haben könnte. Eine wichtige Bedeutung. Vielleicht war unter seinem Dorf, in den Katakomben des Archivs, der Schlüssel zur Wiederherstellung der Macht zu finden. Die Daten.

Es hatte ihn eine halbe Nacht voller Nachdenken und Grübeln und zwei Flaschen Rotwein gekostet, um zu wissen, was jetzt richtig war, was jetzt getan werden musste. Er hatte es der neuen Ordnung nie verziehen, dass sie seine Heimat, sein Afrika, im Stich gelassen hatte. Die furchtbare Grenze. Und für ihn persönlich, dass er nicht zurückkonnte. Es war nur sehr selten vorgekommen, dass er jemanden getroffen hatte, der von dort berichten konnte. Jemand, der es über die Grenze geschafft hatte. Der erzählen konnte, was dort passierte. Es war wie ein Stachel, ein Schmerz, der nicht weggehen wollte. Sein größter Wunsch war, zurück zu gehen, seine Familie wieder zu sehen. Und zu helfen. Seinem Volk zu helfen. Jetzt war vielleicht die Chance dazu.

Er war am nächsten Morgen, noch etwas verkatert, aber guter Stimmung, zum Archiv gegangen, hatte den Protokollmechanismus, der alle Zutritte dokumentierte, außer Kraft gesetzt, was auch vorher hin und wieder vorgekommen war, es musste ja nicht alles berichtet werden, oder? Zum Beispiel nicht seine Besuche im Archiv zusammen mit Pol. Der hatte dort eigentlich nichts zu suchen. Aber mit Regeln oder Vorschriften hatte man das hier, im Süden, sowieso nie so ernst genommen.

Er hatte sich das Archiv angeschaut, wie so oft, aber diesmal mit dem Blickwinkel auf die eine neuralgische Stelle, den Schalter für das Ausschalten oder vielmehr einen Weg, die Daten zur Verhandlungsmasse zu machen. Wenn es ihm gelänge, den Zugriff zu verhindern oder wenigstens aufzuhalten. Die Daten wären eine Geisel. Eine schöne Vorstellung und eine Vorstellung, die in seinem Volk nicht unbekannt war. Seit Menschengedenken wurden in der Wüste Menschen, die sich dorthin verirrt hatten, verschleppt. Und manchmal wurden sie zur Ware…

Aber er war zunächst nicht fündig geworden. Es war nicht einfach, das System zu verstehen und herauszufinden, an welchem Punkt es verletzlich war, wo man es stoppen könnte oder wie man verhindern könnte, dass die alte Macht wieder dort weitermachen könnte, wo sie gestört wurde. „Zumindest nicht ohne den ein oder anderen Kompromiss in der ein oder anderen Frage zu verhandeln“ dachte er.

Er würde Pol zu Rate ziehen müssen. Pol war ein junger Freund für ihn geworden und er war so etwas wie sein Mentor. Sein Vater war nie aufgetaucht und so hatte sich der Junge bald gefreut, ihn zu haben. Und er hatte sich über Pol gefreut. Sie hatten angefangen, sich immer mehr zu brauchen. Und so war Khor so etwas wie ein Ersatzvater von Pol geworden. Es gab fast nichts, was er ihm nicht anvertrauen würde.

Pol hörte ihm konzentriert zu, sagte nichts, doch hin und wieder huschte ein Lächeln über sein Gesicht. Es gefiel ihm offensichtlich, dass das Archiv plötzlich wichtig geworden war. Und dass er die neue Ordnung ein wenig ärgern könnte.

Und dann, das war ja oft so mit den jungen Leuten, die sahen die Dinge oft klarer als man selbst, wahrscheinlich weil sie alle Erfahrungen der Alten nicht als Ballast mit sich herumschleppen mussten, hatte er einen einfachen wie genialen Plan…

„Wir müssen ihn umsetzen, bevor sie das Archiv brauchen“ hatte Khor gesagt. Pol versprach, sich sofort an die Arbeit zu machen.

12. Marie und Jekar

Marie hatte die Ankömmlinge gesehen. Sie hatte ein unruhiges Gefühl. Wie immer, wenn das Archiv besucht wurde hatte sie in all den Jahren, seit ihr Sohn Pol auf der Welt war, die Besucher, die alle paar Monate vorbeikamen und ein paar Tage blieben, um im Archiv zu arbeiten, beobachtet. Aber er war nie wieder zurückgekommen. Er tauchte nicht mehr auf. Vielleicht hätte sie, wenn er nochmal gekommen wäre, wenn er persönlich vor ihr gestanden hätte, etwas gesagt. Von dem Kind, von seinem Kind, von dem er nichts wissen konnte.

Aber ihn suchen, ihn anzusprechen, nach dem, was vorgefallen war, kam nicht in Frage. Dazu war sie zu stolz. Dieser Mann hatte sie ausgenutzt. Es war zum Heulen. Sie, für die fast zur Gewohnheit geworden, sich in der Liebe das zu holen, was sie brauchte, sich niemals auf mehr einzulassen, nicht mehr zu geben als den Moment, nur Spaß, sie war ungewollt schwanger geworden. Und dass ausgerechnet von jemand, der sich nicht mehr für sie interessierte, der genauso kalt und berechnend war wie sie. Nur, dass sich die Dinge geändert hatten, da war jetzt dieses Kind. Sie brauchte ihn, für ihr Kind, vielleicht für eine Familie.

Es war an einem verregneten Abend gewesen, damals, als sie sich vorgenommen hatte, es ihm zu sagen. Dass sie schwanger war, ein Kind erwartete. Sie hatte sich zurechtgemacht und die kleine Wohnung aufgeräumt. Und lange überlegt, wie er wohl reagieren würde. Dann hatte sie gekocht und auf ihn gewartet. Heute Abend wollte sie es ihm sagen.

Aber er kam nicht. Er rief auch nicht an. Es war am nächsten Tag, gerade als sie ihn suchen wollte, als seine Nachricht kam. Es war ein Bote, der einen kleinen Umschlag brachte.

Die Nachricht war so kurz wie eindeutig: „Ich muss heute noch zurück. Es war schön mit Dir. Vielleicht sehen wir uns ja mal wieder. Je t´embrasse!"

Sie war sehr verletzt gewesen, lange. Bis sie irgendwann verstanden hatte, dass sie das, was sie vielen anderen angetan hatte, selbst erleben musste.

Er war wie ein Spiegel, nein, das Schicksal hatte ihr den Spiegel vorgehalten. Und es tat noch mehr weh, zu erkennen, dass sie selbst nicht besser gewesen war. Mit all den Männern, die sie gekannt hatte.

Aber das Kind in ihrem Bauch konnte nichts dafür. Es wollte nur leben und geliebt werden. Und Marie würde es leben lassen und sie würde es lieben. Auch ohne den Vater. Sie würde es auch allein schaffen.

Später hatte sie erfahren, dass der Vater ihres Sohnes Chefprogrammierer von mind geworden war. Sein Name war Jekar.

13. Der Besuch

Silva stieß die Tür zu dem kleinen Raum in der mairie, der Khor als Büro diente, so fest auf, dass sie gegen die Wand schlug. Sie musterte den Mann am Schreibtisch, der ruhig sitzen blieb. Er stand nicht auf, um sie zu begrüßen. Er müsste sie durch das Fenster gesehen haben, aber er blieb sitzen. Auch zwei Sicherheitsleute und Leon drängten sich in das Büro, die anderen schauten ihnen über die Schultern.

Silva spürte sofort die Respektlosigkeit, etwas Überhebliches, das von Khor ausging. Er blieb immer noch sitzen und schaute sie an. Nicht einmal fragend. Er schaute alle an. Einen nach dem anderen. Natürlich hätte sie anklopfen können, aber es war keine Zeit für Höflichkeiten. Die Leute hier waren sicher nicht ihr gewohnter Umgang. Sie waren da, um Befehle auszuführen, ihre Befehle.

„Bist du der Bürgermeister?"

Khor sagte nichts. Er wusste um die Macht des Schweigens. Insbesondere in so einem Moment. Silva fing innerlich an zu kochen.

„Und wer bist Du?" fragte er nach einer Weile zurück.

„Council" sagte sie knapp „wir müssen sofort in das Archiv".

Khor nickte. „Du hast bestimmt Vollmachten, die du mir zeigen kannst?" fragte er.

Silva wurde wütend. Natürlich hatte sie keine Vollmachten, sie war Silva, die Leiterin der Datenauswertung. Aber sie wusste sich zu helfen.

„Serge" sagte sie zu einem der Soldaten „überzeuge ihn!" Der Angesprochene grinste, trat vor und entsicherte seine Maschinenpistole.

In diesem Moment war Khor klar, dass er richtig taktiert hatte. Sie würden Gewalt anwenden, um die alte Ordnung wieder herzustellen. Und das konnte er vielleicht verhindern. Warum war es nur so schwer für Menschen, Macht abzugeben? Oder sie zu teilen?

Aber jetzt war es wichtig, die Kontrolle der Situation nicht aufzugeben. Und zu verhandeln.

Er nickte und stand auf. „Ich nehme genau zwei Personen mit, keine mehr. Für alle anderen gilt die Geheimhaltung".

Silva überlegte. Sie war noch nie hier gewesen. Jekar hatte ihr geschildert, wie das Archiv aussah und wie es funktionierte. Er kannte das Archiv aus seiner Zeit im Dorf, als es programmiert und eingebaut wurde. Das war vor langen Jahren. Leon kannte das Archiv nur vom Hörensagen, die anderen waren zu ihrer Sicherheit und natürlich der Sicherung der Daten abgestellt.

Sie musste kooperieren, um weiterzukommen. In diesem Moment. Sie brauchte Ergebnisse. Aber später würde dieser Bürgermeister noch etwas lernen müssen…

„Gut" sagte sie, „schon besser. Leon, du kommst mit. Die anderen bleiben hier." Das war ein Risiko, denn sie waren ohne persönlichen Schutz ohne die Soldaten. Aber sie hatte ihr Armband mit dem Alarmknopf. Was immer passieren würde, Serge würde alles daransetzen, sie zu finden und zu beschützen. Sie musste nur den Knopf drücken.

„Verzeih mir, ich war unhöflich. Wir sollten doch erst etwas essen gehen. Ihr seid meine Gäste. Die Reise war sicherlich beschwerlich?" fragte Khor.

Das zwang Silva, über die Dringlichkeit ihres Besuches Auskunft zu geben.

„Das machen wir später“ log Silva. „Wir werden nicht lange im Archiv brauchen.“

„Wie war noch dein Name?“ fragte Khor. Diese Frau musste begreifen, dass er hier das Sagen hatte. Das war sein Dorf, seine Verantwortung für das Archiv. Er würde bestimmt nicht den Diener spielen.

Das wütende Aufblitzen in den Augen von Silva war deutlich zu bemerken. Aber ebenso auch ihre Beherrschtheit, sie ruhig antwortete.

„Ich bin Silva, Leiterin des data mining. Und es wäre schön, wenn wir heute noch fertig werden könnten“.

Khor nickte. „Ich hole den Schlüssel.“

14. Manipulation

Pol hatte nicht lange gebraucht, um seinen Plan auszuarbeiten. Woher der Junge die Fähigkeit hatte, komplizierte Probleme mit einer Leichtigkeit zu durchschauen und zu einer machbaren Lösung zu kommen, war Khor immer noch unbegreiflich. Aber genau diese Fähigkeit war gerade sehr willkommen. Das Archiv speicherte die Daten von mind zu einem bestimmten Zeitpunkt in ihrer gesamten Menge, ohne zu ordnen oder zu komprimieren. Ein Wiederherstellungspunkt. Diese Daten würden auf einem Datenträger abgelegt, der physisch vorhanden sein musste, darauf hatte Jekar Wert gelegt, nichts Virtuelles, ein back-up für archivarische Zwecke musste etwas Greifbares sein. Und es musste transportabel sein. Dezentralisierung ist Sicherheit. Und es war leicht ein- und auszulesen.

Die Menge der Daten würde ein großes Speichermedium erforderlich machen, riesige Festplatten. Und eine Zwischenspeicherung der Daten wäre erforderlich. Aber es gab ja etwas Neues, etwas, auf das Jekar besonders stolz war. Die Visualisierung von Daten durch Laser, die Daten optisch abgelegen konnten. Eine Fortentwicklung der WORM-Datenspeicherung (Write Once Read Many).

Das Prinzip war einfach – die Daten wurden fotografiert und minimalisiert. Der erste Schritt der Umsetzung dieser Speicherung war bereits von Discs bekannt. Jekar hatte den Laser immer weiterentwickeln lassen.

Der Laser arbeitete jetzt im Röntgenbereich und hatte aufgrund der ultrakurzen Wellenlänge des Röntgenlaserlichts die Fähigkeit, atomare Einzelheiten von Molekülen sichtbar werden zu lassen. Damit waren Filmaufnahmen im atomaren Detail möglich.

Er erweiterte die Technologie der optischen Disk, bei der der Laser schreibt und ein Lesen ermöglicht, um die Komponente mikroskopischer Fotografien. Das brachte eine unglaubliche Komprimierung mit sich, so dass die Daten trotz ihrer Menge auf einem Datenträger, der nicht größer als ein Aktenkoffer war, Platz fanden.

Und wie immer, wenn junge Leute mit einer Technologie konfrontiert werden, die bereits existiert und den Alten noch wie ein Wunder erscheint, nehmen sie diese wie selbstverständlich an. Es ist immer einfacher, etwas Bestehendes nachzuvollziehen als es selbst zu entwickeln. Pol hatte den Laser im Archiv mehr als einmal bestaunt und, als er größer geworden war, analysiert und irgendwann verstanden. Und jetzt wusste er, es war nicht der Laser, der ihm bei der gewünschten Manipulation der Daten helfen würde. An den traute er sich nicht heran. Aber die Kamera, mit der die Fotos gemacht wurden, das war der Schlüssel. Was hatte Edward Steichen, der große Pionier der Fotografie noch gesagt? Aber das ließ sich ja im Internet, in den Datenbanken recherchieren…

Und so hatte er sich daran gemacht, den Logarithmus zu strukturieren, mit der Unbekümmertheit, die der Jugend eigen ist, ohne zu wissen, dass er den Mann, dem er seine Existenz verdankte, seinen leiblichen Vater, gerade zu seinem direkten Gegner machen würde.

Sie hatten gerade noch Zeit gehabt, alles vorzubereiten und Pol's Schlüssel einzuprogrammieren, als die Nachricht eintraf, dass Vectoren aus der Stadt angekommen waren. Khor hatte staunend zugesehen wie

Pol das Lesegerät programmierte und dann das Archiv wieder verschlossen.

15. Archiv

Khor ging voran, Silva und Leon folgten ihm die kurze Strecke von der mairie die mittelalterlichen Gassen hinab bis zur äußeren Mauer des Dorfes. Dort stand das alte Haus.

Die äußere Tür ließ sich mit einem altertümlichen Schlüssel öffnen, aber dahinter fand sich eine zweite Tür aus Stahl, armiert und mit verschiedenen Schlössern gesichert. Khor begann sie zu öffnen, so wie er es schon oft getan hatte. Er konnte die gespannte Erwartung von Silva, die dicht hinter ihm stand, körperlich spüren.

Die Tür öffnete sich und sie betraten einen Gang, der schon nach wenigen Metern nach links abbog und den Blick auf eine Dekontaminationsschleuse freigab. Hinter der Schleuse, die dafür sorgte, dass der dahinter liegende Raum absolut staubfrei war, befanden sich die Computer und Anlagen des Archives. Eine Lüftungsanlage sorgte für einen konstanten Überdruck in den Räumen, so dass keine kleinen Partikel eindringen konnten.

„Ihr müsst Schutzkleidung anziehen!" sagte Khor und gab den beiden ihre Anzüge, Überschuhe, Handschuhe und Kopfhauben.

Leon schaute interessiert zu, wie Silva sich anzog. Als sie fertig war, mit der Haube auf dem Kopf, dem Plastikanzug und den Überschuhen über den Füssen, kam sie ihm ganz anders vor. Gar nicht mehr so attraktiv wie vorher. Das blonde Haar war nicht mehr zu sehen und ihr Gesicht wirkte kindlich. Von ihrer Figur war nichts mehr zu sehen. Irgendwie war sie kleiner geworden – und kam ihm zerbrechlich vor. „Wie sehr man sich durch Äußerlichkeiten täuschen lässt" dachte er und wusste doch sofort, wie umwerfend sie bald wieder aussehen würde.

Dann gingen sie durch die Schleuse. Das Archiv war nur schwach beleuchtet und nur ein leises Summen war zu hören. Es roch ein wenig alt, aber alles war klinisch sauber.

Khor nahm zunächst das Protokollbuch, ein screen mit Iriskennung, und stellte die Überwachung an. Von nun an würden sie gefilmt werden und alles würde aufgezeichnet.

„Khor, Bürgermeister" sagte er „mit Silva, Leiter des Datamining mind und Leon. Der Grund des Besuches ist mir unbekannt, ich wurde zur Öffnung des Archivs mit Waffengewalt gezwungen".

Silva funkelte ihn böse an, sagte aber nichts. Leon sah sich um. Auch er war das erste Mal im Archiv, hatte aber die Pläne studiert und steuerte zielstrebig auf den gesicherten Bereich zu, in dem alle Dateien aufbewahrt sein mussten.

„Öffne den Safe!" wies er Khor an.

„Das kann ich nicht" sagte Khor „dazu braucht man einen Schlüssel!" Das war zwar nicht ganz richtig, denn es existierte ein Schlüssel, um im Notfall in den gesicherten Bereich gelangen zu können. Pol und er hatten ihn gestern noch benutzt, allerdings ohne das Protokoll zuvor zu aktivieren.

„Den habe ich" sagte Silva und nahm einen Stick aus ihrer Tasche. Sie stellte sich vor den Safe und las eine Abfolge von Zahlen in ein Mikrofon. Dann steckte sie den Stick in eine Öffnung und die Tür ging auf.

Der Raum bestand aus Regalen, auf denen in einer langen Reihe Koffer gelagert waren. Das mussten die back-up sein.

16. Resistance

Im Haus warteten alle auf Neuigkeiten. Es waren Marie und Pol, die an die Tür klopften und sie endlich erlösten. Marie stellte ihren Sohn vor und berichtete, dass die Besucher bei Khor waren.

Sie gingen in den Wohnraum, wo jeder sich einen Platz suchte. Alle musterten Marie und ihren Sohn aufmerksam. Marie bemerkte die Anspannung der anderen.

„Ich habe euch versprochen, zu helfen. Habt keine Angst, dass ich Pol, meinen Sohn, mitgebracht habe. Ihr könnt ihm vertrauen" sagte sie.

Trotzdem wollte ein Gespräch nicht so recht beginnen.

Es war Pol selbst, der die Anspannung, die trotz der Worte seiner Mutter im Raum greifbar zu sein schien, wahrnahm und dann auflöste. Es war verständlich, dass ein Misstrauen spürbar war. Wie immer, wenn man nicht weiß, ob man jemand vertrauen kann, weil man ihn nicht kennt, ist eine Empfehlung die beste Brücke. Noch besser ist es aber, wenn man die anderen davon überzeugen kann, dass man auf ihrer Seite steht.

„Maman hat mir gesagt, dass ihr Probleme mit der neuen Ordnung habt" sagte er. „Vielleicht können wir euch helfen. Mit „wir" meine ich Khor, den Bürgermeister, und mich selbst". Er blickte in die Runde.

„Wir haben den Besuch aus der Stadt ein wenig vorbereitet. Es war zu erwarten, dass irgendwann jemand kommen würde. Das Archiv speichert die Daten von mind in regelmäßigen Abständen, so dass man nach einem Absturz des Systems die Daten wieder herstellen kann. Wir glauben, dass die Besucher deswegen hergekommen sind. Mind ist immer noch gestört und es soll wohl ein reset gemacht werden".

Die anderen nickten. „Und was habt ihr vorbereitet?" fragte Samir.

Pol schaute ihn an. „Die Daten können nicht so einfach wieder hergestellt werden. Jedenfalls nicht ohne unsere Hilfe. Und nicht, ohne die Bedingungen zu verhandeln".

Die anderen schauten sich fragend an. „Was habt ihr gemacht oder besser wie habt ihr das gemacht?" fragte Amil.

Pol lächelte. „Ein paar kleine technische Veränderungen. Ich habe einen Schlüssel in das Lesegerät der optischen Archivierung der Daten programmiert. Es ist ein kleines Rätsel. Ohne die Lösung können die

Daten nicht wieder hergestellt oder richtig in mind eingespielt werden. Wir dachten das wäre eine gute Idee".

Die Freunde sahen sich wieder ungläubig an. War es wirklich möglich, dass dieser Pol ihnen, ohne es zu wissen, in ihrem Projekt beistehen könnte? Und wie konnte ein Junge aus dem Dorf ein optisches Lesegerät für Röntgenlaserdaten verschlüsseln?

Es war Amil, der die Situation als Erster verstand und begriff, welches unglaubliches Glück ihnen der Zufall gerade geschenkt hatte. Nicht nur, dass Pol offensichtlich ein heller Kopf war, er war auch auf ihrer Seite.

Amil stand auf, reichte Pol die Hand und sagte: „Du weißt gar nicht, wie froh du uns gerade machst. Auch wir haben Dir etwas zu sagen."

Er schaute fragend in die Runde. Alle überlegten kurz und nickten dann. Was hatten sie zu verlieren?

Amil fuhr fort. „Wir haben mind gestört. Das ist Ben, der den Knotenpunkt stillgelegt hat. Und Samir, mein Bruder, hat die Punkte der social credits verschoben. Wir anderen haben ihnen geholfen. Jeder in diesem Raum ist dafür verantwortlich, dass die neue Ordnung eine neue Unordnung geworden ist". Alle grinsten, ein bisschen stolz, aber auch ein wenig verlegen.

Und Pol schaute wie jemand, der gerade ein Gespenst gesehen hat. Aber dann blies er die Backen auf, ließ die Luft mit einem großen „Puh" hinaus und seufzte: „Also das will ich aber genau wissen!"

Die anderen lachten. „Wir werden es dir erzählen. Und Du sollst wissen, warum wir das gemacht haben. Aber vorher wollen wir etwas trinken".

Samir ging zu Pol und nahm ihn in den Arm. „Mann, bin ich froh, dich kennen zu lernen!"

Eine rege Diskussion entwickelte sich bald und bald war klar, dass man einen neuen Mitstreiter gefunden hatte und mehr noch, jemand der hilfreicher nicht sein konnte. Und Amil und Samir fanden in Pol einen kongenialen Freund.

Jetzt kam es darauf an, was im Archiv vor sich ging. Und ob die Besucher herausfinden würden, dass die Daten nicht brauchbar waren. Das musste Khor ihnen sagen.

„Ach, Pol, da ist noch etwas" sagte Richard. „Wir werden wahrscheinlich gesucht. Die Soldaten dürfen uns auf keinen Fall sehen."

Pol nickte. „Klar. Ich pass auf. Aber jetzt muss ich zu Khor!"

17. Lesegerät

Silva hielt den silbernen Koffer mit den Mikroaufnahmen in ihrer Hand. „Du bist sicher, dass das das letzte back-up ist?" fragte sie Leon. Der nahm den Koffer, stellte ihn vor sich auf den Boden und begann, die Daten des Chips auf der Vorderseite des Koffers mit seinem Laptop auszulesen.

„Ja" sagte er nach einer Weile „das ist des letzte back-up. Wir sollten den Koffer so schnell wie möglich zur Zentrale bringen. Aber zum Auslesen müssen wir auch ein Lesegerät haben. Ohne die Konvertierung werden wir die Daten nicht einspielen können".

Khor sah zu, wie Leon seinen Laptop vom Chip löste und fragte sich, was wohl in der Zentrale passieren würde, wenn sie die Daten öffnen würden. Wenn sie versuchen würden, die Daten auszulesen.

„Wo ist das Lesegerät?" frage Silva. Khor zeigte auf den Nebenraum. „Soweit ich weiß, werden die Daten mit einem Apparat dort hinten gespeichert. Kommt mit".

Das Lesegerät stand in einer Nische des Archivs und war ein fast zwei Meter hoher und fast ebenso breiter Kasten. Im Inneren befand sich der Röntgenapparat, der für die Aufnahmen und damit die Komprimierung der Daten sorgte. Nichts deutete darauf hin, dass hier noch gestern gearbeitet wurde. Khor hatte stundenlang hinter Pol gestanden und versucht zu verstehen, was der Junge mit seinem Laptop am Lesegerät wohl machte. Das war nicht seine Welt.

„Das können wir nicht mitnehmen. Gibt es kein zweites Lesegerät in der Zentrale?" fragte Silva verwundert.

Leon hob die Schultern. „Das weiß ich nicht. Wir sollten Jekar fragen".

Silva sah auf ihr screen. Hier unten war kein Empfang.

„Wir müssen das draußen klären. Den Koffer nehmen wir auf jeden Fall mit".

Khor war froh, als sie wieder in der Sonne standen. Silva und Leon hatten nichts bemerkt, jedenfalls bis hierher nicht. Und das war auch gut so, denn kaum waren sie aus dem alten Haus herausgekommen, waren die Soldaten wieder da. Und er konnte sich lebhaft vorstellen, was sie mit nicht kooperierenden Bürgermeistern machen würden…

Silva sprach mit Jekar. Und ihre Miene verrat, dass sie keine guten Neuigkeiten zu hören bekam. Entnervt beendete sie das Gespräch und kam auf die anderen zu.

„Wir müssen das Lesegerät ausbauen und mitnehmen" sagte sie. „Es muss sofort in die Zentrale. Sind die anderen Soldaten aus der Zentrale schon angekommen?"

Die Frage war an Serge gerichtet. Er sah kurz auf sein screen und nickte dann.

„Die Defender sind da".

Die Soldaten hatten sofort damit begonnen, ihr Lager neben den Vectoren aufzubauen. Sie würden gebraucht werden, um das Lesegerät zu transportieren. Noch konnte niemand genau sagen, ob es in den zweiten Vector passen würde. Aber das war eine Logistikaufgabe, die die Soldaten lösen sollten. Zur Sicherheit wurde ein Transporter angefordert, der aber den Landweg nehmen müsste.

Silva würde mit Leon zurückfliegen und den Koffer mit den Daten überbringen. Sie zitierte Khor zu sich. „Du bist mir dafür verantwortlich, dass meine Männer jede Unterstützung bekommen, die sie brauchen. Sie haben alle Vollmachten, das Archiv zu betreten und das Lesegerät zu transportieren. Das muss so schnell wie möglich geschehen. Es wird Tag und Nacht durchgearbeitet".

Khor überlegte. „Dann schlage ich vor, dass ihr Wachen aufstellt und das Archiv solange geöffnet bleibt, bis ihr fertig seid".

Das schien ein guter Vorschlag zu sein. Fast wollte Silva Khor danken, aber dann erinnerte sie sich daran, wie widerspenstig er zunächst gewesen war. Also nickte sie nur und rief den Soldaten zu: „Ihr habt gehört, was eure Aufgabe ist. Das Archiv bleibt offen und wird bewacht bis das Lesegerät heraus ist! Danach wird es sofort zu mind transportiert."

Khor gab Serge den Schlüssel zur Tür. „Ihr habt meine Kontaktdaten. Und ihr wisst, wo ihr mich finden könnt".

Er dachte nicht daran, dabei zu sein, wenn das schwere Gerät aus dem Archiv transportiert würde. Das war nicht seine Baustelle. Jedenfalls jetzt noch nicht.

In der Datenzentrale von mind war Jekar wütend und sah stur vor sich. Er hatte fest damit gerechnet, dass die Daten noch heute eingespielt werden könnten. An das Lesegerät hatte er nicht gedacht. Und auch nicht daran, ein zweites Gerät in der Zentrale zu installieren. Die Daten mussten wieder reproduziert werden. Wer konnte denn schon damit rechnen, dass man die statischen Daten irgendwann so dringend brauchen würde? Sie waren doch nur das back-up des back-up. Wenn es diesen Brand nicht gegeben hätte, wären sie schon längst wieder operativ.

Der Brand. Das erinnerte ihn daran, dass die Verdächtigen immer noch frei herumliefen. Und daran, dass er die Sicherheitsmaßnahmen verstärken musste. Er ordnete eine vollständige Drohnenüberwachung aller neuralgischen Bereiche an, Tag und Nacht. Das betraf alle Gebäude des councils, die mind-Zentrale, K 12 und, schaden konnte es nicht, das Dorf mit dem Archiv im Süden.

Und dann ließ er alle bisherigen Beteiligten zur dringenden öffentlichen Fahndung ausschreiben, Ron, den Fahrer, den Techniker, Sara und die beiden Brüder, die nicht wieder aufgetaucht waren. Wenn man kein Ziel hat, dann schießt man in die Luft. Vielleicht zeigt sich ja dann das Ziel. Und dann kann man es anvisieren.

18. Pol und Khor

Es war das besondere, über Jahre entstandene Vertrauen zwischen Khor und Pol, das jetzt entscheidend war. Die Freunde mussten wissen, was im Archiv vorgefallen war und Khor konnte und musste ihnen dabei helfen. Pol hatte auf die Frage, ob man Khor ansprechen sollte, nur einfach „Ja" gesagt. „Das mache ich!"

Er wollte Khor darauf vorbereiten, dass mehr als nur die Verschlüsselung des Lesegerätes auf dem Spiel stand. Es ging auch um mind und um die Macht des councils. Und irgendwie um das ganze System. Er wollte ihn informieren und dann würde man gemeinsam überlegen, was zu tun war.

Und so kam es, dass im Archiv Soldaten versuchten, die schwere Maschine aus ihren Verankerungen zu lösen, was nicht einfach war, da die Kamera absolut erschütterungsfrei installiert war, um die gewünschte Bildqualität im nano-Bereich liefern zu können. Am anderen Ende des Dorfes saßen die Freunde im alten Haus zusammen und überlegten, wie es weiter gehen sollte.

Pol machte sich dann auf den Weg in die mairie. Er hatte sich überhaupt nicht gewundert, dass ihm auf dem Weg immer wieder Wachposten begegneten, die ihn kritisch angeschaut hatten. Wie immer, wenn man Befehle hat, kommt man sich besonders wichtig vor, dachte er. Er fand einen ziemlich angespannten Khor bei einem Glas Wein vor.

„Wie ist es gelaufen?" fragte er.

„Ganz gut" antwortete Khor. „Sie versuchen gerade, das Lesegerät auszubauen und irgendwie zu mind zu bringen. Es geht darum, die Daten auszulesen. Das geht nur auf dem gleichen Weg wie sie gespeichert worden sind. Also braucht man das Lesegerät".

„Ich verstehe das immer noch nicht" meinte Pol. „Gibt es kein Lesegerät bei mind?"

„Offensichtlich nicht" antwortete Khor. „Sonst würden sie es nicht ausbauen. Das ist doch gut für uns, denn dieses Gerät ist verschlüsselt."

„Und es gibt keinen online-Zugriff auf die Daten?"

„Das gab es mal, wurde dann aber als zu gefährlich erachtet. Damit hätte man hier Daten einsehen oder verändern können und das wollte man damals nicht. Eine Frage der Sicherheit."

Pol lehnte sich vor. „Und wenn man das doch könnte? Es ist wichtig, dass du es mir sagst."

Khor sah ihn fragend an. „Warum willst Du das wissen?"

Das war der Moment, Khor ins Vertrauen zu ziehen. Pol berichtete ihm von den Gesprächen mit den anderen und ihren Plänen. Khor hörte schweigend zu und schüttelte dann den Kopf. „Ich wusste bis jetzt nicht, wer diese Leute sind und was sie hier wollen" sinnierte er. „Jetzt wird mir vieles klar. Sie sind auf der Flucht. Und sie kämpfen gegen das System."

„Tun wir das nicht auch?" fragte Pol.

Khor schaute ihn lange an. „Vielleicht tun wir das. Vielleicht tue ich das. Du weißt, dass ich meiner Familie helfen muss. Aber du hast keinen Grund dazu".

„Ich habe einen Grund" sagte Pol. „Sogar einen wichtigen Grund. Ich habe es dir nie gesagt. Es geht auch um meine Familie. Es geht um meinen Vater. Ich weiß, wer mein Vater ist..."

Khor schaute überrascht auf. Er hatte Marie schon vor langer Zeit versprochen, niemals mit Pol über seinen Vater zu sprechen.

„Und woher weißt Du das?"

Pol lächelte in sich hinein. „Ich habe die Daten ausgewertet. Alle Daten. Jeder, der hier gewesen ist und Kontakt zu meiner Mutter gehabt hat.

Jeder verursacht Daten. Und mind speichert alles. Ich habe ein Jahr vor meiner Geburt angefangen. Es hat sich auf eine Person reduziert. Mein Vater muss Jekar sein, der Chef von mind."

„Wow" machte Khor. „Datenauswertung. Seit wann weißt du es?"

„Seit meinem 15. Geburtstag." Er lächelte. „Du hast mir nicht umsonst gezeigt, wie man mit Computern umgeht."

„Das ist ja ein Ding. Du bist wirklich unglaublich. Und jetzt?"

Pol schaute aus dem Fenster. „Nun" sagte er „seitdem habe ich mich mit Jekar und mind beschäftigt. Ich wollte wissen wer er ist, was er macht und warum er nie nach mir gefragt und mich nie besucht hat. Deshalb habe ich nachgeforscht. Er war nie wieder hier. Sie müssen sich gestritten haben."

„Vielleicht weiß er gar nicht, dass er einen Sohn hat" warf Khor ein.

Pol schaute ihn ungläubig an. „Marie hat immer gesagt, dass mein Vater nicht wichtig ist. Aber sie hat mir nie gesagt, dass er nichts von mir gewusst hat. Warum sollte sie ihm nicht gesagt haben, dass er ein Kind hat?"

Khor überlegte. „Das kann ich dir nicht sagen, ich weiß es nicht. Das musst du deine Mutter fragen. Sie wird es erklären können."

Pol wollte aufspringen und sofort nach seiner Mutter suchen. Khor hielt ihn zurück.

„Warte" sagte er. „Ich habe dir auch etwas zu sagen. Etwas sehr Wichtiges." Pol schaute ihn an.

„Meine Tochter ist hierher unterwegs, mit meinem Enkelkind. Ich habe keine Nachricht von ihr, schon seit Tagen. Ich habe ihr gesagt, dass sie kommen soll. Sie sind über die Grenze…ich, ich weiß nicht mehr was ich machen soll, ich muss sie finden! Und jetzt sind die Soldaten hier und ich kann nicht weg."

Pol starrte Khor ungläubig an. „Über die Mauer? Die Grenze ist doch zu! Wie soll sie das schaffen?"

„Wir dachten, wir könnten das Chaos da draußen nutzen. Aber jetzt weiß ich nicht wo sie ist, vielleicht irgendwo im Gefängnis. Ich muss sie finden! Das ist der Grund, warum ich ein Druckmittel haben musste! Ich wollte verhandeln können!"

Khor hatte plötzlich Tränen in den Augen.

Als die Störung der screens bekannt wurde war ihm klar, dass dies auch eine Chance für eine Flucht sein könnte, die Flucht seiner Tochter.

Es gab schon lange den Plan, es noch einmal zu versuchen, zu versuchen, hierher zu kommen, über die Grenze, zu ihm. Um es hier besser zu haben. Und dann gemeinsam zu überlegen, wie man der Familie in Afrika helfen konnte. Und das Chaos, was entstanden war, schien der richtige Moment für einen Fluchtversuch zu sein.

Aber jetzt hatte er Angst, blanke Angst, um seine Tochter und sein Enkelkind und davor, noch einmal versagt zu haben. Sie nie wieder zu sehen.

Pol überlegte. Sie mussten sofort handeln. Und das konnte nur er, denn Khor musste in der mairie bleiben, um keinen Verdacht zu erregen. Er selbst musste herausfinden, wo sie war.

„Kannst du sie irgendwie erreichen?"

Khor schüttelte den Kopf. „Nur sie kann mich erreichen. Sie hat einen Kurzwellensender. Er ist sehr einfach. Wenn sie auf einen Knopf drückt, bekomme ich ein Signal auf der gleichen Frequenz, es sind nur kurze Töne, aber wir haben einen Code und ich kann feststellen, wo sie ist. Und dass sie noch lebt."

„Und wann kam das letzte Signal?"

„Hier, schau auf meine Karte. Vor vier Tagen war sie noch in Nordafrika. Und vorgestern war sie auf dem Meer, ungefähr hier. Dann kam nichts mehr. Ich weiß nicht, ob sie es geschafft hat!"

„Mach Dir keine Sorgen!" sagte Pol. „Ich kümmere mich darum. Gib mir den Empfänger. Und du bleibst hier und schaust was die Soldaten machen. Wir müssen wissen, wie weit sie sind. Ich schicke Dir Marie. Sie wird dich unterstützen. Ich bin bald zurück."

Kurz darauf öffnete sich die Tür des Büros und Marie kam herein. Sie sah müde aus. Ohne etwas zu sagen ging sie zu Khor und nahm ihn in den Arm.

„Pol hat mir alles erzählt" sagte sie „er ist mit Ron nach Süden gefahren. Sie wollen den Sender finden. Sie wollen deine Tochter finden."

Khor nickte leicht Es war gut, dass Marie da war. Es war gut, dass er nicht allein war.

Er begann leise zu beten. Er tat dies in seiner Muttersprache, wie Marie erstaunt feststellte. Aber wahrscheinlich besinnt man sich immer auf seine Wurzeln, wenn die Not groß ist. Sie sah ihn an und drückte ihn an sich.

19. Der Plan

Pol hatte berichtet, was er von Khor erfahren hatte. Dann waren er und Ron, trotz der Gefahr, die damit verbunden war, aufgebrochen, um nach Khor´s Tochter zu suchen. Die anderen versuchten die Lage einzuschätzen.

„Mind ist ja irgendwie hier im Moment. Nur hier sind die Daten, die der council braucht" sagte Samir. „Und sie werden Zeit brauchen, das Lesegerät zu transportieren. Das gibt uns die Chance, den Zugang zu finden, um unsere Nachrichten zu senden. Aber Pol hat gesagt, es gibt keine Datenleitung."

„Aber es gab einen Zugang" warf Amil ein. „Sie haben ihn deaktiviert, aus Sicherheitsgründen. Vielleicht kann man ihn wieder aktivieren."

„Ich hab keine Ahnung, wie das gehen soll" meinte Samir.

„Und wo könnte er sein?" fragte Ben. Er gab sich selbst die Antwort. „Es ist ein Knotenpunkt. Eine Datenleitung. Was anderes könnte es sein? Wenn Daten übertragen wurden, aus dem Archiv hinaus in das Netz, dann ist es ein Knotenpunkt."

Kena schaute ihn überrascht an. „Klingt nach einer Operation. Wie in der Chirurgie. Wir stellen wieder eine Verbindung her, wie bei einer Herzoperation."

Ben nickte. „So ähnlich, aber das sagt uns immer noch nicht, wo wir suchen sollen".

„Wir müssen nachdenken" sagte Mara. „Wo sind Knotenpunkte üblicherweise zu finden?"

„Da wo es andere Datenleitungen gibt" meinte Kena. „Dort wo sie sich kreuzen, dort, wo es Abzweigungen gibt".

Eleonore hatte zugehört und sprang plötzlich auf. „Ich werde Khor fragen. Es gibt bestimmt einen Netzplan in der Verwaltung. Ich gehe sofort, versucht nicht, mich zurück zu halten. Wenn nach uns gesucht wird, bin ich nicht so gefährdet wie ihr. Von mir gibt es keine Fotos".

Richard stand auf und ging zu ihr. „Du warst beim Brand dabei, ich nicht. Ich lass dich nicht allein. Ich gehe mit". Und der Blick, den er seiner Frau zuwarf, ließ keinen Widerspruch zu.

Eleonora sah ihn erstaunt an. Es kam nicht oft vor, dass Richard etwas bestimmte. Auch dafür liebte sie ihn. Für die lange Leine, die er ihr immer gelassen hatte, für die Freiheit, nicht angebunden und doch verbunden zu sein. Wenn er jetzt darauf bestand, mitzugehen, dann auch zu ihrem Schutz. Sie nickte.

„Ich muss Dir noch was sagen bevor du gehst" sagte sie. „Komm mit". Sie zog Richard in den Garten. „Ich war eifersüchtig" sagte sie. „Wegen Marie. Das tut mir leid. Und ich wollte Dich verletzen, als ich gesagt habe, dass ich Khor kenne. Das stimmte nicht. Ich habe ihn erst gestern kennen gelernt".

Richard sagte nichts. Manchmal ist das besser.

„Aber da ist noch etwas" meinte Eleonore. „Ich finde Khor sehr attraktiv. Auch das solltest du wissen. Und dass ich treu bin."

Richard nahm Eleonore in den Arm. „Das bin ich auch!"

„Danke" sagte Eleonore schlicht. „Aber da ist noch etwas. Ich wünsche mir etwas".

Richard nickte. „Sag mir was du willst."

„Ich möchte, dass es wieder so wird wie früher, jedenfalls ein bisschen, ich möchte, dass du mich wieder mehr siehst, mich wieder attraktiv findest und dass du dich wieder mehr um mich kümmerst."

Richard nickte. „Das mach ich. Versprochen. Sollte ich diesen Khor verprügeln?"

„Wäre ein Anfang!" lächelte Eleonore. „Aber ich glaube, er ist vergeben".

Richard zog die Augenbrauen hoch. „So? Wer ist es denn?"

„Na das wirst Du schon noch rausfinden" sagte Eleonore und ließ Richard los. „Und egal was heute passiert, heute Abend bist du für mich da."

20. Zurück

Jérôme war unruhig. Er hätte die Frau mit dem Kind nicht alleine lassen dürfen. Aber das hatte er getan. Warum? War es die Angst vor den Konsequenzen, weil er jemandem geholfen hatte, klare Befehle missachtet hatte? Seine Vorgaben nicht erfüllt hatte?

Da war noch etwas anderes. Die Frau hatte ihn berührt, die Frau mit dem Kind, ihr Mut, ihre Entschlossenheit. Er war kaum weggefahren, da hatte er bereits bereut, nicht bei ihr geblieben zu sein. Aber er konnte nicht bleiben. Die elektronische Fessel hatte ihm nicht mehr Zeit erlaubt.

Er musste sie wieder suchen. Er musste nochmal zurück. Das war nur möglich, wenn sein guard zustimmen würde. Hagen.

Hagen hatte es irgendwo aus Skandinavien hierher verschlagen, in den Süden, an die Afrikanische Mauer. Man konnte sehen, dass er aus dem Norden stammen musste. Er war groß, blond und still und, wie er fand, immer ein bisschen langsam, aber gehörte das nicht zu der Weite, der Landschaft und der Einsamkeit im Norden? Werden Menschen nicht auch durch ihre Umwelt, ihre Lebensverhältnisse geprägt?

Warum er als guard im Straflager war, wusste er nicht. Es musste irgendein Vergehen gewesen sein, zu geringfügig für eine Strafe, aber wichtig genug, um ihn zum Dienst als guard zu verurteilen. Jérôme und er hatten sich über die Jahre fast angefreundet. Es war eine stille Übereinkunft zwischen den Männern entstanden, sich das Leben nicht gegenseitig schwer zu machen. Das war es ohnehin schon.

Und so hatte Hagen ihm Freiheiten zugestanden, die eigentlich verboten waren und er hatte sich bemüht, seinem guard keine Probleme zu bereiten. Damit waren sie beide gut gefahren und hatten ein besseres Leben als viele andere, die hier nur durch die vorgegebene Hierarchie und den ständigen Druck funktionierten, eigentlich so, wie es vorgesehen war. Er fand ihn im Aufenthaltsraum.

„Ich muss nochmal raus" sagte er. „Ich habe meinen scanner irgendwo verloren".

Hagen schaute missmutig auf, aber er wusste bereits, nach ein wenig Widerstand würde er ihn gehen lassen. Dazu musste er die Fessel neu programmieren.

„Du weißt, dass ich dich nicht alleine gehen lassen kann und ich habe niemand, den ich Dir zuteilen kann!"

Jérôme nickte. „Warum kommst Du nicht mit?"

Hagen verzog das Gesicht. „Was Besseres fällt Dir nicht ein?" Er schaute auf sein screen und tippte ein paar Daten hinein.

„Du bist in spätestens zwei Stunden wieder da, sonst stell ich die Fessel scharf!"

Jérome nickte und spürte ein Gefühl der Erleichterung. Hagen würde die Fessel nicht scharf stellen. Hagen würde nichts tun, was ihm schaden könnte. Auch wenn er sich selbst damit in Gefahr bringen würde. Jetzt musste er ihm vertrauen. Sicher, sie hatten immer gut zusammengearbeitet und das Leben, das hart genug war, gemeinsam ertragen. Das verbindet. Aber da war noch etwas anderes: Sie teilten gemeinsame Werte. Hagen war wie er und dachte über Vieles wie er. Deswegen mochte er ihn und Hagen ging es wahrscheinlich genauso.

Er konnte nochmal zu der Frau. Da war etwas noch nicht geklärt zwischen ihr und ihm und irgendwas Wichtiges war noch zu tun. Aber er wusste nicht was.

Die Frau mit dem Kind war ruhig sitzen geblieben, bis die Sonne untergegangen war und sie keine Geräusche mehr hörte, die ihr verdächtig erschienen. Dann stand sie auf und fühlte nach den Schmerzen in ihrem Fuß. Es war besser geworden. Jedenfalls wirkte das Schmerzmittel noch. Das Kind schlief. Sie wickelte es in ein Tuch, band es sich auf der Brust zusammen und nahm eine Decke aus ihrer Tasche, legte sie sich über ihren Kopf und tastete nach dem Stock, den sie aus dem Gebüsch gebrochen hatte. Mit einer Hand hob sie die Decke hoch, schob den Stock darunter und richtete ihn nach vorne aus.

Wer immer das Gebilde sehen würde, das sich jetzt am Rand der Straße bewegte, würde in der Dämmerung nicht erkennen, dass es ein Mensch war. Es war mehr irgendeine Art ein Tier, vielleicht ein großes Reh. Auf der Oberseite der Kameldecke waren zwei schwarze Punkte, die von oben betrachtet wie Augen aussehen mussten und Linien wie die eines Tierkörpers.

Selbst wenn Drohnen Echtzeitbilder übertragen würden und eine schwache Wärmesignatur gemeldet werden würde – niemand könnte erkennen, was er vor sich hatte.

Die Decke war aus Kamelhaar gewebt, das die Körperwärme perfekt isolierte. Kamele konnten auch der größten Hitze tagelang standhalten, dank der Eigenschaften ihres Felles. Eine perfekte Technik gegen Wärmebildkameras…

Sie musste den Zielpunkt eins erreichen, der vereinbart war. Von dort war es einfacher, weiter zu kommen. Am Zielpunkt war Proviant versteckt, weit genug von der Grenze, die stark überwacht wurde und doch nah genug, um in einer Nacht dorthin zu gelangen.

Am nächsten Tag würde sie wie eine normale Bürgerin unterwegs sein, eine Frau mit einem Kind. Unterwegs zu ihrem Vater, an den sie sich kaum mehr erinnern konnte. Den sie über zwanzig Jahre nicht mehr gesehen hatte. Und der jetzt auf sie wartete.

Sie hörte das Geräusch eines Fahrzeuges, das sich näherte. Sie blieb einfach am Rand des Weges stehen. Eine Taktik aus der Tierwelt – was sich nicht bewegt, wird nicht wahrgenommen. Das Auge kann Dinge viel besser erfassen, die sich bewegen.

Das Fahrzeug fuhr vorbei. Fast glaubte sie, nicht bemerkt worden zu sein, als der Fahrer anhielt. Er setzte zurück und stieg aus. War das das Ende ihrer Flucht? Es war der Mann, der sie gefunden hatte. Er kam langsam auf sie zu. Sie ließ die Decke fallen.

„Ich hätte Dich fast nicht bemerkt" sagte er. Sie nickte. „Gut."

Es waren die Infrarottemperaturfühler an seinem Wagen gewesen, die gewarnt hatten. Das taten sie immer, wenn in einem Umkreis von bis zu fünfzehn Meter etwas wärmer als die Außentemperatur war. Die Sensoren waren an allen vier Seiten des Wagens angebracht und auf 36 Grad Celsius eingestellt, konnten also fast jedes Leben in diesem Umkreis feststellen. Praktisch, um Flüchtige aufzuspüren…

„Du musst hier weg. Und zwar schnell. Mit dem verletzten Fuß schaffst Du es nicht. Ich fahre Dich nach Norden." Er hatte etwas gesagt, was er so nicht hatte sagen wollen. Er konnte sie nicht nach Norden fahren, jedenfalls nicht ohne Auftrag von seinem guard. Das Verlassen seines Sektors konnte den Tod bedeuten.

Fast war es ihm als hätte eine fremde Stimme diese Worte gesagt. Und doch war er es und es tat ihm nicht leid. Irgendetwas in ihm wollte dieser Frau helfen. Wollte er etwas gut machen? Nur was? Er wusste es nicht genau, da war nur dieses Gefühl helfen zu müssen, mit dem aufhören, was er machte und da war irgendwo seine Mutter.

„Komm" sagte er. Und dann, als sie losfuhren, wurde ihm bewusst wie sehr er jetzt Hagen vertrauen musste. Hagen würde entscheiden, ob er leben würde oder nicht. Er würde ein Signal hören, sobald er aus seinem Sektor herausgefahren war. Und dann würde er auf seinen screen schauen, um zu sehen, wo er gerade war. Und feststellen, dass er nicht zurückgefahren war, sondern weiter. Und dann würde Hagen entscheiden, ob er den Sprengmechanismus auslösen würde.

Die Frau und das Kind stiegen zu ihm in das Auto, das sich leise surrend in Bewegung setzte.

„Ich muss zu einem Treffpunkt" sagte die Frau. „Dort ist Essen und ein mobile versteckt. Von dort kann ich allein weiter." Sie zeigte auf eine Stelle im Ortungsgerät des Fahrzeuges. „Hier!"

Jérôme schaute auf die Karte. Das war in den Bergen oberhalb der Küste. Dort oben war kaum jemand, vielleicht hier und da ein Hof, eine abgelegene Hütte, ganz im Gegensatz zur Küste, die dort, wo die Felsen es zuließen, dicht besiedelt war. Bis in die Berge hätte die Frau es nie geschafft. Er tippte die Stelle auf dem Ortungsgerät an. Sofort meldete sich eine synthetische Stimme mit „Zielführung erfasst", um gleich die Warnung „Du verlässt deinen Sektor in 14,3 Kilometern!" hinterherzuschicken.

Die Frau schaute ihn fragend an.

„Ich bin Gefangener“ sagte Jérôme schlicht und deutete auf seine Fußfessel. „Wenn ich meinen Sektor verlasse, kann das Ding gesprengt werden“.

„Man kann es nicht abmachen?“ fragte sie. Er schüttelte den Kopf. „Das geht nicht. Wäre ja auch zu einfach“.

Sie überlegte. „Warum tust du das für uns?“

Er schaute kurz zu ihr herüber. „Ich tue es für mich“. Sie berührte seinen Arm. „Danke“ sagte sie „danke, dass du das für uns tust“.

Das war zwar das Gegenteil von dem was er gesagt hatte, aber aus ihrer Sicht sicherlich richtig. Und er erwischte sich dabei, dass er es gern tat, gern für sie.

Es ging steil bergauf. Jérôme musste sich auf die kleine Straße konzentrieren. Jetzt im Herbst wurde es früh dunkel und es konnte nass und rutschig sein. Mit einem kurzen Seitenblick sah er, dass die Frau eingeschlafen war. Sie musste sehr erschöpft sein und viel Vertrauen haben, jetzt zu schlafen. In einem Auto der Grenztruppen.

Vertrauen. Konnte man ihm, den Grenzwächter, vertrauen? Eigentlich nicht. Würde er an ihrer Stelle in einer solchen Situation vertrauen? Eher nicht. Er hatte ihr geholfen, ihr die Flucht ermöglicht. Aber sie kannte ihn nicht. Das war keine besonders gute Grundlage für Vertrauen.

Aber es machte ihn irgendwie stolz, dass sie ihm vertraute. Und er war entschlossen, dieses Vertrauen nicht zu enttäuschen. Dann sah er, dass das Kind ihn anschaute. Es schlief nicht. Es sah ihn einfach an. Ein paar Mal schaute er zurück in das kleine Gesicht mit den großen Augen. Und zum ersten Mal seit langer Zeit war er glücklich.

21. Sub-council Administration

Der asketisch aussehende Mann war wie jeden Morgen um 6.00 Uhr aufgestanden und hatte seinen Tag mit einem Work-out begonnen. Seine

Personaltrainerin hatte ihn gequält und gedehnt, wie immer, danach er war nach einer kurzen Dusche auf die Liege geklettert und ließ sich von ihr massieren.

Er genoss es, dabei völlig nackt zu sein und ihre Hände mit dem warmen Öl auf seiner Haut zu spüren. Und wie so oft war es ihr nicht entgangen, dass sich seine Männlichkeit regte, sie lächelte ihn an und hielt ihr screen gegen seines.

Fünf Punkte extra wollte sie haben, das hatten sie ausgemacht und das war sie in seinen Augen wert. Es vibrierte kurz in beiden screens und der Transfer war erledigt. Er hatte sowieso ein unerschöpfliches Punktekonto, also machte ihm das nichts aus. Und sie freute sich über ihren Gewinn.

Sie kam zu ihm auf die Liege, setzte sich auf ihn, streichelte ihn und nahm ihn dann in sich auf.

Er ließ es zu, ohne sich zu bewegen, und freute sich an ihrem schönen Körper. Meistens zog er sie zu sich herunter, wenn er kam, dann bewegte er sich schnell und übernahm die Initiative und sie ließ es zu. Dann stieg sie von ihm herunter, manchmal lächelte sie nochmal und verschwand in der Umkleide, um morgen früh um 6.00 Uhr wieder zu kommen.

Er wusste bis heute nicht, ob es ihr auch Freude machte mit ihm zu schlafen oder ob das nur ein Geschäft für sie war, ob sie etwas dabei empfand, für ihn empfand oder nicht.

Aber er wusste auch, dass er das niemals fragen könnte, das wäre zu persönlich geworden, hätte die Balance zerstört, die stillschweigende Übereinkunft, die zwischen ihnen bestand. Und er wollte sie nicht verlieren, wollte diese Morgen mit ihr genießen. Sie gab ihm Kraft. Und doch hatte er das Gefühl, dass sie keine Frau war, die man kaufen konnte, nicht wie die vielen anderen, die offen ihre Dienste anboten. Die hatten ihm nie etwas bedeutet. Sie war anders, sie würde nicht mehr wiederkommen, wenn er mehr wollte, mehr als das was sie bereit war zu geben verlangen würde. Und vielleicht spielte es auch eine Rolle, dass sie nur für ihn da war – er wusste es selbst nicht genau. Er wusste nur, dass er sie brauchte und vielleicht sie ja auch ihn.

Nach einem kurzen Frühstück zog er sich an und fuhr den Aufzug hinunter, in das Gebäude des sub-council „Administration", wo bereits einige Tausend Mitarbeiter an der Arbeit waren. Das war sein Bereich, hier hatte er das Sagen.

Er hatte verfügt, dass in seinem sub-council früh, schnell und effektiv gearbeitet wurde. Und bis jetzt hatte noch niemand gewagt, von diesen Regeln abzuweichen, egal, wie es draußen nach dem Zusammenbruch des social credit-Systems aussah. Darauf war er stolz.

Vor seinem Büro warteten bereits die Abteilungsleiter mit to-do-Listen auf Datenträgern, geordnet nach einer Priorität, die er selbst festgelegt hatte und folgten ihm in sein jetzt schon sonnendurchflutetes großes Büro.

Nach einer kurzen Besprechung ließen sie ihn allein und er begann, die heute notwendigen Entscheidungen zu treffen und weitere Aufgaben zu delegieren.

Die Verwaltung aller Güter des councils war eine komplexe und alle Lebensbereiche umfassende Aufgabe geworden.

Der council war heute im Besitz fast aller Produktionsmittel, Fabriken, Ländereien, war Arbeitgeber oder besser Punktelieferant von Millionen von Menschen geworden und das alles wurde hier verwaltet, und nicht nur das, es wurde ständig optimiert und, wie es der Vorsitzende einmal gesagt hatte, zum Wohle der Menschheit eingesetzt.

Die große Finanzkrise hatte dazu geführt, dass viele Aktien großer Unternehmen auf den council übergegangen waren. Am Ende jeden Eigentums stand irgendwann und irgendwo, nach Auflösung aller Firmengeflechte, die dazwischengeschaltet wurden von einer Horde von Beratern, natürlich um Steuern zu sparen oder besser noch zu hinterziehen, natürliche Personen. Und die waren plötzlich voll Angst, nicht mehr rechtzeitig zu sein für den Umtausch in Punkte, angesichts der

Krise und angesichts der politischen Entwicklungen. Ein persönliches pilar-Konto mit unbegrenzten Möglichkeiten war die Lösung.

War doch der Umtausch mit einer Generalamnestie verbunden für alles, was man vorher getan oder verbrochen hatte, niemand fragte, woher das Vermögen kam, dass man einsetzte. Eine Welle der Übertragungen folgte, es war wie ein Rausch, alles sollte getauscht werden, bevor die Beteiligungen wertlos sein könnten oder die Herkunft der Mittel bekannt wurde. Wer konnte schon wissen, ob am Ende doch noch bestraft wurde? Der council hatte diese Entwicklung noch beschleunigt, indem er verkünden ließ, die Amnestie sei nur noch bis zum Ende des Jahres möglich.

Die Übertragung dieser Aktien auf den council hatte die Märkte erst beruhigt, dann aber ins Bodenlose fallen lassen, als klar wurde, dass man mit Geld nicht mehr alles erwerben können würde. Nur noch das, was auf dem freien Markt verfügbar war und nicht vom council kontrolliert wurde, wurde gehandelt. Der council, das war klar, würde die Aktien nie wieder verkaufen. Sie wurden eingezogen. Und damit war ganz nebenbei auch der Wettbewerb zwischen Firmen beendet, dem council gehörte ja fast alles oder sollte man besser sagen er kontrollierte alles? Also warum sich Konkurrenz machen?

Damit war gleichzeitig das Patent- und Wettbewerbsrecht am Ende. Es gab niemanden mehr zu schützen. Und keine Preise zu vergleichen. Fast alle großen Firmen gehörten dem council. Die Erfinder bekamen Punkte und der Wettbewerb – er war ein Monopol geworden. Ein Monopol zum Wohle aller, hatte der Vorsitzende gesagt.

Er hatte als junger Jurist und Ökonom über Preisbildung und Marktmechanismen geforscht und damals als erster erkannt, dass diese Übertragungen an den council zu einem Nachfrageeinbruch und damit zu einem Preisverfall an den Märkten führen würden, jedenfalls bei Aktien.

Aktien, die dem council übertragen wurden, wurden nicht mehr an der Börse gehandelt. Börsen verloren parallel immer mehr an Bedeutung, als der Markt schrumpfte. Er hatte sofort auf fallende Kurse spekuliert und damit ein Vermögen verdient – seine Eintrittskarte in den council, der Beginn seiner steilen Karriere bis hin zum „Head of sub-council".

Er hatte die Verwaltung des Bestandes in Produktion, Logistik, Besitz und Nutzung eingeteilt. Die Produktion stellte alles her, was erforderlich war um die Menschen zu ernähren, ihnen alles zu geben, was sie brauchten und ihnen Schutz und Sicherheit zu gewährleisten.

Zum Besitz gehörte das inventarisierte Vermögen, das instandgehalten werden musste und genutzt werden konnte. Die ausgeklügelte Logistik sorgte dafür, dass alles da war wo es gebraucht wurde.

Die zweite große Aufgabe des sub-councils war die Verwaltung der user, auch dafür war Administration zuständig. Alles Vorhandene musste optimal genutzt werden. Besitz, Rechte auf irgendetwas und der Zugang zu Allem war grundsätzlich über Abonnements geordnet, die es erlaubten, über die screens zu buchen. Dazu gehörte alles, was über die Grundsicherung hinausging. Er selbst war Mitglied in einigen exklusiven Clubs, hatte unbegrenzte Mobilität und medizinische Versorgung und bewohnte sein Luxusapartment, ausgestattet mit allem, was er sich wünschen konnte. Und jede Dienstleistung war möglich.

Nur jetzt war alles anders geworden. Die Rücksetzung der social credits hatte jeden getroffen. Es gab keine pilars mehr, keine lebenslangen Rechte, der Vorsitzende hatte mit seiner Entscheidung, jeden user auf das acceptable level zurückzustufen nicht nur die, die durch die Störung der screens mehr Punkte hatten, zurückgestuft, sondern auch alle anderen, denen zuvor alles offen gestanden hatte. Nur die, die vorher unter dem acceptable level waren, hatten dazu gewonnen. Ein perfektes Sozialprogramm für die Schwachen…

Die sonst üblichen langen Listen der user, die auf eine besondere Dienstleistung, ein besonderes Vergnügen warteten, waren heute auf seinen Bildschirmen, die wie eine Batterie vor ihm auf dem Schreibtisch standen, nicht zu sehen. Offensichtlich traute sich niemand mehr, Punkte zu riskieren.

Das matching, das mind sonst so zuverlässig und genau berechnet hatte, die Nachfrage im Verhältnis zum Angebot, um alle Möglichkeiten mit den Anfragen in Einklang zu bringen, möglichst optimal und effizient, war bei 6,8 % und nicht wie üblich bei fast 95%. Er öffnete die Nachfrageseite. Sie war so gut wie leer. Waren das die Vorzeichen einer Rezession? Die Nachfrage war eingebrochen. Er sah auf die Produktionsseite. Sie sah stabil aus. Das Angebot hing entscheidend davon ab, ob die Menschen weiter zur Arbeit gehen würden. Viel Anreiz hatten sie ja derzeit nicht. Aber offensichtlich waren sie noch motiviert genug oder einfach nur träge. Wer mag schon Veränderungen. Aber die Nachfrage fehlte.

Er überprüfte sein eigenes Konto auf dem screen in seinem linken Arm. Es zeigte einen Minussaldo von fünf Punkten. Unter dem acceptable level.

22. Vier Seelen

Eleonore und Richard hatten sich genauso angezogen wie alle hier im Süden, leger, leicht, ein wenig nachlässig aber ansehnlich. Die Soldaten im Dorf beäugten jeden kritisch, wenn sie auch niemand kontrollierten. Es war auf jeden Fall ratsam, nicht aufzufallen.

Marie hatte einen Korb mit Wein, Aprikosen und etwas Käse an ihrem Arm.

Sie gingen betont langsam die Straße hinauf auf den großen Platz vor der Kirche an dessen Ende die mairie zu finden war. Khor musste noch dort sein.

Auch hier standen Soldaten. Einer schlenderte auf sie zu und fragte: „Zeigt eure screens". Richard schob den Ärmel seines Hemdes ganz nach oben. „Wir haben keine screens. Wir sind owner". Er sagte es mit dem typischen südlichen Akzent, den er sich in seiner Zeit hier angeeignet hatte. Der Soldat machte ein verächtliches Gesicht.

„Wir bringen dem Bürgermeister etwas zu essen" sagte Eleonore und schob das Deckchen über dem Korb zur Seite. Der Soldat schaute kurz hinein und winkte sie weiter.

Khor saß in seinem Büro, den Kopf in die Hände gestützt. Marie saß neben ihm und hatte ihren Arm auf seine Schulter gelegt. Richard klopfte an den Türrahmen und Marie nickte ihnen zu, einzutreten. Khor schaute kaum auf, erkannte sie aber. Er war gezeichnet von der Sorge um sein Kind.

Eleonore stellte wortlos den Wein und das Essen auf den Schreibtisch und Richard zog zwei Stühle heran. „Wir haben von Pol alles erfahren" sagte er. „Wir helfen dir. Er ist schon unterwegs und hat Ron mitgenommen. Ron ist Soldat und wird auf ihn aufpassen. Sie werden es schaffen."

Khor blickte ihn traurig an. Da war eine Leere im Kopf, die nicht weggehen wollte. Aber er war froh, dass Marie bei ihm war. Und auch die anderen. Es war als ob er sich – seit langer Zeit zum ersten Mal – auf andere verlassen musste. Er konnte nichts tun als warten.

Marie goss den Wein in Gläser und alle tranken schweigend. Es war Marie, die als erstes etwas sagte. „Wir sind froh, dass ihr hier seid."

„Khor" sagte Marie „wir brauchen einen Plan des Depots. Wir müssen wissen, ob es einen Zugang zu mind gibt oder gegeben hat".

Khor verstand zunächst nicht. Was hatte das mit seiner Tochter zu tun? Es dauerte eine Weile bis sie ihm erklärt hatten, was sie vorhatten. Aber dann begriff er schnell. Es war das verhasste System, dass ihn von seiner Familie getrennt hatte, das System, das gerade seine Tochter verfolgte.

Und hier waren die Menschen, die mind gestört hatten. Die das System angegriffen hatten, um es zu ändern. Sie dachten wie er und sie wollten Veränderungen. Sie waren Freunde.

Aber er hatte eine schlechte Nachricht. „Es gibt soweit ich weiß keinen Zugang mehr. Das Archiv sollte autark sein. Nicht vernetzt. Ich glaube nicht, dass es von hier aus möglich ist. Aber wir können es versuchen".

Richard und Eleonore schauten sich enttäuscht an. „Es gibt noch eine zweite Möglichkeit. Das Forschungszentrum. Es wurde immer genutzt, um die Systemarchitektur von mind weiter zu entwickeln".

„Forschungszentrum?" fragte Richard.

Khor stand auf und ging zu einer großen Karte an der Wand des Büros. „Wir sind hier" sagte er. „Und hier, etwa eine halbe Stunde entfernt, auf der anderen Seite des Flusses ist das Forschungszentrum. Es war früher eine Atomforschungsanlage. Dann hat man sie stillgelegt und irgendwann umgewidmet. Soweit ich weiß, arbeiten dort auch heute noch viele Programmierer an der Systementwicklung".

Das war vielleicht eine Möglichkeit. „Wir müssen die anderen informieren" sagte Richard. Eleonore hielt ihn zurück. Da war noch etwas Wichtigeres.

Sie wandte sich Khor zu. „Gibt es schon Nachrichten von Ron und Pol?" Khor schien in sich zusammen zu sinken. „Nein, noch nichts".

Marie nahm ihn in den Arm. In diesem Moment sah auch Richard, was Eleonore gemeint hatte. Khor war vergeben. Er wusste es selbst nur noch nicht.

23. Der Treffpunkt

Pol saß neben Ron, der das alte Auto steuerte. Sie fuhren nach Süden, dorthin, wo Khor´s Tochter wahrscheinlich sein musste. Das Wichtigste war jetzt, vorherzusehen, wo sie wohl sein würde. Nach der letzten Positionsangabe hatte sich das Boot etwa 50 km vor der Küste befunden. Nach den Strömungsverhältnissen konnten sie bei den Calanques gelandet sein, ein ideales Gebiet, um unentdeckt an Land zu gehen, Felsen und viele kleine und große Buchten. Aber sicher war das nicht, wer wusste das schon, immerhin konnten sie weitergefahren sein. Oder sie waren umgekehrt. Oder die Grenztruppen hatten das Boot versenkt.

Pol überprüfte die letzten Meldungen im System der Grenztruppen. Es war nicht besonders gesichert, es war nicht schwer, es zu hacken. Es gab keine besonderen Meldungen.

Also checkte er die Statistiken der Nachrichtenaktivitäten. Da war nur ein Grenzabschnitt, der eine erhöhte Anzahl von Meldungen zeigte. Südwestlich von Marseille.

„Es ist am besten wir fahren zum vereinbarten Treffpunkt" meinte Ron, der hin und wieder zu Pol schaute, der an seinem Computer arbeitete. „Wenn sie es geschafft hat, dann werden wir sie dort finden".

„Das stimmt mit den Daten überein, die ich hier sehen kann" sagte Pol. „Bei den Calanques hat es Aktivitäten der Grenztruppen gegeben".

„Ich kenne die Calanques" sagte Ron. „Ein Naturschutzgebiet. Wunderschön. Und nördlich davon ist der vereinbarte Treffpunkt. Ich kenne die Gegend, es gibt einen Armeestützpunkt dort. Das war mal meine Heimat. Wir sind bald da". Die altersschwachen Scheinwerfer des Lieferwagens zitterten durch die Nacht. Sie waren auf engen Nebenstraßen unterwegs, um nicht aufzufallen.

Pol schaute Ron an. Er strahlte eine Sicherheit aus, die er selbst gerne gehabt hätte. Vielleicht war es seine militärische Schulung, vielleicht aber auch einfach sein entschiedenes Auftreten. Wie hatte Kena gesagt: „Das ist Ron. Er hat uns das Leben gerettet. Wenn ihr in Gefahr kommt, ist er der Richtige." Ron war verlegen, hatte Kena aber angestrahlt. Es kam nicht oft vor, dass er gelobt wurde.

Khor hatte gesagt, der Treffpunkt wäre neben einer Straße, ein altes Häuschen, an dem früher Busse angehalten hatten. Busse, die es schon lange nicht mehr gab. Wozu auch, wo doch jeder die mobile benutzen konnte, die an den Stationen bereitstanden. „Mobilität ist ein Grundbedürfnis" hatte der council irgendwann verkünden lassen. „Wir errichten ein Netz von Mobilitätsstationen. Jeder kann die Fahrzeuge nutzen. Jeder, der es sich verdient hat".

Und mind führte die Fahrzeuge in einer nimmermüden Choreographie wieder dorthin zurück, wo sie am wahrscheinlichsten wieder gebraucht werden würden. Autonom. Und absolut optimiert. Und da alle Fahrzeuge die gleiche Geschwindigkeit fahren mussten, auch das war neu, da man Differenzgeschwindigkeiten als Unfallursache erkannt hatte, und weil die Fahrzeuge miteinander kommunizierten, hatte es schon seit langer Zeit keine nennenswerten Unfälle mehr gegeben. Auch das wurde als Fortschritt angepriesen. Aber ein ziemlich langweiliger Fortschritt, wie viele meinten.

„Es gibt keine neuen Funksignale" sagte Pol, der wieder und wieder die Frequenzen checkte. „Wir müssen wirklich Glück haben".

Sie konnten nicht wissen, dass nur ein paar Kilometer entfernt ein schrilles Signal in einem Auto der Grenztruppen ertönte, dass gerade den erlaubten Sektor verlassen hatte. Es weckte die junge Frau sofort auf. Sie war einen Moment verwirrt, bevor sie begriff, wo sie war und starrte Jérôme mit angsterfüllten Augen an. Das Kind in ihren Armen begann zu wimmern.

„Keine Angst" sagte Jérôme. „Ich glaube nicht, dass ich sofort in die Luft gesprengt werde. Ein paar Minuten haben wir noch".

In der Zentrale der Grenztruppen starrte ein müder und verärgerter Hagen auf seinen screen. Verdammter Idiot. Was machte Jérôme da draußen? Eine Verfolgungsjagd? Oder war es eine Flucht? Er schüttelte den Kopf. So blöd kann niemand sein. Alle Grenztruppen wussten, dass es gefährlich war, den Sektor zu verlassen. Lebensgefährlich. Aber nur die guards wussten, wie die Fußfesseln ferngezündet wurden und dass die Reichweite der Sender die Sektoren bestimmten. Und Jérôme bewegte sich immer mehr auf die Grenze der Reichweite zu… er musste eine Entscheidung treffen. Die Vorschriften waren eindeutig.

Manchmal ist es viel schwieriger, etwas nicht zu tun als etwas zu tun. Es ist einfach, abzudrücken. Und einfach, sich hinter Vorschriften zu verstecken und sich der Verantwortung zu entziehen.

Hagen war Polizist gewesen, bevor er hierhergekommen war. Etwas, das hier niemand wissen konnte. Er erinnerte sich an die Polizeischule, damals, in Schweden. Es war eine gute Ausbildung. Sie hatten nicht nur geübt, zu schießen, sondern vor allem nicht zu schießen. Immer wieder. Zu deeskalieren. Das hatte ihn besonders beeindruckt. Eine Bedrohung auszuhalten bis zum letzten Moment. Bis es nicht mehr ging. Das war nicht einfach, wenn man angegriffen wurde. Das erforderte mehr Mut, als abzudrücken.

„Wir sind nicht in Amerika" hatte der Ausbilder immer wieder gesagt. „Ihr schießt nur auf Menschen, wenn euer Leben oder das eurer Kameraden in Gefahr ist. Sonst niemals. Es ist die ultima ratio. Das allerletzte Mittel".

Und jetzt? Hier wurde auf alles geschossen, was sich bewegte. Jedenfalls, wenn es von Süden kam. Hier wurde nicht überlegt, ob man ohne Gewalt auskommen könnte. Schon lange nicht mehr. Er fand es immer noch furchtbar.

Es würde nicht lange dauern und die Zentrale würde den Alarm auslösen. Fluchtversuch. Und dann würden die Probleme wirklich kommen. Dann musste er sich entscheiden.

Ron hatte das Fahrzeug neben das verwitterte Häuschen gestellt und stieg aus, um sich umzusehen. Pol versuchte, ein Kurzwellensignal zu bekommen.

Es war gespenstisch ruhig, nicht einmal die allgegenwärtigen Grillen waren jetzt, als es dunkel war, zu hören. Wenn es so still ist hört man jedes kleine Geräusch.

Ron erinnerte sich an seine Zeit hier. An das Militärlager, in dem sie ausgebildet wurden. Die Fallschirmabsprünge, die nicht selten hier draußen im Gelände endeten und die langen Fußmärsche zurück. In das Camp der Legionäre.

Er hatte sich sofort freiwillig zur Legion gemeldet, als Juliette ihm eröffnet hatte, sie werde ihn verlassen. „Du bist nie da" war ihr einziges Argument gewesen. Der einzige Vorwurf. Aber er wusste, dass da mehr war, viel mehr, aber das wollte sie nicht sagen. Und das musste sie auch nicht. Es war ihr Hunger nach Leben, Ausgehen, Partys und Liebe. Das passte nicht zu einer Soldatenfrau. Sie war so schnell gelangweilt, mit sich, und so war es einfach, ihm die Schuld zu geben. Er war wirklich nie da.

Das harte Leben in der Legion hatte ihm geholfen, darüber hinwegzukommen. Frauen passen zu diesem Leben nur, wenn sie eine Engelsgeduld haben und warten können. Oder wenn man sie bezahlt.

Es gibt Menschen die sagen, es gäbe keine Zufälle. Alles sei vorherbestimmt. Aber manches wird doch herbeigeführt. Dann sieht es nur so aus als wäre es ein Zufall.

Es gab jedenfalls keinen ersichtlichen Grund, warum die beiden Fahrzeuge sich an der Bushaltestelle begegnen sollten.

Er hörte das Summen des Elektroantriebes lange, bevor er in der Dunkelheit etwas sehen konnte. Es war besser, nicht auf der Straße zu bleiben. Pol und das Auto waren hinter den Bäumen nicht zu sehen.

Er ging ein Stück zurück auf den kleinen Hügel neben der Straße und sah jetzt auch die Lichter, die sich näherten.

Pol scannte das Gelände mit einer Verbindung zu einem Überwachungssatelliten. Es war nicht viel zu sehen, nur ein Punkt bewegte sich auf sie zu. Ein Auto.

Er sah sich um. Ron war nicht zu sehen. War es besser, im Auto zu bleiben oder sollte er aussteigen?

Er entschied sich auszusteigen. Lichter näherten sich und zu seiner Überraschung bogen sie in den kleinen Parkplatz ein, wo er stand. Ein Fahrzeug der Grenztruppen hielt an und beleuchtete ihn und sein Auto. Dann gingen die Scheinwerfer aus, ein Mann stieg aus und kam langsam auf ihn zu. Jetzt musste er eine gute Erklärung dafür finden, hier zu sein.

Pol bemerkte trotz der Dunkelheit, dass der Mann seine Hand an der Waffe hielt. Fast hatte er ihn erreicht, da löste sich ein Schatten aus dem

Dunkel und ein Aufschrei war zu hören. Mit einem dumpfen Geräusch fiel der Körper des Mannes auf den Boden. Pol zuckte zusammen.

„Ruhig" hörte er die Stimme von Ron. Es wurde wieder still. Dann hörte er, wie gegen die Tür des Autos geklopft wurde. „Aussteigen". Wieder die Stimme von Ron.

Pol schaltete die Lichter ihres Autos an. Eine Frau stieg aus dem Wagen und ging auf den Mann am Boden zu.

„Was hast du gemacht?" rief sie. „Das ein Guter. Er hat mitgeholfen, hierher zu kommen!"

Ron betrachtete den Mann auf dem Boden. „Das ist ein Soldat der Grenztruppen!"

„Ja" sagte die Frau „aber ohne ihn wäre ich jetzt tot." Ron sah die afrikanische Kleidung der Frau. „Bist du die Tochter von Khor?" fragte er. Die Frau drehte sich zu ihm um. „Ja, das bin ich."

Pol konnte nicht anders als ein lautes „Yeah" auszustoßen. Er lief zu der Frau, hielt ihr die Hand hin und rief: „Du musst Rana sein! Ich bin Pol, der beste Freund deines Vaters! Er hat uns geschickt. Wir sollen dich holen, er wartet auf dich!" Rana schenkte ihm ein kurzes Lächeln und nahm seine Hand. „Das ist wunderbar!"

„Ron" stellte der sich vor. „Wir bringen dich hier weg. Wir müssen uns beeilen!" Rana deutete auf Jérôme, der immer noch reglos am Boden lag.

„Keine Angst, er kommt bald wieder zu sich" sagte Ron. „Und wir nehmen ihn auch mit".

„Er hat eine Fessel, die explodieren kann". Rana schaute die beiden Männer an. Ron erkannte als Erster die Gefahr. „Du gehst in das Auto" befahl er Rana und deutete auf den Lieferwagen. Die Frau schüttelte erst den Kopf und lief dann zum Auto zurück. Sie kam mit einem Bündel auf dem Arm wieder.

„Das ist Aissa, die Enkelin von Khor" sagte sie. „Er hat sie noch nie gesehen".

Die Männer betrachteten das Kind, das friedlich schlief. Pol brachte die beiden zum Auto, wo sie das Bündel auf den Rücksitz legten. Dann lief er zu Ron zurück.

Ron kniete neben dem Mann auf dem Boden und betrachtete ihn und die Fußfessel. „Er ist ein Gefangener. Ich muss den Status der Fessel prüfen!"

Er lief zum Fahrzeug der Grenztruppen und prüfte die Anzeigen. Der Mann hatte sich weit entfernt aus dem ihm zugewiesenen Sektor. Eine rot blinkende Anzeige und das Navigationsgerät ließen keinen Zweifel zu. Die Fessel konnte jeden Moment explodieren. Dazu war sie gebaut.

„Die Fußfessel ist scharf!" berichtete er Pol, der versuchte, den Mann in eine stabile Seitenlage zu bringen. „Was hast du mit ihm gemacht?" fragte er.

„Nur ein kleiner Schlag auf den Kopf. Morgen wird er fürchterliche Kopfschmerzen haben, aber er wird sich schnell erholen".

„Wir müssen ihn hierlassen oder zurück in seinen Sektor bringen".

In diesem Moment öffnete der Mann seine Augen und schaute um sich. Den Reflex, aufzuspringen unterband Ron mit einem Griff an seine Schulter. „Ruhig, Soldat. Wir werden dir nichts tun".

„Wo ist das Kind?" fragte der Mann.

„In Sicherheit. Wir müssen uns um deine Fußfessel kümmern. Beweg Dich nicht".

„Mein Name ist Jérôme. Ich bin Gefangener bei den Grenztruppen."

Ron nickte. „Du bist geflohen". „Nein" widersprach Jérôme „oder vielleicht doch. Ich musste der Frau helfen".

„Das war sehr mutig von dir" sagte Ron. „Willst Du zurück?" Jérôme überlegte. „Nein. Ich will nicht mehr zurück. Nie mehr".

Pol dachte nach. Das wäre nicht klug, da der Mann Khor´s Tochter und das Kind gefährden würde. Er würde sicherlich verfolgt werden. Und wenn die Fessel nicht automatisch detoniert war beim Verlassen des Sektors, dann musste sie gezündet werden. Auch das war eine reale Gefahr. Dazu war eine Funkverbindung notwendig. Aber welche? Jérôme sah, dass Pol die Fessel betrachtete.

„Man kann sie nicht abnehmen ohne die richtigen Schlüssel. Es gibt einen feinen Draht im Innern, wenn der unterbrochen wird, explodiert der Sprengstoff. Ich habe es gesehen. Es ist kein schöner Anblick" sagte Jérôme.

Pol´s Gehirn lief auf Hochtouren. Für die Fernzündung gab nur eine Lösung, einen starken Störsender einzusetzen. Der musste verhindern, dass das Signal ankam. Aber das löste das Problem nur zum Teil.

„Du musst zunächst zurück" sagte Pol. Es ist für alle gefährlich in deiner Nähe. Aber wir sehen uns wieder. Versprochen. Und ich finde bis dahin heraus, wie man das Ding entschärft und abnimmt".

Er gab Jérôme einen Zettel, auf dem er den Namen seines Dorfes geschrieben hatte. „Da findest du uns".

Jérôme sah ein, dass er warten musste. „Ich werde zurückfahren" sagte er. „Aber ich warte auf Euch!"

„Wir haben noch eine lange Fahrt vor uns!" mahnte Ron „Viel Glück".

Dann machten sie sich auf den Weg zurück in das Dorf. Jérôme sah ihnen noch nach, bis die Lichter des Autos in der Dunkelheit verschwunden waren.

Er ging zurück zum Fahrzeug und machte sich auf den Rückweg und wartete auf das, was wohl kommen mochte. Wenn er wieder in der Kaserne eintreffen würde. Was sie mit ihm machen würden. Was Hagen machen würde. Und er fragte sich, ob die Fremden ihr Wort halten würden.

24. Council

Der Sohn des Vorsitzenden schaute in die Runde der Leiter der sub-councils. Die Berichte sollten beginnen, aber Jekar war noch nicht da. Irgendwie war alles von ihm, seiner Arbeit und vom reset der Daten abhängig. Er ließ trotzdem beginnen, immerhin sollte Jekar merken, dass man auch ohne ihn zurechtkommen würde. Wenigstens war Silva da, die das data-mining wieder repräsentierte. Zur Not könnte sie über die Fortschritte beim reset berichten, wenn Jekar nicht kommen sollte.

Der Leiter der Administration hatte ein kurzes Statement vorbereitet. In seinem Bereich waren die wenigsten Veränderungen zu verzeichnen, ging es doch im Wesentlichen um die Verwaltung des vorhandenen Vermögens und dessen Zuteilung. Beunruhigend war dennoch, dass die Nachfrage eingebrochen war. Viele bereitgestellte Waren und auch Dienstleistungen wurden nicht abgefragt, eine Folge der Rücksetzung der Punkte auf den acceptable level. Und offensichtlich beschafften sich die Menschen das, was sie brauchten, auf anderen Wegen, das social credit-System war derzeit keine Grundlage mehr.

Eine etwas bessere Lage wurde vom sub-council Security berichtet. Die Unruhen waren – wenigstens in den Städten – unter Kontrolle. Man hatte die Polizei angewiesen, wenn möglich sofort zu bestrafen. Im Regelfall war das die Beschlagnahme von Vermögen oder der rewards, das traf insbesondere die Plünderer am meisten. Als wirksam hatte sich auch das Verschließen der Wohnung der Täter herausgestellt – von einem Moment auf den anderen standen sie auf der Straße und waren auf die Hilfe anderer angewiesen. Das war zwar nicht besonders rechtsstaatlich, aber wirksam. Not kennt kein Gebot, das würde sich wohl immer wiederholen.

„Immerhin eine verlässliche Konstante" dachte der Sohn des Vorsitzenden.

Gerade wollte der council den Einsatz der Garde besprechen, als Jekar hereinkam. Er grüßte kurz, entschuldigte sich aber nicht für seine Verspätung und begann gleich zu berichten.

Das fanden alle ziemlich respektlos, andererseits war man im Moment wirklich von seiner Arbeit abhängig. So ließ auch der Sohn des Vorsitzenden zu, dass Jekar sprach.

„Wir machen Fortschritte. Die Daten aus dem statischen Archiv sind gesichert und in meiner Obhut. Wir benötigen noch ein Lesegerät, das morgen oder übermorgen eintreffen wird" führte Jekar aus. „Wir sollten Anfang der kommenden Woche die Daten wiederhergestellt und mind programmiert haben".

Das hörte sich gut an. „Warum brauchen wir ein Lesegerät?" fragte einer.

Die Frage war Jekar sichtlich unangenehm. „Das hängt mit der Menge und der Komprimierung der Daten zusammen" erklärte er. „Es handelt sich um einige Tausend Petabytes für jeden Bereich. Das Auslesen der Daten erfordert eine Dekomprimierung".

Er sah in die Runde. Bis auf Silva schauten ihn alle verständnislos an. „Okay, zur Erläuterung. Ein Byte besteht aus acht Bits, 1.024 Byte sind ein Kilobyte, wieder 1.024 KB ein Megabyte und 1.024 MB ein Gigabyte. 1.024 GB sind ein Terabyte und erst dann kommt Petabyte. Das entspricht also einer Zahl von 10 hoch 15 an digitaler Information."

Wie immer verfehlten die wie aus einer Maschinenpistole vorgetragenen Zahlen nicht ihre Wirkung. Alle waren beeindruckt. Und Zahlen haben ja immer die Aura des Richtigen, Erfassbaren und Unwiderlegbaren. Ist nicht die Mathematik die einzige wirkliche Wissenschaft? Was eingeordnet oder gemessen werden kann, erscheint real und letztlich richtig. Dabei hatte Jekar nur eine Definition zitiert. Aber das reichte schon, um ihm alles Weitere, was er vortragen würde, zu glauben. Das war Psychologie, vielleicht keine Wissenschaft wie die Mathematik, aber auch wirksam.

Und Jekar hatte noch eine Information. Die erste heiße Spur nach den Gesuchten.

„Es gibt Hinweise, auf die ich nicht näher eingehen kann, dass es sich um eine Gruppe von Terroristen handelt, die sich in den Süden abgesetzt hat.

Es wird nicht lange dauern, dann haben wir sie." Auch das brachte ihm Punkte. Allen wurde klar, dass er offensichtlich Herrschaftswissen haben musste.

Es war die Auswertung der Blackbox im Defender, die weitere Hinweise gegeben hatte. Die Gespräche im Defender bei der Flucht von K12 waren aufgezeichnet worden. Und der tracker des Fahrzeuges zeigte einen langen Halt in der Nähe des Knotenpunktes. Dorthin waren bereits Suchtrupps unterwegs. Silva hatte Stimmanalysen durchführen lassen – von den fünf Personen im Defender konnten bereits drei identifiziert werden: Ron, Samir und Amil. Und die beiden anderen waren wahrscheinlich die security-Frau und ihre Mutter. Alle waren verdächtig. Und zur Fahndung ausgeschrieben.

Jekar fasste die nächsten Schritte kurz zusammen. Der council beschloss, den reset mit aller Kraft voranzutreiben. Auch eine groß angelegte PR-Aktion sollte sofort gestartet werden, um die Menschen da draußen zu beruhigen.

„Und noch etwas" bemerkte Jekar. „Ich lasse alle Orte, die jetzt eine Bedeutung für den reset haben, durch die Garde absperren. Und ich habe Kampfdrohnen angefordert. Sie werden zentral gesteuert und sind noch heute einsatzbereit. Sie werden dort kreisen, wo wir die absolute Kontrolle brauchen. Das gilt auch für mind und K12. Und für den Sitz des councils."

Niemand wagte zu widersprechen. Jekar schien der neue Chef im Ring zu sein.

Jekar schaute noch einmal in die Runde, stand auf und sagte: „Jetzt entschuldigt mich bitte, wir haben viel zu tun. Silva?" Die blonde Frau stand auf und folgte ihm. Allen war klar, dass Jekar die Führung des councils beanspruchte. Er hatte nicht einmal abgewartet, bis ihm der Sohn des Vorsitzenden gedankt hatte. Und die Kampfdrohnen waren auch noch nie aktiviert worden. Es war in der Vergangenheit einfach nicht nötig gewesen. Die letzten kriegerischen Auseinandersetzungen zwischen einzelnen Ländern lagen lange zurück. Der council war einfach zu mächtig geworden, als dass sich irgendjemand mit ihm anlegen konnte.

So hatte man den sub-council Defense bis auf wenige Regimenter aufgelöst, es war einfach nichts zu tun gewesen. Aber die Waffen gab es noch, vor allem die kleinen, aber umso gefährlicheren Drohnen. Die Drohneneinheiten deckten jeweils einen Umkreis von etwa 100 km ab, hatten Kampfflugzeuge und die großen Drohnen überflüssig gemacht.

Raketen waren so plötzlich veraltet, dass man kaum glauben mochte, dass sie militärisch einmal eine wichtige Rolle gespielt hatten. Und für einen Bodenkampf gab es die Defender und Vectoren.

Die neuen Kampfdrohnen waren überall im Gebiet des councils stationiert, selbst auf schwimmenden Inseln in den Meeren. Und konnten sehr schnell da sein, wo man sie brauchen würde. Sie waren noch nie aktiviert worden. Bis jetzt.

25. Nacht

Es war mitten in der Nacht, als die Soldaten das Lesegerät aus dem Haus transportierten. Die engen Gassen des Dorfes erwiesen sich als Hindernis, aber sie schafften es.

Und sie hatten Glück: das Lesegerät passte gerade so in den Vector, den sie ausgeräumt hatten. Es wurde verzurrt und sofort in das Hauptquartier von mind geflogen.

Es war Ben, der zusammen mit Kena die Soldaten beobachtet hatte. Sie hatten sich darauf geeinigt, eine Wache aufzustellen und wechselten sich regelmäßig ab. Heute hatten die beiden die Wache bis zum Morgen. Sie saßen im oberen Stockwerk des Hauses an einem Fenster, von dem man die Straße gut überblicken konnte. Kena hatte sich an seine Schulter gelehnt und sie beobachteten den Transport des Gerätes.

„Sollen wir die anderen wecken?" fragte sie. „Nein" meinte Ben. „Wenn das Lesegerät verschlüsselt ist, so wie Pol es gesagt hat, wird es ihnen nichts nutzen. Wenn wir Glück haben, ziehen die Soldaten ab und wir bekommen die Chance, den Zugang im Archiv zu suchen".

„Liebst Du mich?" fragte Kena ganz unvermittelt. Ben schaute in das schwach erleuchtete Gesicht vor ihm. „Mehr als alles andere" antwortete er.

„Das reicht gerade so" lächelte Kena und küsste ihn. „Und warum?"

Ben war klug genug, nicht darauf zu antworten. Jedenfalls nicht ernsthaft. Er begann sie zu streicheln, zog sie mit einem tiefen Laut noch tiefer an sich und flüsterte „reine Triebsache".

Kena wollte widersprechen, ließ es aber. Jedenfalls nicht jetzt. Man kann ja nie wissen, ob es vielleicht schön wird. Aber eigentlich war es das immer. Und so liebten sie sich in der Dunkelheit, etwas unbequem und ungestüm, aber glücklich, sich zu haben.

Es tat gut zu wissen, dass nichts da draußen sie davon abhalten würde. Und auf einmal war alles andere unwichtig.

Und morgen würde ein neuer Tag sein.

26. Legion

Sie hatten die Küste hinter sich gelassen und waren in dem alten Lieferwagen auf dem Weg nach Norden. Die Frau und das Kind waren wieder eingeschlafen. Zu eintönig zogen sich die kurvigen Nebenstraßen durch die Landschaft, die nur dann, wenn die Wolken aufbrachen, in fahles Mondlicht getaucht waren.

Sie erreichten die Ebene. Hier waren die Straßen wieder breiter und gerader und sie kamen schneller voran. In einer Stunde würden sie im Dorf ankommen.

Die Sperre war fast nicht zu sehen, aber sie war da. Die Straße vor ihnen war von mehreren Fahrzeugen blockiert. Trotz aller technischen

Überwachung waren die guten alten Kontrollen nicht überflüssig geworden. Pol lenkte den Wagen an die Seite und schaute Ron an.

„Sie suchen jemand" sagte Ron. „Es können nicht die Frau und das Kind sein. Niemand weiß, dass sie im Land sind. Und du wirst auch nicht gesucht. Sie suchen die Resistance. Sie suchen mich".

Das war eine knappe, aber durchaus logische Analyse der Lage. „Was machen wir jetzt?" fragte Pol. „Ausweichen?"

„Das geht nicht. Wenn wir jetzt umkehren, machen wir uns verdächtig und sie verfolgen uns. Wir müssen uns trennen. Du fährst weiter, ich komme nach." Und ohne eine Antwort abzuwarten, war Ron schon ausgestiegen und winkte Pol zu, weiterzufahren. Für jemand, der die Szene beobachtet hatte könnte es ganz normal ausgesehen haben. Pol nickte und der Lieferwagen setzte sich in Bewegung.

Ron konnte nicht wissen, dass die Garde in Alarmbereitschaft versetzt war. Und dass über ihm, in genau 36 km Entfernung, ein Überwachungssatellit die Szene als „relevant" in die screens der Security einspielte. Mind analysierte jede Bewegung, jede Aufnahme und scannte alle Besonderheiten.

Ron orientierte sich kurz und wandte sich dann dem eindrucksvollen Bergmassiv zu, das sich am Horizont im Norden gegen den Nachthimmel abzeichnete. Es würde ein anstrengender Fußmarsch werden, aber das war er gewohnt. Und er wusste, wohin er gehen musste. Zu Freunden. Freunde, die er lange nicht gesehen hatte. Aber die bestimmt da waren. Weil sie nicht weglaufen konnten.

Er war auf dem Weg zum Invalidenheim der Fremdenlegion. Dort, wo man die Verletzten und Verstümmelten aufnahm, um sie zu pflegen und um ihnen ein würdevolles Leben zu bieten. Nach den Kämpfen ein Leben in der Familie. Denn die Legion ist eine Familie. Sie lässt niemand allein.

Ron erreichte das schmiedeeiserne Tor im Morgengrauen. Wie immer war es korrekt bewacht und ein junger Legionär kam auf ihn zu, grüßte ihn mit einem kurzen militärischen Gruß und schaute ihn erwartungsvoll an.

Ron brauchte nur seinen rechten Oberarm zu zeigen. In den Farben grün und rot, grün für das Land und rot für das Blut, zeigte die Tätowierung eine siebenflammige Granate, umrandet von den Worten „**Legio Patria Nostra**".

„Ich möchte zu Capitane Roget" sagte Ron. Der Soldat nickte und öffnete das Tor.

Zur gleichen Zeit starrte ein Gardist in der Security-Zentrale des councils auf die Aufnahmen des Satelliten. Er sah ein Auto, das vor einer Straßensperre anhielt. Ein Mann stieg aus, unterhielt sich kurz mit dem Fahrer und lief dann durch ein Feld Richtung Norden.

Er checkte die b-Drohnenaufnahmen. Er hatte Glück. Eine Sequenz zeigte kurz das Gesicht des Mannes. Die Gesichtserkennung brauchte nur wenige Sekunden, um sein Datenblatt anzuzeigen. Es war einer der Gesuchten, der Fahrer des Defenders. Der Gardist gab sofort Alarm.

Khor konnte nicht schlafen und war auf den kleinen Dorfplatz gegangen. Er brauchte einen Kaffee. Eine kleine Gruppe von Soldaten stand vor dem Restaurant. Die Männer rauchten und unterhielten sich. Sie wirkten entspannt. Ihr Auftrag war erfüllt. Und bis zum nächsten Einsatzbefehl gab es diese angenehmen Pausen, wie immer, wenn eine neue Aufgabe noch nicht befohlen war. Das konnte Tage dauern. Warum also nicht die Zeit genießen?

Es war nicht schwer, herauszufinden, dass das Lesegerät bereits unterwegs in die Zentrale war. Khor besorgte sich einen Kaffee und setzte sich auf die Terrasse. Er schickte eine Nachricht an Pol, obwohl sie eine strikte Nachrichtensperre vereinbart hatten. Es war nur ein Fragezeichen. Er konnte die Ungewissheit einfach nicht mehr ertragen.

Es war einer der glücklichsten Momente in seinem Leben, als das unscharfe Foto auf seinem Handy geladen wurde. Es zeigte eine schlafende junge Frau mit einem Kind in ihrem Arm.

27. Archiv

Es war nicht das erste und sicher auch nicht das letzte Mal, dass Eleonore und Richard sich liebten. Aber heute war es anders als sonst. Irgendwie schien es, als wollten sie sich beide beweisen, dass sie zusammengehörten. Es keinen Anderen, keine Andere gab. Da, schau, wie gut wir zusammenpassen. Und was du verlierst, wenn du mich nicht mehr hast. Und wie gut ich dich kenne, wie gut ich weiß, was du magst und was dir Freude macht.

Sie lagen eng zusammen danach, streichelten sich hin und wieder und dachten an nichts als diesem Moment. Es war still im Haus, alle schienen zu schlafen, aber dann hörte Eleonore Schritte die Treppe heraufkommen und ein leises Klopfen an der Tür.

Sie blinzelte. Draußen war auf einmal heller Tag. Sie waren beide eingeschlafen. „Richard, Liebling" weckte sie ihren Mann. „Es ist jemand an der Tür".

Es war Samir. „Wir können ins Depot" sagte er und drehte sich um, ohne eine Antwort abzuwarten.

Unten schienen alle schon zu warten. Khor saß in der Mitte des Wohnraumes mit dem alten Sandsteingewölbe und zeigte ein Foto von einer Frau und einem Kind. „Meine jüngste Tochter mit meiner Enkelin" sagte er. „Sie werden bald hier sein. Wir sollten uns beeilen, das Depot zu besuchen. Ich möchte hier sein, wenn sie kommen".

Es war nicht schwer, in den Nebenraum der öffentlichen Toilette in der Festungsmauer zu gelangen und das Brett zu entfernen, das den Gang versperrte. Die Soldaten waren in ihrem Lager – ihre Aufgabe war erledigt und sie waren im Chill-modus. Keiner achtete auf die Spaziergänger, die in kleinen Gruppen auf dem kleinen Weg an der Kirche unterwegs waren. Und es merkte auch niemand, dass sie am anderen Ende des Dorfes nicht mehr auftauchten.

Der Gang roch alt und sah im Schein der LED-Lampen unberührt aus. Hier und da hatten sich Gesteinsbrocken gelöst und zeigten, dass hier seit langer Zeit niemand mehr gewesen war. Sie folgten dem Gang, zuerst Richard, der sich am besten auskannte, dann Amil und Samir, gefolgt von Mara, Sara und Ben. Kena und Eleonore warteten im Haus auf ihre Rückkehr. Sie folgten dem Gang, bis es nicht mehr weiterging. Jemand hatte ihn zugemauert. Das musste die Mauer zum Archiv sein. Sie begannen, gegen die Steine zu klopfen, damit Khor sie hören konnte.

Khor war durch den Haupteingang in das Archiv gegangen und hatte offiziell das Protokoll eingehalten: „Khor, Bürgermeister, Inspektion nach dem Besuch der Vertreter von mind" hatte er in die Kamera gesagt, dann hatte er das Überwachungssystem abgeschaltet und war in den hinteren Bereich des Archivs gegangen, wo der ehemalige Notausgang zu finden sein musste. Die Klopfgeräusche waren nicht zu überhören. Khor prüfte die Mauer und klopfte ebenfalls. Es war keine besonders stabile Mauer und sie hatte nur einen dünnen Verputz. Er trat einen Schritt zurück und trat gegen einen der unteren Steine. Er gab sofort nach.

Es dauerte nicht lange und eine Öffnung war freigelegt. Alle standen im Depot.

„Es muss eine Datenleitung geben" meinte Samir. „Sie muss nach außen führen. Wir suchen die Wände ab."

Ben war stehengeblieben und sein Gehirn scannte wie automatisch alle Knotenpunkte, die er jemals besucht hatte. Sie folgten einer Logik, und diese Logik war hier sicherlich auch zu finden. Standleitungen wurden immer unterirdisch verlegt. Schon wegen der Sicherheit. Und immer in die gewünschte Richtung. Also nach Norden.

„Wir suchen die Nordwand ab" sagte er.

Sie begannen zu suchen. Es war ein Metallkasten in einer Wand, eingelassen in die Mauer. Ben untersuchte ihn. Es war die übliche Abdeckung für das System einer Standleitung.

Mit einem kleinen Akkuschrauber löste er die Befestigungen des Deckels. Dahinter kam die Technik zum Vorschein. Eine Datenleitung führte in eine Verbindungsdose. Sie war mit der Aufschrift "Zentrale" beschriftet.

Er nahm die Abdeckung ab und musste schmunzeln. Hier war jemand am Werk gewesen, der sich nicht viel Arbeit machen wollte. Die Leitungen waren von den Klemmverbindungen im Kasten gelöst worden. Das aufgesplittete Kabel war mit Isolierband umwickelt. Es war einfach in dem Kasten liegen gelassen worden.

„Kann man die Verbindung wiederherstellen?" fragte Amil. „Ich weiß es noch nicht. Ich brauche mein Prüfgerät. Und ich brauche jemand, der mir die Reihenfolge der einzelnen Anschlüsse durchgibt. Und dann muss alles an ein Terminal angeschlossen werden."

Sie richteten sich ein. Es sah aus, als wenn es dauern würde. Aber sie wollten es auf jeden Fall versuchen.

Khor verließ das Archiv und schloss den Haupteingang wieder. Er hatte Wichtigeres zu tun.

28. Entscheidung

Die Nachricht, dass man den Fahrer des Defenders entdeckt hatte, erreichte Jekar beim Frühstück. Er ließ sofort Silva und den Sohn des Vorsitzenden zu sich kommen.

Dann gab er Befehl, das Auto und den Mann observieren zu lassen. Es war noch zu früh, um zuzuschlagen. Vielleicht gab es weitere Hinweise, wenn man zunächst beobachten würde.

Es war nicht unlogisch, dass der Mann in den Süden geflüchtet war. Aus seiner Vita war erkennbar, dass er dort Jahre als Soldat gedient hatte.

„Wir machen zunächst den reset" sagte er zu Silva. „Darum kümmerst du dich. Nimm Leon mit. Wenn es irgendwelche Probleme gibt, sag uns Bescheid".

„Wir müssen die PR-Kampagne jetzt starten" sagte er zum Sohn des Vorsitzenden. „Das machst du. Du wirst eine Rede halten, alle screens sollen nur diese eine Meldung haben, die Meldung, dass der reset kommt, den ganzen Tag lang, solange bis wir die Daten eingespielt haben. Du stimmst alles mit dem council ab".

„Wie lange wird es dauern?"

Jekar wollte sich nicht festlegen. „Wahrscheinlich nur ein, zwei Tage, vielleicht weniger. Ich werde mich um die Flüchtigen kümmern."

Jekar hatte das Jagdfieber gepackt. Er würde alle finden, die für das Chaos verantwortlich waren. Mind konnte und wusste so viel mehr, als sich viele vorstellen konnten. Und er wollte beweisen, dass man gegen mind keine Chance haben würde.

Er lief sofort zum Hauptquartier. Zum zweiten Mal stand er im großen Saal der Programmierer.

Hier war es so früh morgens noch ruhig. Und viel zu tun war in den letzten Tagen auch nicht und das sah man. Überall standen Essensreste herum und die Terminals waren nur spärlich besetzt. Jekar bekam einen Wutausbruch und schrie jeden und alle an bis die Programmierer erschrocken zuhörten. Motivation. Dann gab er ihnen die neuen Aufgaben.

„Es gibt heute zwei Aufgaben für alle. Und ich meine alle! Schafft die anderen sofort her. Ihr werdet den reset von mind mit Archivdaten vorbereiten, die eingelesen werden müssen. Ich will keine Fehler! Freigabe durch mich. Die Leitung der Operation haben Silva und Leon. Alle stellvertretenden Gruppenleiter kommen mit mir!"

Er scharte die Gruppenleiter in seinem Kommandostand um sich.

„Wir haben eine Spur gefunden. Von den Saboteuren. Ihr werdet alles über sie herausfinden, sie verfolgen und mir jede Stunde Bericht erstatten. Hier sind die Zugangsdaten für die Überwachung. Wir werden sie finden."

Die Programmierer machten sich mit Begeisterung an die Arbeit, froh, endlich wieder etwas Sinnvolles zu tun zu haben. Die letzten Tage waren eher von Langeweile geprägt gewesen.

Jekar wollte gerade die Alarmbereitschaft der Drohnenregimenter überprüfen, als ein Offizier der Garde hereinkam, grüßte und ihm einen Zettel zusteckte. Das war ungewöhnlich, aber im Moment die sicherste Kommunikation.

„Der überwachte Wagen ist in das Dorf gefahren, in dem sich das Archiv befindet".

Jekar schaute den Gardisten ungläubig an. Das konnte kein Zufall sein. Er überprüfte den Status des Vectors, der das Lesegerät bringen sollte. Er war hier. Und damit auch das Lesegerät.

„Du kommst mit mir!" blaffte er den Gardisten an. Er musste das Lesegerät mit eigenen Augen sehen. Es war tatsächlich angekommen. Die Soldaten waren gerade dabei, es in einen großen Programmierraum zu bringen. Erleichtert seufzte er auf. Es würde nicht lange dauern, die Daten auszulesen und in mind zu übertragen.

Dann überlegte er. Wenn das Auto zum Archiv gefahren war, ließ das nur einen Schluss zu. Die Saboteure waren auf dem Weg zum Archiv. Aber er war ihnen zuvorgekommen. Er hatte die Daten und das Lesegerät, das Archiv war kein strategisches Ziel mehr, es war unwichtig geworden.

Aber vielleicht wussten die Anderen das nicht. „Umso besser" dachte Jekar „dann sind wir ihnen einen Schritt voraus". Er konnte nicht wissen, wie sehr er sich gerade irrte.

Zur gleichen Zeit spielte sich im Dorf eine bewegende Szene ab. Khor stand vor der mairie auf dem Dorfplatz, als der weiße Lieferwagen mit Pol am Steuer die Dorfstraße hinauffuhr und vor ihm stehen blieb. Pol stieg mit einem breiten Grinsen aus, aber Khor hatte keine Zeit auf ihn zu achten. Eine junge Frau, ein Kind an sich gedrückt, kam auf ihn zu. Rana. Sie verneigte sich leicht und hielt das Kind zu ihm hin. Khor konnte nicht anders als beide sofort in seine Arme zu nehmen. Er schämte sich nicht der Tränen, die über sein Gesicht liefen.

Und es war der Moment, als Ben die Verbindungen zu mind wieder hergestellte. Samir steckte sein Laptop in das Kontrollgerät und lud die Wahlfragen auf den Bildschirm.

Er schaute alle anderen an, die um ihn herumstanden. Sie nickten erwartungsvoll. In eine paar Sekunden würden sie wissen, ob sein Wahlprogramm funktionieren würde.

„Jetzt" sagte er und drückte auf den „Senden"-Knopf. Einen Moment lang herrschte Totenstille.

Dann blinkten ihre screens. Sie zeigten die Fragen zur Wahl.

29. Capitane Roget

Capitane Roget schlief nicht. Auch nicht in dieser frühen Stunde. Das tat er eigentlich nur zwischendurch, im Rollstuhl, dann nickte sein Kopf zur Seite und für eine halbe Stunde, vielleicht eine Stunde, konnte er den Schmerz und die Niederlage vergessen.

Aber wenn er wach war, brannte er für das was ihm geblieben war. Rache. Rache für die Beine, die ihm jetzt fehlten, für die Schmerzen, das Leid und die Möglichkeiten, die ihm genommen waren. Durch eine Landmine. Er nannte sie gern heimtückisch, hinterhältig, gemein und feige. Feige, weil er seinen Gegner nicht sehen konnte. Weil der gar nicht da war. Irgendeiner hatte diese Mine versteckt, war dann nach Hause gegangen und hatte gewartet. Gewartet, bis er vorbeikam, nichtsahnend, ein kraftstrotzender Krieger, ein Mann, der von allen gefürchtet war im Kampf. Und jetzt war er ein Krüppel. Sobald er wieder klar denken konnte, nach den langen Wochen im Krankenhaus, hatte er seinen ganz persönlichen Krieg begonnen. Gegen diese feigen Soldaten, die Minen versteckten, gegen die, die den Befehl dazu gegeben hatten und sogar gegen die Fabrik, die die Minen hergestellt hatte.

Die hatte er, das war ein guter, ein sehr guter Tag damals gewesen, gesprengt. In die Luft gejagt. Er hatte in seinem Rollstuhl gesessen, damals, in den Wirren der Revolution, und hatte zugeschaut, wie die Sprengladungen eine nach der anderen explodiert waren. Bis nichts mehr übrig war, von der stolzen Fabrik, den Maschinen, den Minen und denen, die dort gewesen sein mussten.

Für ihn war es ein guter Kampf, den er jetzt führte. Ein Kampf, für den es sich lohnt, weiter zu leben. Gegen all die Minen, die noch versteckt waren und gegen die, die damals dafür verantwortlich gewesen waren.

Als es zu so früher Stunde an seine Tür klopfte, war er nicht überrascht. Das passierte häufiger, alle im Komplex hier wussten, dass er immer da war. Oder jedenfalls nicht weit weg. Und dass er nicht schlief.

Als Ron in der Tür stand, brauchte er einen Moment. Sie waren beide älter geworden. Und ein wenig grau. Aber dann freute er sich, lächelte und nickte leicht mit dem Kopf. „Ron, du alter Spinner, es gibt dich ja noch!"

„Und du" antwortete Ron „immer noch faul im Rollstuhl. Wo sind deine Computerbeine?"

„Scheiß Beine" meinte Roget „wer will schon neue Beine,

wenn die vorher viel schöner waren?" Die Männer schüttelten sich die Hand. Roget war immer noch ein ansehnlicher Mann, mit breiten Schultern und kräftigen Armen und Händen, die zupacken konnten.

„Was willst du hier bei den Alten, den Krüppeln und Verdammten?" fragte er.

„Ich brauche Deine Hilfe" kam Ron sofort zum Punkt. „Ich werde verfolgt, vom council, und von allen, die sie da draußen haben, Security, Garde, das ganze Programm".

„Hab ich schon mitgekriegt" antwortete Roget. „Wir hacken immer noch die Sicherheitscodes".

Er rollte zu einem Terminal und öffnete die Seite „Security – Restricted". Eine Abfolge von Fahndungsfotos war zu sehen, auf denen alle außer Kena, Mara und Richard zu finden waren.

„Saboteur bist du jetzt, was für eine Karriere!" feixte Roget.

Ron lächelte. „Ach, was ist da schon für ein Unterschied, Saboteur, Soldat, Kämpfer, du bist immer auf einer Seite und es gibt immer eine andere".

„So ist es" stimmte Roget zu. „Und was richtig oder falsch ist, kannst du erst nachher wissen".

„Ich bevorzuge Terrorist" grinste Ron zurück „das hat wenigstens die Aura des Gefährlichen".

„Na dann wollen wir mal sehen, was wir für Dich tun können, du Terrorist" beendete Roget die Diskussion. Denn was immer Ron gerade war, Terrorist oder nicht, schuldig oder unschuldig, wenn er Hilfe brauchte, dann würde er sie hier bekommen. Von ihm, von der Legion. In diesem Moment blinkten ihre screens. Die Wahl war online.

Amil saß immer noch im Archiv und blickte zufrieden vor sich hin. Jetzt waren sie legitimiert. Jetzt konnten alle da draußen sehen, warum sie K12 angegriffen hatten. Und warum mind manipuliert wurde. Es war nicht umsonst gewesen. Niemand war umsonst gestorben.

Fast beiläufig checkte er die Kommunikation in mind unter dem Suchbegriff „Security". Es dauerte nicht lange, da zeigte der Bildschirm die letzten Informationen zur Sicherheitslage. Die Karte zeigte die Brennpunkte in roter Farbe, in der Reihenfolge der Gefahrenlage. Ein kleines Dorf im Süden Frankreichs blinkte deutlich auf, ein weiterer Punkt weiter südlich und ein Dorf nahe K12. Und noch ein Punkt – die Vinothek, wo der Defender zurückgelassen wurde. Man war ihnen also auf der Spur. Es musste die Wahl gewesen sein. Sie würden bald hier sein.

Amil zoomte auf den Punkt südlich von ihnen. Es war das Invalidenheim der Fremdenlegion. Da wo die Anciens, die Alten, die Ehemaligen, lebten. Warum nur?

Es dauerte nicht lange, da erfuhren sie von Pol und Khor, warum das so war. Ron war dorthin geflüchtet. Er schwebte in höchster Gefahr. Sie alle schwebten in höchster Gefahr.

30. Angriff

Der Sohn des Vorsitzenden saß mit Silva, Leon und dem Leiter der Security im Krisenstab des councils. Sie hatten die Liste der Fragen auf einem Bildschirm und staunten. Immer mehr Antworten kamen hinein, die Menschen schienen abzustimmen.

Dann wurde die Tür aufgerissen und Jekar stürmte hinein.

„Ich dachte, das Archiv sei nicht mit mind vernetzt?" wagte Silva zu fragen.

„Das war bis heute auch so!" schnaubte Jekar zurück. „Es sind diese Brüder, Amil und Samir, das sind die Haupttäter, die Saboteure. Es gibt keine andere Möglichkeit als dass sie genau dorthin geflüchtet sind, ins Archiv, um mind zu manipulieren. Sie sind clever genug um so etwas durchzuziehen. Wir selbst haben sie ausgebildet. Das muss sofort gestoppt werden!" Er schlug mit der Hand auf den Tisch, ein plötzlicher, unkontrollierter Wutausbruch.

„Und wie?" fragte der Sohn des Vorsitzenden nach einer Weile.

„Wir setzen die Kampfdrohnen ein". Jekar blickte in die Runde. Niemand wagte zu widersprechen. „Wenn wir nicht sofort handeln, verlieren wir die Kontrolle. Und das wird weit schlimmer werden als eine Bombardierung. Und wir aktivieren alle Truppen im Süden".

Kampfdrohnen waren noch nie eingesetzt worden. Und schon gar nicht auf eigenem Territorium. Der Sohn des Vorsitzenden schwieg. Das würde ein Massaker werden.

„Lass alles bombardieren, was mit dem Anschlag zu tun haben könnte" sagte Silva. Trotz der Ungeheuerlichkeit ihrer Forderung war ihre Stimme ruhig.

„Und was ist das, was meinst du?" fragte Jekar.

„Alles, einfach alles. Wir müssen jetzt hart durchgreifen, sonst bricht Chaos aus. Das Dorf, der Hof bei K12, diese Vinothek, das Invalidenheim, einfach alles. Wir müssen den Terror, wir müssen unsere Gegner schwächen. Mit einem Schlag, überall".

Jekar wurde mit einem Mal klar, diese Frau vor nichts zurückschrecken würde. Sie wollte mit allen Mitteln zurück an die Macht. Sie war sogar noch skrupelloser als er selbst. Eine gefährliche Frau.

Für einen Moment herrschte betretenes Schweigen.

„Dann werden viele Unschuldige sterben" sagte der Sohn des Vorsitzenden. Niemand sagte etwas. „Besteht denn wirklich die Möglichkeit einer weiteren Manipulation?" Er traute sich nicht, aufzuschauen. Vielleicht würden sie ihn ja für weich halten, für ängstlich, aber vielleicht konnte ja noch etwas abgewendet werden.

Silva schaute zuerst Jekar an, dann Leon und dann den Leiter der Security. Der nickte. „Ja, damit müssen wir rechnen. Jedenfalls solange sie Nachrichten in die screens einspielen können".

„Das glaube ich auch" stimmte Jekar zu. „Bereiten sie die Einsatzbefehle vor. Und ziehen sie unsere Truppen aus den Gebieten ab, ich will nicht, dass unsere eigenen Leute getroffen werden!" Der Leiter der Security beeilte sich, den Befehlen nachzukommen.

Dann wandte sich Jekar an Leon. „Wie weit sind wir mit dem reset?"

„Wir brauchen noch ein, zwei Tage" meine Leon. „Aber dann sollte es schnell funktionieren. Wenn wir den reset schaffen, wird mind den Punktestand korrigieren".

Jekar beugte sich über den Tisch und schaute Leon direkt an. „Du wirst diese Fragen in den screens löschen. Und alle Antworten. Und wenn das nicht möglich ist, dann wirst du ein Ergebnis schaffen, dass unseren Interessen entspricht und einen kompletten reset ermöglicht. Und, Leon, ich meine sofort! Ich will ein perfektes Programm, ich will Tatsachen!"

Leon war gleichzeitig stolz und erschrocken über Jekar´s Anweisung. Stolz, weil er die Programmierung durchführen sollte und erschrocken, weil er die Verantwortung tragen sollte. Eben noch wollte er aufspringen, um sofort zu beginnen, da hielt er inne.

„Willst du dich nicht selbst darum kümmern?" fragte er.

„Nein" sagte Jekar „ich fliege mit Silva in das Dorf. Es ist wichtig, die Kontrolle wieder zu bekommen. Wir werden das Archiv checken und dann den Angriff überwachen. Und die Schuldigen finden, tot oder lebendig. Wir werden zurück sein, bevor der reset gemacht ist".

31. Sub-council Administration

Im sub-council Administration herrschte zu gleicher Zeit hektische Betriebsamkeit. Der Leiter hatte in den vergangenen Tagen viel mehr Kontrollen und zusätzliche Sicherheitsmaßnahmen angeordnet, um das Vermögen des councils zu schützen. Die Security, ob Objektschutz, Schlüsseldienste oder Überwachung, war verstärkt worden. Eine ganze Reihe neuer Agenten war neu eingestellt oder abgeordnet worden, oft einfache, nicht besonders fähige Leute, bei denen nicht sicher war, ob sie das Eigentum des councils schützen oder eher die Gelegenheit wahrnehmen würden, sich selbst zu bereichern.

Er hatte eine außerplanmäßige Inventur befohlen, so dass einerseits der aktuelle Besitz festgestellt werden würde, andererseits alles, was dazu gehörte, gezählt und dokumentiert wäre. Und das, was in den Fabriken in einem niemals endenden Fluss ständig dazukam.

Er ärgerte sich über Jekar. Und über Silva. Mit ihren hektischen Bemühungen für das reset setzen sie alles auf eine Karte. Kein Plan B. Keine Alternative. Und was, wenn das nicht funktionieren würde? Wie fragil die Ordnung war, hatten die Tage nach dem Ausfall der screens gezeigt. Jeder hatte angefangen sich um sich selbst zu kümmern, das Ganze, der council, die Ordnung war plötzlich nicht mehr wichtig.

Dabei hatten sie um diese neue Ordnung so lange gekämpft. Er war der Meinung, dass Administration der wichtigste sub-council in diesen Tagen war.

Menschen, denen es wirtschaftlich gut geht, die Chancen haben, mehr zu erreichen, waren friedliche Menschen. Wenn sie genug zu essen hatten und glaubten, weiter zu kommen, dann waren sie leicht zu führen. Die Aussicht auf mehr ließ sie viel ertragen, sogar eine Diktatur. Denn das war die neue Ordnung geworden. Eine Diktatur. Eine Diktatur der social credits.

Aber jetzt war diese Unruhe, die Unordnung spürbar, neue Kräfte waren am Werk.

Nicht dass er Angst vor Veränderungen gehabt hätte, nein, change management war sein Ding, aber doch bitte wenn möglich in einer Struktur, einem geplanten Ablauf, mit Zielen, milestones und einem vorausberechneten Ergebnis.

Nicht so. Nicht ohne Planung. Keine Unordnung. Und schon gar nicht ohne ihn.

Er starrte auf sein screen. Diese Fragen. Schon die erste Frage, „Seid ihr dafür das frühere level der points wieder herzustellen?" ließ ihn erschaudern.

Natürlich waren alle Privilegierten dafür, er selbst auch, schließlich hatte er vor der Störung pilar-Status. Aber das waren wenige. Die Frage, das war klar, würde mit überwältigender Mehrheit verneint werden. Und dann? Was würde die Konsequenz einer solchen Entscheidung sein?

Er musste nur einen Schritt weiterdenken. Die Konsequenz war logisch. Die letzte Entscheidung des Vorsitzenden des councils, nämlich alle Punkte auf das acceptable level zurückzusetzen, würde zementiert sein. Das wäre der einzig denkbare und nachvollziehbare Neuanfang. Gleichheit für alle. Das war doch schon immer ein guter, revolutionärer Gedanke. Gleichheit. Eine Idee, denn mehr war es nicht, der viele hinterherlaufen würden, ja sogar eine Idee, für die in der Geschichte in vielen Aufständen so viele gestorben waren.

„Wir sind nicht gleich“ dachte er. „Das waren wir nie und werden es nie sein“. Und er hatte nicht vor, zu den Gleichen zu gehören.

Es war an der Zeit, ein paar Dinge zu sichern, die wichtig werden würden. Ein paar Vorbereitungen zu treffen. Der Wert der Dinge kann sich schnell ändern, wenn die Umstände sich ändern. Wenn jemand verdurstet will er nur eins – Wasser. Alles andere war dann nichts wert.

Und in einer Revolution, denn das war jetzt eine Revolution, zählt am Ende nur, wer sich durchsetzt. Nicht mit seinen Ideen, das ist eher zweitrangig, romantisch, nett. Durchsetzen wird sich der mit den besseren Waffen. Und genau die würden jetzt wichtig werden. Die Waffen in den Depots. Und Depots waren Verwaltung. Er hatte die Zugangsberechtigung zu den Depots, sie waren genauso ein Teil der Verwaltung wie alles andere. Einen Moment lang überlegte er, die Kennwörter zu ändern. Vielleicht würde er das tun, auch ohne die Zustimmung des councils. Wenn es soweit sein würde. Dann würde er entscheiden, was passieren würde. Das war etwas, auf das er sich freuen konnte.

Er dachte an seine personal Trainerin. Das machte ihn wieder wütend und traurig zugleich. Sie war einfach nicht mehr gekommen. Jeden Morgen hatte er auf sie gewartet, aber sie war nicht gekommen. Hatte ihre Vereinbarung einfach nicht mehr eingehalten. Und damit war klar, dass sie nur wegen der Punkte dagewesen war. Und nicht wegen ihm. Es hatte ihn tief verletzt. Es tat weh, richtig weh, da innendrin. Und er hatte keine Ahnung, wie er diesen Schmerz wieder loswerden könnte, er sollte aufhören, der Schmerz, und sie sollte wieder kommen, es sollte wieder alles so sein wie früher. Aber das ging jetzt nicht mehr. Er wusste, dass das nicht mehr möglich sein würde, obwohl er sich nichts mehr als das wünschte.

Er konnte nicht wissen, dass seine personal Trainerin gerade neben ihrem neuen Freund lag. Der war owner, trug kein screen und war immer noch überrascht und begeistert davon, dass sie zu ihm gekommen war. Nach so langer Zeit, in der er um sie geworben hatte und sie ihn immer wieder zurückgewiesen hatte. Fast hatte er die Hoffnung aufgegeben, aber jetzt war sie da.

32. Leon

Leon war sich nicht sicher, ob er Jekar richtig verstanden hatte. Er sollte mit seinem Team auf der Stelle dafür sorgen, dass die Wahl in den screens gelöscht und damit annulliert würde. Aber sie war ja da, auch wenn sie gelöscht werden würde. Alternativ sollte das Ergebnis so manipuliert werden, dass es den Vorstellungen des councils entsprach.

Jekar hatte sich nicht einmal die Mühe gemacht, den Auftrag, eigentlich war es mehr ein Befehl, zu begründen. Er hatte einfach „Löschen" angeordnet und wenn dies nicht möglich war, Manipulation.

Aber auch ohne eine Begründung war jedem der Anwesenden klar gewesen, dass es jetzt um Macht ging und nicht mehr um das reset. Jekar wollte die Wiederherstellung des alten status quo und nicht einen anderen, vielleicht richtigen Weg in die Zukunft.

Vielleicht war der Machterhalt ja wichtig, um weiteres Chaos zu verhindern. Aber noch mehr Chaos als ohne funktionierende screens war kaum zu erwarten. Warum also die Wahl verbieten oder sogar manipulieren?

Die Menschen, mit denen er gesprochen hatte, fanden die neuen Vorschläge interessant. Und wichtig. Sollte nicht zumindest darüber nachgedacht werden? Warum also alles löschen?

Und das Ergebnis der Befragung manipulieren, das fühlte sich sowieso falsch an. Das war eine Lüge. Und offensichtlich war auch, wie wütend Jekar reagiert hatte, wie ein Tier, das in die Enge gedrängt wurde. Und erst Silva. Sie hatten Angst…

Leon war unwohl. Dieses Gefühl im Bauch, etwas Schweres, Belastendes, es war unangenehm. Es sagte ihm aber auch, dass er jetzt nachdenken musste.

Diese Schwere war genau das Gefühl, das jeder hat, wenn er sich Unrecht nähert, wenn man etwas tut oder tun soll und merkt, dass es falsch ist.

Seine Mutter hatte immer gesagt, das ist genau das Gefühl, für das man später bestraft werden kann, wenn man es ignoriert. Von anderen, sogar von Gerichten oder noch schlimmer, von sich selbst.

Und dann hatte Jekar Anweisung gegeben, Kampfdrohnen einzusetzen, gegen die Saboteure, und alle, die es sonst treffen würde, mit aller Härte. Saboteure, war das überhaupt das richtige Wort? Waren es nicht eher Oppositionelle oder Revolutionäre, oder wenigstens, neutraler ausgedrückt, die Widerständler? Silva hatte sogar Terroristen gesagt.

Er selbst fand das „Hacker" das zutreffendste Wort war. Natürlich hatten sie Schaden angerichtet. Aber sie wollten nicht nur das, sie wollten auch Veränderung. Und tief innendrin spürte Leon auch so etwas wie Bewunderung, für die Leistung von Amil und Samir.

Sie waren ziemlich gut. Oder sogar richtig gut. Er würde sie gerne kennen lernen. Und jetzt sollten Kampfdrohnen gegen sie eingesetzt werden. Sogar gegen alle, die in ihrer Nähe sein würden? Die Drohnen, die er, Leon, selbst mitentwickelt hatte und die ferngesteuert jeden töten konnten? Jekar war bereit, Gewalt einzusetzen.

Das gab den Ausschlag. Wenn er bis dahin noch gezweifelt hatte, ob er auf der richtigen Seite war, jetzt war er sich sicher. Jekar war das Böse, Unrichtige, nicht die anderen. Und Silva mit ihrem Vorschlag, alles zu vernichten, war von etwas getrieben, das er noch nicht verstehen konnte, was aber keine Rechtfertigung für das war, was sie vorhatten.

Ob das, was kommen würde, das Neue besser oder gerechter sein würde, konnte er nicht abschätzen, aber die Wahl der Mittel, nämlich Gewalt einzusetzen, ist meistens ein zuverlässiges Indiz für das Falsche. Es ist die Verwerflichkeit des Mittels. Das eigentliche Ziel, das erreicht werden soll, wird durch Gewalt kontaminiert. Und wenn auch das Ziel noch so richtig sein mochte. Es würden Unschuldige sterben, das war entscheidend. Das ließ sich nicht rechtfertigen.

Es war der Moment, in dem sich Leon entschied, für die andere Seite einzutreten. Zumindest passiv. Er würde vielleicht überlaufen, nein, innerlich hatte er es bereits getan. Er würde, nein, musste die Risiken auf sich nehmen, die mit dieser Entscheidung einhergingen, Jekar´s Wut, die unweigerlich auf ihn zukommen würde, ausgestoßen sein im mind-Team, weg von der sicheren Seite, alles aufgeben und nicht sicher sein können, ob man am Ende falsch entschieden hat. Für die unterlegene Seite. Für die Verlierer. Wer konnte das schon wissen?

„Entscheide dich immer für das Gute" hörte er innerlich die Stimme seiner Mutter „und dass ist nicht immer das Große, Mächtige. Und oft ist das Gute der Verlierer. Es ist ein ewiger Kampf, aber wenn du dich für das Gute entscheidest, dann ist es ein kleines bisschen stärker geworden."

Vielleicht würden die Guten mit ihm wirklich ein wenig stärker, selbst wenn er gerade ziemlich viel Angst hatte, mit ihnen unterzugehen

Sein Vater liebte den Satz „Größe ist kein Garant für Qualität!" und er sah ihn vor sich, in der alten Lederschürze in seiner kleinen Werkstatt, wo er Stühle und alte Möbel restaurierte und reparierte.

Und gar nicht daran dachte, mehr als seine gute Arbeit in Werbung oder Marketing zu investieren.

Also konnte auch eine kleine Widerstandsbewegung die richtige Wahl sein, mochte sie auch noch so klein und schwach sein. Und im gleichen Moment, als er all dies überlegte, war das Gefühl verschwunden, die Schwere in seinem Bauch, sie war wie weggeblasen und er lächelte.

Er ging an sein Terminal, schrieb eine kleine Message „Bin unterwegs zum Chef", öffnete seine Schubladen und nahm das mit, was ihm am liebsten war: seine Daten, alles, was er in den Jahren bei mind gesammelt hatte, was ihm wichtig gewesen war, Programme, technische Zeichnungen und

Wissenswertes. Und die Unterlagen zu seinen Erfindungen, gespeichert auf einem stick.

Ganz besonders die Zeichnungen, die sein ganzer Stolz waren, technische Pläne der Kampfdrohnen und auch die von winzigen Anti-Drohnen-Drohnen, von denen niemand außer ihm wissen konnte und die er ganz allein konstruiert und dann über ein CAD-System und einen 3-D-Drucker gebaut hatte.

Und die er immer besser, kleiner und feiner gemacht hatte, mit einer überlegenden Sensorik, einer einfachen Steuerung und einer Eigenschaft ausgestattet, die er von den japanischen Kamikaze-Piloten abgeschaut hatte: vernichten und selbst dabei untergehen. Das erschien ihm immer noch als die größte denkbare Heldentat, sich selbst zu opfern für andere. Das ultimative Opfer.

Die winzigen Drohen dienten nur dazu, zu vernichten und dabei gingen sie unter. Sie hatten einen Sensor, der das Fluggeräusch von Kampfdrohnen erkennen konnte. Das hatte er erst genau aufgezeichnet und dann in die Sensorik der Minidrohnen programmiert. Sobald das Summen einer Kampfdrohne erfasst war, steuerte die Minidrohne genau auf dieses Geräusch zu und beschleunigte bis zum errechneten Zielpunkt, bis zum Einschlag.

Besonders stolz war er auf seine Impulsberechnungen. Die winzigen Drohnen brachten die Großen nur durch ihre Geschwindigkeit zum Absturz – ohne eine einzige Waffe zu transportieren. Sie selbst waren die Waffe.

Er hatte sie in einem Metallkasten versteckt, der mit Schaumstoff ausgelegt war, in die er Öffnungen geschnitten hatte, in die die kleinen Drohnen genau hineinpassten.

Es war ein Reflex, nach dem Kasten zu greifen und es mitzunehmen. Er konnte nicht wissen, dass dieser Reflex die Welt verändern würde.

Und dann machte er sich auf den Weg nach Süden. Er würde den reset nicht beaufsichtigen. Er würde die Wahl nicht annullieren. Oder manipulieren. Nicht so und nicht jetzt. Er würde Amil und Samir suchen. Und ihnen zuhören. Er war bereit, ihnen zu helfen.

Er horchte in sich hinein. Die Schwere war gewichen. Das fühlte sich gut an. Aber da waren noch andere Gefühle. Er brauchte einen Moment, um sie zu begreifen. Irgendwas zwischen Sorge und Angst war da. Eigentlich etwas wie Panik.

Aber das wurde überlagert. Von einer freudigen Erwartung. Nein, es war mehr. Er war eine Erregung, eine gespannte Erregung. Adrenalin. Und Vorfreude. „So fühlt sich Leben an" dachte er. Und musste lächeln.

33. Kaserne der Grenztruppen

Hagen sah den Wagen von Jérôme langsam auf den Parkplatz des Kasernengeländes rollen. Er hatte den Tracker des Fahrzeuges verfolgt und ihm war klar, dass Jérôme irgendetwas da draußen gemacht haben musste, das nicht in seinem Dienstplan vorgesehen war.

Etwas Verbotenes. Er hatte die Grenzen überschritten. Von Rechts wegen hätte der Sprengsatz in der Fußfessel gezündet werden müssen. Aber er war nicht geflüchtet, er war zurückgekommen.

Von Rechts wegen. Was war das für ein Recht, dass Gefangene in die Luft jagte? Das auf Menschen schießen ließ. Hagen spürte eine innere Leere und eine Ohnmacht. Aber er hatte in dieser Nacht richtig gehandelt. Er hatte den Alarm und die Zündung der Fessel nicht ausgelöst. Jérôme lebte noch. Und er war wieder da.

Trotzdem stellte er sich in die Tür, durch die Jérôme kommen musste. Er würde Einiges zu erklären haben. Schon weil er nicht nur sich, sondern auch ihn selbst in Gefahr gebracht hatte.

Jérôme kam den Weg hinauf, sah ihn, blieb vor der Treppe kurz stehen und sah ihn an. „Danke, Hagen, das vergesse ich nicht".

„Sonst hast du nichts zu sagen?" fragte Hagen. Jérôme sah müde aus und schüttelte den Kopf.

„Verdammte Frauen" murmelte er.

Er schob sich an Hagen vorbei und wollte die wenige verbleibende Zeit bis zum Dienstantritt noch ein wenig schlafen, als ihre screens gleichzeitig ansprachen. Beide sahen auf ihren Arm.

„Bürger" stand da „Wählt jetzt, wie es weitergehen soll! Beantwortet die folgenden Fragen!"

Es folgten die Fragen, jeweils versehen mit einem Ja und Nein-Kästchen. Offensichtlich sollte über etwas abgestimmt werden. Was dachte sich der council denn dabei? Waren sie jetzt eine Demokratie? Und was sollte der Blödsinn mit Hilfe für Afrika?

„Wir schießen auf die Afrikaner!" dachte Hagen und sah Jérôme mit großen Augen an. Der war sofort wieder hellwach und schüttelte staunend den Kopf.

„Was hältst du davon?" Hagen dachte nach. „Ich glaube, es ist gerade alles anders geworden. Lass uns die Nachrichten checken!"

Und so kam es, dass sich niemand um Jérôme kümmerte, der die ganze Nacht unterwegs gewesen war und Glück gehabt hatte. Auch die Tagschicht rückte nicht aus. Alle hingen vor den screens und warteten auf neue Nachrichten und die neuen Entwicklungen. Und viele stimmten ab. Gegen tracker. Für Eigentum Fast alle für die Hilfe. Für Afrika. Schon um ihr schlechtes Gewissen zu beruhigen.

Es war ein Aufatmen in der Kaserne zu spüren, wie ein Aufwachen aus einem bösen Traum, natürlich, jetzt, wo es jemand gesagt hatte, natürlich war das alles falsch gewesen, was sie gemacht hatten, Unrecht, unmenschlich. Jeder wusste es jetzt besser als der andere, hab ich das nicht schon immer gesagt, dass es nicht richtig ist was wir hier tun?

Und es war keiner unter den Soldaten, der nicht zustimmte.

Als zum Appell in den großen Saal gerufen wurde und der Kommandant verkündete, der Dienst gehe weiter wie immer und die Tagschicht müsse nun ausrücken, erntete er schallendes Gelächter.

„Idiot" und „Hau ab!" waren noch die freundlichsten Worte, die ihm entgegengeworfen wurden. Als die Männer begannen, Gegenstände nach ihm zu werfen verließ er fluchtartig den Saal. Die Männer dachten gar nicht daran, etwas anderes zu tun als hier zu bleiben und die neue Lage zu diskutieren.

Jérôme sah Hagen an. „Hagen, mach mir die Fessel ab!" Es war weniger eine Bitte als eine Forderung und sein Blick erzählte die ganze Geschichte von Unrecht und Leid und Angst. Hagen verstand ihn. Das hatte niemand verdient. Jetzt nicht mehr, jetzt, wo doch alles anders werden würde. „Warte" sagte er und stand auf und ging zum Rednerpult, auf dem eben noch der Kommandant gestanden hatte.

„Männer" rief er und machte dann eine Pause die lang genug war, damit alle zu ihm schauten und aufhörten zu diskutieren.

„Mir ist etwas klar geworden. Und ich glaube euch geht es auch so. Wir haben Unrecht getan".

Wieder machte er eine Pause. Im Saal war es jetzt ganz still.

„Wir haben uns – gezwungen oder nicht – zu etwas hinreißen lassen das falsch war. Es ist falsch, auf Menschen zu schießen, es ist falsch, sie umzubringen, zu verletzen oder sie über die Grenze zurückzuschicken. Ich will nicht mehr mithelfen, ich will nicht mehr dabei sein".

„Und was willst du machen?" rief einer. Hagen schaute in seine Richtung. „Ich mache nichts mehr. Kein Dienst bis eine Entscheidung über die Zukunft gefallen ist".

Zustimmende Geräusche der Männer waren zu hören.

„Sind wir uns einig?" Fast schrie Hagen diesen Satz heraus.

Jetzt waren viele zustimmende Rufe zu hören, eine laute Diskussion unter den Männern begann.

Einer stand auf. „Ich gehe nach Hause!" rief er. Immer mehr Männer standen auf. „Ich auch!" „Was sollen wir noch hier?"

Zumindest für die guards war diese Entscheidung einfach. Es würde sie vielleicht ihren Job kosten, aber nicht mehr. Für die Gefangenen blieb ihre Fessel.

„Wartet, Männer!" rief Hagen. „Wenn wir gehen, dann gemeinsam. Wir müssen die Fesseln der Gefangenen entschärfen. Schon deswegen, dass sie am Ende nicht auf uns schießen!"

Das leuchtete ein. Aber das konnte nur der Kommandant. In diesem Moment wurde jedem klar, dass man nicht einfach nur gehen konnte. Man musste sich entscheiden. Jetzt entscheiden.

Jérôme fürchtete nichts mehr in diesem Moment als eine endlose Diskussion über das Für und Wider, das Gute oder das Schlechte, die Risiken, Chancen, Hoffnungen oder was immer noch zu bedenken war. Aber da stand ein hünenhafter guard auf, reckte sich, sah sich kurz um und rief Hagen zu „Ich hol ihn dir aus seinem Loch. Und er sollte sich besser nicht wehren". Er ballte seine riesige Faust und zeigte sie den anderen. Die konnten nicht anders als begeistert aufzuspringen, zu johlen und damit klar zu machen, dass die Entscheidung gefallen war.

Es dauerte nicht lange und der Mann kam mit einem kleinen Koffer zurück, den er feierlich öffnete um dann einen Schlüssel emporzuhalten. Er grinste und meinte dann: „Ich hoffe ihr vergesst nicht was ich für euch getan habe!" Die Gefangenen begannen sofort, ihre Fußfesseln aufzuschließen.

„Was ist mit dem Kommandanten?" fragte Hagen.

Der Mann grinste wieder. „Der schläft". Hagen wollte gar nicht mehr wissen und fragte nicht weiter. Sah so aus als wenn sie alle frei wären, jedenfalls für den Moment.

Jekar erhielt die Meldung, dass es Probleme bei den Grenztruppen im Süden gab auf dem Flug in das Dorf. Ein Aufstand oder eine Meuterei. Die Wächter hätten Berichten zufolge den Kommandanten getötet und die Kaserne übernommen. Er überlegte kurz und setzte die Kaserne auf die Angriffszielliste der Drohnen.

34. Krieg

Die Nachricht, dass er in Gefahr, war erreichte Ron noch im Büro von Capitane Roget.

„Wir werden angegriffen, Kampfdrohnen!" rief er. Roget brauchte einen Moment, wirbelte dann aber seinen Rollstuhl herum und öffnete die Seite der Security am Bildschirm. Schwärme von Kampfdrohnen waren zu sehen. Sie bewegten sich auf ihre Zielgebiete zu, gar nicht mal schnell, wozu auch, es gab keinen Gegner, dem sie zuvorkommen müssten, sie würden ihre Lenkwaffen wie programmiert abfeuern, wenn sie nah genug waren und dann wieder abdrehen, zurück zu ihren Landeplätzen bei den Hangars.

Roget starrte auf den Schirm. Dann löste er den Feueralarm im Invalidenheim aus. „Komm mit" rief er Ron zu und lenkte seinen Rollstuhl in den Gang. Aus einem Zimmer am Ende des Korridors kam die Nachtwache. „Defcon 4" rief Roget „Evakuieren!" Das war offensichtlich keine Übung. Die Männer liefen zu ihren Schalttafeln und schienen zu wissen, was zu tun war. Roget grinste Ron an. Der war etwas verwirrt. Roget schien das Ganze irgendwie Spaß zu machen.

„Wir müssen ins Museum" sagte Roget. „Ganz so wehrlos wie du denkst, sind wir nicht. Meine Leute haben alle dort ausgestellten Waffen nicht nur geputzt, sie wissen auch damit umzugehen! Und alle sind zu gebrauchen!"

„Die funktionieren noch?" staunte Ron.

„Was denkst du denn!" feixte Roget zurück. „Du bekommst Dein geliebtes Cinquante-Deux!"

Das ehemalige Maschinengewehr der Legion hatte eine Schusskadenz von 900 Schuss pro Minute und war sowohl mobil als auch auf einer Lafette einsetzbar.

„Ich hab Kampfdrohnen immer schon gehasst!" rief Roget, dem jetzt anzusehen war, dass er sich freute. Weil endlich mal was los war. Und darüber, dass sie vorbereitet sein würden, sie, die Invaliden, die Anciens. Aufgeben war sowieso keine Option. Jedenfalls nicht für einen Legionär.

Zur gleichen Zeit alarmierte Khor das Dorf. Als erstes ließ er die Kirchenglocken läuten. Das war immer noch eine gute Möglichkeit, die Aufmerksamkeit aller Dorfbewohner zu bekommen. Ben, Kena, Mara und die anderen liefen durch die Straßen und informierten die Menschen. Alle sollten sofort in das Archiv. Oder möglichst schnell weg.

Wer konnte, sprang in ein Auto und fuhr die Straße hinunter in das Tal oder hinauf in die Berge. Die anderen wurden durch den Gang an der Rückseite des Archivs bis in den großen Computerraum geführt. Dann konnte man nur noch warten.

Der erste Angriff der Drohnen traf den Hof von Richard und Eleonore unweit von K12. Es dauerte nicht lange, und es waren nur noch rauchende Trümmer zu sehen. Gott sei Dank war niemand zu Hause. Warum der Rinderstall ebenfalls dem Erdboden gleichgemacht wurde, blieb ein Geheimnis des councils.

Fast zur gleichen Zeit schlugen die ersten Lenkwaffen auf dem Gelände der Vinothek ein. Der alte Winzer war im Weinkeller, hörte die Einschläge und Detonationen und war klug genug, hier unten zu bleiben. Als die Decke des Kellers anfing zu beben und Staub und Verputz herabrieselte, entschied er sich, in einem der großen Weinfässer in Deckung zu gehen. Er wählte ein Fass aus, dass nur noch zu einem Viertel gefüllt war, öffnete den großen Verschluss, sah wehmütig zu wie sich der Wein über den Kellerboden ergoss und kletterte dann hinein.

Es war dunkel hier drin. Und laut. Die Detonationen verstärkten sich in dem Fass, das wie ein Resonanzkörper war.

Nicht aller Wein war ausgelaufen. Er musste sich nur hinunterbeugen, um einen Schluck von seinem köstlichen feinherben Riesling zu nehmen.

Was immer auch da draußen gerade passierte, er konnte sich keinen besseren Ort vorstellen, wenn das das Ende war. Wenn er das nicht überleben würde. Hier, im Wein, in seinem Keller. Da konnte man schon viel ertragen. Sogar das Ende.

Im Invalidenheim sah Ron Capitane Roget zu, wie er Befehle bellte und mit seinem Rollstuhl umherwirbelte. Die Ehemaligen liefen in den Hof, einige von dort in die Weinberge, andere verschanzten sich hinter Mauern und in Gräben. Einige waren noch im Schlafanzug, aber jeder trug eine Waffe.

Ein paar warfen Nebelgranaten, die alles in dichten Rauch hüllten. Das würde der Optik der Drohnen nicht gefallen. Ron hatte das Maschinengewehr, das 52, geschultert und Roget hatte sich Patronenkisten auf den Rollstuhl gelegt.

„Das ziehen wir zusammen durch" hatte er gegrinst. „Ich lade die Gurte! Lass uns dort unter den Bäumen stehen!" Seine Vorfreude war irgendwie ansteckend. Ron grinste ebenfalls. Kampfdrohnen. Pah! Sie waren keine Gegner. Sie waren die Inkarnation des Unmenschlichen, Vernichtungsmaschinen ohne Seele. Und die, die sich benutzten, stellten sich keinem Kampf. Feiglinge.

Im Kampfleitstand des Kampfdrohnengeschwaders im Süden war Gefechtsbereitschaft befohlen. Die Soldaten saßen vor ihren Bildschirmen, die Steuerung in der Hand und beobachteten die Bilder, die jede Drohne in Echtzeit schickte. Es waren ausgesuchte Computerspezialisten, sehr junge Spezialisten. Sie trugen zwar eine Uniform, darauf wurde immer noch Wert gelegt, aber fast allen ging alles Militärische vollkommen ab. Sie waren eher blass, offensichtlich nicht trainiert und wohl kaum in der

Lage, sich selbst wehren zu können. Aber sie konnten die Waffen steuern wie kein anderer.

Trotzdem war ihnen nicht wohl. Sie hatten Befehl, das Invalidenheim der Legion zu beschießen. Das waren ihre eigenen Leute, jedenfalls früher. Auch Soldaten. Also noch richtige Soldaten. Und Menschen. Niemand im Leitstand verstand den Befehl. Der diensthabende Kommandant hatte mehrfach um Bestätigung gebeten, die sofort kam. Alle hatten die Stimme des Chefs der Security des councils über den Lautsprecher gehört. Der Befehl war eindeutig. Vernichten.

Aber war er auch richtig? Und dann das zweite Ziel, dass sie programmieren sollten. Die Kaserne der Grenztruppen. Das waren doch aktive Soldaten, die die Außengrenze verteidigen sollten. Und dann war da noch ein Dorf, das morgen bombardiert werden sollte. Niemand verstand, was gerade vor sich ging.

Währenddessen näherten sich die Vectoren des councils dem Dorf. Jekar saß angeschnallt gegenüber von Silva und diskutierte mit ihr. „Wir können das Archiv und das Dorf noch nicht angreifen, ich will sehen, was dort passiert ist!" fauchte er sie an. „Wir müssen klären, wer in der Lage war, mind zu hacken und die Fragen freizugeben! Und wo. Ich will die Täter finden! Und dann kannst du von mir aus alles vernichten. Aber nicht vorher. Außerdem habe ich keine Lust, von den eigenen Raketen getroffen zu werden".

Silva wollte nur eins. Alles sollte wieder so werden wie es vorher gewesen war. Und dazu musste hart durchgegriffen werden. Aber das war Jekar sagte hatte eine gewisse Logik. Also würden sie heute das Dorf verschonen. Aber nur heute.

Auf dem Gelände des Invalidenheimes war es bis auf das unermüdliche Zirpen der Grillen totenstill. Dann mischte sich ein Brummen in die Luft. Die Drohnen kamen. Mit ihren Zielerfassungsgeräten und je nach Einstellung der Sensoren konnten sie multiple Ziele zur gleichen Zeit bekämpfen.

Es war reines Glück, dass sie auf ein Flächenbombardement programmiert waren und nicht auf bewegliche, körperwarme Ziele. Ron richtete das MG aus und schoss beim Anblick der ersten Drohne Sperrfeuer. Sie flog genau in die vorhergesehene Richtung und begann plötzlich nach links zu drehen, um dann in einem steilen Winkel abzukippen. Sie explodierte noch vor dem Aufschlag in der Luft und dann noch einmal mit einer gewaltigen Druckwelle am Boden. Dann kamen die Einschläge der Raketen, die schon abgefeuert waren. Das Gelände des Invalidenheims verwandelte sich in ein Inferno aus Staub, Trümmern und Hitze. Ron feuerte trotzdem weiter – vielleicht flogen die Drohnen auf der gleichen Route wie die erste an. Die Detonationen überlagerte das Gewehrfeuer der Legion, das zwischen den Explosionen zu hören war.

Das Bombardement dauerte nicht einmal eine halbe Minute, aber es kam Ron vor als wäre es viel länger gewesen. Dann trat eine gespenstische Ruhe ein, nichts war zu hören. Dann kam das Brummen wieder.

„Sie machen Aufnahmen von der Zerstörung!" rief Roget. „Das ist unsere Chance sie nochmal zu treffen!" Die Drohnen näherten sich langsam. Ron blinzelte in die Sonne und schob einen neuen Munitionsgurt in das Maschinengewehr. Er begann zu feuern und hörte nicht auf, bis das zweite Magazin verschossen war. Dann wurde es wieder still.

Er sah Roget an. Er war mit hellem Staub überzogen und wischte sich mit seinem Hemd die Augen ab. Dann stand er auf und versuchte einen Überblick zu bekommen. Das Invalidenheim war fast vollständig zerstört. Aus den umliegenden Weinbergen und dem Garten kamen Legionäre, genauso verstaubt wie sie selbst, langsam zurück.

Roget schaute auf die Trümmer und hatte Tränen in den Augen. „Wir haben nicht alle evakuieren können" sagte er. „Wir mussten die zurücklassen, die sich nicht mehr bewegen können". „Lass sie uns suchen" sagte Ron. „Und dann greifen wir den Stützpunkt an".

In der Kaserne der Grenztruppen war niemand auf das Inferno vorbereitet, das plötzlich losbrach. Alle waren euphorisch, endlich war etwas passiert, ihr „krankes Dasein" schien, wie einer es ausgedrückt hatte, vorbei zu sein, kein Dienst, keine Ausgabe der Waffen und die Hoffnung auf Veränderung. Sie hatten sich durchgesetzt. Was sollte der council auch schon ausrichten, ihnen etwa points abziehen? Das funktionierte doch sowieso nicht.

„Eigentlich sind wir neben der Security und der Garde die einzigen einsatzfähigen Soldaten" hatte einer gemeint. „Was können die schon wollen?" Aber der council war nicht wehrlos.

Eine Kaskade von Detonationen verwandelte die Kaserne in ein Trümmerfeld. Kaum hatte sich der Staub gelegt, kam die zweite Welle. Und dann eine dritte.

Jérôme war von der ersten Druckwelle durch den Versammlungssaal gegen eine Wand geschleudert worden. Überall lagen Trümmer. Als er zu sich kam dröhnte es in seinen Ohren.

Obwohl er nichts hören konnte und es war es ihm als liefe etwas Warmes sein Bein hinunter. Blut. Auch sein Gesicht war blutverschmiert. Aber er lebte.

Er hustete und wollte aufstehen, aber das ging erst nicht. Er musste hier raus. Er schob sich die Wand hinauf, verlagerte sein Gewicht auf das linke Bein und versuchte etwas zu erkennen.

Überall lagen Trümmer und Menschen. Da wo die Fenster gewesen waren, klaffte ein großes Loch in der Wand und Teile des Daches lagen davor. Er schob sich an der Wand entlang zu dem Loch und wollte gerade hindurchklettern, raus, raus aus dem Staub und an die frische Luft als er Hagen sah. Sein grotesk verdrehter Körper lag über einem Mauerteil. War er tot? Als er den Kopf anhob sah Hagen ihn mit leeren Augen an. Aber er bewegte seinen Mund, so als wollte er etwas sagen. Hagen hatte eine klaffende Wunde am Hinterkopf. Jérôme schob seine Arme unter den Körper des großen Mannes und hob ihn an. Sie mussten hier raus.

Als er später überlegte, wie er mit Hagen auf die Wiese hinter dem Versammlungsaal gekommen war, konnte er sich nicht mehr erinnern. Das erste, das er wieder wusste war, wie das Wasser aus einer Flasche über Hagens Kopf lief, sich mit dem Blut vermischte und dann auf dem Boden tropfte.

Hagen wachte auf und sah ihn an. „Was ist passiert?" fragte er.

„Ich weiß es nicht. Du bist am Kopf verletzt. Ich bringe dich in ein Krankenhaus". Hagen befühlte seinen Kopf und verzog das Gesicht.

„Gerade als wir dachten wir sind frei" sagte er „gerade als wir dachten es wird alles besser".

„Das wird es auch" antwortete Jérôme. „Kannst Du aufstehen?" Hagen packte ihn am Arm.

„Wieso muss immer alles kaputtgehen, wenn es für einen Moment lang gut aussieht? Warum?" Jérôme schaute auf die Trümmer und die Toten, die überall lagen. „Ich weiß es nicht" sagte er. „Aber alles hat eine Bedeutung. Nichts geschieht ohne einen Sinn".

Hagen schnaubte verächtlich. „Ich kann keinen Sinn erkennen. Es sieht so aus, als hätten wir alles verloren".

„Du hast nicht alles verloren" sagte Jérôme. „Du lebst. Und du hast etwas gewonnen".

„Und was soll das sein?"

„Du hast einen Freund gewonnen". Hagen überlegte und lächelte ihn dann dankbar an. „Und du musst nie wieder auf unschuldige Menschen schießen". Hagen nickte. „Das werde ich auch nie wieder. Wohin gehen wir?" fragte er.

Jérôme überlegte. „Zuerst müssen wir hier weg. Vielleicht kommen sie wieder. Wir nehmen ein mobil der Grenztruppen. Damit sind wir bewaffnet. Und dann suchen wir ein Mädchen". Er kramte den kleinen Zettel aus seiner Jackentasche, den Pol ihm gegeben hatte. Da würde er sie finden. „Wir gehen dahin wo sie ist."

Hagen verstand nicht, was Jérôme meinte, aber er war froh, dass jemand ihm sagte, was zu tun war. Egal was es war, es war gut, zu wissen, dass es weiterging. Wohin sie gehen würden, war ganz egal.

35. Pol und Jekar

Pol hielt es im Archiv nicht mehr aus. Samir und Amil waren dabei, die Tracker der Bewohner, die ein screen trugen, zu deaktivieren, Richard und Ben versuchten, die Verbindung zu mind offen zu halten, die immer wieder gestört wurde und die Frauen kümmerten sich um die Kinder und das Essen. Khor saß mit seiner Tochter und seiner Enkelin seit Stunden zusammen – sie hatten sich so viel zu erzählen. Es hatte bisher keinen Angriff gegeben und er fragte sich, ob es nicht ein Fehlalarm gewesen war.

„Ich gehe raus" sagte er zu seiner Mutter. „Ich muss sehen, was los ist!"

„Sei vorsichtig, und komm sofort zurück, wenn du Drohnen bemerken solltest!" ermahnte sie ihn. Sie wusste, sie würde ihn sowieso nicht aufhalten können.

Pol ging den Gang entlang, den sie geöffnet hatten und erreichte die Räume der öffentlichen Toilette unter der Kirche. Er blieb stehen und versuchte, auf Geräusche zu hören. Es war still draußen. Dann öffnete er die Tür zu Straße und sah sich um. Niemand war zu sehen. Vorsichtig ging er zur Außenmauer des Dorfes. Von dort konnte man in das Tal blicken und Drohnen, sollten sie sich nähern, bereits von weitem entdecken.

Pol konnte nicht wissen, dass die Vectoren des councils mit Jekar und Silva schon gelandet waren und die Begleitsoldaten dabei waren, einen Kommandostand aufzubauen. Eine Patrouille sollte das Dorf durchkämmen und nach den Verdächtigen suchen. Gerade eben war das Überwachungssystem aktiviert worden und der diensthabende Offizier der Garde prüfte die Aktivitäten im Dorf. Es gab einige Ortungen von Bewohnern in der Ortsmitte, aber sonst war niemand zu entdecken. Keine Personen mit screen in den umliegenden Häusern. Das war seltsam. Auch wenn hier im Süden weniger als jeder Zweite ein screen trug, so mussten doch viel mehr Personen auf dem System zu finden sein.

„Ruf Jekar!" befahl er einem Soldaten. „Das wird ihn interessieren".

Jekar hatte gerade die Meldung bekommen, dass mind dabei war, die ersten Ergebnisse der Wahlen zu berechnen. Nicht einmal das hatten sie verhindern können! Kaum hatte er diese schlechte Meldung verdaut, wurde er von einem Abteilungsleiter in der Programmierung darüber informiert, dass das Lesegerät verschlüsselt worden war, erst kürzlich, und dass ein offensichtlicher Witzbold ein Rätsel gestellt hatte, das gelöst werden musste, um das Lesegerät zu aktivieren.

Jekar rief sofort zurück. „Was soll das, eine Verschlüsselung im Lesegerät!?!" Er wollte es nicht glauben. Der Programmierer bestätigte nochmals. „Man muss ein Rätsel lösen, um es zu starten!" beteuerte er. „Wo ist Leon?" fragte Jekar.

„Leon ist auf dem Weg zu dir" war die Antwort. „Er hat sich mit einer Nachricht abgemeldet".

Jekar war sprachlos. Auch diese Information war nicht geeignet, seine Laune zu verbessern. „Er soll sich sofort bei mir melden!" schrie er in das Gerät und drehte sich dann ruckartig um, um vielleicht ein Opfer zu finden, an dem er seine Wut auslassen könnte. Aber es war niemand da.

Wenn es etwas gab, was er hasste, dann war es Kontrollverlust. Sein ganzes Leben hatte daraus bestanden, Prozesse zu beherrschen und jetzt schien dies alles nur noch Makulatur. Nichts wollte funktionieren.

Ein Soldat kam in das Zelt. „Wir haben die Personenüberwachung im Dorf aktiviert. Wir haben eine Anomalie festgestellt". Jekar lief rot an. Nicht noch ein Problem! „Ich komme! Und schaffe mir Silva herbei!"

„Sie sind offensichtlich gewarnt worden!" rief ihm der diensthabende Offizier entgegen. „Die Bewohner sind geflüchtet oder haben sich versteckt!"

Jekar checkte die Daten. Der Mann hatte Recht. Die wenigen Tracker, die angezeigt wurden, konzentrierten sich in der Mitte des Dorfes. „Höchste Sicherheitsstufe!" ordnete er an. „Wir gehen in das Dorf!"

Silva kam hinein. „Du kommst mit!" befahl Jekar „und nimm deine Leibgarde mit".

Pol sah die Gruppe der Soldaten erst, als es zu spät war. Er konnte nicht mehr weglaufen. Dann sah er Jekar. Er erkannte ihn sofort. Das war sein Vater.

Er blieb stehen und wartete ruhig, bis sie näherkamen. „Wer bist du?" herrschte ihn ein Soldat an. „Ich heiße Pol und ich wohne hier. Und wer seid ihr?"

Jekar drängte sich vor. Er beantwortete die Frage nicht. „Wo sind die Bewohner des Dorfes?" fragte er.

„Es hat Gerüchte gegeben, dass ein Angriff auf das Dorf bevorsteht" sagte Pol, dessen Herz bis zum Hals schlug. Nicht wegen der Soldaten, sondern wegen Jekar. Das war sein Vater. Der nichts von ihm wusste. Er hatte ihn sich größer vorgestellt. Und irgendwie anders.

„Wo sind sie hin?" fragte Jekar.

„Ich kenne dich" antwortete Pol. „Du bist Jekar, der Leiter der Programmierung von mind".

Jekar betrachtete ihn. Ein bisschen zu selbstbewusst, der Junge. Aber ein hübscher Bengel. „Beantworte meine Frage!" forderte er ihn auf.

Pol lächelte. „Ich dachte ihr wisst sowieso alles" feixte er.

„Bring ihm Manieren bei!" mischte sich Silva ein. Der Soldat, der Pol am nächsten stand schlug ihm mit seinem Gewehr in die Magengegend. Pol krümmte sich, stöhnte kurz, gab aber keinen Laut von sich.

„Wenn du leben willst, tu was sie sagen!" herrschte der Soldat ihn an. Jekar schob ihn zur Seite. „Woher kennst Du mich?" fragte er.

Pol lächelte wieder, diesmal gequält. „Ich habe gewusst, dass wir uns begegnen würden" sagte er kryptisch und weckte damit noch mehr das Interesse von Jekar.

Jekar fixierte ihn. „Wir nehmen ihn mit" entschied er. „Und ihr durchkämmt das Dorf nach weiteren Einwohnern. Bringt jeden, den ihr findet, zu mir". Der Junge wusste etwas. Und das würde er herausfinden.

Die Leibgardisten blieben bei Jekar und Silva und sie machten sich auf den Rückweg zum Camp. Die Gardisten hatten Pol in die Mitte genommen. Er würde keine Chance haben, zu fliehen.

„Setz dich hierhin" befahl Jekar, als sie in seinem Zelt angekommen waren. Er stellte Pol ein Glas Wein hin. Vielleicht war es besser, zuerst für gute Stimmung zu sorgen. „Trink! Und dann erzählst Du mir, was ich wissen will. Dir ist klar, dass ein Befehl des councils zu befolgen ist?"

Pol nickte. „Und dass Du hart bestraft werden kannst?" Diesmal nickte Pol nicht. „Du wirst mir nichts tun" sagte er.

Jekar blickte erstaunt auf. „Und warum glaubst du das?"

„Dafür gibt es viele Gründe" antwortete Pol. Jekar zog die Augenbrauen hoch und schaute sich den Jungen nochmals genauer an. „Dann sag mir einen Grund" meinte er.

„Du brauchst mich" antwortete Pol, der jetzt doch einen Schluck aus dem Weinglas nahm. Jekar nahm einen Stuhl und setzte sich genau vor Pol. Der Junge schien nicht blöd zu sein oder doch? Wenn ja, war er verrückt. Das musste er jetzt herausfinden. Warum sollte er ihn brauchen?

„Was machst Du so?" fragte er. „Ich interessiere mich für alles Mögliche" war die ausweichende Antwort. „Und für was?"

„Algorithmen, Künstliche Intelligenz, neuronale Netze, Kommunikation..." sagte Pol beiläufig.

Jekar sah ihn erstaunt an. Das hatte er nicht erwartet. Nicht von diesem Jungen. Das waren seine Themen.

„Du trägst kein screen?" fragte er nach einer Weile.

„Das mögen wir hier nicht so" meinte Pol. „Und den council mögen die meisten auch nicht besonders". Jekar ging darauf nicht weiter ein. Ganz schön mutig.

„Lebst du schon lange hier?" „Schon immer", sagte Pol.

„Das ist ja eine interessante Mischung von Landjugend" dachte Jekar, der natürlich bemerkte, wie Pol ihn mit seinen Antworten hinhielt, ja fast mit ihm spielte. Bis jetzt hatte er stets geantwortet, aber nichts gesagt. Er tat aber unbeeindruckt und sagte „Willst du uns helfen, etwas zu finden?"

„Warum nicht?" antwortete Pol. „Sag mir was es ist und ich sage dir wie du es finden wirst".

Jetzt war der Moment, den Jungen zu überrumpeln. „Wir suchen einen Grund, dieses Dorf nicht zu zerstören" sagte er. Das musste ihn erschrecken.

Pol´s Augen verengten sich. Jekar war der Kopf hinter den Angriffsplänen. Er hätte es sich denken können. Jetzt kam es darauf an, was er sagen würde und darauf, wie Jekar reagierte.

„Ich bin der Grund" sagte er schlicht.

Jekar verstand nichts mehr. „Du bist der Grund?" fragte er ungläubig. „Das musst Du mir erklären".

„Ganz einfach" sagte Pol. „Wenn du dieses Dorf zerstörst, zerstörst du deine Familie".

Jekar war sprachlos. „Ich habe keine Familie" stammelte er.

Pol sah ihm in die Augen. Jekar blickte fragend vor sich hin, schaute ihn dann an, dann schien er nachzudenken, sah Pol wieder an, sah seine Augen, seinen Mund und ungläubig erst, dann sah er sich selbst...sich selbst vor vielen Jahren. Immer noch fragend, unsicher, bekam sein Gesicht einen schmerzverzerrten Ausdruck. Jekar´s Selbstsicherheit war mit einem Mal weg.

„Das kann nicht sein, das stimmt nicht, das ist nicht möglich!" Und doch wusste er es bereits.

Pol sagte nichts. Er schaute seinen Vater nur an und sah einen Mann, der mehr und mehr in sich zusammensank, sich dann wieder aufrichtete, um dann wieder zusammenzusinken. Als er wieder aufschaute, hatte er Tränen in den Augen.

In diesem Moment kam Silva hineingestürzt. „Das voting ist eine Katastrophe!" rief sie. „Sie wollen keinen reset!"

Jekar blickte nur kurz auf und sagte nichts. Silva bemerkte, dass hier etwas Wichtiges vor sich ging. Sie sah die beiden Männer an, schwieg dann lieber, drehte sich um und entschied, später wieder zu kommen.

„Wie alt bist du?" fragte Jekar. „Du weißt wie alt ich bin" antwortete Pol. Jekar schaute ihn an und nickte dann langsam.

„Wo ist deine Mutter?" „Marie will dich nicht sehen. Du hast sie benutzt. Deswegen hat sie dir nie etwas von mir gesagt".

Es traf Jekar wie ein Stachel in sein Herz. Nie hatte er es für möglich gehalten, dass er jemals so emotional reagieren könnte. Das war sein Sohn, der da vor ihm saß. Den er zwanzig Jahre nicht erlebt hatte. Nicht gekannt hatte. Eine tiefe Traurigkeit war plötzlich da, in seinem Innern, sie stieg langsam von seinem Bauch hoch und legte sich schwer auf sein Herz. Die Sehnsucht nach all dem, was hätte sein können. Was verloren war. Und diese Traurigkeit verdrängte alles, was gerade noch wichtig gewesen war.

Jekar konnte nicht verhindern, dass ihm die Tränen in die Augen schossen. Er schaue Pol unentwegt an, wollte alles an ihm wahrnehmen, ihn sehen. Der Junge vor ihm verschwamm mehr und mehr als die Tränen hinunterliefen. Er wusste nicht mehr, was er sagen sollte.

Pol stand auf. „Du wirst das Dorf verschonen" sagte er. „Es wird keinen Angriff geben". Dann ging er hinaus.

Jekar blieb noch eine ganze Weile stillsitzen, unfähig, sich zu bewegen. Da waren Enttäuschung und Traurigkeit. Die Trauer um die verlorenen

Jahre. Und die Vorwürfe gegen sich selbst. Er hatte einen Sohn und er hatte es nicht geahnt.

Aber allmählich machte die Leere in seinem Kopf Platz für etwas Neues, das sich besser anfühlte. Pol war da. Er hatte einen Sohn. Und er würde alles daransetzen, ihn zu behalten.

36. Leon und Pol

Leon war mit dem Zug in den Süden gefahren. Er mochte Zugfahren, man war für sich und er freute sich an der Technik. Brennstoffzellen übernahmen die Stromversorgung an Bord, was dazu geführt hatte, dass es keine Oberleitungen oder externe Stromversorgung mehr brauchte. Unglaubliche Mengen an Trägern und Leitungen waren dadurch zu Edelschrott geworden. Die alten Züge waren vom council nach Afrika exportiert worden, noch vor der Grenzschließung. Sie waren dort wohl bis heute noch im Einsatz.

Leon hatte die neuesten Nachrichten verfolgt, von den Angriffen auf mehrere Ziele gelesen und auch die ersten Ergebnisse der Wahl studiert und fragte sich, was wohl als Nächstes kommen würde. Er hatte sich vorgenommen, Jekar davon zu überzeugen, dass es vielleicht sinnvoll sei, die Ergebnisse der Wahl vor einem reset zu prüfen. Er wollte ihn bitten, zunächst von Gewalt abzusehen. Jetzt war er mit einem mobil unterwegs zu dem kleinen Dorf, das er schon sehen konnte. Es schmiegte sich malerisch an den Berg und es schien alles ruhig zu sein. Er fuhr die gewundenen Straßen hinauf und brauchte er nicht lange zu suchen. Zwei Vectoren standen am Rand des Dorfes, von großen Zelten eingerahmt.

Er stieg aus, zeigte dem Wachhabenden seinen Ausweis und sah sich um. Wenn Jekar planen sollte, auch hier Kampfdrohnen einzusetzen, dann war das jedenfalls noch nicht passiert. Dann sah er Silva. Sie schaute erstaunt auf, kam auf ihn zu und rief „Was machst du hier? Solltest du nicht das reset vorbereiten?“

Leon nickte. „Ich habe etwas Wichtiges zu besprechen" sagte er. „Wo ist Jekar?" Silva zuckte mit den Schultern, deutete auf ein Zelt und sagte „Der ist gerade nicht ansprechbar".

Leon zögerte. Vielleicht war das nicht der richtige Moment. Aber dann ging er doch in das Zelt und fand Jekar in einer Ecke sitzend, eine Flasche Rotwein vor sich. Er reagierte kaum, als er hineinging.

„Jekar? Kann ich dich sprechen?"

Jekar schaute nur kurz auf und sagte „Setz dich!" Er schien nicht überrascht zu sein, ihn hier zu sehen. Leon setzte sich auf einen der Stühle und wusste nicht recht wie er beginnen sollte. Jekar kam ihm zuvor. „Ich habe einen Sohn. Ich hab ihn heute zum ersten Mal gesehen."

Leon begriff schnell. „Das ist doch eine gute Neuigkeit" sagte er und war dann klug genug nichts weiter zu sagen. „Meinst du?" antwortete Jekar und versank dann wieder in Gedanken. Dann blickte er auf uns sagte „Er ist so alt wie du. Und ich sehe ihn erst heute zum ersten Mal".

„Dann habt ihr euch viel zu erzählen." Jekar nickte. „Ja, das haben wir wohl". Und nach einer Pause „Wir suchen Amil und Samir. Und den Zugang zu mind, den sie hier gefunden haben. Er muss im Archiv sein." Erst dann schien er zu bemerken, dass Leon hier war. „Warum bist du gekommen?" fragte er.

Leon begann vorsichtig. „Hast du die Ergebnisse der Wahl gesehen?" fragte er. Jekar verneinte. „Die Menschen da draußen wollen keinen reset. Sie wollen mehr Eigentum und nicht getrackt werden. Und zugeordnet werden wollen sie auch nicht mehr".

„Aha" machte Jekar, den das nicht wirklich zu interessieren schien. Er war offensichtlich mit seinen Gedanken woanders.

„Willst du ihn kennen lernen?" fragte er plötzlich. Leon nickte. „Dann komm" rief Jekar, in den plötzlich Leben zu strömen schien „wir suchen ihn!" Er sprang auf und zog Leon mit sich. Leon und Pol waren etwa gleich alt, sie würden sich gut verstehen. Vielleicht konnte er so eine erste Brücke zu ihm bauen.

Pol saß, von zwei Soldaten bewacht, auf einem kleinen Hang und betrachtete die Szene vor sich. Jekar setzte sich einfach neben ihn, ohne irgendwelche Etikette zu beachten und deutete auf Leon.

„Das ist Leon. Ich will, dass ihr euch kennenlernt".

Dann stand er auf und ging zurück in sein Kommandozelt. Leon stand einen Moment unschlüssig da, setzte sich aber dann neben Pol und sagte „Die wollen das Dorf plattmachen…"

Pol sah, dass Leon ein screen und die übliche Einheitskleidung der council-Mitarbeiter trug. Gerade wollte er ihn schon deswegen uninteressant oder langweilig finden, da sah er ein kleines Tattoo auf Leon´s Arm. Eine Drohne. „Cooles Tattoo!" sagte er. Leon antwortete nicht sondern zog ein kleines Kästchen aus seiner Tasche und reichte es Pol. Der öffnete es und staunte. So kleine Drohnen hatte er noch nie gesehen.

„Eigenentwicklung" sagte Leon „Antidrohnendrohnen. Sie sind klein, aber effektiv!" Pol staunte. Vielleicht war der Junge doch nicht so langweilig…

Und so kam es, dass die beiden nur wenig später feststellen, dass sie viele gemeinsame Interessen hatten, Technik, Computer, Programmierung und natürlich viele Ideen. Und dass sie beide verhindern wollten, dass die Situation eskalieren würde.

Zur gleichen Zeit zerbrachen sich die Programmierer im Datenzentrum von mind den Kopf über das Rätsel, das in das Lesegerät programmiert war. Es lautete:

„Aus zwei wird drei, aber nur wenn man es nicht teilt".

Danach folgten fünf leere Kästchen, offensichtlich für die Lösung. Die Multiplikation mit dem Faktor 1,5 schien logisch, ergab aber keinen Sinn mit den leeren Kästchen. Es sah aus, als würde es eine lange Nacht werden…

Nicht weit davon entfernt war der Leiter des sub-councils Administration immer noch unschlüssig, was er tun sollte. Er hatte die ersten Zerstörungen der Kampfdrohnen gesehen und war fassungslos. Es war nicht richtig, Gewalt einzusetzen. Das waren keine Saboteure, die es getroffen hatte, es waren Menschen, die für Veränderungen kämpften. Der Ausgang der Wahl war eindeutig: die da draußen wollten Veränderungen. Der council musste darauf angemessen reagieren. Gewalt war nicht die Lösung. Wer sich nicht anpasst, geht unter.

Er öffnete das Administrator-Menü mit den Kennwörtern zu den Waffendepots. Es dauerte nur einen Moment, dann hatte er das neue Passwort „Nie wieder Krieg" eingegeben.

Währenddessen kam die Patrouille der Soldaten aus dem Dorf zurück. Silva ging ihnen entgegen, um als erste ihren Bericht zu hören. „Niemand zu finden!" berichtete der Zugführer. „Das Dorf ist menschenleer!" „Und der Bürgermeister?" fragte Silva. „Auch die mairie ist leer" war die Antwort.

Das konnte nur bedeuten, dass die Bewohner geflüchtet waren. Machte man sich nicht schon deshalb verdächtig, weil man flüchtet? Klar war jedenfalls, dass die Manipulationen von hier aus erfolgt waren. Der council musste ein Zeichen setzen. Wenn sie jetzt untätig blieben, könnten sie die Kontrolle verlieren. Gerade weil der reset sich noch hinauszögern würde. Jekar musste den Angriffsbefehl geben und wenn er es nicht machte - sie würde nicht zögern.

Sie lief in den Kommandostand und fand Jekar, der alte Bilder auf die Laptops geladen hatte, Bilder vom Bau des Archivs. Er war in Gedanken versunken, kaum ansprechbar und wollte keine Entscheidung treffen.

Silva gelang es nicht, ihn davon zu überzeugen, dass man das Dorf zerstören müsste. Als ein Zeichen der Stärke. Um zu zeigen, dass man nicht zurückweichen würde.

Frustriert ging sie wieder in ihr Zelt zurück. Die Entscheidung des councils war doch eindeutig. Wenn Jekar nicht bereit war zu handeln, dann würde sie es tun. Die Drohnen sollten den nördlichen Teil des Dorfes zerstören, das war weit genug weg vom Landeplatz und dann weiter über dem Dorf kreisen, bis sie neue Order bekommen würden. Das würde wirken. Und auch Jekar aufrütteln. Dann gab sie den Befehl zum Angriff.

Die Drohnen hatten nur wenig Flugzeit vom Stützpunkt im Süden zum Dorf. Sie informierte den Kommandanten der Security, ging in Deckung und wartete.

Im Archiv sah Amil die neue Bedrohung sofort an seinem Bildschirm. „Wir werden angegriffen" sagte er ruhig. Marie, die mit Khor, seiner Tochter und seiner Enkelin in einer Ecke saß, schrie auf. „Pol ist noch da draußen!"

„Wir müssen ihn warnen!"

Amil fiel ein, dass Pol kein screen trug. Sie würden ihn suchen müssen. Aber da rannte Khor schon an ihm vorbei und rief „Das mache ich!" und verschwand durch den Gang.

Marie wollte ihm nach, aber Kena hielt sie zurück. „Bleib" sagte sie „hier bist du sicher. Er wird ihn finden". Marie sah Kena mit einem angstvollen Blick an. „Sie sind alles, was ich habe" stammelte sie. Kena nickte und nahm sie in den Arm. Dann kam Rana und streichelte Marie über den Kopf. „Komm zu mir, wir werden beten".

Leon war so vertieft in das Gespräch mit Pol, dass er die Drohnen erst bemerkte, als sie schon im Anflug waren. Er erschrak, sprang auf und spähte Richtung Süden. Da kamen sie, vier Kampfdrohen, mit dem für sie typischen Brummen.

Auch Pol war aufgesprungen. Er war fassungslos. Jekar hatte ihn belogen, mit ihm gespielt. Während er hier mit Leon war, hatte sein Vater den Angriff befohlen. Und jetzt kamen die Drohnen. Ruckartig drehte er sich zu Leon um und packte ihn mit beiden Händen an den Schultern.

„Hol sie unter!" rief er „schnell, bevor es zu spät ist!" Leon begriff. Er bückte sich zu seiner Tasche, nahm das Kästchen mit den Drohnen heraus und öffnete es.

„Wieviel startest Du?" rief Pol. „Alle" sagte Leon „ich schicke alle!" Er schaltete die kleinen Geräte der Reihe nach an und hielt das Kästchen Pol hin. „Wirf sie in die Luft, ein Bewegungssensor aktiviert sie!"

Pol nahm eine Drohne und warf sie in einem weiten Bogen von sich. Ein helles Sirren war zu hören, dann war die Drohne verschwunden. Im gleichen Moment war ein heller Blitz am anderen Ende des Dorfes zu sehen. Sekunden später grollte der Donner der ersten Explosion, dann kam noch eine und noch eine. Die Drohnen hatten bereits aus der Entfernung die ersten Raketen abgefeuert.

Die Legionäre aus dem Invalidenheim, die überlebt hatten, konnten nicht wissen, dass die Kampfdrohnen nicht hier, auf dem Stützpunkt, sondern schon unterwegs waren. Und dass die Bewaffnung neuer Kampfdrohnen durch ein neues Passwort unmöglich geworden war. Es wäre ihnen auch egal gewesen. Von hier waren die Drohnen gekommen, die sie angegriffen hatten, das war der richtige Stützpunkt. Das war der Gegner.

Sie näherten sich in einem Konvoi mit hohem Tempo dem Stützpunkt, durchbrachen ohne Mühe den Sicherheitszaun und begannen zu feuern. Wer sich ihnen in den Weg stellte, wurde erschossen. Der Leitstand, in dem sich die meisten Soldaten aufgehalten haben mussten, explodierte in einem ohrenbetäubenden Feuerball. Die ganze Aktion dauerte nur wenige Minuten, dann existierte der Stützpunkt nicht mehr.

„Auch eine Art, einen Konflikt zu lösen. Vernichtung." meinte Capitane Roget, nachdem nur noch rauchende Trümmer zu sehen waren.

„Ich würde es positiver ausdrücken" sagte Ron. „Von hier ist kein neuer Ärger mehr zu erwarten. Und dass ist doch etwas Gutes, oder?" Roget grinste.

Das Fahrzeug der Grenztruppen, das sich langsam dem Zaun näherte, wurde von den Legionären argwöhnisch beobachtet, stellte aber keine

Gefahr dar. Als Jérôme ausstieg, erkannte Ron ihn. Er rief den Legionären
zu „Freund, nicht schießen!" und ging zu ihm.   „Schön, dass du
davongekommen bist!" sagte er. Jérôme nickte. „Schön dich wieder zu
sehen!" Dann standen sie zusammen und besprachen, was geschehen
war.

„Wenn der council die Grenztruppen und die ehemalige Legion angreift,
wird er Probleme bekommen" meinte Jérôme. „Wir werden uns wehren!"

„Dann lass uns ins Dorf fahren" sagte Ron. „Bringen wir es zu Ende!"

37. Das Dorf

Leons kleine Drohnen leisteten ganze Arbeit. Keine der verbliebenen
Kampfdrohnen schaffte es noch, weitere Geschosse abzuschießen. Die
kleinen, superschnellen Minidrohnen schlugen in die Großen ein wie
Hornissen, brachten sie vom Kurs ab oder beschädigten wichtige Teile.
Das Brummen der Antriebe wurde leiser und verstummte dann ganz.

Pol sah Leon mit großen Augen an. „Mann" sagte er „Du hast mir gerade
das Leben gerettet! Du hast uns das Leben gerettet! Abgefahren, deine
Minidrohnen!" Leon konnte nicht anders als stolz zu sein. Es hatte
funktioniert. Seine Erfindung hatte funktioniert.

Als Pol sich umdrehte, stand Jekar vor ihm. Da war der Schuldige. Er
konnte nicht anders und schlug ihm mit voller Wucht in den Magen. Jekar
sank zusammen. „Du Arsch!" konnte Pol noch rufen, da rissen ihn die
Leibgardisten schon zu Boden und legten ihm Handschellen an.

Jekar, der gerade wieder Luft bekam, beteuerte seine Unschuld. „Ich habe
den Einsatzbefehl nicht gegeben!" rief er immer wieder. Pol glaubte ihm
kein Wort.

Im Archiv hatte Amil verfolgt, wie die Kampfdrohnen plötzlich vom
Bildschirm verschwanden. Sie alle hatten die Explosionen deutlich
gespürt aber das Archiv war solide gebaut. „Ich glaube, wir können
hinaus" sagte er und kurz darauf machten sich die Bewohner auf und

liefen durch den Gang ins Freie. Niemand wollte hier drinbleiben. Jeder wollte sehen, was draußen passiert war.

Die Bewohner staunten nicht schlecht über die seltsame Kolonne von alten Militärfahrzeugen, die gerade die Straße zum Dorfplatz hinauffuhren, besetzt mit alten Männern, viele davon verletzt, mit grauen Bärten und grimmigem Blicken, einige in Uniform, die meisten in Schlafanzügen.

Ron sprang von einem alten Schützenpanzer und ging auf die Bewohner zu. Richard erkannte ihn sofort und winkte ihm zu. „Braucht ihr Hilfe?" rief Ron. „Hilfe ist willkommen!" rief Richard zurück. „Ihr könntet ein paar Gardisten mit zwei Vectoren aufmischen, die unten auf dem Sportplatz rumlungern!"

Sofort kam Leben in die Truppe. Die Männer wendeten die Fahrzeuge und nahmen Kurs auf den Sportplatz. Roget bellte Befehle und trieb die Männer an. Solange die Vectoren nicht gestartet waren, stellten sie keine Gefahr dar. Aber wehe, wenn sie flogen. Ben löste sich von Kena und rief „Ich muss mit" und rannte, verfolgt von Amil, Samir und Richard, den Fahrzeugen nach. Auch Sara konnte sich nicht zurückhalten, packte Marie am Arm und sie liegen hinterher.

Es musste ein seltsamer Anblick für die Soldaten des councils gewesen sein, als die alten Militärfahrzeuge der Legion, gefolgt von einem Fahrzeug der Grenztruppen, ohne sich um die Wache zu kümmern mit qualmenden Motoren auf den Platz fuhren. Die Männer sprangen von den Fahrzeugen und richteten ohne zu zögern ihre Waffen auf sie. Ein Mann in einem Rollstuhl wurde in die Mitte des Platzes geschoben und schaute sich um. „Wer hat das Kommando?" rief er. Der Kommandant der Security glaubte an einen Scherz und trat vor.

 Roget musterte ihn von oben bis unten. „Ihr seid gefangengenommen!" rief er dann. „Wer Widerstand leistet wird erschossen!" Und um seinen Worten Nachdruck zu verleihen, hob er die Maschinenpistole an und zielte genau auf den Kommandanten.

Marie kam mit Sara atemlos auf dem Gelände an. Die Legionäre hatten die Soldaten offensichtlich überrascht. Marie sah sich um. Hinter einigen Gardisten stand eine Gruppe von Menschen. Sie erkannte Jekar und dann Pol, der gefesselt zwischen zwei Soldaten stand. Ohne zu zögern oder Jekar zu beachten lief sie auf Pol zu, sah, dass ihm nichts passiert war, umarmte ihn dankbar und befahl mit einer wütenden, fast schreienden Stimme, die allen durch Mark und Bein ging „Losmachen! Sofort!" Die Gardisten zuckten zusammen und schauten Jekar an. Der zögerte erst und nickte dann. „Dein Glück" hörte Jekar hinter sich sagen. Er drehte sich um und sah in das Gesicht von Sara. Es verhieß nichts Gutes.

Es war Silva, die noch nicht aufgeben wollte. Sie hatte sofort nach dem Einmarsch der Legionäre ihren Alarmknopf gedrückt, stand mit ihren zwei Bodyguards hinter einem Zelt und beobachtete die Lage. „Zu den Vectoren!" zischte sie und lief auf eine Lücke zu, die es möglich machen würde, zu den Fluggeräten zu kommen. Ein kurzer Feuerstoß aus der Maschinenpistole von Roget stoppte das Trio. Er hatte in den Boden gezielt. Silva stand, als sich der Staub gelegt hatte, starr und schaute an sich hinunter. Die Kugeln hatten den Boden aufgespritzt, ihr weißes Kleid war voll mit Dreck und Gras. Aber sie war unverletzt. „Bewacht die Vectoren und entwaffnet die Garde!" befahl Roget.

Auf dem Dorfplatz nahm eine überglückliche Rana ihren Vater in den Arm, der voll Staub, aber offensichtlich unversehrt, auftauchte. Alle machten sich auf den Weg zum Sportplatz. Dort hatten die Legionäre die Gardisten, Jekar und Silva gefesselt und waren gerade dabei, sie abzuführen. Silva war außer sich vor Wut und erging sich in Verwünschungen. „Das werdet ihr nie schaffen! Die Verstärkung wird bald da sein! Das werdet ihr büßen! Ihr armer Haufen von Krüppeln!"

Da trat Rana vor sie und schaute sie lange an. „Es mögen Krüppel darunter sein" sagte sie. „Und vielleicht auch Alte" Dann schaute sie die Legionäre an und rief: „Aber arm sind sie nicht!"

Sie öffnete am Hals ihr hochgeschlossenes Kleid und eine 7-lagige Kette aus Gold, besetzt mit kostbaren Diamanten, kam zum Vorschein. Sie drehte sich zu den Männern, eine junge Frau, stolz und schön, wie eine Königin. Die sahen das Gold und die Edelsteine und begannen zu applaudieren. Afrika mochte arm sein, aber es gab dort auch Reichtum. Reichtum aus unvordenklichen Zeiten. Und viel mehr als Gold und Edelsteine, es gab so viel in Afrika.

Dann bemerkte Rana Jérôme, der an seinem Fahrzeug stand, Hagen auf ihn gestützt. Er winkte ihr zu. Zum ersten Mal seit langer Zeit spürte Rana, dass alles gut werden würde. Sie schenkte Jérôme ihr schönstes Lächeln und winkte zurück. Die Diamanten funkelten in der Sonne.

Kurz darauf saß Jekar still in dem Zelt, in das sie ihn gesetzt hatten. Er fühlte sich kraftlos. Sara hatte ihn fesseln wollen, aber Pol hatte abgewinkt. „Der läuft nicht weg" hatte er gesagt.

Wie sicher Pol sich war. Wie genau er ihn durchschaute, ihn kannte, obwohl sie sich heute zum ersten Mal gesehen hatten. Aber er hatte Recht. Er würde nicht weglaufen. Es war alles anders geworden. Er hatte einen Sohn und der gehörte dem Widerstand an. Zum ersten Mal im Leben war Jekar unsicher und wusste nicht, was er tun sollte. Pol musste ihm glauben, dass nicht er, sondern Silva die Bombardierung des Dorfes befohlen hatte. Aber er hätte es auch getan. Ja, er hätte es sicher auch getan, wenn Pol nicht gewesen wäre. Und jetzt? Jekar überlegte. Jetzt würde er nichts mehr tun, was seinem Sohn schaden würde. Oder gegen ihn gerichtet war. Irgendetwas in ihm drin ließ ihn sogar ahnen, dass er alles tun würde, um Pol zu beschützen. Das war, was Pol spürte und ihn so sicher sein ließ. Sein Vater würde kein Gegner mehr sein.

Er dachte über das Rätsel nach, mit dem Pol das Lesegerät verschlüsselt hatte. Sein Gehirn spielte alle Möglichkeiten durch, die sich anboten. Keine der Berechnungen kam auf eine Lösung mit fünf Ziffern. War es am Ende ein unlösbares Rätsel, eine Falle? Die Verschlüsselung diente doch dazu, jemanden die Möglichkeit zu geben, mit Hilfe des Schlüssels die Lösung zu finden. Oder handelte es sich um eine Entzifferung, bei der man keinen Schlüssel brauchen würde, um die Lösung zu finden? Irgendetwas wollte er mit dem Rätsel sagen.

Ein Schlüssel ließ sich aus der Aufgabe nicht erkennen. Also war die Lösung kryptografisch korrekt eine Entzifferung. Es musste einen Bezug geben, einen Bezug, den Pol in das Rätsel eingebaut hatte. Pol hatte geahnt, dass er, sein Vater, die Verschlüsselung sehen würde. Und er hatte gewusst, dass sein Vater die Lösung suchen würde. Vielleicht enthielt das Rätsel eine Mitteilung, eine Botschaft an ihn. Dann konnte es einen anderen Bezug als Mathematik geben, die Lösung nicht aus Zahlen bestehen.

Es ging Pol offensichtlich nicht um eine Berechnung. Mathematik, so schwierig eine Aufgabe auch sein würde, hätte mind in Sekundenbruchteilen berechnet. Auch das musste Pol gewusst haben. Aber eine Maschine kann keine Bezüge herstellen zu Informationen, die nicht programmiert waren. Sie denkt nicht. Einen Hinweis kann sie nicht erkennen. Das können nur Menschen. Menschen.

Menschen können denken und fühlen, sie haben ein Bewusstsein. Maschinen haben kein Bewusstsein, sie können nicht denken und nicht fühlen. Sie folgen Algorithmen. Jekar überlegte. Dann sollte er jetzt denken. Und fühlen. Nicht wie eine Maschine. Sondern wie ein Mensch.

Pol hatte ihm etwas sagen wollen. Was nur? Aus 2 wird 3, wenn man es nicht teilt…

Dann wusste er es. Es war so einfach. Die Lösung war wie eine Aufforderung an ihn, eine Bitte, sogar eine dringende Bitte. Es war das, was Pol wollte, was er sich wünschte und was er ihm sagen wollte.

Das Lösungswort war „LIEBE“.

III.

Afrika

1. Die Kämpfe

Ohne die Hilfe der Legionäre und der Grenztruppen und den Willen, Veränderungen herbeizuführen, wäre nichts möglich gewesen. Der Widerstand wäre beendet gewesen, bevor er richtig begonnen hatte.

Schon kurz nachdem sie Jekar, Silva und ihre Soldaten festgesetzt hatten, stellte Samir fest, dass der Zugang zu mind im Archiv unter dem Dorf wieder gesperrt worden war. Der council hatte sofort reagiert. Die einzige verbliebene Möglichkeit, Nachrichten an die screens der Menschen zu senden, war jetzt die Datenleitung im Süden, im ehemaligen Forschungszentrum. Da, wo eine unerschöpfliche Energiequelle aus Plasma geschaffen werden sollte. Wo seit Jahrzehnten gebaut wurde, um die gewaltigsten Kräfte der Natur beherrschbar zu machen. Unerschöpfliche Energie. Aber als eine neue Finanzierungsrunde der beteiligten Staaten vor Jahren zu keinem Ergebnis führte, weil die Kosten ausuferten, waren die Arbeiten eingestellt worden. Vorläufig, so hieß es. Seitdem wurde das Forschungszentrum genutzt, um Programme für mind zu entwickeln.

Vom Dorf war es kein weiter Weg über den Berg hinab in das Flusstal zum Forschungszentrum. Schon von weitem sah man die hohen Zäune, die das Zentrum umgaben und die technischen Anlagen. Riesige und komplexe Bauten, die doch nie ihren Zweck erreicht hatten. Außer vielleicht den, dass man Erkenntnisse gewonnen hatte.

Sie hofften, es würde nicht zu spät sein. Wenn sie dort einen Zugang zum Netz von mind finden würden, um den Menschen da draußen Nachrichten zu schicken, ihnen sagen, dass der Widerstand existierte und vor allem, was sie forderten und was jetzt wichtig war. Und erklären, warum der Widerstand jetzt wichtig und notwendig war. Damit könnten sie den council unter Druck setzen…

Die Truppe, die sich dem Zentrum näherte, bot einen seltsamen Anblick: Legionäre, teilweise noch im Schlafanzug, Hagen und Jérôme mit ihren zerrissenen, schmutzigen Uniformen und die Bewohner aus dem Dorf, die sich angeschlossen hatten und die sich irgendwie auf einen Kampf vorbereitet hatten, einige mit Motorradhelmen, andere so wie sie gerade waren, als sie spontan entschieden hatten, mitzumachen. Ein langer Konvoi aus Militärfahrzeugen, Rollern, Motorrädern und sogar Traktoren. Alles, was fahren konnte. Ein Konvoi von Menschen, die nicht bereit waren, die plötzliche Gewalt gegen ihr Dorf hinzunehmen, nicht ohne Gegenwehr, nicht ohne die Stimme erhoben zu haben: „Das war Unrecht! Das dürft ihr nicht! Wir lassen uns das nicht gefallen, wir werden uns wehren!"

Khor hatte kurz zuvor eine Rede auf dem Dorfplatz gehalten und den Bewohnern gesagt, dass es jetzt nicht nur um Widerstand, sondern auch um sie gehen würde. Nicht nur darum, einen weiteren Angriff auf das Dorf zu verhindern. Sondern auch darum, so weiterzuleben zu können wie bisher.

Es ging um die Menschen selbst und ihre Art zu leben. Und um das was sie für richtig hielten. Für das Leben, das sie hier hatten. Um so leben zu können, wie sie es immer getan hatten. Unabhängig und frei. Und nicht überwacht.

Wie immer hier im Süden waren die Menschen schnell bereit, gegen die da oben, gegen Befehle und jede Art von Zwang vorzugehen…

Aber der council war dieses Mal auf einen Angriff vorbereitet. Die Fülle der Informationen, die mind liefern konnte, aus der Überwachung durch die b-Drohnen, allen verfügbaren Daten über die involvierten Personen, aus der Analyse der Lage und dem Vergleich aller verfügbaren Möglichkeiten des Handelns gab dem council ein Bild der Lage. Mind hatte das Forschungszentrum als wahrscheinlichstes Ziel berechnet, das der Widerstand angreifen könnte. Der einzige Zugang zum Netz. Mind erstellte sogar fortlaufend eine Prognose, wer in einem Kampf wann und mit welchen Verlusten siegen könnte.

Daraufhin waren alle verfügbaren Einsatzkräfte des councils noch in der Nacht im Forschungszentrum zusammengezogen worden, um einem möglichen Angriff zuvorzukommen.

Und mind hatte sich nicht geirrt, es kam zu dem Kampf, einem Kampf ohne das erhoffte Überraschungsmoment für den Widerstand, ein Kampf, den Capitane Roget als Erster mit seinem Leben bezahlen musste. Fast schien es, als wäre es ihm recht gewesen, für genau diese Sache zu sterben.

Er hatte den Konvoi, der sich der Forschungsanlage genähert hatte, angeführt, in seinem Rollstuhl auf der Ladefläche eines alten Trucks sitzend. Er wollte in vorderster Linie sein. Das war er immer gewesen. Er war einfach von einem Geschoß weggeschleudert worden. Eben noch Befehle rufend, begeistert von dem Plan, einen Überraschungsangriff zu führen, war er im nächsten Moment nicht mehr da gewesen. Sie fanden ihn später, an einem Abhang liegend, mit einem roten Loch in seiner Brust. Aber als Ron und Richard ihn später abholten, um ihn zu einem Auto zu tragen, da war es ihnen, als würde Roget sie mit einem Lächeln auf seinem weißen Gesicht ansehen.

Das Forschungszentrum wurde erbittert verteidigt. Die Kämpfe forderten Opfer, auf beiden Seiten. Die Kämpfer des Widerstandes fielen für NEW, die neue aufregende Welt, ohne gewusst zu haben, ob diese Welt wirklich besser sein würde. Sie kannten nur die alte Welt. Die einen waren davon überzeugt, dass diese alte Welt sich verändern musste. Die anderen wollten so weiter leben wie bisher. Aber allen war gemeinsam, dass sie gegen den Aggressor kämpfen wollten, der ihr Dorf angegriffen hatte. Und sie waren bereit, dafür zu sterben. Es ist das ultimative Opfer, das ein Mensch bringen kann – sich selbst.

Es waren die Vectoren, die der Widerstand erbeutet hatte und die Waffen der Gardisten, die den Kampf am Ende zugunsten des Widerstandes entschieden. Mit ihrer Beweglichkeit und überlegenen Bordwaffen schalteten die Vectoren die Truppen des councils auf dem Gelände aus. Die Verteidiger zogen sich in die Gebäude und unterirdischen Anlagen zurück. Hier konnten die Vectoren nicht eingesetzt werden.

Es entwickelte sich ein Häuserkampf, archaisch, Mann gegen Mann, Frau gegen Frau. Es kam zu heftigen und brutalen Gefechten im Inneren der Anlage.

Das war kein joystick-Krieg. Computer spielten keine Rolle mehr. Am Ende müssen Soldaten gegen Soldaten kämpfen, Menschen gegen Menschen. Keine Bildschirme, nur Gewalt. Erst am Abend konnte der Widerstand das Gefecht für sich entscheiden und die Kontrolle übernehmen. Sofort wurde die Standleitung zu mind gesucht. Endlich konnten sie der Welt da draußen mitteilen, was hier geschah. Ihre Sicht der Dinge erklären.

Die Nachrichten wurden programmiert, von Mara und Kena knapp formuliert und mit hochgeladenen Bildern ergänzt. Amil und Samir öffneten den Zugang und die screens der Menschen da draußen piepten. Unter der Überschrift „Freiheit – wofür wir kämpfen" liefen kurze Parolen: „Keine Überwachung mehr! Kein Zentralstaat! Der Mensch im Mittelpunkt! und „Schluss mit dem Punkteterror!" Es war ihnen klar, dass dies nur die Überschriften für das war, was sie wirklich wollten, aber es war auch klar, dass sich die Menschen so an die schnelle Information gewöhnt hatten, dass kaum jemand Details lesen würde. Sie mussten darauf vertrauen, dass die Menschen die Fragen, die sie laufend in das System einspeisten, in ihrer Komplexität verstehen würden. Und wieder ließen sie abstimmen, jeder konnte seine Zustimmung geben oder eben nicht.

Aber es war klar, dass der council reagieren würde. Auch dieser Zugang zu mind und die screens der Menschen konnte nur kurz genutzt werden. Es ist das Wesen einer Leitung, zwei Enden zu haben. Und ein Ende konnte blockiert werden, weil ihre Nachrichten im System bei mind ankamen. Ohne eine Stimme, die gehört werden konnte, würde der Widerstand untergehen, deshalb mussten so schnell wie möglich die Botschaften platziert werden. Hoffentlich würden sie die Menschen da draußen unterstützen.

Ohne die unerwartete Hilfe des Leiters des sub-councils Administration hätten sie das nicht geschafft. Er hatte, einer Eingebung folgend, die Zugänge zu den Waffenarsenalen des councils blockiert und damit den Regierungstruppen den Nachschub abgeschnitten. Was nutzte eine Waffe ohne Munition? Nichts. Das hatte einen Krieg verhindert. Den Garden, die der council zur Verstärkung schickte, war der Nachschub ausgegangen. Die Kämpfe flauten ab.

Der Leiter Administration wurde im council zur Rede gestellt, war aber standhaft geblieben. Er hatte dem Druck des councils nicht nachgegeben und die Waffenarsenale nicht freigegeben. Und die Truppen hatten keine Waffen, die sie gegen den Widerstand einsetzen konnten.

„Wenn man nichts mehr hat, mit dem man kämpfen kann, dann muss man einen Dialog führen, Kompromisse schließen" hatte er argumentiert. „Miteinander reden. Verhandeln. Und vielleicht besser darauf hören, was die Menschen wollen, als wir das in der Vergangenheit getan haben. Diese Menschen wollen Veränderungen. Wir müssen ihnen zuhören."

Erst fand er nicht viel Gegenliebe im council, aber die Fakten sprachen für ihn. Immer mehr Menschen da draußen verlangten, gehört zu werden. Irgendwann war auch der council bereit, zu verhandeln. Zumindest so zu tun, als würde man verhandeln. Dann könnte man ja weitersehen. Und dass die Menschen da draußen Veränderungen wollten, war nicht zu übersehen. Und dass es ohne Veränderungen nicht weitergehen würde, war irgendwie auch klar. Aus dem Widerstand war eine politische Kraft geworden.

2. Afrika

Mara war glücklich. So glücklich, wie man nur sein kann, wenn man Schlimmes erlebt und überstanden hat. Wenn man wieder aufatmen kann und Hoffnung da ist, dass alles wieder besser werden kann. Oder zumindest so wie früher.

Sie freute sich über das neue Programm des Widerstandes, an dem sie lange gearbeitet hatten, die neue Gesellschaftsordnung. Es sah so aus, als würde jetzt, nach der großen Krise, abgestimmt werden. Der Widerstand hatte es geschafft, gehört zu werden. Und Mara war froh, dass ein Teil des Programmes vorsah, dass dem Süden, insbesondere Afrika, geholfen werden sollte. Die Abschottung des Nordens sollte ein Ende haben.

Sie erinnerte sich an ein Gespräch, das sie vor einigen Wochen mit Khor geführt hatte. Sie freute sich jedes Mal, wenn sie mit ihm sprechen konnte. Er war ein kluger, nachdenklicher und vielschichtiger Mensch. Je mehr sie ihn kennen gelernt hatte, desto mehr war ihre Bewunderung für den Mann aus Afrika gewachsen.

Das Haus mit dem großen Garten in dem kleinen Dorf hatte sich, ohne dass es geplant war, zum Treffpunkt des Widerstandes entwickelt. Das Haus stand offen für alle, die mitmachen wollten und die Freunde trafen sich gerne hier. Das Dorf war voll Leben, Menschen kamen und gingen und überall wurde diskutiert. Das Haus war der Nukleus des Treibens. Vielleicht lag es auch am Bürgermeister des kleinen Dorfes, der irgendwie selbst zu einer Anlaufstelle geworden war. Oft stand er im Mittelpunkt der Bemühungen und lenkte sanft, aber bestimmt die Aktivitäten.

Khor hatte seinen Platz im Garten des Hauses gefunden, hinter den großen Oleanderbüschen, auf der Mauer, wo er für sich sein konnte, ungestört, und doch die Stimmen der anderen und das Leben im Haus hören konnte. Ein bisschen abseits und doch dabei. So wie es für ihn auch die letzten Jahre gewesen war, hier, wohin es ihn verschlagen hatte. Er war immer ein Außenseiter geblieben, auch als Bürgermeister, der Mann aus Afrika. Aber er war auch angekommen und fühlte sich hier auch zu Hause, irgendwie. Man kann viele Heimaten haben.

Mara war zu ihm gegangen und hatte sich neben ihn gesetzt. Sie sagte nichts, weil sie merkte, dass Khor in Gedanken war.

Nach einer Weile wandte er sich ihr zu: „Jeder bemüht sich doch, respektiert zu werden, Anerkennung zu bekommen, ist es nicht so? Das tut man bewusst oder unbewusst. Oder um seine Interessen durchzusetzen. Es ist ja ein gutes Gefühl, etwas entscheiden zu können oder ernst genommen zu werden. Und wenn es nicht so läuft, wie man es sich wünscht, dann ist man enttäuscht. Oder beleidigt. Man fühlt sich zurückgesetzt.“

Mara überlegte. „Und was kann man machen, wenn es nicht so läuft?“ Sie wusste noch nicht, worauf Khor hinauswollte, also nahm sie einen Teil seiner Gedanken auf und fragte nach. Das gab dem anderen ein gutes Gefühl, man zeigte Interesse und ließ Zeit, Gedanken zu formulieren.

„Ich denke, Menschen, die selbstbewusst sind, stellen sich Problemen. Sie versuchen sie zu lösen. Sie lernen, arbeiten an sich und werden stärker. Andere Menschen können das nicht. Sie haben diese Kraft oder das Selbstbewusstsein nicht. Sie ziehen sich zurück, wenn es Probleme gibt, insbesondere mit anderen Menschen. Sie setzen eine andere Macht ein. Sie haben gelernt, sich zu entziehen. Man verweigert sich Anderen. Man weicht aus. Das soll weh tun.“

„Aber ist nicht dieses Verhalten auch die Ausübung von Macht?“

„Ja. Entzug ist eine recht einfache Reaktion, die nicht viel Aufwand kostet. Und man verdrängt das Problem. Man flüchtet vor der Auseinandersetzung. Aber das schafft neue Probleme. Und man kann so wunderbar beobachten, wie der andere in die Falle läuft, weil er nicht versteht, warum er ignoriert wird. Er kann ja nicht so ohne weiteres den Bezug zum eigentlichen Problem erkennen, wenn man es ihm nicht sagt.“

„Ich verstehe. Wer sich verweigert, übt passiv Macht aus?“

„Genau. Und wenn man genau hinschaut, dann geht es meistens um ein Problem, von dem ein Verweigerer glaubt, es nicht zu beherrschen. Wer sich so verhält, zeigt seine Ohnmacht bei der Lösung des eigentlichen Problems. Ohnmacht, ein schönes Wort. Es sagt genau das, was es bedeutet. Ohne Macht.“

Mara lächelte. „Ja. Das stimmt.“ Es war immer wieder erstaunlich, wie tiefsinnig, aber klar Khor über Vieles dachte.

„Und woher kommt Ohnmacht?“, fragte sie.

„Das ist das Gefühl, etwas nicht zu können. Oder nicht zu wissen. Schwach zu sein. Sich nicht durchgesetzt zu haben. Selbstbewusste, starke Menschen verweigern sich nicht. Sie brauchen das Gefühl nicht, durch Entzug der Aufmerksamkeit Macht auszuüben. Aber die Schwachen, die setzen Entzug gezielt ein, um ihre Ohnmacht zu verdecken.“

„Und wie erkennt man das?"

„Na ja, es ist wohl eine Art Fluchtverhalten. Es wird nicht am eigentlichen Problem gearbeitet, sondern auf einer anderen Ebene agiert. Manchmal kann man erkennen, dass es dabei um eine Macht geht, die man glaubt, nicht zu besitzen. Es gibt ja viele Arten von Macht."

„Aber ist es nicht so, dass Machtstreben oft ihre Ursache in einer früheren Ohnmacht hat?"

„Ja, das ist oft so. Ein prügelnder Ehemann ist immer schwach. Er erkennt nicht, dass sein Problem sein eigenes ist und nicht das seiner Frau. Vielleicht ist er als Kind misshandelt worden. Wer Macht exzessiv ausübt, zeigt wie in einem Spiegel das Ausmaß seiner Ohnmacht."

„In einer guten Beziehung sind beide stark. Sie brauchen das nicht."

Khor sah Mara an. „Ich weiß. Du und Amil, ihr seid in einer solchen guten Beziehung. Amil ist stark und du bist es auch und man kann sehen, dass ihr euch respektiert."

Mara lächelte. „Du hast Recht. Wir sind verschieden, aber wir respektieren uns. Das hilft sehr. Wir laufen nicht vor Problemen davon."

„Halt ihn fest. Es gibt nicht viele Menschen, die sich finden."

„Ja, das werde ich", versprach Mara. „Aber warum denkst du über Macht nach?"

Khor überlegte. „Manchmal bekommt man Macht, ohne dass man sie gesucht hat. Oder sie gar nicht braucht. Man hat mich gefragt, ob ich der neue Vorsitzende des councils werden will." Er machte eine Pause. „Das ist sehr viel Verantwortung. Ich weiß nicht, ob ich das verdient habe. Und ich habe Angst davor, etwas falsch zu machen. Aber ich will auch nicht ausweichen."

Mara war im ersten Moment überrascht, das zu hören, aber dann auch wieder nicht. Wer, wenn nicht Khor, mit seinen Erfahrungen aus zwei Welten, zwei Kulturen, hatte die Fähigkeit in einer neuen

Gesellschaftsordnung zu einigen, zu verstehen und zu führen? Einer, der auch Afrika, das so lange Zeit isoliert war, kannte.

„Du wirst Vieles falsch machen", sagte sie. „Aber das darfst du, wenn du dir vorher Mühe gegeben hast, alles richtig zu machen."

Khor lächelte. „Danke, dass du mir die Angst nehmen willst. Aber mich beschäftigt noch etwas anderes. Ist es nicht so, dass Menschen auch ihre Gefühle, Komplexe, Ängste, ja alles mitnehmen, was in ihnen ist, wenn sie ein Amt ausüben sollen? Und wie kann ich verhindern, dass meine Komplexe oder Ängste Entscheidungen beeinflussen? Ich könnte es mir nicht verzeihen, wenn ich Fehler machen würde. Oder der Aufgabe nicht gewachsen wäre."

„Du bist nicht allein", war die schlichte Antwort von Mara und dabei beließen sie es.

Eine Weile noch saßen sie nebeneinander und sahen abwechselnd in den Garten und in die Leere, in Gedanken versunken.

Khor würde ein guter Vorsitzender sein, dachte Mara. Sie kannte ihn zwar noch nicht lange. Aber wer sich solche Gedanken machte, der hatte es verdient, Verantwortung zu tragen. Er strebte nicht nach Macht, um eigene Defizite auszugleichen. Da war kein Egoismus bei ihm zu spüren, nur Respekt vor der Macht und Demut, die es immer braucht, wenn man etwas anvertraut bekommt. Man sollte Macht nur Menschen geben, die nicht danach streben. Khor suchte die Macht nicht, aber er kannte beide Welten. Er würde es schaffen, zu integrieren. Er könnte der geborene neue Vorsitzende des councils sein. Manchmal sind es verschlungene Lebenswege, die jemand für eine Aufgabe qualifizieren. Für die er jetzt und hier wie geschaffen erscheint.

Sie zweifelte nicht daran, dass er gewählt werden würde. War es denn nicht so, dass Menschen, die mehr als nur ein Leben kannten, die viel erlebt hatten, Gutes wie Schlechtes, immer die besseren Führer, immer die besseren Berater waren?

Die, die hinausgegangen waren, die mutig genug waren, um Fremdes kennenzulernen, um Neues zu wagen? Es waren schon immer diese Menschen, die dem Fortschritt geholfen hatten. Weil sie das Beste aus beiden Welten vereinen konnten. Die Vorurteile beseitigt hatten, die man hat, wenn man das Andere nicht kennt.

Mara war Khor dankbar, weil die Hilfen für Afrika und den Süden bereits angelaufen waren und schon vor den Verhandlungen über ein neues Regierungsprogramm mit einer unglaublichen Wucht umgesetzt wurden. Die Menschen nahmen die politischen Entscheidungen vorweg und handelten selbst. Ist das nicht auch ein Baustein der Demokratie, Eigenverantwortung zu zeigen? Khor selbst hatte immer mehr Verantwortung für die Hilfe übernommen und damit begonnen, die Aktivitäten zu strukturieren und zu lenken.

Es war die Dankbarkeit der Menschen im Norden für die Hilfe aus Afrika. Eine Hilfe, die in der Krise unerwartet und gerade noch rechtzeitig gekommen war. Die Hilfe, die viele gerettet hatte. Und die dazu geführt hatte, dass Khor zu einem der wichtigsten und bekanntesten Männer geworden war.

Diese Krise hatte vieles verändert. Die Not, die für alle gleich war, machte jedem klar, wir sind eine Welt, wir sind eine Spezies und wir müssen zusammenhalten, um Probleme zu lösen.

Der Widerstand hatte in den letzten Monaten unter Khor´s Führung einen Wettbewerb für technische Soforthilfe für Afrika organisiert. Alle waren immer noch geflasht von der Resonanz, die der Aufruf hervorgerufen hatte. Menschen hatten ihre Ideen eingebracht, sich in Arbeitskreisen virtuell zusammengeschlossen und Lösungen präsentiert, die fast alle brauchbar und vor allen Dingen schnell umsetzbar waren. Andere waren einfach da, boten sich an, um Arbeiten zu leisten, egal wo und egal was. Jeder fühlte sich für irgendetwas verantwortlich, tat das, was er konnte. Und das Netz brachte sie zusammen.

Das große Problem Afrikas, das knappe und oft verunreinigte Wasser, sollte durch solarbetriebene, mobile Meerwasserentsalzungsanlagen und riesige Pipelines aus dem regenreichen Norden mitten durch die Sahara angegangen werden. Rohrverlegungsmaschinen trieben die Leitungen jeden Tag weiter vorwärts nach Süden. Die Rohre und die Pumpen kamen über den Seeweg direkt aus den Fabriken des Nordens. Die Hersteller und bald auch der council überboten sich, zu helfen, jeder wollte mit dabei sein. Das wieder gut machen, was die jahrelange Abschottung des Südens angerichtet hatte. Überall wurde etwas geplant, montiert oder transportiert.

Es herrschte eine gute Stimmung, es war eine Aufbruchstimmung und die Erleichterung darüber, dass Afrika wieder ein Teil des Ganzen sein sollte, war überall zu spüren.

Die Wasserrohre sollten, wo immer notwendig, Entnahmestellen erhalten, durch Schieberegler oder Ventile zugänglich. Zugang zu sauberem Wasser. Nicht kostenlos, aber zu einem geringen Preis. Denn was keinen Preis hat, ist nichts wert, so behaupten jedenfalls Ökonomen. Und überall dort, wo schon genügend Wasser zur Verfügung stand, wurde gepflanzt und alles angebaut, was dort immer schon zu Hause war und eine gute Ernte versprach. Der Kampf gegen den Hunger und die Dürre war jetzt im Mittelpunkt aller Bemühungen. Die Menschen begannen, sich wieder selbst zu versorgen.

Mara hatte mit Rana, die als Projektleiterin zwischen Nordafrika und Europa hin- und herpendelte, eine App entwickelt, die jedem in Afrika zugänglich war, der eines der kleinen Tablets bekommen hatte, die kostenlos verteilt wurden und die mit Solarstrom funktionierten. Nein, sie wurden nicht eingepflanzt in die Haut wie die screens, man trug sie als Armband oder einfach am Gürtel.

Sie nannten die App für die Tablets „Green", so wie die Farbe der Auferstehung in der früheren christlichen Lehre, das Symbol für das Leben, den Frühling und das Zeichen dafür, dass alles in Ordnung ist.

Amil und Samir hatten die Algorithmen geschrieben, die hinter „Green" standen. Dabei nutzten sie die Diagnose von Bildern, die mind in Sekundenschnelle durch den Vergleich von Bildarchiven liefern konnte.

Mit der Kamera im screen wurde zunächst ein Bild des Bodens, auf dem angepflanzt werden sollte, aufgenommen und an mind geschickt. Zusammen mit den Positionsdaten des Anfragenden wurde das Bild mit vorhandenen Bildern und den gespeicherten Geodaten verglichen. Das war zwar keine Bodenanalyse vor Ort, aber erstaunlich genau. Die in mind hinterlegten Daten berechneten die Chancen für die Pflanzen, die dort erfolgreich angebaut werden konnten. Überraschend war, dass oft die Pflanzen, die dort traditionell angebaut wurden, von mind vorgeschlagen wurden. Die Menschen in Afrika lachten darüber. Es war ihnen klar, dass die Maschine nur das bestätigte, was man immer gewusst hatte.

Aber die App gab auch ein Tutorial mit Empfehlungen für den Anbau, Pflanz- und Erntezeiten, Pflege der Pflanzen, Schädlingsbekämpfung und Tipps zur Verarbeitung und Vermarktung. Lernt man nicht am schnellsten aus dem Netz, insbesondere wenn man das Gelernte sofort umsetzen kann? Die App wurde innerhalb kürzester Zeit millionenfach angeklickt und die Menschen begannen, Felder anzulegen und wieder für sich selbst zu sorgen.

„Die Menschen in Afrika brauchen diese Starthilfe", hatte Rana argumentiert. „Zu lange haben wir außer traditionellen Erfahrungen und dem, was wir von den Eltern gelernt hatten, keine Impulse und Ideen gehabt. Die Vernetzung der Welt gibt uns die Chance, mehr von dem zu profitieren, was andere wissen." Neben „Green" waren die Tablets mit einer Auswahl von Lernprogrammen, ob Sprachen, Technik oder Naturwissenschaften ausgestattet, mit denen sich jeder weiterbilden konnte. Afrika musste wieder Anschluss gewinnen.

So wurde neben dem Wasser auch Technik und modernes Know-how transferiert. Schon jetzt, nach wenigen Monaten, begannen Landschaften zu blühen, es wurde gebaut und produziert, neue Märkte entstanden und viele fanden Arbeit auf den Feldern oder den Baustellen.

Erstaunlich war die Vielfalt der Wassergewinnung, die Menschen in Afrika während der Isolation entwickelt hatten. Schon immer hatten die

Menschen dort gewusst, wie man aus wenig etwas machen konnte. Nebelkollektoren hatten den Morgentau eingefangen, Pflanzen halfen, Wasser zu speichern. Wasserkavernen, die verborgen, aber im Gedächtnis der Menschen waren, wurden genutzt. Und mobile Solaranlagen hatten Wasser aus der Luft kondensiert. Nur so hatten die Menschen bis jetzt überlebt. Mit dem frischen Wasser aus dem Norden, mit verlässlichen Lieferungen in großen Mengen, konnte mehr Land kultiviert und aufgeforstet werden.

Für ein weiteres Problem, die fehlende Energie, war die Lösung Solaranlagen, die Strom erzeugten, der in Wasserstoff umgewandelt werden konnte. Der Wasserstoff wurde in einer speziellen Flüssigkeit gebunden und in Tankwagen und langen Zügen in die energiehungrigen Städte gebracht. Dort wurde die Flüssigkeit separiert und aus dem Wasserstoff wieder Strom gewonnen. Die Sonne Afrikas könnte sich zu einer Industrie entwickeln, davon waren sie überzeugt, eine Industrie, die Energie erzeugen und in den energiehungrigen Norden exportieren konnte.

Es waren vielversprechende Anfänge, der Weg zu mehr Gerechtigkeit und die Hilfe, die sie sich gewünscht hatten. Es würde Jahre dauern, bis das Elend im Süden vorbei sein würde, aber sie hatten begonnen. Arbeitskräfte wurden gebraucht und die Aufbruchsstimmung trug dazu bei, dass die Menschen wieder optimistischer in die Zukunft blickten. Menschen brauchen Ziele. Menschen sind immer bereit, in die Zukunft zu investieren, wenn sie die Hoffnung haben, dass alles besser werden könnte.

Es war Rana, die daran erinnert hatte, dass es neben der Armut und dem Elend auch Reichtum in Afrika gab. Da war dieser Zusammenhalt, eine in vielen Gebieten vielleicht archaisch anmutende Ordnung, die aber oft funktionierte. Es war der afrikanische Weg: mit wenig zusammen viel erreichen. Und die Fähigkeit mit wenig zu überleben. Aber nicht nur das, die Gemeinschaft half dabei, auch glücklich zu leben, das war ebenfalls wichtig. Die Fröhlichkeit der Menschen in Afrika steckte jeden an, selbst die Bedenkenträger im Gebiet des councils. Und war ein Vorbild für viele im Norden. War es nicht so, dass dort der Individualismus so weit gegangen war, dass jeder für sich war und alle glaubten, niemand zu brauchen? „Reich und allein ist nicht glücklich", hatte Rana das genannt.

Und dann war da das neue politische Programm. Es spiegelte das wider, was sie oft diskutiert hatten und was durch die Befragungen zum Vorschein gekommen war.

Gerade die jungen Menschen wollten weder Reichtum noch Macht um jeden Preis. Jedenfalls nicht auf Kosten anderer. Es war ein neues Denken zu spüren. Die Wertschätzung für Reichtum und Macht schwand. Das Streben nach Macht und Vermögen durch Einzelne erschien vielen absurd. Sie wollten weg von der Maximierung des Wohlstandes zu einem Wirtschaftswachstum, das sich an den Bedürfnissen der Menschen orientieren sollte.

Das war die Philosophie hinter dem Programm Diversity, nämlich die Verteilung von Entscheidungsgewalten und Vermögen in alle Bereiche, die nicht zentral gesteuert werden mussten.

Niemand sollte Land oder Produktionsmittel besitzen, die nicht notwendig zu seinem Lebensbereich oder seinen Aufgaben gehörten, auch nicht der council. Niemand sollte über Fragen des Lebens und Zusammenlebens entscheiden, die für ihn weit weg waren. Es war diese Aufteilung, sowohl der Macht als auch des Eigentums, die die Zukunft gerechter machen sollte. Es sollte zentrale Aufgabe des councils sein, die Mittel, die zur Verfügung standen und ihre Verwendung dezentral zu organisieren. Menschen waren überall klug genug, um ihre Lebensbedingungen und Bedürfnisse zu kennen und lokal für eine Struktur zu sorgen, in der sie ihre Kultur und ihre Ziele verwirklichen konnten.

Das sollte nicht bedeuten, dass es keine Führung geben sollte. Seit jeher hatten Stämme, Völker und Länder Anführer gehabt. Aber die Entscheidungen sollten aufgeteilt werden. Die Regionalisierung der Macht erlaubte Führung, aber sie würde den Zentralismus beenden.

Politik würde unabhängig von Ländern, Grenzen oder Regierungen und auch unabhängig vom council sein.

Auch in Afrika gab es Vorbilder für solche dezentralen Strukturen. Die Stämme. Regieren war in der Geschichte Afrikas meist denen vorbehalten, die stark und fähig waren. Jedenfalls in den Zeiten, in denen es keine Kolonialherrschaft gab. Und oft gab es mehrere Führer, etwa die Stammesältesten, Räte oder Familien, denen das Wohl eines Volkes anvertraut war.

Amil hatte diese Systeme beschrieben. Wenn eine Wahl von einem Kandidaten in den westlichen Demokratien knapp gewonnen wurde, dann war der Zweite ausgeschlossen. Er war überstimmt. Auch wenn er viele Wählerstimmen auf sich vereinigt hatte. Wie undemokratisch, denn diese Wählerstimmen waren umsonst, verloren. Sie waren von der Ausübung der Regierungsgewalt ausgeschlossen. Nur Opposition. In vielen Kulturen in Afrika war es dagegen üblich, dass auch der Zweite beteiligt wird. Und der Dritte.

„Das war einer der großen Fehler der Demokratien gewesen, die untergegangen sind", hatte Mara gesagt. „Die fehlende Bereitschaft, Macht zu verteilen. Und das ist einer der Fehler, die die Macht des councils monopolisiert hatte. Eine Diktatur. Das darf nicht noch einmal passieren. Wir werden alle beteiligen. Durch die Anwendung des Prinzips „Teile und Herrsche", teilen wir die Mittel und regieren vor Ort. Wir setzen wir eine regionale, ehrliche und damit wirkliche Demokratie um. Macht wird demokratisiert und regionalisiert."

Mind gab über die screens die Möglichkeit, viele Menschen an politischen Entscheidungen jederzeit teilhaben zu lassen. Eine Art ständige Wahl. Die Basisbefragungen sollten nach und nach Wahlen ersetzen. Die bestehende hierarchische Ordnung würde immer wieder durch Abstimmungen durchbrochen. Und sie wollten in Kauf nehmen, dass nicht jede Entscheidung optimal sein würde, nicht jeder ist ein Experte für alles.

Pluralismus, Schwarmintelligenz, die Vielfalt der Kulturen, alle Möglichkeiten nutzen: mind sollte dieses neue politische System managen. Wozu hat man die künstliche Intelligenz eines Supercomputers?

Plötzlich standen Mara Tränen in den Augen. Sie musste an die Wochen und Monate zurückdenken, die seit dem ersten Angriff auf den Knotenpunkt des Netzes vergangen waren. Und in denen so viel passiert war. Menschen waren gestorben. Der Krieg zwischen dem Widerstand und dem council war kurz, aber furchtbar gewesen. Viele hatten Opfer gebracht. Und alle warteten auf ein neues, gerechteres System. Sie waren es diesen Menschen schuldig, diese Welt zu ändern, zum Besseren zu verändern.

Sie fühlte sich plötzlich müde, müde von den Anstrengungen seitdem. Sie setzte sich auf einen Stuhl und langsam nickte ihr Kopf vor. Ihre Augen schlossen sich und alles kam ihr vor, als wäre es gestern gewesen…

3. Die neue Ordnung

Sie hatten oft zusammengesessen und die Veränderungen diskutiert, die ihnen notwendig erschienen: eine neue Ordnung. Mara hatte referiert: „Die Welt ist an ihre Grenzen gestoßen. Immer mehr Menschen können dort, wo sie leben, keine Lebensgrundlage mehr finden. Oder die Preise nicht mehr bezahlen. Und daher wollen sie in die Gebiete des councils. Wir haben diese Menschen im Stich gelassen."

„Das stimmt", bemerkte Kena, „die Migrationsbewegungen haben im Wesentlichen zwei Ursachen. Die Klimakatastrophe und die immer weiter auseinanderklaffende Schere zwischen Arm und Reich. Die Erderwärmung trifft besonders den Süden. Wasserknappheit und Hitze lassen die Produktion von Nahrung einbrechen. Die Menschen hungern. Hier im Norden sind die Reichen dagegen noch reicher geworden."

„Das liegt am gemäßigten Klima und daran, dass Menschen hier an Produktions- und Sachvermögen und den neuen Technologien beteiligt sind" sagte Ben. „Wir haben weite Teile der Produktion und viele

Dienstleistungen automatisiert. Und der council verteilt den Reichtum, der dadurch entsteht."

Mara nickte. „Aber wir haben begonnen, uns abzuschotten. Dafür war das System „council" ideal. Der council hat in bekannter und in der Vergangenheit oft praktizierter Burg-Mentalität die Grenzen zugemacht, um den Flüchtlingsströmen Einhalt zu gebieten und natürlich auch, um nicht teilen zu müssen. Und man musste das Elend nicht ständig sehen."

Kena unterbrach sie: „Der council hat dafür gesorgt, dass die Not nicht mehr Teil der Nachrichten, der Wahrnehmung und des Alltags war. Das war gut für die Akzeptanz des politischen Systems. Wie oft hat der council darauf hingewiesen, welche Vorteile eine Abschottung bringt!"

„Champagner schmeckt besser ohne schlechtes Gewissen", bemerkte Samir sarkastisch.

„Ja", sagte Kena, „aber jetzt tragen wir Verantwortung. Für die Menschen, die diese Privilegien nicht haben. Für alle. Wir müssen handeln."

War es nicht schon immer so gewesen, dass Menschen ihre Heimat aus zwei Gründen verlassen hatten - der Liebe wegen oder, viel häufiger, weil sie Arbeit suchten? Ein besseres und sicheres Leben? Das hatte die Migration immer mehr beschleunigt. Durch die Konzentration des Vermögens in den Händen weniger war die Richtung der Flüchtenden klar: in die Länder und die Städte, in denen die Reichen zu Hause waren, um dort ein gutes Leben zu finden und teilzuhaben am Wohlstand. Ein Wohlstand, der in ihrer Heimat nicht mehr möglich schien. Ob es um Punkte oder um Geld ging, war letztlich gleich. Wo es keine Perspektiven gab, alles immer weniger wurde, da wollte man nicht bleiben. Es war die ewige Suche nach einem besseren Leben.

„Aber sollte man nicht dort sein, dort arbeiten, wo man zu Hause ist? Dort eine Lebensgrundlage haben? Ist man nicht immer in der Heimat glücklicher als anderswo?", hatte Richard gefragt. „Sollte nicht jeder Mensch zu Hause die Möglichkeit bekommen, sich mit dem zu beschäftigen, was er wollte und am besten konnte und damit genügend zu verdienen, um am Leben teilhaben zu können?"

Sie waren sich darüber einig, dass Armut und die dadurch ausgelösten Fluchten nur durch die Verbesserung der Lebensbedingungen in den benachteiligten Ländern aufhören würde. Abschottung war keine Lösung. Jedenfalls keine menschliche. Das erforderte eine radikale Umverteilung des Reichtums, der durch die Wirtschaftssysteme der alten Zeit entstanden war. Aus dem Gedanken der unbedingten Gewinnmaximierung, einem Kapitalismus, dem soziale Aspekte immer mehr fremd geworden waren.

Das alte Wirtschaftssystem, das der council abgelöst hatte, war von einer Marktwirtschaft, manchmal mit sozialen Elementen, manchmal nicht, immer mehr in eine Monopolwirtschaft mutiert. Es waren die großen Unternehmen, die die Wirtschaft, aber auch immer mehr die Politik dominiert hatten und deren Macht von einzelnen Regierungen kaum mehr zu kontrollieren war.

Die waren schon deshalb im Nachteil, weil sie alle vier oder fünf Jahre neu gewählt werden mussten, während Unternehmen viel langfristiger agierten. Wirtschaft für sie immer schon wie Krieg, besser sein als andere, schneller, effektiver und brutaler in der Durchsetzung ihrer Ziele. Und die waren nicht altruistisch.

Besonders die Unternehmen, die ihr Geld mit Daten verdient hatten und diese Daten nutzten und verkauften, waren in ihrer Machtentfaltung und ihrem Reichtum zu einer Gefahr für die Menschheit geworden. Die Unternehmen waren gewachsen und verhielten sich gegenüber Konkurrenten und den staatlichen Aufsichten wie im Krieg. Es ging um Marktanteile. Diesen Krieg wollten sie nicht mehr. Und, auch darüber waren sie sich einig, man konnte sich nach Ausbeutung anderer nicht moralisch dadurch freikaufen, dass man später aus dem angehäuften Vermögen spendete und am Ende seines Lebens den Wohltäter gab…

Bei der Verteilung des Vermögens war unter der Regierung des councils nur wenig Fortschritt erkennbar. Zwar gab es die Grundversorgung. Aber der council hatte mit den Möglichkeiten von mind, der zentralen Datenverwaltung und -nutzung seine Macht immer mehr ausgebaut und letztlich missbraucht. Einige Wenige kontrollierten zu viel. Der

Wohlstand musste neu geordnet werden. Der Zugang zu Vermögen und Produktionsmitteln musste Idealfall für alle Menschen möglich sein.

Die Grundversorgung hatte nur einen ersten Schritt in die richtige Richtung gemacht und nur für die, die abgeschottet im Gebiet des councils lebten. Nun sollte sie auch den Regionen zu Gute kommen, die der council aufgegeben hatte. Afrika. Lateinamerika. Das würde eine gigantische Umverteilung von Wohlstand bedeuten. Dafür aber mehr Sicherheit für alle und vor allem Solidarität mit allen. Und vielleicht ein Ende der Flüchtlingsströme einleiten. Das erforderte eine altruistische Grundentscheidung, die der council so niemals treffen würde. Nämlich teilen.

„Wir haben uns immer nur auf die Lösung der Probleme konzentriert, nicht die Ursachen. Wir können Gewinnmaximierung als obersten Grundsatz für wirtschaftliches Handeln nicht mehr akzeptieren. Die Reichen haben dieses Problem der Ungleichheit verursacht, nicht die Armen. Daher müssen wir bei denen anfangen, die über Reichtum verfügen."

Mara war immer schon für eine sozialere Wirtschaftsordnung gewesen. Aber der council kontrollierte fast alles, wie konnte da eine neue Wirtschaftsordnung entstehen?

„Der Gedanke, zu belohnen, was der Gesellschaft dient, ist grundsätzlich richtig. Das Punktesystem. Aber wir müssen diesen Gedanken wieder auf die Menschen ausrichten, und zwar auf alle Menschen und nicht auf eine Gesellschaft oder ein Staatswesen", hatte Ben gemeint. Dem hatten die anderen zugestimmt.

„Das erfordert eine neue Verteilung aller Güter", hatte Mara gesagt. „Wir brauchen diese neue Verteilung. Es muss für alle einen Zugang zum Wohlstand geben. Nicht die Reichen, nicht der council sind das Problem, sondern die Armen. Um die Reichen brauchen wir uns nicht kümmern, das tun die schon selbst."

Das war der Kern ihrer Überlegungen. Schon zu lange besaßen nur wenige Menschen fast alles Vermögen. Und die waren auch noch stolz darauf. Das Angebot des councils, den Reichtum gegen unbegrenzte Möglichkeiten und pilar–Status zu tauschen hatten viele wahrgenommen, nicht aber die Superreichen. Sie hatten sowieso schon alles, was sie sich wünschen konnten und sahen keinen Vorteil in der Übertragung ihres Vermögens auf den council.

Auch der council hatte das erkannt und daraufhin Maßnahmen ergriffen, die auch schon in der Vergangenheit erfolgreich enteignet hatten. Er hatte Handelsbeschränkungen und hohe Zölle eingeführt. Jeder der Superreichen, der etwas in das Gebiet des councils liefern oder verkaufen wollte, sah sich von einem Tag auf den anderen mit neuen Kosten und am Ende sogar mit Einfuhrsperren konfrontiert. Es reichte nicht mehr, etwas zu produzieren oder liefern zu können, wenn die Nachfrage aufgrund der künstlich hohen Preise einbrach. Das hatte besonders die IT-Unternehmen getroffen, die Plattformen, die Händler und die Entwickler. Die Verkaufsmaschinen.

Dann kam das Verbot der kommerziellen Datennutzung. Die Nutzung von Daten wurde zu einer staatlichen Aufgabe erklärt. Ein Erdbeben. Aber ein gutes, im Nachhinein gesehen. Es war das Ende der kommerziellen Datenkraken.

Als letzte Maßnahme hatte der council verfügt, dass jeder Reiche und jedes Unternehmen seinen CO2-Ausstoß berechnen und dafür bezahlen musste. Und kaum waren diese Emissionsdaten vorhanden, wurden immer höhere Abgaben verfügt. Es wurde teuer, reich zu sein. Verursachten die Reichen, die Konzerne, nicht mehr als andere Menschen klimaschädliche Emissionen und Unmengen an Abfall? Bald sahen sich die Besitzenden mit horrenden Abgaben konfrontiert. Eine Yacht ist kein Ruderboot. Auch ihre Unternehmen waren gezwungen, Kompromisse einzugehen. Mit dem council. Das hatte eine Vermögensverschiebung zur Folge. Immer mehr Reiche und ihre Firmen gaben auf und übertrugen Vermögen auf den council. Gegen Punkte. Die Reichen entschieden am Ende doch für das social-credit-System.

„Ich plädiere für eine Neugestaltung der staatlichen Vermögensverwaltung", referierte Mara. „Der council hat vieles auf sich vereinigt. Aber er setzt das Vermögen egoistisch ein, nur für die, die zu ihm gehören und ihn unterstützen. Und er setzt es für Ziele ein, die nicht alle Menschen teilen. Wir müssen das korrigieren, damit menschliche Bedürfnisse überall besser befriedigt werden können. Wenn wir den Kapitalismus betrachten, so hatte er den Vorteil eines Unternehmertums mit Ausrichtung auf Gewinnmaximierung und damit Effizienz. All das wurde befeuert vom Gewinnstreben des Unternehmers, nämlich immer erfolgreicher zu werden und das eigene Vermögen zu maximieren. Der Sozialismus als politisches Modell war potentiell gerechter, erforderte aber viel mehr Verwaltung. Und er zentralisierte Macht in den Händen weniger, meistens der Politiker oder einer Parteiorganisation. Und immer, wenn Vermögen vergesellschaftlicht wird, bedient sich irgendjemand daran. Das hat die Geschichte gezeigt. Es fehlt einfach an der Kontrolle durch den Eigentümer.“

„Das spricht für eine soziale Marktwirtschaft, wie es sie schon einmal gab. Aber da gab es noch die einzelnen Staaten“, warf Samir ein.

„Auch das war nur eine Form von Kapitalismus, mit sozialen Elementen. Es wurde zugeteilt, auf Antrag oder nach Protesten, aber nicht von vorneherein geteilt“, meinte Kena. „Das hat dazu geführt, dass der Lobbyismus geblüht hat. Ich meine, das Vermögen der Welt muss allen gehören.“

„Auf keinen Fall darf es wieder zu der Häufung von Eigentum in den Händen Einzelner kommen“, sagte Amil. „Das war eine wesentliche Ursache für viele Konflikte und hat die Not vieler Menschen verursacht.“

Kena nickte. „Vermögen muss dem Ganzen dienen. Und das Ganze sind alle Menschen, nicht ein Staat, eine Regierung, ein Unternehmen oder der council. Teilen muss für alle Menschen gelten, nicht nur für die, die im Gebiet des councils leben.

Wir haben die Grundversorgung. Niemand muss mehr haben, um überleben zu können. Alle Menschen müssen eine Grundversorgung bekommen. Der Grundsatz der Vermögensteilung muss sowohl für Unternehmen gelten, die von ownern betrieben werden als auch für die öffentlichen Unternehmen des councils. Alle Unternehmen und jede Technologie sollen für den Menschen da sein. Vielleicht ist Sozialunternehmertum Vorbild, das strebt jedenfalls nicht nach Gewinn.“

Kena hatte diesen Gedanken zutreffend formuliert und es war ein Gedanke, den sie behalten wollten. Nicht nur der council, sondern auch die noch existierenden Unternehmen hatten sich der Prämisse „zum Wohl aller“ unterzuordnen. Das galt für das Vermögen, aber auch für Produkte, die hergestellt wurden.

„Und man darf in dieser Welt, die so unterschiedlich ist, nichts pauschalieren. Es kommt immer auf die Lebensverhältnisse vor Ort an. Menschen sollen über sich selbst bestimmen können. Auch über den Reichtum der Welt. Sie sollen keine Existenzangst haben müssen. Es ist genug für alle da.“

„Also werden wir mind in die Lage versetzen müssen, alles Vermögen so maximal wie möglich zu nutzen und alle Bedürfnisse so maximal wie möglich zu erfüllen.“ Mara war jetzt Feuer und Flamme für die neue Ordnung.

„Also das Vermögen verteilen?“, fragte Ben. „Verteilen ist vielleicht nicht der richtige Begriff. Aber es sollte aufgeteilt werden, jede Region soll die Mittel bekommen, die zur Erfüllung ihrer Aufgaben notwendig sind. Keine zentrale Verwaltung des Vermögens. Nur für globale Herausforderungen bleiben die dafür erforderlichen Mittel beim council. Alles, was regional geregelt werden kann, wird dorthin verteilt und dort verwaltet.“

„Und wenn eine Region mit dem Vermögen Ziele umsetzt, die nicht akzeptabel sind?“, fragte Samir. „Was meinst du?“ meldete sich sein Bruder. „Na ja, irgendwo kaufen die Leute Waffen, weil sie davon überzeugt sind, sich verteidigen zu müssen und vernachlässigen die Bildung, oder es werden Kinder beschnitten oder was weiß ich…“

„Also Ziele, die nicht alle mittragen“, sinnierte Mara. „Das ist die Freiheit, die eine örtliche Verwaltung von Vermögen gibt. Wir müssen akzeptieren, dass Ziele und Vorstellungen nicht überall gleich sind, selbst wenn sie nicht unserer Kultur oder unseren Vorstellungen entsprechen. Wir müssen Vertrauen haben. Aber es gibt eine Grenze für diese Freiheit."

Kena lächelte. Sie wusste bereits, was Mara meinte. „Die allgemeine Erklärung der Menschenrechte! Und natürlich ist das Strafrecht eine Grenze."

„Genau!", lächelte Mara zurück. „Die Übertragung von Vermögen und Verantwortung auf die Regionen bedeutet nicht, dass allgemein gültige Regeln missachtet werden dürfen. Deren Einhaltung obliegt wiederum dem council. Der council wird zur Vertretung aller Menschen für die Einhaltung dieser Rechte! Und, darüber müssen wir uns auch im Klaren sein: Es gibt zwar die universellen Menschenrechte, aber ganz viele unterschiedliche Strafrechte. Das muss man akzeptieren, wenn man diversifiziert."

„Ja", sagte Ben. Viele Konflikte in der alten Zeit waren darin begründet, dass Menschen anderen Menschen ihre Vorstellung von Ordnung aufzwingen wollten."

So hatten sie oft zusammengesessen und über diese Zukunft diskutiert. Es waren gute Gespräche und sie formten immer mehr das Bild von einer Gesellschaft, die sie sich wünschten.

Mara war besonders engagiert und liebte es, über eine richtige, bessere Form von Regierung und Verwaltung nachzudenken. Es war, als hätte sie das gefunden, für das sie immer da gewesen war, das, was auf sie gewartet hatte: ihre Aufgabe im Leben.

„Warum war es uns so wichtig, in den Widerstand zu gehen? Was wir gesehen haben war eine immer mehr zentralistischer ausgerichtete staatliche Macht. Der council hat Bereiche in der Gesellschaft an sich gezogen und angefangen, sie zu regeln. Es war rückblickend wie ein Aufsaugen von Verantwortung des Einzelnen. Immer mehr wurde bestimmt, was wir vorher noch selbst entschieden haben.

Nehmen wir ein Beispiel: Vor der neuen Ordnung gab es keine Zuordnung. Die Menschen haben sich ihre Partner selbst gesucht. Das hat nicht immer und nicht für jeden funktioniert. Aber es war ein selbstbestimmtes System. Wir müssen entscheiden, was besser ist."

„Vielleicht eine Mischung aus beidem?", fragte Ben. „Jedenfalls solange kein fauler Kompromiss daraus wird. Es gibt bestimmt Menschen, die froh sind, wenn jemand bestimmt wird für sie. Und es gibt viele Kulturen, in denen das selbstverständlich ist."

„Genau", sagte Mara, „und genau deswegen ist dein Vorschlag einer Mischung richtig. Die Zuordnung wird nicht abgeschafft, aber sie wird freiwillig. Für beide. Aber ich will auf etwas anderes hinaus, etwas Größeres, Übergreifendes und für alle Lebensbereiche Zutreffendes. Mit dem immer gleichen Argument, nämlich Ungerechtigkeiten zu vermeiden, sind viele Differenzierungen vom council abgeschafft worden. Wir sollten alle gleich sein. Und gleichbehandelt werden. Keine Benennung von Geschlecht mehr. Das klingt zunächst einmal gut. Aber wir sind nicht gleich. Wir sind Frau und Mann, wir sind hetero oder nicht. Auch Nationen, Kulturen, Religionen und Regeln wurden angeglichen. Aber es gibt sie doch, immer noch. Die Sprache wurde gleichgeschaltet. Alle sollten Englisch sprechen. Obwohl die meisten Menschen ihre Sprache sprechen. Selbst Lebensplanungen wurden vorgegeben. Gleiche Erziehung, dann kommt das screen, damit das Diktat der Punkte, jeder bekommt die gleiche Grundversorgung. Ich fange gerade an das Wort „gleich" zu hassen!"

Rana nickte. „Eine Gleichheit in der Ungleichheit einzufordern, verkennt die Unterschiede, die bestehen und muss zwangsläufig alles Individuelle unterdrücken. Diese Unterdrückung war der Preis für die wachsende Macht des councils."

„Ich sehe das alles aus dem Blickwinkel eines Technikers", sagte Ben, „aber auch da erkenne ich ein gleiches Muster. Die Politik der Gleichheit hatte zur Folge, dass immer mehr Zentralen entstanden sind – Zentralen für Stromversorgung, Wasser, der zentrale Rechner mind, die zentrale

Steuerung von Mobilität, von Versorgung gleich welcher Art. Selbst die Häuser wurden zentral geplant und gebaut. Sie sehen alle gleich aus. Alles ist standardisiert worden. Das ist prinzipiell nichts Schlechtes. Aber alles wurde größer, vernetzter und – das wissen wir", er grinste, „verletzlicher. Und die Infrastruktur wurde immer gigantischer."

„Führt Gleichheit zu Zentralismus?", fragte Kena. Sie dachte an das Krankenhaus. An die chaotischen Tage der Behandlung von Kranken ohne die medizinischen Daten von mind. Die Krise hatte gezeigt, wie verletzlich das System war und wie wenig vorbereitet sie auf Diagnosen ohne die Unterstützung der Systeme gewesen waren. „Gibt es nicht auch Bereiche, in denen ein Zentralismus richtig ist, ja sogar notwendig?"

„Ja", nickte Rana, „das sind alle die Bereiche, in denen einer allein nichts erreichen kann. Es würde keine Pyramiden oder eine chinesische Mauer geben ohne eine zentrale Planung und gemeinsame Ausführung. Wir werden unterscheiden müssen zwischen individueller Freiheit und der Notwendigkeit, etwas gemeinsam zu schaffen. Ich glaube, mit Hilfe von mind und den unendlichen Möglichkeiten, die es uns gibt, ist beides möglich: Eine zentrale Verwaltung ohne individuelle Freiheit für das, was nur gemeinsam funktionieren kann, für Projekte, die zu groß für einen sind und auf der anderen Seite eine Freiheit, für die wir gekämpft haben: Die möglichst große Freiheit des Einzelnen, sich und sein Leben selbst zu gestalten und zu versuchen, so glücklich wie möglich zu sein."

Richard hatte genickt. „Ja, das muss das Ziel von allem staatlichen Handeln sein, das Glück des Einzelnen. Der sub-council Administration muss entsprechende Strukturen aufbauen, um das vorhandene Vermögen, die Verwaltung und die Macht aufzuteilen. In öffentliche Unternehmen und andere. In zentrale Entscheidungen und in dezentrale Kompetenzen. Gut, dass wir im sub-council Administration Freunde haben."

Richard spielte damit auf die Entscheidung des Vorsitzenden des sub-councils Administration an, den Nachschub für die Waffen des councils zu blockieren. Nur so war es möglich gewesen, einen Krieg zu verhindern.

Es war ein erzwungener Waffenstillstand in einem Krieg, den der Widerstand sonst niemals hätte gewinnen können. Gegen die Übermacht des councils. So weit zu kommen, dass sie die neue Ordnung diskutieren konnten. Mit der Aussicht, sie vielleicht umzusetzen. Der Widerstand war immer mehr zu einer politischen Kraft gewachsen. Legitimiert sich nicht jeder Widerstand dadurch, dass er zu einer politischen Kraft wird? Jedenfalls wurden die Ideen und eine mögliche Zukunft überall diskutiert und es sah so aus, als ob es einen Wandel geben könnte.

4. Jekar und Pol

Das nächste Aufeinandertreffen von Jekar mit seinem Sohn verlief nicht ganz so, wie Jekar es sich vorgestellt hatte. Er musste seinem Sohn klar machen, dass er den Drohnenangriff auf das kleine Dorf nicht befohlen hatte. Pol musste ihm das glauben. Und er hatte das Rätsel gelöst, das Pol ganz offensichtlich für ihn programmiert hatte und mit dem das Lesegerät entschlüsselt werden konnte. Er hatte das Wortspiel verstanden. Pol wollte geliebt werden, etwas, was er ihm bislang nicht gegeben hatte, nicht geben konnte. Und Jekar war sogar bereit dazu, alles zu tun, damit sein Sohn ihn auch lieben würde. Und vielleicht konnte er sein Vater, ein richtiger Vater sein.

Pol musste ihm verzeihen. Und wenn der Preis dafür wäre, sich neutral zu verhalten, jetzt, im Konflikt zwischen dem council und der Widerstand. Würde der council Reformen akzeptieren und wenn ja, welche? Was wollten die jungen Leute überhaupt? Bislang war es doch allen gut gegangen, hatte der council nicht dafür gesorgt, dass es Frieden gab und Wohlstand? Es war doch nicht alles schlecht gewesen. Jedenfalls hatte er das nie so wahrgenommen. Aber vielleicht ist die Perspektive aus der Sicht eines Mitgliedes des councils eine andere als die der Menschen da draußen. All das wollte er mit Pol besprechen. Dieser junge Mann, den er vor ein paar Tagen nicht gekannt hatte, war auf einen Schlag der wichtigste Mensch in seinem Leben geworden.

Aber Pol verhielt sich abweisend. Er hörte Jekar zu, ließ in reden, aber sagte nichts. Er antwortete nicht auf seine Fragen. Und er zeigte nicht, ob er bereit war, ihm zu glauben und ihm zu verzeihen.

Das tat weh. Jekar spürte, dass er jetzt mit seiner Macht, seinem Ansehen und seinem Einfluss nicht weiterkommen würde. Jetzt zählten andere Werte. Zeit. Wahrheit, Aufmerksamkeit und Achtsamkeit. Eine Beziehung aufzubauen hatte er nie gelernt, das war eine andere Ebene als die Probleme, die er bislang kennen gelernt und zu lösen hatte. Die Beziehung zu Pol war damit nicht vergleichbar. Pol war gar kein Problem. Nichts, was sich lösen ließ, jedenfalls nicht mit den Methoden, mit denen man technische Probleme löst. Pol war ein einfach nur da und er würde jetzt immer da sein. Den ganzen Rest seines Lebens. Und er wollte gern einen Zugang zu ihm finden. Ihn nicht verlieren. Kann man etwas verlieren, was man nie gehabt hat? Jekar musste sich klar darüber werden, was es brauchen würde, damit Pol ihn respektierte, vielleicht gern mit ihm zusammen sein würde oder ihn wenigstens nicht hasste. Er spürte, das würde eine große Aufgabe in seinem Leben werden, dagegen fühlte sich mind und der council und überhaupt alles andere gerade ziemlich unwichtig an…

„Ihr habt nur einen Fehler gemacht und daran warst ganz besonders du beteiligt!", hatte Pol nach langem Schweigen gefaucht. „Und ihr habt nicht einmal gemerkt, dass ihr falsch gehandelt habt!"

Jekar wagte nicht, etwas zu sagen. Zum ersten Mal hatte sein Sohn wieder mit ihm gesprochen. Das war ein gutes Gefühl. Aber das was er sagte war gar nicht gut. Und wie wütend er war!

„Ihr habt es zugelassen, dass die technischen Möglichkeiten die Menschen immer mehr beherrscht haben. Bis hin zur Unterdrückung! Ihr habt an dem Tag versagt, als mind begonnen hat, den Menschen nicht nur ihre Freiheit zu nehmen, sondern auch ihre Einzigartigkeit. Mind hat sie gezählt, kategorisiert und in Schubladen gesteckt. Und sie Zielen untergeordnet, die falsch waren. Es sind Menschen, Jekar, keine Programme!"

„Es war so einfach, die Daten, die wir gesammelt hatten, zu nutzen", verteidigte sich Jekar, „ich habe nicht wirklich darüber nachgedacht."

Pol überlegte lange. Dann machte er eine klare Ansage. „Es reicht nicht, wenn du neutral bleiben willst, Vater", sagte er. Das erste Mal, dass er „Vater" sagte. Vater. Dieses eine Wort durchströmte Jekar wie ein warmer Schauer. Vater. Es war zwar nur das formelle Wort für „Papa", aber er hatte es gesagt.

„Du musst dich für uns entscheiden. Erst dann fange ich an, Dir zu vertrauen. Du wirst den Schlüssel, den ich in das Lesegerät programmiert habe, nicht weitergeben. Und du wirst dafür sorgen, dass wir Nachrichten in mind eingeben können. Das verlange ich."

Jekar brauchte nur einen Wimperschlag lang, um zu wissen, was richtig war.

„Vielleicht habe ich zu lange die Augen vor dem verschlossen, was falsch war", sagte er. „Und vielleicht war ich zu lange ein Teil des Systems, um das zu erkennen. Und wahrscheinlich bin ich auch zu alt für radikale Veränderungen. Wenn ich bereit bin, mit euch zusammen zu arbeiten, dann nur unter einer Bedingung."

Jekar lächelte seinen Sohn gequält an. „Gib mir die Chance dein Vater zu sein."

Pol hatte ihn angeschaut und dann genickt. „Dann fangen wir gleich an", sagte er. „Als erstes brauchen wir einen Zugang zu mind, damit wir unsere Botschaften senden können. Einen Zugang, der nicht gesperrt werden kann."

Jekar überlegte. Wie fast immer sah er zunächst den technischen Aspekt der Forderung. Damit kannte er sich aus.

„Ein trojanisches Pferd", sagte er dann. „Und wir nutzen einen Wirt, einen Träger, der sowieso schon da ist. Und das sollte so lange wie möglich unbemerkt bleiben." Er schaute Pol an. „Schick mir Leon", sagte er, „er kann uns helfen."

Es dauerte erstaunlicherweise nicht lang und die drei hatten die Grundstruktur für ein Einspeisen der Nachrichten gefunden. Immer, wenn ein screen von mind angesprochen wurde, sollten auch die Nachrichten des Widerstandes empfangen und gesendet werden. Mind befand sich in ständigem Austausch mit den screens. Das betraf die Position des Nutzers, sein Punktekonto, die Gesundheitsdaten, die offiziellen Nachrichten, die Werbung, die eingespielt wurde und die Softwareaktualisierungen. Das wollten sie nutzen.

„Ich habe Administratorrechte, immer noch", sagte Jekar. „Damit kann ich die Daten einspeisen. Wir müssen entscheiden, wie genau wir das machen. Wir brauchen einen Masterplan. Und dann muss ich zurück in den council."

Pol schaute seinen Vater lange an. „Ich glaube dir, dass du uns hilfst", sagte er, „aber ich weiß nicht, ob die anderen das auch tun. Was ist, wenn von dir verlangt wird, dass du gegen den Widerstand, gegen uns vorgehen musst?"

Jekar überlegte. „Ich werde ihnen sagen, dass ich mich aus der Politik heraushalten werde. Dass ich Techniker bin und kein Politiker. Dass mich Politik nichts angeht."

„Du weißt schon, dass du gerade die klassische Entschuldigung für alle zitierst, die sich schuldig gemacht haben und keine Verantwortung für ihre Schuld tragen wollten" sagte Leon. „Ob Gefängniswärter, Bombenbauer oder KZ-Aufseher. Sie alle haben genau diese Ausrede benutzt. Es reicht nicht, wenn du dich passiv verhältst."

Jekar sah erst seinen Sohn und dann Leon an. „Das stimmt. Niemand kann sich seiner Verantwortung dadurch entziehen, dass er neutral sein will. Sein Tun auf „ich habe nur Befehle ausgeführt" beschränkt. Aber wenn ich euch helfen soll, muss ich erklären, warum ich im Kampf gegen den Widerstand passiv bleibe."

Pol nickte. „Du wirst nichts unterstützen, was uns schadet. Du wirst Deine Leibgarde und einen der Vectoren mitnehmen. Wenn du gefragt wirst, warum du wieder frei bist, so sagst du genau das Gleiche wie eben. Dass du gehen durftest, weil du dich als Techniker siehst und die Politik anderen überlassen willst. Es ist deine Tarnung. Und sag dem council, dass du eine Botschaft vom Widerstand mitbringst. Wir zählen auf dich!"

„Welche Botschaft?" fragte Jekar.

Pol lächelte. „Habe ich dir das nicht gesagt?" Jetzt musste sein Vater auch lächeln, und das tat er nicht besonders oft. Er verstand. „Liebe", sagte er. Und er war sich sicher, dass er seinen Sohn nicht enttäuschen würde.

Die Anderen waren nicht leicht zu überzeugen, dass Jekar gegen sollte. Immerhin war er einer der Hauptverantwortlichen für den Kampf gegen den Widerstand gewesen. Aber vielleicht hatte man keine Wahl und musste es riskieren. Und auf Pols Urteil vertrauen.

Nur Ron nahm aus dem Vector, den Jekar nutzen sollte, die Platine aus dem Waffensystem, über die die Waffen des Fluggerätes scharf gestellt wurden. „Vertrauen ist gut", dachte er, „aber wer weiß wo dieser Vector wieder auftaucht und auf wen dabei gezielt wird. Ich will es nicht sein."

Für Jekar war es nicht einfach, zum council zurückzukehren. Er hatte versagt. Seine Mission war nicht erfolgreich gewesen. Aber er spürte etwas in sich, was er seit seinen Kindestagen nicht mehr empfunden hatte. Ein Gefühl, angekommen zu sein, zu Hause zu sein. Jemand zu haben, für den es sich lohnte, zu kämpfen und alles zu ertragen, einen neuen Mittelpunkt.

In der kurzen Zeit, die er mit seinem Sohn verbracht hatte, war so viel anders geworden. Es war besser für ihn geworden. Viel besser. Vieles war nicht mehr wichtig, das vorher noch gegolten hatte, sein Leben bestimmt hatte. Macht, Einfluss, Reichtum. Es kam ihm jetzt so klein vor, für diese Ziele gearbeitet zu haben. Es gab andere, bessere Ziele. Er schien, als habe er einen Weg gefunden, neu anzufangen.

Als er vor dem council stand und alle ihn erwartungsvoll anschauten war alles auf einmal so einfach. Er wusste, was er sagen wollte.

„Ich komme mit einer Botschaft“, sagte er. „Sie sind bereit, auf den council zuzugehen. Sie sind bereit, zu verhandeln. Und sie wollen nicht weiterkämpfen.“ Er ließ seine Worte wirken.

„Dann wollen sie aufgeben?“, fragte der Sohn des Vorsitzenden erstaunt.

Jekar lächelte. „Nein, das wollen sie nicht. Sie stehen zu den Zielen, die ihr in den Befragungen gesehen habt. Sie wollen Veränderungen. Aber sie wollen sie nicht mit Gewalt durchsetzen. Sie senden eine Botschaft der Liebe.“

Jemand lachte kurz auf. Das war zu abstrakt. Zu verrückt. Erst kämpfen und dann die Hand reichen? Wozu dann das Ganze? Das war ein klares Zeichen von Schwäche. Man würde den Widerstand ersticken, wenn er sich nicht mehr wehren würde.

„Sie haben mich freigelassen, damit ich euch diese Botschaft überbringen kann. Es sollen nicht noch mehr Menschen sterben.“

„Und Silva?“, fragte jemand. „Sie wird mit den anderen Soldaten auf dem Landweg nachkommen. Nehmt es als ein Zeichen des guten Willens des Widerstandes. Sie lassen alle Gefangenen gehen.“

Im council wurde noch lange diskutiert, ob das das Ende des Widerstandes sein würde. Aber einige Mitglieder zeigten sich doch irgendwie beeindruckt. Der Widerstand gab seine Gefangenen frei. Das wurde respektiert und auch ein wenig bewundert. Das war mutig.

5. Neuanfang

Richard und Eleonore standen vor einem Neuanfang. Sie saßen im Garten des Hauses in dem kleinen Dorf im Süden und waren recht still. Sie hatten ihren Hof und ihre Existenz verloren. Das wurde jetzt immer klarer. Als owner profitierten sie nicht von der Grundsicherung und es stellte sich die Frage, wie es weitergehen würde. Es war so viel passiert. Und es war so schnell passiert. Eben waren sie noch stolze Besitzer, stolz auf das Erreichte, der Hof, die Tiere, jetzt war alles, ihre ganze Lebensgrundlage, weg. Zerstört. Sie hatten plötzlich das Gefühl, viel geopfert zu haben. Und wussten nicht recht, was sie machen sollten.

„Es geht immer weiter", hatte Richard wenig hilfreich, aber sicher richtig bemerkt.

„Ja, aber die Frage ist wie." Dann lächelte Eleonore ihren Mann an. „Ich bin froh, dass dir nichts passiert ist und dass ich dich noch habe. Und Sara. Wie schnell das gehen kann, dass man nichts mehr hat außer sich selbst."

Ihre Augen waren plötzlich voll Tränen. Richard nahm sie in den Arm. Er musste nichts sagen. Er fühlte genauso und sie wusste es. Da war die Trauer um ihren Hof, ihr Leben, wie es bisher gewesen war. Und die Unsicherheit wegen dem, was neu und anders sein würde. Aber da war auch die Erleichterung, dass sie überlebt hatten. Und dass es vielleicht Veränderungen geben würde, gute Veränderungen. Das war wichtiger als alles andere.

Richard dachte an die Kämpfe zurück, die jetzt vorbei waren. Die Erleichterung, als sie gehört hatten, dass es einen Waffenstillstand geben sollte. An die Tage der Ruhe, die folgten. Und an die Katastrophe, die sich dann anbahnte, eine Katastrophe, die vielen Menschen das Leben gekostet hatte und die allen klar gemacht hatte, dass das Leben schnell zu Ende sein kann. Politik, Besitz, Gesellschaft, Macht und Gerechtigkeit waren in der Stunde der Not zu abstrakten Begriffen geworden. Alles wird unwichtig im Angesicht des Todes. Es kam ihm vor, als wäre das alles Jahre her, dabei waren es nur wenige Wochen – zu surreal, zu unglaublich war alles gewesen.

Und ehe er es sich versah, war er erschöpft eingeschlafen und träumte, den Kopf zurückgelehnt. Irgendwie musste der Kopf sich von allem befreien, was gewesen war, es verarbeiten, einordnen. Vielleicht ist das einer der besten Mechanismen der Natur, Träumen. Träumen kann das Bewusstsein frei machen. Kann das verarbeiten, was gewesen ist. Und dann ist da auf einmal Raum für Neues. In seinem Traum war alles da, was geschehen war. Anders als in der Wirklichkeit, extrahiert, auf einer anderen Ebene, aber die Gefühle waren real. Es schien als wenn der Traum alles aufarbeiten würde, was geschehen war…

6. Meinungshoheit

Die Menschen waren nach dem Abflauen der Kämpfe abwechselnd mit Nachrichten des councils und des Widerstandes bombardiert worden, die Amil und Samir in das System einspeisten, solange dies möglich war. Ein heilloses Durcheinander. Jede Seite versuchte, mit Fakten und Argumenten ihre Meinung durchzusetzen. Zunächst glaubte im council niemand, dass sich der Widerstand mit seinen Ideen durchsetzen würde. Aber die Menschen wurden unterschätzt – sie bildeten sich da draußen nach und nach ihre Meinung. Der Ruf nach Veränderungen wurde lauter. Und er wurde unüberhörbar. Alle diskutierten.

Der Krieg verlagerte sich in die Medien. Die Berichterstattung war wie immer aktuell. Und wurde mehr und mehr dominiert vom council. Öffentlichkeitsarbeit.

Das machte es schwierig für den Widerstand. Eine Medienkampagne, die sie dringend gebraucht hatten, um eine Meinungsbildung voranzutreiben, kostete Unsummen von Geld und Punkten.

Dann hatte Rana ihren Beitrag geleistet, oder vielmehr den Beitrag ihres Volkes. Sie hatte spontan entschieden, den wertvollen Schmuck ihres Stammes für diese Kampagne zu spenden. Für die Veränderungen. Und für Afrika.

„Das Gold unseres Volkes ist und war immer eine Notfallreserve. Schmuck dient nicht nur zur Zierde, sondern auch, um ihn dann zu verkaufen, wenn es notwendig ist. Und es war nie notwendiger als jetzt."

Mara hatte verhandelt, bis ein Händler Kredit gab, natürlich gegen Sicherheiten – die Kette wurde an ihn verpfändet und übergeben. Und alle mussten sich für den Kredit verbürgen, selbst Eleonore und Richard.

Aber die hatten ja sowieso nichts mehr, es fiel ihnen leicht, zu haften. So hatte der Widerstand die Mittel, eine Kampagne zu starten.

Kena und Mara hatten mit Geld und Punkten Hunderte Blogger und Influencer bezahlt, die die Ziele des Widerstandes immer und immer wieder verbreiteten, auf allen möglichen Kanälen und mit einer Kreativität, die alle überraschte. „Go back!" war das Motto gewesen und das meinte nicht nur die Garde, sondern auch den council mit seinen Zielen. Den Wunsch der Menschen nach ein bisschen mehr Früher, mehr Tradition und mehr Demokratie unterstützt. Und, das war das Wichtigste, den Wunsch nach mehr Freiheit.

Der Krieg hatte sich von der physischen Auseinandersetzung wieder dorthin verlagert, wo Politik gemacht wird: der Kampf um die Meinungen der Menschen, den Überzeugungen und den Wettstreit der Visionen. Es wurde nicht mehr gekämpft, es wurde diskutiert.

Es ist eine ganz andere Arbeit, andere zu überzeugen als die, etwas zu tun. Man muss ständig beobachten, ob eine Botschaft angekommen war. Und ob es das Richtige war, was man gesagt hatte. Die richtigen Argumente zur richtigen Zeit finden. Und man musste den politischen Gegner im Auge behalten.

Die Auseinandersetzung in der Sache erfordert präzise Vorbereitung, man musste die Fakten kennen und man musste wissen, wohin man wollte.

Leider hat das menschliche Gehirn die Eigenschaft, Alarmistischem, Sensationellem und Lautem besonders viel Aufmerksamkeit zu schenken. Gut für die, die gern übertreiben, gern aufbauschen und für die, die gerne Krach machen. Sie wirken so überzeugend. Auf die, die zuhören. Woher manche Menschen ihr Selbstbewusstsein nehmen, so großspurig aufzutreten, war Kena immer noch nicht klar. Die meisten jedenfalls konnten weder belegen, warum sie Recht hatten, noch kümmerte es sie. Da waren so viele Lügen, Halbwahrheiten und vor allen Dingen Vereinfachungen, die ganz offensichtlich falsch waren, aber von denen, die zuhörten, gerne aufgenommen wurden. Und der council scheute sich nicht, immer neue Lügen zu verbreiten.

Tatsachen sind dem Wahrheitsbeweis zugängliche Fakten. Vorgänge, die wahrgenommen werden können und einem Beweis zugänglich sind. Wenn man aber etwas so formulierte, dass es richtig klang, es mit lautem Getöse verbreitete und ständig wiederholte, so traf man offensichtlich einen Nerv bei Vielen, die sich nicht so auskannten oder sich nicht so interessierten. Es klang richtig und dann musste es wohl so sein. Plötzlich war es richtig. Und dann kamen die Populisten ins Spiel, die, die vereinfachten, Wahrheiten auf das reduzierten, was ihnen wichtig war. Die fanden besonders viele Anhänger. Und ganz offensichtlich verfügte der council über erfahrene Demagogen, die genau diese Anhänger mobilisierten.

Und dann waren da diese schrecklichen Vereinfachungen, die Bilder bei Menschen auslösen konnten. Der zerschundene Körper von Marc, getötete Soldaten, Bilder der trauernden Mütter, von Unruhen und von verarmten Menschen. All das wurde vom council als Botschaft ins Netz gestellt und dem Widerstand zugerechnet.

Ja, der Widerstand hatte Gewalt angewendet. Ohne die Zerstörung von K12 und die Störung von mind wäre nichts passiert. War die Gewalt gerechtfertigt? Vielleicht dann, wenn es keine andere Möglichkeit gegeben hatte, Veränderungen herbeizuführen. Hatte es die gegeben? Sie waren überzeugt, dass dies unmöglich gewesen war. All das sollte in einem Tribunal aufgearbeitet werden…

Aber sie wussten, am Ende würden die guten Argumente zählen, die Logik, das Richtige und das, was sich nachweisen lässt. Aber nur bei denen, die differenzierten, die sich auskannten und die sich nicht durch die Form der Darbietung blenden ließen. Hoffentlich war das die Mehrheit der Menschen da draußen. Nicht umsonst hatte der council in der Vergangenheit der Politik keinen Raum mehr geben wollen. Warum auch, es war doch alles geregelt. Man brauchte keine Parteien mehr. Die Punkte waren da zu belohnen oder bestrafen. Und wie man Punkte bekommen oder verlieren konnte, das wurde schon den ganz Kleinen beigebracht.

„Aber nicht" dachte Kena „wer die points für was festlegt…

Das war selbstverständlich der council und die Entscheidungen wurden gemacht, ohne die Bevölkerung zu fragen.

Die Menschen waren es nicht mehr gewohnt, zu wählen. Abzuwägen. Es ist ja so einfach, sich auf das zu verlassen, was vorgegeben wurde. Wählen musste wieder gelernt werden. Um sich entscheiden zu können, musste man die Alternativen kennen und dann das Bessere wählen. Zuviel Information würde erschlagen, wer zu wenig informierte, der setzte sich der Gefahr aus, als Populist zu gelten.

Eine schwierige Aufgabe. Mara, Kena und Rana waren, ohne dass sie es geplant hatten, zu einer Gruppe geworden, die alle Nachrichten ins Netz stellten, die dem Widerstand wichtig waren.

Sie konnten nicht ahnen, dass sie es mit einer übermächtigen Gegnerin zu tun haben würden, einer Gegnerin, die vor nichts zurückschreckte. Silva.

Silva musste sich eingestehen, dass die Macht, das Informationsmonopol des councils allein durch die Nachrichten, die vorher ins Netz eingespeist wurden, nicht mehr existierte. Die Menschen da draußen konnten nicht ahnen, wer der Urheber einer Nachricht war. Ein kluger Schachzug des Widerstandes, den gleichen Informationskanal zu nutzen und die Auseinandersetzung auf politischer Ebene und mit dem Austausch von Argumenten zu führen. Aber der Widerstand hatte einen Fehler gemacht. Genau in dem Moment, als man Silva freigelassen hatte. Silva war ein mächtiger Gegner und sie gefiel sich in der Rolle einer Kriegerin.

„Aber auch in der Art der Auseinandersetzung sind immer die im Vorteil, die nicht so naiv wie diese Idealisten, nicht so ehrlich wie Demokraten sind", dachte Silva. „Demokratie", murmelte sie verächtlich vor sich hin. Sollte etwa jedes verblödete Subjekt da draußen mitbestimmen können? Niemals.

Sie hatte einen virtuellen war-room eingerichtet, in dem die Schlacht um die Meinungshoheit geführt werden würde. Die besten Blogger und Experten für social media des councils wurden zusammengezogen und hatten die Aufgabe, unter ihrer Führung das Netz mit Nachrichten und Propaganda versorgen. Nachrichten oder Propaganda, das war für sie gleich. Hauptsache war, dass sie mehr Beachtung bekam als der Widerstand mit seinen Botschaften. Und es war ihr klar, was immer sie behaupten würden, in ihren Nachrichten und Meldungen, ob falsch oder richtig, etwas davon würde immer in den Köpfen der Menschen haften bleiben. Es kam nur auf die Art an, wie es dargestellt wurde. Nicht so sehr auf den Inhalt. Und schon gar keine Rolle spielte die Richtigkeit, die Wahrheit. Im Gegenteil. Je falscher eine Behauptung war, desto überzeugter musste sie verkauft werden. Menschen nehmen mehr das Wie wahr, nicht aber das Was.

Und sie würde noch einen Schritt weitergehen. Sie würde genau das, was der Widerstand als Motivation, als Argumentation für seine Sache anführte, gegen den Widerstand verwenden. Alle Argumente des Widerstandes würden wie von einem Spiegel zurückgeworfen werden.

Sie begann damit, eine Liste der erkennbaren Schwachpunkte der Politik des councils aufzustellen, die der Widerstand angreifen könnte. Und die er mit seinem Wahlprogramm deutlich gemacht hatte und noch machen würde. Da waren

- Machtkonzentration und Diktatur
- Überwachung und ständige Beurteilung der Menschen
- Einschränkung der individuellen Freiheiten und staatliche Drogen
- Egoismus und Unmenschlichkeit
- Fehlender Einfluss und Wahlmöglichkeiten

Und dann begann sie damit, genau diese Punkte dem Widerstand vorzuwerfen.

- Der Widerstand will die Macht an sich reißen und eine Diktatur
- Der Widerstand plant, die Überwachung auszubauen

- Der Widerstand nimmt noch mehr Freiheiten, als der council gewährt
- Der Widerstand handelt ausschließlich aus egoistischen Motiven
- Die „Wahl" ist nur das Mittel, die eigenen Machtinteressen durchzusetzen
- Es gibt keine staatlichen Drogen. Die rewards sind medizinisch notwendig und, wissenschaftlich belegbar, ein Segen für die Menschheit.

Das Spiel machte Spaß und war erfolgversprechend. Für jeden dieser Punkte musste sie Experten finden, die gänzlich überzeugt alles vortragen würden. Und Beweise. Zeugen für die Richtigkeit der Behauptungen. Und sie brauchte professionelle Medienexperten, die die richtigen Foren kreieren mussten, Fotografen für schockierende Bilder, Künstler…

All das ließ sich kaufen. Und zwar ganz billig. Mit dem Versprechen auf so viele Punkte wie gewünscht. Das kostete nichts, jedenfalls im Moment nicht. Und es würde motivieren, die Aussicht auf ein volles social credits-Konto.

Silva brauchte jetzt die Glücksritter, die Zocker, die, die sowieso nichts zu verlieren hatten. Die, die sich verbiegen würden. Damit würde der Widerstand nicht rechnen. Und es war egal, ob eine Behauptung stimmte oder nicht. Die Hauptsache war, dass sie in die Welt gesetzt wurde.

Um das Ganze zu krönen dachte sich Silva ein paar Lügen aus, die auf die Personen des Widerstandes abzielten. Und immer Aufmerksamkeit auf sich ziehen würden. Meldungen zu Personen sind doch immer interessanter als Information, oder? Was würde besonders gut ankommen? Alles Negative, Erschreckende, Verbrechen.

Silva hatte in den Tagen im Gefängnis Einiges gelernt. Zum Beispiel die Rangordnung unter den Gefangenen. Ganz unten standen die Kinderschänder. Selbst Mörder hatten eine Grenze, eine Sperre, wahrscheinlich durch die Evolution und den unbedingten Willen zum Selbsterhalt begründet. Kinderschänder wurden im Gefängnis gequält, sie waren das Allerletzte in den Augen der Anderen, dicht gefolgt von den Betrügern. Die belogen jeden, auch im Gefängnis, und das kommt nicht gut an. Jedenfalls nicht bei Mitgefangenen. Und sie waren immer unschuldig, nur wegen der Verkettung unglücklicher Umstände im Gefängnis. Gewalt gegen Betrüger war an der Tagesordnung.

Also ein paar reißerisch aufgemachte Berichte… am besten live präsentiert, mit Kameras, die offensichtlich hastig zum Ort der Sensation verbracht worden waren, mit aufgeregten Reportern, breaking news, und dann seriöse Hintergrundberichte, die alles aufarbeiten würden, mit Experten, Sachverständigen.

Silva lächelte. Es würde immer etwas davon in den Köpfen der Menschen hängen bleiben. Sie würde jeden Einzelnen der „Helden" des Widerstandes diskreditieren und vor allen Dingen würden sie in eine Täterrolle gedrängt, müssten sich verteidigen. Und sie, die Vertreterin der councils, war die moralische Instanz, die darüber entscheiden würde. Die, der es zu vertrauen galt.

Es war nicht schwer, ein paar Geschichten zu konstruieren. Kena hatte sich doch unerlaubt aus dem Krankenhaus entfernt, waren nicht Patienten dadurch gestorben?

Und Ben, der sollte doch wegen Kindesmisshandlung angeklagt werden? Ein Kind ließ sich sicherlich finden. Und Ron? War der nicht unehrenhaft aus dem Militärdienst entlassen worden? Khor hatte doch Gelder unterschlagen?

Silvas Liste wurde immer länger. Sie würde einige Regisseure brauchen, um all dies zu inszenieren. Und Schauspieler. Und sie brauchte Bilder, viele Bilder. Von Toten, zerfetzten Leichen, Müttern, die um ihre Söhne weinten und die Betrogenen. Und Bilder von wütenden Demonstranten gegen den Widerstand.

Ihre Stimmung hob sich merklich. Jetzt würde sie die Schlacht gewinnen. Gegen die Guten war das schon immer einfach, sie waren der Macht des Bösen hilflos ausgeliefert…

7. Leon und Pol

„Deine Minidrohnen sind der Hammer" sagte Pol. „Und es ist ja irgendwie klar, dass der council reagieren wird. Sie werden Soundgeneratoren in die Kampfdrohnen einbauen, die die Signatur verändern. Wie hast du das geschafft, dass die Sensoren in Deinen Anti-Drohnen-Drohen Geräusche analysieren, obwohl die kleine Drohne selbst Geräusche verursacht?"

Leon lächelte. „Geräuschkompensierung. Bevor die Drohne programmiert wird, eliminiere ich ihr Eigengeräusch im Sensor. Muss nur genau kalibriert werden."

„Und wenn Störgeräusche hinzukommen?" fragte Pol.

„Es gibt noch ein kleines Programmiergeheimnis", lächelte Leon. „Ich habe noch zwei Sensoren verbaut. Der eine reagiert auf die typischen Fluggeräusche der Kampfdrohnen. Da hast du Recht, das kann man leicht stören. Aber der andere ist ein optischer Sensor, der die Luftzirkulation, die eine Kampfdrohne verursacht, wahrnehmen und messen kann. Auch das ist eine typische Signatur. Das lässt sich nicht so leicht verändern. Hat aber den Nachteil, dass die Drohne in Sichtweite sein muss."

„Wow", machte Pol. „Das musst du mir unbedingt zeigen!"

Leon nickte. „Ich habe noch ein ganz anderes Problem. Wenn wir etwas gegen die ständige Überwachung tun wollen, müssen wir die b-Drohnen bekämpfen. Sie sind klein und sie sind überall."

Pol überlegte. „Kaum Geräusche, auch die Luftzirkulation ist kaum wahrnehmbar. Lass mich überlegen. Kann man sie ablenken, etwa durch Luft?"

„Nein", sagte Leon, „das geht nicht, sie richten sich automatisch aus. Sehr gute Sensorik. Aber du bist auf dem richtigen Weg. Die kleine Drohne selbst kann ich nicht bekämpfen, aber ich habe mich mit den Sensoren beschäftigt. Davon hat die b-Drohne ja einige an Bord."

Pol brauchte nicht lange, um Leon zu folgen. „Welche Sensoren sind am einfachsten zu beeinflussen?" dachte er laut nach.

Leon ging zu einem Rucksack und nahm ein Gerät heraus, dass wie ein großes Fernrohr aussah. „Die optischen Sensoren", sagte er. „Du hast einmal die Wärmebildkamera zur Erkennung von Lebewesen und dann den Sensor, der die Landschaft mit den Navigationsdaten abgleicht. Das ist ein Hochleistungsstroboskop, das sehr helles Licht schießen kann." Er richtete das Stroboskop gegen eine Wand und ließ es kurz aufleuchten. Es war sehr hell.

„Ich kann die Blitze streuen", sagte er stolz. „Das blendet die Sensoren der Drohne und sie reagiert nicht mehr wie programmiert. Sie verfliegt sich. Funktioniert superschnell und reicht soweit wie man schauen kann. Und es hat noch einen Effekt. Alle Minidrohnen sind über mind vernetzt, sie funktionieren wie ein Vogelschwarm beim Fliegen, weil sich jede Drohne an den nächsten Drohnen orientiert. Mind hat jeder Drohne ein Gebiet zugeordnet, in das es sich bewegt. Stören wir eine Drohne, bricht dieses Netz auseinander und das System bekommt Lücken."

Pol nickte anerkennend. „Gute Abwehrwaffe. Wer weiß, ob wir sie brauchen werden. Ich traue dem Frieden nicht, ich komme mir vor wie im Auge eines Hurrikans. Hast du noch Kamikaze-Drohnen, um sie gegen die Kampfdrohnen einzusetzen?"

„Leider gar keine mehr", sagte Leon. „Aber ich kann neue drucken, die Elektronik kann man besorgen." Er zeigte Pol auf seinem screen einen Drucker, nicht größer als eine Kiste.

„Den habe ich auch selbst gebaut. Mit dem kann man die Minidrohnen reproduzieren. Einmal die Daten eingegeben, ist eine unbegrenzte Anzahl möglich. Leider habe ich ihn nicht mitgenommen. Wir sind also ohne Abwehr im Moment."

Pol schaute sich die Konstruktion an. „Ich glaube, wir sollten noch ein paar Drohnen bauen", meinte er. „Wer weiß, wozu das gut ist. Eine

Werkstatt gibt's bei mir auch. Sogar gute Drucker, die wir entsprechend kalibrieren können. Wir machen uns gleich an die Arbeit."

„Super Idee, lass uns sofort anfangen!" Leon war ganz begeistert. „Wenn meine kleinen Kamikaze-Drohnen einen Krieg verhindern können, umso besser!"

Und so kam es, dass in der alten Scheune am Rande des Dorfes ein Reinraum eingerichtet wurde und kleine Drucker Teile für die Drohnen leise sirrend aufbauten. Es war kinderleicht, die Teile zu entnehmen, zu ordnen und auf einem großen Tisch zusammenzufügen.

„Weißt du was mich besonders stolz macht?", fragte Pol. „Nein, sag's mir", antwortete Leon. „Das sind keine Angriffswaffen", sagte Leon. „Sie können nur abwehren, nur verteidigen. Sie können niemals dazu verführen, etwas anzugreifen. Sie sind nicht bewaffnet. Sie haben kein anderes Potential als zu schützen."

„Ja", sagte Pol. „Das macht sie besonders. Einmalig. Wir sollten sie „protector" nennen. Aber da ist noch etwas. Sie machen eine unglaublich aufwendige Technologie wertlos. Und das mit wenig Aufwand. Kampfdrohnen finden gerade ihr Ende. Das ist die eigentliche Sensation."

Pol wusste was er meinte und lächelte in sich hinein. War es nicht immer so, dass ganze Welten von Technik untergingen, weil etwas Besseres kam? Etwas Einfacheres, Neues, das sofort erkennen ließ, dass alles was man bisher gemacht und für richtig gehalten hatte, überflüssig wurde? Das ist Fortschritt. Und seine Minidrohnen brachten nicht nur technischen Fortschritt, sondern auch die Abschaffung eines Bedrohungspotentials für die Welt, für alle Menschen. Und das ist der größere Fortschritt. Denn wer weiß schon, wer irgendwann über die Waffen bestimmen würde?

„Es reicht nicht, wenn wir sie produzieren", sagte Leon nachdenklich. „Sie müssen auch in den richtigen Händen sein."

Es war als hätte Leon Pols Gedanken gelesen. Pol schaute seinen neuen Freund erstaunt an. Er hatte Recht.

„Ich kenne jemanden, mit dem ich sprechen kann", sagte Leon. „Es ist der Vorsitzende des sub-councils administration. Er denkt sehr fortschrittlich und ist für ein council-Mitglied ziemlich ehrlich. Ich glaube, ihm kann man vertrauen."

„Dann lass uns zu ihm fahren", meinte Pol. „So etwas bespricht man besser persönlich."

Leon grinste. „Im Moment würde ich sowieso keine Nachrichten versenden. Wie ich den Laden kenne, wird im Moment alles abgehört und jeder, der nach Widerstand riecht, kann festgenommen werden."

Pol grinste zurück. „Wir fahren also wirklich zum council? Da war ich noch nie. Aber irgendwie habe ich das Gefühl, dass ich da immer schon mal hinwollte."

8. Der Vorsitzende

Es war nicht so, dass der Vorsitzende die Ereignisse draußen in der Welt nicht verfolgt hätte. Er hatte die ersten Wochen nach dem Anschlag auf mind auf seiner Insel in einer Mischung aus Erholung, Erleichterung und Schadenfreude verbracht. Die Tage waren angenehm, seit langer Zeit keine Termine mehr, keine Verantwortung. Er genoss das luxuriöse Ambiente seiner Villa, den prächtigen Garten und die spektakuläre Natur. Und er hatte sich allem hingeben können, was er schon immer vorhatte. Und zu dem er nie gekommen war. Ansehen und Reichtum aufbauen ist anstrengend und die Zeit das Erreichte zu genießen viel zu knapp. Es war ihm nicht unangenehm gewesen, sich zurückziehen zu können.

Aber jetzt begannen die immer gleichen Tage, das immer gleiche schöne Wetter, die Huren, die sich anboten ohne jemals zu zeigen, dass er in ihren Augen schon ein alter Mann war. Trotz des schönen Lebens schien es ihm, als würde die Sehnsucht nach einer Herausforderung langsam überhandnehmen.

Aus seiner Sicht war das Wichtigste neben seinem Urlaub das Diktieren der „Leitlinien" gewesen, wie er es nannte, eine Zusammenfassung seines Lebens. Herausgekommen war ein Loblied auf sich selbst und die Aufzählung der Errungenschaften während seines Vorsitzes im council. Negatives konnte oder wollte er nicht wahrhaben. Es gefiel ihm, es immer und immer wieder durchzulesen, leicht abzuändern und hier und da zu ergänzen.

Wenn nicht diese eine Niederlage am Ende gekommen wäre, der nicht geplante und unvorhersehbare Shutdown der Steuerung, das Versagen der Kontrolle des councils, das Abschalten von mind. Obwohl, unvorhersehbar?

Hatte er nicht immer gesagt, dass die Vernetzung aller Funktionen in nur einer Computerarchitektur, in einem vernetzten System – mind – auch Gefahren mit sich bringen würde? Waren nicht alle Arten von Verbindungen störanfällig? Und hatte man nicht während der großen Pandemien gelernt, dass auch kleine Ursachen eine große Wirkung auf das Ganze haben konnten? Jekar hatte ihm oft versichert, die fire-walls von mind seien unüberwindbar. Das war sicherlich richtig, sofern der Angriff von außen kam. Aber jetzt war die Gefahr im Inneren des Systems entstanden. Sie ging von jemandem aus, der sich im System auskannte und sich darin bewegen konnte. Wahrscheinlich war er genau für diese Fähigkeiten geschult worden…

Man hatte damals nicht auf ihn gehört. Natürlich war es überaus praktisch, alles zentral steuern zu können. Und Kontrolle ausüben zu können mit einer Wirkung, die sofort und fast auf der ganzen Welt zu spüren war. Natürlich hatte er die Allmacht genossen, die mind ihm gegeben hatte.

Aber er war lebenserfahren genug, um zu wissen, dass es immer ein Risiko gab, für alles und für jeden. Und er war weise genug gewesen, sich auf das Unbekannte, das Unmögliche vorzubereiten.

Und jetzt war die Zeit gekommen, diese Vorbereitung zu nutzen und als der große Vorsitzende auf die große Bühne zurückzukehren.

Die Krise brauchte Führung, seine Führung. Und das immer noch andauernde Chaos da draußen musste geordnet werden. Niemand mag Chaos. Oder eine chaotische Ordnung.

Schon als Kind war ihm aufgefallen, dass Heldentum nur aus ungewöhnlichen Taten entstehen konnte. Wer als Retter in der Not wahrgenommen wurde, der war sich der Bewunderung aller sicher.

Auf seine Ideen hatten ihn Berichte über einen Feuerwehrmann gebracht, der immer wieder als einer der ersten am Einsatzort war, dort selbstlos gegen die Feuer kämpfte, Interviews gab, sich feiern ließ und der dann doch der Brandstiftung überführt wurde. Viel zu einfach. Aber das Prinzip stimmte.

Er hatte seine Krise besser vorbereitet. Eine Krise musste als etwas wahrgenommen werden, was nicht fassbar war, nicht gesehen werden konnte. Etwas, für das niemand eine Lösung kannte. Eine unsichtbare Gefahr, die nur von einem Titanen erkannt und gebannt werden konnte. Von jemand, der allen anderen überlegen zu sein schien und der es am Ende auch war. Was machte es da für einen Unterschied, wenn die Gefahr selbst verursacht wurde? Niemand würde es wissen.

Als Vorsitzender des councils war ihm neben den Finanzen die Verteidigung immer wichtig gewesen. Auch wenn es kaum mehr kriegerische Auseinandersetzungen in der neuen Ordnung gab, Waffen hatten ihn immer fasziniert. Besonders die, die nicht zerstörten, sondern nur Leben nahmen. Die, die nur töteten, wenn man es wollte. Es waren die Biowaffen, die er immer wieder entwickeln ließ, unter strengster Geheimhaltung, trotz der Ächtung, trotz des Bannes, der vor vielen Jahren ausgesprochen worden war. Das interessierte ihn.

Und diese Waffen waren immer perfider geworden, immer steuerbarer und immer wirkungsvoller. Und er hatte seine Freude daran. Sie waren Macht, pure Macht.

Und das war jetzt genau das Problem, die Macht. Sie fehlte. Sie wurde nicht ausgeübt, nicht kontrolliert, sie war immer weniger vorhanden. Sie musste wieder hergestellt werden. Und was würde sich dafür besser eignen als eine Krise, die alles in den Schatten stellte, selbst das Chaos jetzt?

Und wieder waren es die Netze, die ihm alle Möglichkeiten gaben. Diesmal nicht eine Computervernetzung, diesmal war es ein essentielles Netz, bodenständig, erdiger und lebenswichtig für jeden, von jedem benötigt, von jedem gebraucht: das Wassernetz.

Wasser. Einfach nur Wasser. Er brauchte nicht in die Pläne der Wasserversorgungsnetze zu schauen, er kannte sie auswendig.

Er hatte, als Teil einer globalen Verteidigungsstrategie getarnt, an einigen wenigen, aber zentralen und wichtigen Stellen, eine Steuerung einbauen lassen, gekoppelt mit kleinen aber höchst gefährlichen Behältern, die dosierbar ein Serum abgeben konnten. Wenn er es wollte. Wenn er den Befehl dazu geben würde. Über das screen in dem kleinen Koffer, den er immer in seiner Nähe hatte. Und der auch jetzt, schon seit einigen Tagen, auf dem kleinen Tisch in seinem Büro stand, personalisiert zugangsgesichert. Sein Geruch, seine Stimme, seine Iris und sein Blut. Und niemand konnte wissen, dass nur er den Befehl geben konnte. Und jetzt würde er ihn geben.

Natürlich würde das Serum bei weitem nicht so dramatisch und vor allen Dingen nicht sofort wirken wie ein Computervirus und der unmittelbar folgenden Störung aller Abläufe. Die Störung von mind hatte von einem Moment auf den anderen alles verändert.

Bei einer Krankheit würde das dauern, der Verlauf war nicht so einfach vorherzusehen. Die Analyse eines Virus – oder hier eher einer Vergiftung - lebt von Prognosen, Hochrechnungen, Kapazitäten der Versorgung und dem Schwanken zwischen Hoffen und Bangen. Das fordert starke Führung. Das würde er übernehmen. Aber es gab auch Gemeinsamkeiten bei Störungen, vor allen Dingen in der Auswirkung, der Auswirkung auf die Menschen, die Psychologie hinter den Fakten. Da war die vorhersehbare erste Reaktion, üblicherweise Angst, das sofortige Bemühen um Schadensbegrenzung und in beiden Fällen die Suche nach verlässlicher Information. Und das war seine Chance: Die Information war sehr wichtig und er der Einzige, der über das notwendige Wissen verfügen konnte. Er würde wissen, wo und wie zu löschen war.

Schon während der Entwicklung des Serums und der Installation der Injektionsmodule hatte er peinlich darauf geachtet, dass niemand den Prozess im Ganzen überblicken konnte. Durch das geschickt geplante und regelmäßige Austauschen der Techniker und Wissenschaftler konnte nur er wissen, was genau gebaut wurde und wozu es diente. Niemand konnte wissen, dass nur er die Steuerung hatte. Und damit die Macht. Und allein die Vorstellung, wie er auf die Weltbühne zurückkommen würde, mit einem präzisen Plan zur Bekämpfung der Krise, mit dem sicheren Erfolg. Das würde dem Vorsitzenden eine Aura der Unsterblichkeit verleihen.

Er öffnete das kleine Kästchen, in dem sich die Steuerung befand. Es war nicht mehr als ein Laptop, mit seiner Signatur gesichert. Einen Moment lang überlegte er noch, dann gab er das erste Netz frei für das Serum. Es war ein Netz im Süden. Es würde nicht lange dauern und es würde seine Wirkung zeigen. Und dann musste er nur noch den richtigen Zeitpunkt finden, um zu intervenieren. Plötzlich wieder da zu sein, im Zentrum der Weltöffentlichkeit. Er, der Einzige, der eine Lösung haben würde.

Er setzte sich an seinen Schreibtisch und begann, eine Rede zu schreiben, die er halten würde. Eine Rede der Hoffnung, der Zuversicht und der Selbstlosigkeit.

Jetzt musste er nur noch dafür sorgen, dass sein Sohn alles verstehen würde – er sollte als Einziger das Geheimnis des Serums erfahren. Und die Macht weitertragen, wenn er selbst nicht mehr sein würde. Er ließ seine Sachen packen und machte sich auf den Weg zum council.

9. Die Schwärze

Es war, so empfand es Kena, die schwärzeste Stunde ihres Lebens. So lange hatten sie gekämpft, so vieles erreicht und dann, erst schleichend, dann immer plötzlicher war diese neue Krankheit über sie hineingebrochen wie ein unsichtbarer, unaufhaltsamer Feind. Exponentiell.

Sie saßen im Dunkeln, weil die Stromversorgung zusammengebrochen war. Schon seit Tagen gingen sie kaum mehr hinaus. Das Schlimmste war, dass keiner wusste, was geschehen war. Wovor man Angst haben musste.

Manchmal machten sie sich Mut mit Liedern, die sie zusammen sangen. Und, wie ein unerklärlicher Zwang, zählten sie immer wieder ihre Vorräte an Wasser und das Wenige, was noch zu essen übrig war.

Innerhalb weniger Tage hatte sich alles verschoben, Wichtiges war unwichtig und eben noch Selbstverständliches war in den Mittelpunkt ihrer Aufmerksamkeit gerückt.

Es hatte harmlos begonnen. Man konnte rückblickend kaum glauben, wie fragil und wie unsicher das Leben jetzt war. Mara war beim Einkaufen und wunderte sich darüber, dass die Menschen zusammenstanden und diskutierten. Auf ihrem screen war nur eine kurze Meldung erschienen, nichtssagend und vieldeutig:

„Stay at home. Danger. Keep distance to everyone and anything!" Das war die letzte Meldung. Es folgten keine weiteren. Es schien, als wäre auch die Nachrichtenübermittlung gestört.

Und jetzt, nur wenige Tage später, war die Gefahr nicht greifbarer, aber sie war offensichtlich da. Jeder schien etwas zu wissen oder etwas gehört zu haben. „Es ist die Pest", behauptete einer, „Nein, ein Virus aus dem Süden" der andere. Aber das waren Spekulationen. Die Menschen hielten Abstand voneinander, sprachen nur das Nötigste und misstrauten sich. Vielleicht war es ja der Kontakt zu anderen, der krank machte. Oder die Luft.

Informationen waren kaum zu bekommen, aber das war auch nicht nötig, denn schon bald sah man überall kranke Menschen, manche mit Ausschlägen im Gesicht und am Körper, andere einfach nur schwach. Sie brachen ohne Vorwarnung auf der Straße zusammen und starben qualvoll. Jedem war klar, dass etwas Schlimmes plötzlich da war. Etwas war da draußen. Etwas, das Leben beenden konnte. Niemand wusste, wie man den Kranken helfen konnte, die P&P-Daten der screens waren keine Hilfe – sie zeigten Werte an, die absurd waren. Die Menschen wurden apathisch, waren plötzlich nicht mehr ansprechbar und litten offensichtlich Schmerzen. Und dann starben sie einfach. Egal ob sie medizinisch versorgt wurden oder nicht.

Es musste eine Krankheit oder ein Gift sein. Es befiel ohne Ansehen der Person, ohne zu unterscheiden, ob jung oder alt. Eine Infektion? Dagegen sprach, dass es so schnell ging, dass die Menschen kaum Symptome zeigten, bevor sie zusammenbrachen, kein Fieber, keine körperlichen Veränderungen.

Kena versuchte so viel wie möglich von ihren Kollegen zu erfahren, aber auch die waren ratlos. Und jetzt hatten sich alle irgendwie zurückgezogen, in die Häuser, die Keller. Vielleicht war es ja eine Strahlung, der man sich nicht aussetzen wollte.

„Es kann nicht sein, dass alle gleich betroffen sind, egal ob alt oder jung" überlegte Kena und die anderen schauten sie fragend an. Jede Krankheit zeigt bei unterschiedlichen Organismen einen anderen Verlauf, trifft den einen mehr und andere nicht. Und die Jungen haben viel bessere Abwehrkräfte. Aber jetzt starben sie auch.

„Was bedeutet das?", fragte Mara, die eng an Amil gekuschelt war. „Es ist keine Krankheit. Es ist etwas, das von außen kommt, eine Strahlung oder ein Gift."

Ben stimmte zu. „Eine Strahlung kann man messen", meinte er. „Wir haben nichts messen können. Wir haben alles Mögliche durchgetestet. Es gibt keine erhöhten Werte. Es kann nur ein Virus oder Gift sein. Gifte kann man nachweisen. Dazu müssten wir wissen, was es ist und wo es ist. Wir müssen nachdenken."

„Es muss im Körper der Menschen sein", meinte Amil. „Und in Tieren", sagte Kena, „auch Hunde und Katzen sterben."

In diesem Moment kam eine neue Meldung auf die screens. „Do not drink water."

"Kein Wasser trinken? Ist das Wasser vergiftet?" Amil sprang auf. Das erschien logisch. Wasser war überall. Und jeder nahm es zu sich, gleich in welcher Form. Und es erklärte, warum fast jeder betroffen war. Warum so gut wie niemand verschont wurde. „Wir haben sowieso kaum noch Wasser", sagte Ben. „Die Pumpstationen sind schon vor Tagen ausgefallen, weil sie keinen Strom mehr haben und nicht mehr bedient werden. Wir haben schon vor einigen Tagen angefangen, Regenwasser aufzufangen."

„Regenwasser kann problematisch sein. Obwohl, seit wir das Regenwasser trinken, ist uns nichts passiert. Aber wir können Früchte auspressen. Und dürfen nur noch das trinken, was in Flaschen ist" meinte Kena.

„Dann an die Arbeit, Trinken scheint jetzt das Entscheidende zu sein!", sagte Samir. „Jeder sucht, was er finden kann. Und wir können wieder hinausgehen. Es ist keine Strahlung. Und wir atmen es nicht ein."

Und so machten sich alle an die Arbeit, die Versorgung für die nächsten Tage sicher zu stellen. Eine neue Herausforderung, aber eine, die alle anderen Aufgaben unwichtig machte, jedenfalls für den Moment. Eine neue Priorisierung. Aber ist das nicht in jeder Krise so?

Ben jedenfalls war nachdenklich geworden.

Wenn die Wasserversorgung ein Problem hatte, dann ist es ein Problem des Wassernetzes. An irgendeiner Stelle war ein Problem. Irgendwie stellte sich immer mehr heraus, dass Knotenpunkte, Verbindungen, also Netze jeder Art, nicht nur Segen, sondern auch Fluch sein können. Das war mit den Daten so gewesen und jetzt schien es auch so mit dem Wassernetz zu sein. Er nahm sich vor, die Wasserverteilung zu analysieren. Vielleicht würden sie etwas finden können. Es könnte eine Übereinstimmjung der Verbreitung der Krankheit mit den Verteilern des

Wassers geben. Samir würde ihm dabei helfen können. Vielleicht könnte er die Pläne und die Daten im Netz finden.

Und irgendwie schien es, dass es immer wieder Verbindungen waren, die zu Problemen führen konnten. Die vernetzte Welt zeigt in der Krise ihre Schwächen.

All das sprach für autarke Lösungen, in Bereichen, sei es Energie, Wasser oder Informationen, die lebenswichtig waren. Insellösungen. Divide et impera.

Aber diese Überlegung löste nicht die akute Situation. Auch hier wäre der Grundsatz „Teile und Herrsche!" vielleicht hilfreich. Wenn man ein Problem nicht lösen kann, dann teilt man es auf und löst die sich ergebenen Unterprobleme. Dann kann man das Ganze vielleicht wieder zusammensetzen. Aber noch waren sie nicht soweit.

Also mussten zunächst die Bereiche bestimmt werden, die sicher waren. Über eine Ausschlussmethode. Stück für Stück.

Er ging zu Samir, der mit Sara in den Garten gegangen war. „Samir, ich brauche dich. Jetzt. Wir haben ein Problem." Amil kam dazu. Er genoss, wie alle, die Sonne im Garten. „Probleme sind mein Steckenpferd", sagte er. „Kann ich helfen?"

„Ja", sagte Ben. „Ich habe da einen Gedanken, der uns vielleicht helfen kann. Wir gehen nach der Nachricht davon aus, dass die Gefährdung durch das Wasser kommt."

Er erläuterte seinen Ansatz. Samir war gar nicht überrascht. „Die ganze IT lebt vom Grundsatz teilen und herrschen!", lachte er. „Was glaubst du denn ist die binäre Vorgehensweise, 0 und 1? Jedes Computerprogramm, alle Algorithmen bauen auf diesem Grundsatz auf!"

Amil stimmte zu. „Segmentieren wir. Definieren wir die Bereiche, die offensichtlich sicher sind und trennen sie von denen, die gefährlich sind. Kena hat ja schon erwähnt, alle vor der Krise verarbeitete Getränke und frische Säfte sollten okay sein. Wahrscheinlich auch Regenwasser. Jetzt müssen wir herausfinden, ob und wo Leitungswasser verseucht ist."

„Und wie?", fragte Ben. „Ganz einfach, Tierversuche!", meinte Amil.

„Dann nehmen wir Dich als Ersten!" Das war die Stimme von Sara, die hinter den Männern auftauchte. Ihre Augen funkelten Amil an. Tierversuche würde es mit ihr nicht geben. Tierversuche waren schon seit langem durch Gewebetests ersetzt worden. Man war in der Lage, jede Konsistenz und jedes biologische Material künstlich herzustellen. Kein Tier musste mehr gequält werden. Nur in der Forschung für die Humanmedizin gab es noch Testreihen mit Primaten, aber nur selten. Und auch nur, um die Verträglichkeit von neuen Wirkstoffen zu prüfen. Auch das war ein Fortschritt.

10. Der Vorsitzende und sein Sohn

Der Sohn des Vorsitzenden war überrascht, nach einer Sitzung des councils plötzlich seinen Vater zu sehen. Auf einmal war er wieder da, stand in seinem Büro am Fenster. Er hatte sich weder angekündigt noch irgendeinen Hinweis darauf gegeben, dass er wieder auftauchen würde.

Sein Vater drehte sich um, als er hereinkam, sah ihn ernst an, dann lächelte er doch kurz und sagte „Ein ganz schönes Durcheinander habt ihr angerichtet."

Es klang wie eine Schuldzuweisung. „Wo warst du?", fragte sein Sohn.

„Ich musste mir nach den Anschlägen über Einiges klar werden", antwortete sein Vater. „Aber jetzt bin ich wieder da. Gib mir einen Lagebericht!"

Sein Sohn schaute ihn ungläubig an. „Du kannst nicht einfach hier auftauchen nach all dieser Zeit und so tun, als wäre nichts geschehen!" rief er. „Vater, du hast uns im Stich gelassen! Du hast dich gedrückt vor der Verantwortung. Du bist raus, du hast hier nichts mehr zu sagen!"

„Langsam, langsam", wollte der Vorsitzende beschwichtigen, aber das ließ sein Sohn nicht zu.

„Alle hier sehen dich als Verräter! Du bist ein Deserteur! Wir brauchen dich nicht mehr! Geh doch wieder dahin zurück, wo du hergekommen bist! Von mir bekommst du gar nichts, keine Hilfe und schon gar keine Lageberichte!"

Das war deutlich. So hatte der Vorsitzenden seinen Sohn noch nie erlebt. Er war beeindruckt von der Verachtung, die ihm entgegenschlug. Es war als hätte er sich selbst für einen Moment in seinem Sohn gesehen. Oder war es doch mehr seine Mutter? Auch sie konnte von einem Moment auf den anderen sehr hart sein.

Es war, als ob ein kleines Stückchen Angst seinen Hals hochkroch, sich dort festsetzte und ihm seine Stimme versagen ließ. Hatte er es übertrieben? War er wirklich „raus", wie sein Sohn es gesagt hatte? War er nicht mehr der Vorsitzende? Er sah ein, dass er jetzt und hier nicht weiterkommen würde.

Er wollte sich wortlos umdrehen und gehen. Dass es so schwierig sein würde, hatte er sich nicht vorgestellt. Aber er hatte ja noch einen Trumpf im Ärmel, noch war das Spiel nicht verloren…

„Alles, was ich tue, habe ich für dich getan", versuchte er zu erklären.

„Das sagen alle Eltern, die am Ende nur ihre eigenen Interessen durchsetzen wollen", sagte sein Sohn.

„Wir werden ganz bald wieder ganz oben sein", versuchte der Vorsitzende zu locken. „Ich habe dafür gesorgt, dass wir den council, ach, was sag ich, die Welt beherrschen können."

Der Vorsitzende schaute seinen Sohn vielsagend an. Sollte er ihn informieren, ihn darüber aufklären, dass er die ultimative Waffe, die Herrschaft über Leben und Tod hatte und sie einsetzen konnte, wann immer er es wollte? War er reif genug, es zu verstehen? Ging es denn nicht immer darum, stärker zu sein als andere? Er hatte immer stärker als andere sein wollen. Andere waren in seinen Augen immer Konkurrenz, die man beherrschen musste. Das hatte er während der langen Jahre, die es gedauert hatte, ganz nach oben zu kommen, verinnerlicht. Es kam nicht darauf an, wie gut man selbst war, oder ob man Recht hatte, sondern nur darauf, wie man sich verkaufen konnte. Dass man sich durchsetzen konnte. Dann konnte man andere für seine Zwecke einspannen, sie folgten blind und taten, was man wollte. Es war immer eine Mischung aus Belohnen und Bestrafen, die zum Ziel führte. Und nichts anderes war die Vergiftung des Wassers. Das war Bestrafung.

War das nicht immer die Triebfeder für alles Zusammenleben gewesen, die Gier nach Macht und Einfluss, Reichtum und Ansehen? Wie sehr er die Ökos, die Sanften und Nachgiebigen verachtete. Die bloß niemandem wehtun wollten, die sich lieber duckten als aufzustehen, die immer redlich und ehrlich durchs Leben gehen wollten. Loser.

Er war sich nicht sicher, zu welcher Sorte Mensch sein Sohn gehörte. Ja, er war klug und durchsetzungsstark, aber er zeigte oft Skrupel, wo er selbst keinerlei Bedenken hatte. Das war das Erbe seiner Mutter. Es war Zeit, ihn an die Realität heranzuführen.

„Der council hat unter meiner Führung viel erreicht", begann er. „Wir haben Frieden, keinen Hunger, die Menschen haben ein Zuhause und viele Freiheiten."

Das stimmte. „Aber zu welchem Preis?", dachte sein Sohn. „Da war die ständige Überwachung, die Bevormundung durch den council, das brutale System der Punkte, all das, was zum Widerstand geführt hatte. Und die furchtbare Abschottung gegenüber denen, die nicht dabei waren, die, die außen vorgehalten wurden. Mit Waffengewalt."

„Es ist die Macht über das Wasser", sagte der Vorsitzende. „Was ist damit?", fragte sein Sohn zurück.

Der Vorsitzende sah ihn lange an. „Wir können steuern, wer lebt und wer nicht. Wir können entscheiden, zu bestrafen oder zu belohnen. Und wir können vernichten. Es ist die ultimative Waffe, von der jede Regierung träumt."

Er registrierte erstaunt irgendwo in seinem Unterbewusstsein, dass er „wir" gesagt hatte. Und Regierung statt „ich".

Sein Sohn wich unwillkürlich zurück. „Du warst das mit dem Wasser!?! Hast du das Wasser vergiftet?!"

„Ich habe nichts vergiftet. Im Gegenteil. Wir sind dabei, etwas zu heilen. Etwas wieder in Ordnung zu bringen. Es ist nicht mehr und nicht weniger als eine Machtdemonstration. Eine notwendige Erinnerung daran, dass unsere Gemeinschaft Führung braucht, dass Recht und Ordnung für alle gelten müssen!"

Sein Sohn schaute ihn ungläubig an. „Du hast all diese Menschen sterben lassen und nichts dagegen getan?"

In diesem Moment begriff sein Vater, dass er zu weit gegangen war. Sein Sohn war noch nicht so weit. Er würde nicht verstehen, dass er noch viel weiter gegangen war, dass er getötet hatte. Mit voller Absicht. Und lange vorbereitet, lange geplant.

Niemals ohne einen Plan B in eine Verhandlung gehen, immer sein Ziel erreichen. Ein grober Fehler. Und doch hatte er genau das gerade gemacht.

Aber der Vorsitzende hatte noch einen Grundsatz: niemals aufgeben. Er ging zurück in sein altes Büro und suchte nach dem Computer, mit dem er das Gift steuern konnte, schloss ihn an das Netz an und betrachtete das Bild, das sich aufbaute. Das Wassernetz war blau eingefärbt, nur dort, wo er das Serum eingeleitet hatte, waren die Netze rot eingefärbt.

Er musste sich wieder Zugang zu den Nachrichten von mind verschaffen. Das würde Silva übernehmen. Es war an der Zeit, wieder zu den Menschen zu sprechen. Um ihnen zu verkünden, dass er, der Vorsitzende, aufgrund seines heroischen Einsatzes das Problem erkannt und gelöst hatte.

Probeweise schaltete er die Kamera an, über die er früher seine Ansprachen gehalten hatte und übte, was er am besten sagen würde. Silva hatte ihm geraten, die Schuld dem Widerstand zu geben. Das würde sie so schwächen, dass die alte Ordnung wiederhergestellt werden könnte.

„Liebe Mitbürger", begann er, „ihr habt lange nichts mehr von mir gehört. Wie ihr euch vorstellen könnt, war ich mit der Rettung unserer Ordnung sehr beschäftigt. Und mit dem Kampf gegen diejenigen, die euch so sehr geschadet haben. Denen jedes Mittel recht war, um an die Macht zu kommen. Die über Leichen gegangen sind. Es ist dem council unter meiner Führung gelungen, die Verantwortlichen zu finden. Sie werden festgenommen und hart bestraft werden. Ich habe Anweisung gegeben, jeden, der euch geschadet hat, hart zu bestrafen…"

Erst jetzt bemerkte er, dass sein Sohn leise in sein Büro gekommen war. Er stand hinter seinem Vater und starrte auf den Bildschirm. Rote Linien waren dort zu sehen, wo die Seuche am meisten wütete. Und das Wasserversorgungsnetz. Und Daten mit Todeszahlen, der abgelaufenen Zeit. Die Karte war mit einem großen Wort in altmodischen Buchstaben überschrieben: „Apokalypse".

Der Vorsitzende fuhr herum. „Was tust du hier?" fauchte er. Sein Sohn antwortete nicht, sondern zeigte auf den Bildschirm. Es war der Moment, in dem er alles begriff. Es war sein Vater, der dies alles lenkte. Hier ging es um Macht. Macht, der jedes Mittel recht ist. Macht und Manipulation.

Er reagierte ohne zu überlegen. Ein kurzer Sprung zu dem Stuhl, in dem sein Vater saß und er hatte ihn am Kopf gepackt und zog ihn nach hinten. Der Vorsitzende stöhnte auf, konnte aber nichts sagen, zu sehr hatte sein Sohn das Genick überdehnt.

„Ich frage dich nur einmal", sagte der. „Warst du das? Hast du die Menschen vergiftet?" Aber er kannte schon die Antwort, zu offensichtlich waren die Daten auf dem Schirm und die Ansprache seines Vaters. Wut stieg in ihm auf. Konnte sein eigener Vater so verdorben sein?

Mit einem Ruck wollte der sich losreißen, schaffte es aber nicht. Sein Sohn war stärker als er geworden, er hielt ihn mühelos fest. Der Vorsitzende starrte auf sein linkes Handgelenk mit dem screen, mit dem Alarmknopf. Er musste ihn nur erreichen, was mit dem überdehnten Kopf nicht einfach war und seine Leibgarde würde kommen und ihn befreien. Aber als wenn sein Sohn diese Gedanken erahnt hätte, hörte er ihn sagen „Denk nicht mal dran. Zum ersten Mal wirst du tun, was ich sage."

Der Vorsitzende spürte den Schmerz, als sein Sohn den Kopf noch weiter nach hinten zog. Zu seinem Erstaunen hielt er es aus, ja, wollte es sogar aushalten. In den Schmerz mischte sich ein dumpfes Gefühl des Erstaunens und noch überraschender, der Dankbarkeit. Jemand gebot ihm Einhalt, jemand sagte bis hierhin und nicht weiter. Das hatte schon lange keiner mehr gewagt, vielleicht zuletzt seine Mutter. Er konnte sich kaum mehr daran erinnern, aber sie war letztlich gescheitert. Seitdem hatte ihn niemand mehr aufgehalten, niemand hatte sich mit ihm anlegen wollen und so war er zu dem geworden, was er war. Mächtig, gewohnt, alles zu bekommen was er wollte, aber auch skrupellos.

Und jetzt merkte er, dass es ihm irgendwie guttat, endlich jemand, der ihm Stand hielt, ihm seine Grenzen aufgezeigte. Und ihm sagen wollte, was zu tun war. Sein Sohn war erwachsen geworden. Mehr noch, er konnte spüren wie dominant er plötzlich war. Und wieviel schneller und stärker. Stärker als er. So hatte er ihn noch nicht kennengelernt und das machte ihn sprachlos. Und fast ein wenig stolz. Eigentlich passierte gerade das, was er sich immer gewünscht hatte – sein Sohn trat in seine Fußstapfen. Zum ersten Mal hatte er das Gefühl, dass er ein Nachfolger sein könnte. Ein wenig hatte er darüber vergessen, dass er es sein würde, der abtreten müsste.

11. Gegen die Zeit

Immer mehr Menschen starben. In der mairie hatte sich ein Team aus Amil und Samir gebildet, zu denen sich Pol und Leon gesellt hatten. Sie gaben alle bekannten Daten der Pandemie in die Systeme ein und analysierten sie nach Mustern. Alles schien willkürlich. Chaotisch. Aber je mehr Daten zur Verfügung standen, Zeitpunkt der Ausbrüche, Sterblichkeitsraten, nicht betroffene Gebiete, desto klarer wurde das Bild.

„Ich sehe ein Muster!" rief Samir am dritten Tag ihrer Arbeit. „Anomalien. Nicht logische Entwicklungen!"

Die anderen scharten sich um ihn. „Wartet, ich visualisiere es" rief Samir aufgeregt.

Und eine Karte der Ausbrüche entstand und wurde über eine Zeitachse dynamisiert. Die Krankheit hatte im Süden begonnen, sich dort ausgebreitet, dann war ein Gebiet im Osten dazugekommen, dann weitere. Die Sterblichkeitsraten zeigten sich in konzentrischen Kreisen. Je weiter man vom Zentrum herausging, desto mehr sank die Zahl der Erkrankten und die der Toten.

„Was bedeutet das?" fragte Pol. Leon wusste die Antwort. „Das ist keine Krankheit. Krankheiten verbreiten sich je nach der Form der Ansteckung anders. Hier sind klare Brüche erkennbar. Plötzliches Anwachsen der Erkrankungen. Dann wieder nichts. Andere Bereiche sind gar nicht betroffen."

Die nächsten Stunden verbrachten sie damit, eine Liste der Ausbruchsorte mit genauen Zeitangaben zu programmieren.

Es war Ben, der die zündende Idee hatte: „Lasst uns die gefunden Muster mit Versorgungsnetzen, Wasser, Strom, Energie, Produktion, Nahrung, mit allem abgleichen, was möglich ist. Auch Strahlung und Gase!", sagte er. „Vielleicht sehen wir eine Übereinstimmung."

Samir programmierte die Aufgabe. „Ich lasse die Entwicklung der Erkrankungen mit jedem Netz, das wir kennen, vergleichen. Vielleicht bekommen wir ein Bild."

Langsam erschien eine Struktur auf den großen Bildschirmen. Es wurde mehr und mehr zu einer Struktur. „Jetzt lege ich alle uns bekannte Netze der Infrastruktur darüber", sinnierte Samir. Ein weiteres Bild im Bild entstand. Und es ähnelte immer mehr der Struktur der Wasserversorgung. An bestimmten Punkten des Wassernetzes war die Zahl der Erkrankten höher als an anderen. Es war das Muster, das sie gesucht hatten.

„Was sagt uns das?" fragte Amil, mehr sich selbst als die anderen. Er gab die Antwort. „Es bedeutet, dass die Krankheit gesteuert wird. Über das Wassernetz. Willkürlich. Irgendjemand will die Menschen vergiften."

„Wer sollte so etwas machen?" fragte Leon.

„Die Frage muss lauten, wer könnte davon profitieren?" fragte Pol zurück.

„Dann suchen wir das Motiv!" schlussfolgerte Amil. Er drehte sich zu den anderen um.

„Motive sind entweder egoistisch begründet oder betreffen allgemeine Themen wie Politik, Rassismus oder ähnliches. Bekämpfung des Bevölkerungswachstums, Krieg gegen andere Ethnien oder sowas. Egoistische Motive betreffen eine Person."

Alle überlegten. „Es geht um Macht" sagte Ben nach einer Weile. „Und diese Macht kann nur ausüben, wer die Netze kontrollieren kann. Wer kann das Wassernetz kontrollieren?"

„Das ist der council. Administration. Sie sind für die Versorgung zuständig." Eine erste Spur.

„Es ist nicht nur die Frage, wie die Politik auf die neue Situation reagieren sollte. Es ist auch die Frage, wo wir sauberes Wasser herbekommen." Es war Richard, der logisch dachte. „Wir können ohne trinkbares Wasser nicht überleben."

Samir nickte. „Analysieren wir die Situation. Die Wasserversorgung wird zentral gesteuert und besteht aus der Wassergewinnung, der Verteilung in den Wassernetzen und am Ende der Kontrolle der Qualität. Wir haben herausgefunden, dass die Krankheit lokal ganz unterschiedlich aufgetreten ist."

Amil hat eine Zeitschiene und die Inzidenz der Krankheit programmiert. Das haben wir mit der Wasserverteilung verglichen. Ich zeige Euch das vorläufige Ergebnis. Wir haben es visualisiert." Er öffnete ein Hologramm über seinem Computer, so dass jeder das Bild sehen konnte.

„Und jetzt zeigen wir die Entwicklung, soweit wir sie kennen und soweit uns Daten vorliegen, ausgehend vom Ausbruch der Krankheit bis heute." Auf der Landkarte des Hologramms färbten sich Gebiete rot, die zuvor grün gewesen waren. Unten war ein Cursor zu sehen, der auf einer Zeitachse lief.

Samir ließ die Sequenz mehrfach ablaufen. „Das ergibt keinen Sinn", meinte Kena, „das ist völlig willkürlich!"

Amil nickte. „Wir sehen einen Verlauf der Krankheit, der nicht erklärbar ist. Wenn verseuchtes Wasser die Ursache ist, so müsste die Inzidenz der Fälle regelmäßiger sein, flächendeckender und vor allen Dingen müssten wir eine Konstanz im Anstieg der Fälle feststellen können. Die Krankheit bricht aber, soweit wir wissen punktuell und nicht vorhersehbar aus. Wir haben noch zu wenige Informationen über den Verlauf. Vielleicht war es ein Cyberangriff auf die Computer der Wasserversorgung, der dazu geführt hat, dass Schmutzwasser in die Leitungen kam. Wir müssen versuchen, mehr herauszufinden."

„Das ist der datenbasierte Ansatz einer Erklärung", meinte Samir. „Das wird unsere Aufgabe sein." Er nickte seinem Bruder zu.

„Ich habe Proben vom Wasser genommen", sagte Kena. „Ich werde versuchen, mit Kollegen herauszufinden, welche Anomalien zu finden sind. Verschmutztes Wasser kann nicht die Ursache sein. Das hätte verschiedene Krankheiten ausgelöst, die nicht zwingend mit dem Tod enden. Das ist der toxikologische Ansatz."

„Es gibt noch etwas" meinte Ben. „Die letzte Nachricht, die wir erhalten haben war, kein Wasser zu trinken. Wir wissen nicht, wer diese Nachricht gesendet hat. Und es gibt bis heute keine weitere Nachricht. Wir müssen

herausfinden, wer das war." Alle nickten. „Der kriminologische Ansatz",
ergänzte Mara. „Das übernehme ich."

„Klar ist, das mind die Meldung eingespielt hat. Also muss es jemand sein,
der Zugang zu mind und Zugang zu den messages hat. Das sind nur die
Vertreter des councils."

„Oder wir", warf Richard ein. Alle grinsten sich an. Das stimmte. Es war
ein gutes Gefühl, daran zurück zu denken.

„Ich habe mich mit dem beschäftigt, was die Krise mit uns gemacht hat",
sagte Ben. „Es hat uns verändert. Es hat alle verändert. Soweit ich sehen
kann, hat es damit zu tun, dass wir in einer Abhängigkeit leben, diesmal
ist es die Abhängigkeit von Wasser. Und wie ich das sehe, ist die zentrale
Versorgung das Problem."

Richard widersprach: „Wir wissen nicht, ob alles Wasser oder nur das aus
der zentralen Wasserversorgung giftig ist oder auch der Regen." Er sah
Eleonore an. „Ich weiß, das wirst du jetzt nicht gern hören, aber es ist die
einzige und schnellste Möglichkeit, das herauszufinden. Wir müssen
einen Tierversuch machen." Eleonore sah ihn fragend an.

„Wir werden das an den Kaninchen testen müssen. Eines bekommt
Wasser aus der Leitung, das andere Regenwasser." Eleonore schaute
entsetzt, sagte aber nichts.

„Da gibt es aber ein Problem", meinte Ron. „Es hat seit Wochen nicht
mehr geregnet. Wir haben kein frisches Regenwasser."

Das war in der Tat ein Problem. Es war Leon, der bis jetzt geschwiegen
hatte und sich nun zu Wort meldete.

„Es gibt eine unterirdische Kaverne." Alle schauten ihn erstaunt an. „Ich
habe mich vorbereitet, bevor ich zum ersten Mal hierherkam. Man kann
es auf alten Karten finden, die in der mind-Bibliothek abgespeichert sind.
Es handelt sich um fossiles Wasser, also Wasser, das seit sehr langer Zeit
dort eingeschlossen ist. Dieses Wasser ist in jedem Fall sauber und wenn

wir es finden, können wir testen. Und wir brauchen sauberes Wasser. Wenn wir es nicht finden, dann haben wir ein echtes Problem."

Samir öffnete seinen screen. „Zeig mir, wo wir suchen müssen!" Leon beugte sich über die Karte und markierte einen Bereich oberhalb des Dorfes. „Man sieht es nicht gut, aber topografisch sind die Berge hinter dem Dorf viel höher als das Dorf selbst, obwohl es selbst auf einer Anhöhe liegt. Das Wasser ist vor langer Zeit in den Kalksandstein eingesickert und hat Höhlen ausgewaschen. Wenn wir Glück haben, finden wir die Kaverne!"

„Das ist Wasser aus einer artesischen Quelle. Also Wasser, das sich in einer Senke unterhalb des Grundwassers angesammelt hat. Es ist ein natürliches Vorkommen, also nicht durch Menschen erschlossen."

„Und wie kann man an das Wasser kommen?", fragte Kena. „Wenn wir den Zugang nicht finden, durch eine Bohrung. Oder man gräbt einen Schacht", meinte Ben.

Sara ergriff das Wort. „Es war im frühen Mittelalter. Im Artois im Norden Frankreichs, also Artesien, da hat man zum ersten Mal eine artesische Quelle erschlossen. Daher der Name. Es war der französische Physiker Arago, der zum ersten Mal artesisch gespanntes Grundwasser erforscht hat."

Alle waren beeindruckt und sahen Sara mit großen Augen an. „Was?", sagte die, „in Frankreich lernten wir so etwas in der Schule!"

Samir konterte. Er hatte blitzschnell auf seinem screen eine online-Abfrage gestartet. Das war nicht schwer, denn seine Spracherkennung verfolgte die Diskussion und zeigte Definitionen der Fachbegriffe und Hintergrundinformationen in einer Liste, die er nur vorlesen musste.

„Kann man im Buch von François Arago - Die artesischen oder gebohrten Brunnen - nachlesen. Übrigens hat Alexander von Humboldt im Jahr 1857 die Einleitung für das Buch geschrieben."

Rana, die mit Aissa auf dem Arm die Diskussion verfolgt hatte, lächelte. „Wir haben den nubischen Aquifer. Das ist das größte Frischwasservorkommen der Welt. Er erstreckt sich unter der nubischen Wüste, also über Ägypten, Libyen, Sudan und den Tschad. Es ist Wasser aus der letzten Eiszeit. Ganz Kairo wird mit diesem Wasser versorgt. Und es ist genug da für mehrere tausend Jahre."

Die anderen staunten. „Ganz schön verrückt. Wasser in der Wüste. Aber vielleicht die Lösung für die Probleme", meinte Samir.

Rana stand auf. „Ich werde dafür sorgen, dass unser Wasser hierherkommt. Mein Vater wird das können. Wir werden helfen! Afrika wird frisches Wasser schicken! Wir werden genau die Rohrleitungen nutzen, die wir gerade gebaut haben."

„Wow", machte Samir, „das nenne ich Glück. Die neuen Wasserleitungen. Wenn wir euch nicht geholfen hätten, dann könntet ihr uns jetzt nicht helfen."

„Das war kein Glück", lächelte Rana. „Das war vorherbestimmt. Es sollte so kommen."

„Gut" fasste Mara zusammen. „Dann weiß jeder, was er zu tun hat. Leon und Ben, ihr sucht die Kaverne! Nehmt Richard und Ron mit. Dein Rotweinkaffee muss warten, Ron. Wir kümmern uns darum, dass Wasser aus Afrika hierherkommen kann. An die Arbeit!"

Es war nicht einfach für die vier Männer, die Kaverne zu finden. Immerhin war sie unterirdisch und ein Zugang war auf keiner der Karten verzeichnet, die sie studiert hatten. Nach einem langen Fußmarsch durch das felsige, karge Gelände standen sie ratlos auf einer Lichtung im Wald hoch über dem Dorf und gönnten sich eine Pause. Durch die niedrigen, verknorpelten Bäume konnte man die Sonne sehen, die jetzt, am frühen Vormittag, einen heißen Tag ankündigte. Richard hatte sich auf einen Stein gesetzt und versuchte sich vorzustellen, wo unter ihnen wohl dieser riesige Hohlraum sein könnte, der das Wasser speicherte.

„Da hinten ist etwas", sagte Ben, „ein Haus oder eine Hütte." Es war ein aus nur sparsam behauenen Kalksandsteinen errichtetes Häuschen ohne Fenster, nicht groß und nur mit einer einfachen Holztür verschlossen. Vielleicht ein Unterschlupf der Resistance aus dem 2. Weltkrieg? Richard zog an der Tür und mit einem scharrenden Geräusch öffnete sie sich. Sie war nicht einmal verschlossen. Sie gelangten in einen kleinen, dunklen Innenraum mit ein paar Holzbänken und einem Tisch. „Hier ist nichts!" sagte Richard und wollte sich gerade umdrehen, als Ron bedeutete, still zu sein. Da war ein Geräusch. Es hörte sich an wie ein fernes Rauschen, ein Klang, der hier nicht hingehörte. Sie lauschten.

„Wasser", sagte Ron. „Irgendwo hinter dieser Wand." Sie tasteten die Wand ab und horchten. Das Rauschen war deutlich zu hören.

„Wir sehen hinter der Hütte nach", schlug Richard vor. Und richtig, hier fand sich ein durch Büsche verdeckter Kanaldeckel. Mit gemeinsamen Kräften gelang es, den Deckel anzuheben und den Schacht zu öffnen. Er führte senkrecht nach unten, an der Wand fanden sich Eisenklammern zum Klettern. Ben schaute die anderen an und sagte: „Ich gehe. Damit kenn ich mich aus."

Er kletterte die Klammern hinunter und fand sich in einem Vorraum wieder, der leicht abschüssig zu einer großen Öffnung führte. Dahinter lag eine riesige, natürliche Halle in den Felsen, gefüllt mit einem See aus Wasser. Die Kaverne. Sie musste aus Quellen gespeist werden, die weit oberhalb in den Bergen lagen. Ben kniete sich nieder und nahm etwas Wasser auf. Es schmeckte klar und süß. Die nächsten Stunden vergingen wie im Flug. Eine Kette von Fahrzeugen, die das Wasser transportieren sollten, wurde organisiert und jede verfügbare Flasche und Kanister wurden gefüllt.

Nicht lange, da tauchte auch der Chef der Feuerwehr aus dem Dorf auf. „Wir übernehmen!", rief er und bald waren Schläuche in den Schacht verlegt und das Wasser wurde aus der Kaverne in den Tankwagen der Feuerwehr gepumpt. Jetzt konnten die Bewohner mit frischem Wasser versorgt werden. Endlich ein Lichtblick. Und die Kaninchen tranken das

Wasser ohne Scheu. Und blieben gesund. Das war die zweite gute
Nachricht.

12. Afrika hilft

Khor hatte nicht lange gezögert, als er von der Krankheit im Norden
erfuhr. Mitten in einem Wiederaufbauprojekt nahe der ehemaligen
Lybisch-Ägyptischen Grenze kam die Information, dass es im Norden
eine Warnung vor verseuchtem Wasser gab. Er brauchte nur einige
Momente, um zu reagieren.

„Sie haben uns geholfen, jetzt helfen wir ihnen", schoss es ihm durch den
Kopf. Er rief alle zu sich, die am Projekt arbeiteten.

„Wir haben ein Problem mit verseuchtem Wasser im Norden. Menschen
sterben. Wir dürfen das Wasser nicht mehr hierher pumpen. Aber wir
müssen ihnen auch helfen. Irgendwelche Vorschläge?"

„Wir pumpen es zurück", sagte einer. „Das Wasser hier ist sauber.
Jedenfalls noch. Dazu müssen wir nur die Pumpen umpolen. Sie sind
elektrisch, also kann man sie auch rückwärts einsetzen. Wir müssen die
Pumprichtung ändern."

Das war genial. Und schnell und einfach umzusetzen. „Berechnet, wieviel
Wasser vor der Krise hierherkam, wieviel noch vorhanden ist und wieviel
wir zurückpumpen können!"

„Das ist einfach. Alles was hier in den Tanks lagert und was in den
Leitungen ist, kann zurück. Etwa 1200 km pro Leitung bei einem
Durchmesser von einem Meter. Und wir haben in Nordafrika mindestens
15 Hauptleitungen. Das ist eine ganze Menge."

Khor machte sich sofort daran, die Hilfe zu organisieren. Und seine
Kontakte im Norden zu informieren. Mit der vorhandenen Pumpleistung
und den Tanks war die Trinkwasserversorgung des Nordens für einige
Zeit gesichert. Jedenfalls bis man wusste, was wirklich los war.

Und mit der gleichen Begeisterung, wie sie die Versorgung aufgebaut hatten, machten sich die Techniker an die Arbeit, das Wasser zurück in den Norden zu leiten. Natürlich, es gab Einiges an Umbauten zu organisieren und durchzuführen, aber eine Krise setzt immer ungeahnte Kräfte frei.

Jeder arbeitete einfach durch und fragte nicht. Es war so viel zu tun. Die ersten Tankwagen setzten sich bald in Bewegung nach Norden, gefolgt von Lieferwagen vollgepackt mit Früchten, abgefüllten Flaschen und Lebensmitteln. Und Menschen, die helfen wollten. Sammelstellen wurden eingerichtet und der Fährbetrieb über das Mittelmehr diente nur noch einem Zweck. Schnelle Hilfe.

Und schon kurz nach Mitternacht am folgenden Tag konnte Khor die Meldung verschicken: „Wir schicken Wasser. Wasser aus Afrika."

Aber damit nicht genug. Innerhalb kurzer Zeit hatte er ein Heer von Freiwilligen mobilisiert, dazu die Transporte, Lebensmittel, medizinische Ausstattung. Sogar an Särge und Verbrennungsanlagen hatte er gedacht. Ein Krisenstab koordinierte die Hilfe.

13. Das afrikanische Virus

Es ist ja nicht so, dass nur Krankheiten ansteckend sind. Es kann auch Begeisterung sein, die ansteckt und sich verbreitet. Und anders konnte man das nicht nennen, was die Hilfe aus Afrika im Gebiet des councils auslöste.

Die Menschen waren erst beeindruckt von der schnellen und selbstlosen Hilfe, die aus dem Süden kam. Die Wassertransporte, die Lebensmittel und die medizinische Hilfe. Dann waren sie begeistert von den Menschen, die sie brachten. Sie waren doch die, von denen sie angenommen hatten, dass sie zurückgeblieben und schwach waren. Die gefährlich sein sollten. Unzivilisiert. So war es vom council jahrelang behauptet worden. Und jetzt waren sie da, die jungen Leute, die Fahrer, die Helfer und Ärzte aus dem Süden.

Das Gegenteil war der Fall. Junge Afrikaner rissen sich darum, die Kranken zu pflegen, die Infrastruktur wieder so aufzubauen, dass keine Gefahr mehr für die Bevölkerung bestand. Sie taten es fröhlich und unermüdlich. Und das war ansteckend. Sie sangen sogar bei der Arbeit. Bald war eine Aufbruchstimmung nicht mehr zu übersehen. Es war einfach zu ansteckend, diesen Optimismus zu sehen. Die Menschen im Norden fassten wieder Mut. Sie waren beeindruckt von der Selbstbestimmtheit und der Kraft der Helfer aus dem Süden. Die brauchten keine Anleitung, keinen Plan, keine Überwachung. Sie kamen, sahen sich um und begannen einfach das zu tun, was zu tun war. Und sie waren sich für nichts zu schade. Nicht einmal für die Arbeit mit den vielen Toten, die beerdigt werden mussten.

Märkte entstanden aus dem Nichts. Wo etwas fehlte, wurde es besorgt. Und sie taten es gemeinsam. Es wurde improvisiert, repariert und organisiert. Immer in Teamarbeit, etwas, was hier schon fast in Vergessenheit geraten war.

Niemand fragte danach, ob es sich lohnen würde. Oder welche Punkte dafür vorgesehen waren. Es war ein anderer Antrieb, der die Menschen zu motivieren schien. War es die Gemeinschaft, eine soziale Kontrolle in der Gemeinschaft, die alles regulierte? Warum taten sie das? Und warum konnte man so fröhlich dabei sein?

Jedenfalls waren die Menschen aus dem Norden beeindruckt, zu sehen, dass auch ohne staatliche Vorgaben, Punkte und screens etwas geleistet wurde.

Und das sollte nicht ohne Einfluss auf den Ausgang der Wahlen sein, die bevorstanden. Lernt man nicht immer am besten und am Schnellsten an Beispielen? Hier wurde vorgelebt, dass im Team und gemeinsam viel erreicht werden konnte. Es war wie die Verhöhnung der staatlichen Strukturen, die der council vorgegeben hatte, ein Staat, der jeden zu einem Individuum machte. Individuen, die durch die ständige Beurteilung und Überwachung zu einem Egoismus erzogen wurden, der das Leben bestimmt hatte. Alles war darauf ausgerichtet, sich wohl zu verhalten, um

Punkte zu bekommen. Selbstlosigkeit kam in diesem System nicht vor. Unentgeltliche Hilfe auch nicht. Und Eigenverantwortung schon gar nicht.

Fast schien es so, als wenn die Menschen aus dem Norden sich nach dem zurücksehnen würden, was ihnen gerade gezeigt wurde – Gemeinsinn und Solidarität. Sie luden die Afrikaner zu sich ein und wollten sie kennenlernen. Und da Englisch seit Langem die Sprache der Welt geworden war, konnte man sich auch einigermaßen gut verständigen.

Verwundert stellten die Menschen aus dem Norden fest, dass man vom Süden viel lernen konnte…

14. Aufatmen

Für Kena waren die Wochen nach der Wasserkrise wie eine Offenbarung. „Die Menschen haben sich geändert! Sie sind so froh, dem Ganzen entkommen zu sein, dass sie fast so etwas wie selbstlos geworden sind. Sie vertrauen einander wieder. Und sie helfen sich. Und sie freuen sich aneinander. Eine neue Gemeinschaft, ist das nicht unglaublich?“, hatte sie Ben gefragt.
„Unglaublich was?“, hatte er zurückgefragt. „Unglaublich schön“ hatte sie gesagt und ihn angestrahlt. „Irgendwie kommt es mir vor, als würde der Egoismus eine Pause machen. Ich glaube, wir haben gelernt, dass wir aufeinander angewiesen sind. Und wir sind ein Teil eines Ganzen. Jede Krise führt vor Augen, dass man allein zerbrechlich ist und die Gesellschaft zusammenhalten muss. Stell dir vor, was passiert wäre, wenn nicht jeder seinen Teil dazu geleistet hätte, diese schreckliche Vergiftung zu beenden! Und die, von denen wir am wenigsten Hilfe erwartet haben, waren für uns da. Das berührt mich sehr!“

„Du bist dankbar“, sagte er. „Ich glaube es ist mehr als das. Wir haben uns verändert. Ich habe mich verändert. Es ist diese Erkenntnis, wie sehr wir uns alle brauchen. Aufeinander angewiesen waren. Es alleine nicht hätten schaffen können. Ich hatte Angst, auch um dich. Um die Zeit, die wir nicht mehr haben würden. Angst davor, dich sterben zu sehen. Wir haben ein großes Geschenk bekommen."

Er lächelte sie an. „Ich weiß was du meinst. Wir haben Zeit geschenkt bekommen. Und wir werden sie nutzen, versprochen?" „Ja", sagte sie. „Das werden wir."

Mara kam dazu und wie so oft in den vergangenen Tagen hatte sie das Bedürfnis, ihren Bruder und Kena zu umarmen.

„Gib es zu, Amil reicht dir nicht mehr", feixte Ben. Mara lächelte. „Ich bin einfach nur froh, dass ich euch noch habe", sagte sie.

„Wir haben gerade darüber gesprochen, was uns wichtig geworden ist und wie wir uns verändert haben", sagte Kena. „Ich glaube, diese Krise hat jeden verändert."

„Die Erfahrung, dass wir aufeinander angewiesen waren. Das hat uns für vieles sensibler gemacht", sagte er.

„Ja", meinte Mara. „Als wir im Keller waren, war da nur die Angst, sterben zu müssen. Die ist weg. Und wird gerade ersetzt durch Neues. Ich glaube, Gesundheit und Zeit haben für die, die überlebt haben, nun einen anderen Stellenwert. Und jeder kann sehen, wie wichtig es ist, zusammenzuhalten."

"Und die Menschen sind bescheidener geworden", sagte Kena.

Amil gesellte sich zu ihnen, tanzte erst um sie herum, dann drehte er sich um sich selbst. „Bescheidener?", fragte er „wer ist bescheidener geworden?"

Mara nahm ihn an die Hand. „Na du bestimmt nicht. Du bist wie immer unersättlich. Du bist noch traumatisiert von der Krise. Nicht zurechnungsfähig."

Amil grinste. „Dann hat sich ja gar nichts verändert?" Alle lachten.

„Okay", sagte Mara, ganz die Planerin. „Wir haben zwei Ebenen. Die eine ist, was an Bedeutung gewonnen hat und das, was verloren hat. Die zweite Ebene ist, wie die Krise die Menschen verändert hat."

„Ich spüre eine neue Bereitschaft bei allen, die Herausforderungen für eine bessere Welt anzunehmen. Jeder will wieder an eine Zukunft glauben, die besser ist als die Vergangenheit", sagte Amil, jetzt wieder ganz ernst.

„Damit stehen neue Ziele auf der politischen Agenda. Nicht mehr wirtschaftliches Wachstum um jeden Preis ist die Grundlage für Wohlstand. Wohlstand ist mehr", meinte Mara, ganz gefesselt von dem Gedanken, das Momentum für einen politischen Fortschritt zu nutzen.

Das bessere Leben waren jetzt Freunde, Familie, Zeit und Gesundheit. Gesund zu sein, frei zu sein und die Zeit zu haben, weiterzuleben. Mit denen, die einem wichtig waren. Ein neuer Wohlstand. Denn für Freunde, Familie und Gesundheit gibt es keine Punkte. Und für Freiheit schon gar nicht.

„Die ist umsonst, hat aber oft einen hohen Preis, der immer vorher gezahlt wird", hatte Khor gesagt.

„Unserer Werte haben sich gerade verändert", meinte Ben. „Und ich glaube, es wäre gut, wenn wir sie in eine neue Ordnung, in eine neue Welt einfügen könnten."
Samir kam dazu. „Das heißt, wir werden eine neue Wahl haben?"
„Werden wir", sagte Mara. „Wir werden immer eine neue Wahl haben. Das ist die neue Dynamik der Ordnung. Anpassung, wenn notwendig. Dynamisch bleiben, weil sich auch die Welt ständig verändert. Nur dann werden wir überleben. Und wollen wir nicht eine bessere Welt haben?"

Alle stimmten zu. „Dann müssen wir eine neue Frage formulieren", sagte Ben. „Ich bitte alle, über diese Frage nachzudenken. Bald werden wir alle zusammen sein. Dann werden wir abstimmen, was als erstes zu tun ist."

Es tat gut, wieder auf der Terrasse in der untergehenden Sonne zu sitzen und zu spüren, dass Hoffnung da war. Hoffnung auf ein normales Leben ohne Gefahr. Da immer noch nicht klar war, ob man Wasser gefahrlos trinken konnte, wurden die Weinvorräte gezählt und Wein getrunken.
„Es gibt Schlimmeres als nur Wein zu trinken", sagte Ron, der schon einige Gläser hatte und entsprechend gut gelaunt war. „Ich schreibe an einem neuen Kochbuch. In dem soll Wasser nicht mehr vorkommen. Das ist gerade sowieso nicht angesagt." Alle grinsten. „Rotweinkaffee ist der neue Hit. Ein interessanter, unglaublich vielfältiger Geschmack!"

„Okay", meinte Kena „Ron hat seine neue Aufgabe gefunden. Aber wir anderen müssen überlegen, wie es weitergeht und die Frage finden, die wir an alle stellen wollen."
Es war ein befreiendes Gefühl, endlich zu wissen, woher das Leid kam und dass es nun vorbei sein würde. Ganz vorsichtig begannen die Menschen, sich wieder hinauszubewegen und noch wichtiger – sich wieder gegenseitig zu vertrauen. Sie lächelten einander an, froh, davon gekommen zu sein. Sie standen draußen in der Sonne, unterhielten und freuten sich.
Auch darüber, dass man wieder Kontakt ohne Angst vor einer Ansteckung haben konnte. Der Mensch ist ein Herdentier. Er braucht die anderen. Für einen Moment lang schien es, als würde alles wieder so werden wie zuvor. Das Leben zu seinem normalen Gang zurückfinden.

Aber da war etwas Anderes, etwas blieb zurück von der Angst, der Ungewissheit. Hatte die Krise etwas verändert? Kena meinte, es sei mehr Demut zu spüren. Ben widersprach. „Es ist nicht Demut, das gibt es nicht genau wieder. Ich meine es ist Dankbarkeit, dafür, dass man noch lebt und ein Respekt, Respekt vor dem Leben, vor dem, was man hat und gegenüber allem was da ist."

Kena schaute ihn lange an, lächelte und sagte „Ich bin froh, dass du da bist." Wie konnte er da anders als zurück zu lächeln, sie in den Arm zu nehmen und ihr ins Ohr zu flüstern „Wollen wir wieder zurück in den Keller, ganz allein, nur wir?" was ihm ein weiteres Lächeln schenkte, aber so wie sie ihn von sich wegdrückte war das auch ein klares „Nein". Zumindest ein „Nein, nicht jetzt".

„Nur in der Sonne, mein Lieber, irgendwo auf einer Wiese voll Blüten und Bienen und damit das klar ist, du wirst unten liegen und ich oben!"
„Deal!" war seine Antwort, die sie in einem langen Kuss erstickte.

Als das erste Aufatmen, die Erleichterung vorbei war, zeigte sich diese neue Prägung im Denken. Ein Umdenken. Die Menschen wussten jetzt, dass Wohlstand mehr als maximale social credits bedeutete. Reich war der, der gesund war und Familie und Freunde hatte. Und etwas Sinnvolles zu tun. In einer Gemeinschaft leben konnte. Nähe war wichtig. Die Anderen waren wichtig. Zusammen sein. Menschen sind Herdentiere, jedenfalls die meisten.

Eine Welle der Hilfsbereitschaft war spontan entstanden, weder staatlich gelenkt noch eingefordert. Überall entstanden Initiativen, die Hilfe für Bedürftige, Nachbarn und Familien anboten. Nachbarschaftshilfen und Bürgerinitiativen und neue soziale Engagements waren auf einmal da. Man wollte es den Afrikanern nachmachen, die so schnell geholfen hatten. Das Streben nach mehr, mehr als die anderen zu haben, war durch die Krankheit egalisiert und unwichtig worden. Die Krise hatte die meisten Menschen gelehrt, zu verzichten. Mit weniger froh zu sein. Und zu verbrauchen. Nur einige wenige schlugen über die Stränge, feierten, als wenn es kein Morgen gäbe und waren ungerührt...

15. Aissa

Es hatte nicht lange gedauert und Eleonore und Richard waren ganz vernarrt in die kleine Aissa. Das Mädchen hatte sich nach der Flucht erstaunlich gut erholt und spielte am liebsten im Garten des Hauses, kaum dass sie laufen gelernt hatte, und konnte sich stundenlang mit all den kleinen Dingen beschäftigen, die es dort zu finden gab. Rana und Khor schauten lächelnd zu, wie die beiden sich rührend um die Kleine kümmerten.

„Vielleicht liegt es daran, dass sie auch von Enkeln träumen", meinte Rana.

Khor lächelte. „Es ist wie nochmal ein Kind zu bekommen. Es ist wunderbar zu sehen, wie es weitergeht. Ich sehe ihre Eltern, aber auch ihre Großeltern in ihr. Und natürlich ist sie auch sie selbst.“

Wie so oft lachten Elli und Richard laut auf. Richard lag auf dem Boden neben der Kleinen und schob Steine zu ihr, die sie sofort wieder zurückstieß und dabei jedes Mal lauf aufjauchzte. Aber jetzt war sie plötzlich ernst geworden und rief in einem Mischmasch aus Sprachen etwas wie „Nicht haschar machen!“ und schaute dabei so drollig, dass alle lachen mussten.

Ben und Kena setzten sich zu den beiden an den großen Tisch. Sie schauten eine Weile dem Treiben im Garten zu. Da waren Khor, der großgewachsene Araber und seine Tochter mit Aissa, der Enkelin, die gerade einmal laufen konnte, aber einmal die Herrscherin des Volkes sein würde. Das war vorbestimmt, hatte Rana gesagt.

„Was ist eine Rei?“, fragte Kena.

Khor wandte sich ihr zu. „In meinem Volk gibt es eine Familie, die das Oberhaupt es Stammes stellt, solange die Menschen zufrieden sind.“

Kena überlegte. „Wenn Aissa die neue Rei sein wird, wer ist es jetzt?“

Es war Rana, die antwortete. „Es ist meine ältere Schwester, die erste Tochter von Khor. Deshalb musste sie bleiben und ich kam mit Aissa über das Meer hierher.“

„Und wer war das Oberhaupt des Stammes vor ihr?“, fragte Ben.

Khor schaute ihn lange an. „Das war ich. Wäre ich geblieben, dann wäre ich heute noch das Oberhaupt meines Stammes.“

Kena und Ben begannen zu ahnen, welche Geschichte sich dahinter verbergen musste.

Es war Rana, die das Schweigen durchbrach. „Man muss bei seinem Volk sein, um zu herrschen. Als mein Vater in den Norden ging, um Hilfe zu suchen, haben alle auf ein Zeichen gewartet. Wir haben sehr lange nichts mehr gehört. Dann wurde meine Schwester zur Herrscherin bestimmt."

„Kannst du wieder Herrscher werden?", fragte Ben. Khor schüttelte den Kopf. „Nein. Es bleibt meine Tochter, so wollen es die Regeln. Und nach ihr wird die kleine Aissa ihre Nachfolgerin. Wenn sie es schafft. Wenn sie gut genug ist. Wenn das Volk sie bestimmt."

„Wir bereiten die Nachfolger von klein auf vor", informierte Rana. „Das erstgeborene Kind kann Nachfolger werden, wenn das Volk zustimmt."

„Also auch eine Wahl", meinte Ben.

„Ja", sagte Khor. „Aber eine Wahl, die vorbestimmt ist. Meine älteste Tochter ist jetzt die Rei, nach ihr wird es Aissa sein."

„Sind Frauen und Männer gleichgestellt?", fragte Ben. Khor und Rana sahen ihn verständnislos an. „Ja, natürlich", sagte Rana, „alle Menschen sind doch gleich. Wir haben nie verstanden, dass nur männliche Nachkommen herrschen sollen. Sie heißen übrigens Re, nach dem ägyptischen Sonnengott."

„Dann warst du der Re deines Volkes?" fragte Kena.

Khor nickte. „Ja, das war ich. Und ich war verantwortlich für mein Volk. Und ich habe versagt. Ich habe eine falsche Entscheidung getroffen, als ich hierherkam. Das werde ich mir nie verzeihen."

Rana nahm ihn in den Arm. „Alle haben dir verziehen, Vater, nur du selbst noch nicht. Du konntest nicht wissen, dass die Grenzen schließen würden. Man kann nicht alles vorhersehen."

„Ich werde es wieder gut machen", sagte Khor, „jetzt ist die Chance dazu. Und ich werde alles tun, damit es meinem Volk besser gehen kann. Schon bald werde ich nach Afrika zurückkehren. Und mithelfen, alles wieder aufzubauen. Endlich bekomme ich die Chance dazu. Das macht mich glücklich. Fast so glücklich, wie meine Familie wiederzusehen. "

Eleonore kam mit der Kleinen auf dem Arm dazu. Sie hatte das Wort „Familie" gehört und sah Khor groß an. „Familie?", fragte sie, „bist du verheiratet?"

Khor lächelte, weil sie so direkt fragte. „Ich war es einmal. Aber meine Frau ist gestorben. Vor langer Zeit."

Eleonore zog die Augenbrauen hoch und sah vor sich hin. „Das tu mir leid."

„Warum fragst du?", kam es fast gleichzeitig aus dem Mund von Rana und Khor.

„Ach, nur so" machte Eleonore, aber selbst Khor war klar, dass Eleonore einen bestimmten Grund hatte, diese Frage zu stellen. Sie war eine kluge Frau. Er nahm sich vor, sie nochmal danach zu fragen.

Vielleicht dann, wenn nicht alle zuhörten.

16. Ranas Visionen

Rana stand mit Hagen und Jérôme am Ufer des kleinen Sees. Seit Stunden waren sie auf und abgegangen, versunken in Gedanken über die bessere Welt, die sie sich immer wieder neu vorstellten, um herauszufinden, was sie sich wünschten. Und es war für jeden offensichtlich, dass sich da drei Menschen gefunden hatten, so unterschiedlich sie auch sein mochten.

Sie hatten in den letzten Tagen so viel Zeit miteinander verbracht, dass Eleonore vielsagend Richard anschaute, die Augenbrauen hob und murmelte „Na, wenn das mal gutgeht mit den dreien…" Und selbst Richard verstand was sie meinte.

„Wir sind nicht so für Demokratie", sagte Rana gerade. „In vielen Teilen Afrikas, und ich sage bewusst nicht in den Ländern Afrikas, denn Länder sind ein Produkt menschlicher Aufteilung und fast nie gewachsene Strukturen, brauchen es die Menschen geführt zu werden. Sie sind es gewöhnt. Aber sie wollen mitbestimmen. Nicht unbedingt darüber, wer sie führt. Das hat sich oft von selbst oder aus der Tradition ergeben. Der Rat der Ältesten. Oder früher die Häuptlinge. Das waren immer die Klügsten, Erfahrensten oder die besten Krieger. Und wenn sie das nicht waren, wurden sie gestürzt. Unsere Vorstellung von Demokratie ist eine Gefolgschaft, die den Besten geschuldet ist. Deswegen sind wir auch nicht davon überzeugt, dass es regelmäßige Wahlen braucht. Wenn der Beste führt, dann soll er es solange machen, wie er der Beste ist.

Aber die Menschen folgen nicht blind. Sie wollen trotz dieser Gefolgschaft die Inhalte der Politik mitbestimmen können. Bei den inhaltlichen Entscheidungen eine Stimme haben."

Jérôme versuchte, Ranas Gedanken zusammenzufassen. „Das ist eine Demokratie der Inhalte, nicht der Führung, stimmt das?"

Rana nickte. „Mind gibt uns zum ersten Mal in der Geschichte die Möglichkeit, diese Inhalte zu kommunizieren und jedem eine Stimme zu geben. Nicht nur alle vier oder fünf Jahre bei einer Wahl. Es braucht keine Parteiprogramme, deren Versprechungen nicht eingehalten werden. Ich glaube die Menschen in Afrika wollen ständig wählen können, was geschehen soll."

„Mehrheitsentscheidungen sind nicht immer gute Entscheidungen" gab Hagen zu bedenken. „Es stimmt zwar, je mehr Menschen sich einem Problem widmen, umso größer ist die Chance einer guten Lösung. Aber eine einfache Frage wie „Wollt ihr weniger arbeiten?" führt unweigerlich zu einem lauten und fast einstimmigen „Ja!"

Rana lächelte. „Die afrikanische Demokratie ist die Kunst, die richtigen Fragen zu stellen."

Darüber konnte man vortrefflich streiten. Es machte Spaß, über solche Fragen zu streiten. War nicht die Abwägung zwischen einer repräsentativen Demokratie und Volksentscheidungen solch eine Frage? Darf man Menschen Fragen entscheiden lassen, die sie nicht beurteilen können? Politik ist kompliziert, weil das Leben kompliziert ist. Und nicht jeder beschäftigt sich mit den Hintergründen, den Einzelheiten, den

Fakten. Aber beteiligen musste man die Menschen mehr als jetzt, das war jedem klar.

„Was ist noch wichtig in Afrika, was wir hier nicht haben?" wollte Jérôme wissen.

Rana überlegte. „Die Märkte. Sie sind die Seele unserer Wirtschaft, ihr Motor und auch ein Teil von uns selbst. Wenn die neue Ordnung uns die Märkte nimmt, dann nimmt sie unsere Identität."

„Was noch?"

„Die Familie ist wichtig. Die frühe Trennung der Kinder von der Familie war ein großer Fehler des Nordens. Ich hoffe, dass die Kinder weiterhin bei ihren Eltern bleiben können, bis sie groß genug sind."

Jérôme bewunderte die junge Frau. Sie war so selbstverständlich klug. Sie betrachtete vieles aus ihrer Sicht, aber es erschien ihm oft besser als das, was er kannte.

„Bei uns ist die Familie auch sehr wichtig, oder wichtig gewesen" meinte Hagen. „Der council hat viele Strukturen verändert, ohne zu fragen. Das war nicht gut. Ich glaube, viele wünschen sich wieder mehr Familie."

„Ich habe das mit den Märkten nicht ganz verstanden" sagte Jérôme. „Wir haben ja kein Eigentum mehr, die Grundsicherung steht jedem zu, also warum etwas produzieren oder Handel treiben?"

„Für uns sind Märkte immer ein Ort der Begegnung, des Austausches und das hat auch viel mit Kultur zu tun. Unsere Märkte sind nicht global. Wir verwerten und verbrauchen vieles, das wir selbst hergestellt oder produziert haben. Das ist nachhaltig. Man bringt das was man hat zum Markt. Es ist ein demokratischer Markt. Ein Markt von unten. Ein Markt des Volkes, von Menschen für Menschen. Wenn uns das genommen wird, werden wir nicht glücklich sein. Und bei uns wird verhandelt, was etwas kosten soll. Die Preisfindung ist niemals vorgegeben, sondern der Preis ergibt sich beim Handeln. Über einen Preis verhandeln ist nichts

Schlechtes. Es ist etwas Schönes. Und man kann sich kennen lernen auf einem Markt."

Sie lächelte ihn an. „Und man ist nicht allein."

„Dann sprechen wir von einem demokratischen Markt, der sich zumindest auf die Güter bezieht, die man zum Leben braucht. Alles, was nicht von einem Einzelnen hergestellt werden und gebraucht werden kann, wird auf diesen Märkten sowieso nicht gehandelt." Hagen versuchte zu beschreiben, was einen afrikanischen Markt von anderen Märkten unterschied. Es war letztlich das Produkt.

„Ja" sagte Rana „wir werden auf einem afrikanischen Markt niemals komplexe Produkte finden. Aber das muss auch nicht sein. Für solche Produkte ist der council da, der sich um Bedürfnisse der Menschen kümmert, die nur von allen gemeinsam garantiert werden können. Sicherheit, Medizin, Raumfahrt, IT, Technik, was immer eine gemeinsame Anstrengung erfordert, um geschaffen zu werden. Wir sind ja nicht nur Individuen, wir sind ja auch Herdentiere." Sie lächelte. „Mit manchmal übergeordneten Aufgaben."

„Wie ein Ameisenhaufen" lachte Jérôme. „Dann bin ich Ameisensoldat. Und wer soll die Ameisenkönigin sein?"

Rana legte ihren Kopf schief. „Das ist doch schon längst entschieden", lächelte Jérôme an und der wusste wirklich nicht genau, ob sie jetzt scherzte oder gerade etwas gesagt hatte, was eigentlich ganz offensichtlich war.

Er gab noch nicht auf und zeigte streng mit dem Finger auf Hagen. „Knie nieder, Vasall, und huldige deiner Königin!"

„Ähm" machte Hagen „ich habe euch noch nicht gesagt, aber wir Wikinger knien vor niemand nieder, außer wenn uns einer den Kopf abschlägt!"

Und wie so häufig nahm ein tiefsinniges Gespräch eine Wendung, die es nicht zuließ, zu einem ernsten Thema zurückzukommen. Aber das war gut so. Denn ohne die Momente des Lachens, Spielens und der Blödeleien wäre das stundenlange Diskutieren allzu trocken geworden.

Was nicht bedeutete, dass irgendwann einer der drei plötzlich wieder ernst wurde und sie an der Stelle weiterdiskutierten, die sie eben noch verlassen hatten. Vielleicht nutzt das menschliche Gehirn ja die Zeit des Unsinns, um alles zu ordnen, wer weiß das schon. Oder um im Unterbewusstsein Lösungen zu finden, wie man sie bei angestrengter Überlegung nicht hätte finden können. Wie Schlafen oder Träumen.

Aber da war noch etwas, das ihre Gespräche so wichtig werden ließ. Ganz nebenbei lernten sie sich kennen, jetzt ohne die Zwänge einer Hierarchie, nicht mehr guard und Gefangener, nicht mehr Flüchtling. Sie waren einfach nur drei junge Leute mit einer ungewissen Zukunft. Und sie nahmen die Aufgabe gerne an, diese Zukunft zu planen und, wenn sie die Gelegenheit dazu bekommen würden, auch zu gestalten. Und sie mochten sich.

Richard, der die drei jungen Leute nun mit dem Augenmerk auf Eleonores Bemerkung beobachtet hatte, lächelte plötzlich in sich hinein. Die kluge Eleonore, eine Frau und zwei Männer, das konnte doch nicht gut gehen. Aber dieses Mal täuschte sie sich. Nur wenn man ganz genau hinschaute, konnte man sehen, das Hagen nur Augen für Jérôme hatte.

Nur Jérôme nahm es nicht wahr. Er war zu sehr auf Rana fokussiert, sah sie immer wieder anders, neu, mit immer größerem Staunen. Und, seit er sie kennen gelernt hatte, mit immer mehr Respekt. Er sah eine schöne Frau und ihre Schönheit war nicht nur äußerlich, sie kam von innen. Manchmal war ihm, als wenn sie strahlen würde. Sie war klug, mutig und gleichzeitig sanft. War es ihr Stolz, der ihn so beeindruckte? Oder war es Selbstbewusstsein? Er wusste es nicht. Sie war so anders als er selbst. Und er ertappte sich dabei, bloß keinen Fehler machen zu wollen, nichts zu sagen, was sie ablehnen würde, ihn ablehnen könnte, und nichts zu tun, was sie verletzen würde. So kannte er sich gar nicht. Was war es, was sie so faszinierend machte? Ohne darüber nachgedacht zu haben, war er gern mit ihr zusammen und wünschte es sich immer mehr. Und er begann, sie immer mehr zu bewundern. Deswegen freute er sich jedes Mal, wenn sie sich begegneten.

Auch Hagen musste sich eingestehen, dass Jérôme offensichtlich immer mehr von Rana angezogen war. Er beobachtete, wie er sie anschaute, ihr zuhörte und sie neckte. Es gab ihm einen Stich, da, in seiner Brust. Er konnte es deutlich fühlen. War er etwa eifersüchtig? Er hatte gehofft, dass Jérôme in ihm mehr als einen Freund sehen könnte. Andererseits konnte man nicht wirklich eifersüchtig auf jemand sein, der wahrscheinlich hetero war. Es war mehr das Gefühl „wie schade", schade, dass du für uns, für mich verloren bist, man kann ja keinen zwingen, anders zu sein als er ist. Aber das vermutete er nur.

Und so lächelte er in sich hinein, war es nicht besser, überhaupt etwas zu fühlen als nichts? Auch wenn es nicht das Gefühl war, das man sich wünschte.

Und außerdem war er schon immer ein Existentialist gewesen, konnte die Dinge so nehmen, wie sie waren und alles, was kam, ertragen. Mit der Zeit würde sich dieses Gefühl, diese Mischung aus Eifersucht und Traurigkeit, in Dankbarkeit verwandeln, so wie es das immer tut, wenn man enttäuscht wird. Denn auch jede Enttäuschung hat etwas Gutes. Es verändert etwas. Es verändert einen selbst, wenn man es zulässt. Und wenn man auf sich selbst Acht gibt, dann zum Guten. Dann wird man stärker. Und dafür kann man dankbar sein.

Leider fühlte es sich noch überhaupt nicht so an. Es würde noch eine Weile dauern…

Dann plötzlich waren wieder diese anderen Gedanken in seinem Kopf. Ist es nicht so, dass alles was man erlebt, etwas mit einem macht? Aber wenn man nichts erlebt, dann macht das auch etwas. Etwas Negatives. Es ist nicht so, dass nichts zu erleben auch zu nichts führt. Wenn nichts passiert, insbesondere, wenn man sich etwas sehr wünscht, dann fühlt es sich ungut an. Da ist auf einmal dieses Gefühl, etwas verpasst zu haben, eine Chance nicht wahrgenommen zu haben. Muss man dann nicht initiativ werden? Nur um später nicht bedauern müssen, in diesem Moment nicht gehandelt zu haben?

„Lass uns zurück gehen", hatte Jérôme gesagt. Und als sie hier, unter den Bäumen, im Halbschatten, alleine zum Haus zurückgingen, das war doch ein guter Moment, oder?

Hagen drehte sich plötzlich zu Jérôme um. „Ich muss Dir etwas sagen." Jérôme zog die Augenbrauen hoch, sagte aber nichts.

„Ich bin schwul. Und ich glaube ich habe mich in dich verliebt."

Jérôme lächelte kurz. „Nicht gut für dich. Ich bin hetero. Du musst jemand anderen finden." Er zuckte die Schultern und ging weiter.

Das war kurz und knapp. Aber sagte alles, was zu sagen war. Hagen seufzte. Er blieb noch einen Moment stehen. Wäre ja auch zu schön gewesen. Und es war gut, dass er so klar war. Das war eindeutig.

Ist es nicht das Schlimmste, wenn man hingehalten wird, nicht weiß wo man dran ist? Wenn der andere nichts sagt, ist doch ganz schön, wenn sich jemand interessiert? Die Schlimmsten sind die, die hinhalten, sich alle Möglichkeiten offenalten wollen. Schäbig. Egoistisch.

 Er war Jérôme für seine Ehrlichkeit dankbar. Klare Ansage. Sie konnten Freunde bleiben.

Sara hatte ganz andere Probleme. Nicht mit Samir, über den freute sie sich jeden Tag. Es war gut, dass er da war. Er war aufmerksam, umwarb sie und er liebte sie. Und er ließ keinen Zweifel daran, dass das so bleiben würde. Das war so schön und es machte sie stolz.

Sara begann sich zu fragen, ob das allein ausreichen würde, um wieder glücklich zu werden. Sie hatte, seit sie ihren Beruf, ihre Aufgaben verloren hatte, Probleme mit sich selbst. Ist es nicht so, dass man Probleme mit sich selbst am schwersten lösen kann? Sie sind da, man spürt es deutlich, es belastet, aber irgendwie kann man nichts tun. Oder man kann, aber man tut nichts. Warum nur?

Der Wachdienst war für Sara vorbei, das war klar. Auch in den Polizeidienst würde sie nicht zurückgehen können. Sie hätte nicht gedacht, dass ihr die Ordnung, die Struktur und die klaren Vorgaben so fehlen würden. Es ließ sie in ein Loch fallen, eben war noch die Gewissheit, den Dienst heute gut erledigt zu haben, auch wenn es eine einfache und manchmal sinnlose Tätigkeit war, so gab sie doch die Möglichkeit, sich jeden Tag zu bewähren. Pünktlich zu sein. Alles zu erledigen. Vorschriftsmäßig. Und jetzt? Da war Unsicherheit, die Frage nach dem wie es weitergehen sollte. Jemand fehlte, der klar sagte, was sie zu tun hatte. Sie brauchte das.

Klare Vorgaben, den Dienstplan, Aufgaben, die keinen Aufschub und keinen Widerspruch duldeten. Nicht jeder will führen, manche wollen geführt werden. Es passt einfach zu ihnen. Während des Widerstandes war sie begeistert dabei gewesen. Aber jetzt, wo alles ruhig geworden war und jeder gespannt auf die neuen Regeln wartete, kam sie sich verloren vor.

„Denk nach, was du kannst. Und was du gerne machst. Und genau das musst du tun!", sagte sie sich immer wieder vor, wie ein Mantra, das die Erleuchtung bringen sollte, die Erkenntnis oder doch wenigstens die Richtung, in die es gehen sollte. Den Hof gab es nicht mehr, der war zerstört. Es fiel ihr nichts ein, was sie konnte und sie gleichzeitig gerne machen wollte. Ein Dilemma. Also etwas Neues? Etwas, das sie noch gar nicht kannte oder von dem sie nichts wusste? Vielleicht. Irgendwo im Inneren spürte sie, dass noch eine große Aufgabe auf sie wartete. Sie musste sie nur finden.

Sie konnte nicht wissen, dass alles schon für sie entschieden war. Manchmal ist das was passiert vorbestimmt und man kann es nicht wählen.

Das Unwohlsein an den vergangenen Tagen hatte einen Grund. Sara war schwanger. Sie würde ein Kind haben. Ein Kind der Liebe mit Samir. Manchmal muss man nichts planen. Manchmal geschehen die Dinge von ganz allein.

17. Drei Freunde

Der Vorsitzende saß immer noch auf seinem Stuhl im Büro, auf den sein Sohn ihn gefesselt hatte. Er konnte sich kaum bewegen und langsam tat ihm alles weh. Der Junge hatte schnell und umsichtig gehandelt. Niemand außer den Leibwächtern seines Vaters wusste, wo er war. Nachdem er seinen Vater gefesselt hatte, war er zu ihnen gegangen und hatte ihnen gesagt, dass sein Vater auf keinen Fall gestört werden wollte. Sie sollten erst am nächsten Abend wiederkommen, im Gebäude des councils war ja nichts zu befürchten. Die Männer hatten dankbar genickt, verschaffte ihnen das doch mal seit langer Zeit einen freien Tag. Und ihm gab das Zeit zu überlegen, was zu tun war.

Er dachte nach. Im council war die Stimmung ambivalent. Da waren die Vorsitzenden, die die Vorschläge des Widerstandes wohlwollend prüfen wollten, bis hin zu einer Neuwahl. Dazu gehörten Jekar und der Leiter administration. Andere, wie Silva und offensichtlich sein Vater, wollten die alte Ordnung wiederherstellen. Wieder andere waren unschlüssig.

Er überlegte. Wo stand er selbst? Das Ergebnis war eindeutig. Er wollte Veränderungen. Er wollte eine Wahl. Schon deswegen, weil das Unrecht aufhören sollte. Es war nicht richtig, Macht so zu konzentrieren. Selbst wenn das bedeuten würde, dass man Macht abgeben musste. Die Zukunft musste von denen bestimmt werden, die sie noch vor sich hatten. Nicht von den Alten. Und der Krieg sollte auch aufhören. Die Menschen brauchten wieder eine Ordnung. Und die Hoffnung auf eine gute Zukunft. Sein Vater musste gestoppt werden. Nicht nur wegen der Vergiftungen, mit denen er offensichtlich etwas zu tun hatte.

In Zeiten der Unsicherheit muss man sich positionieren und sich dann Verbündete suchen. Gleichgesinnte. Mit denen man seine Ziele erreichen konnte. Er überlegte nochmal und sandte eine message an Jekar und den Vorsitzenden des sub-councils administration: „Bitte um eine sofortige persönliche Besprechung in meinem Büro. Vertraulich." Das musste genügen.

Es war einer dieser Zufälle, die Geschichte beeinflussen können, etwas, das im Nachhinein gerne als Wunder bezeichnet werden würde. Wenn es denn Zufälle gibt. Kaum hatte er die Nachricht gesendet, wurde er von der security informiert, dass man zwei Verdächtige festgenommen habe. Zwei Gesuchte. Einen Programmierer, der sich unerlaubt von seinem Arbeitsplatz entfernt hatte und einen Komplizen, der offensichtlich dem Widerstand angehörte.

Es wäre sein erster persönlicher Kontakt zu jemandem aus dem Widerstand. Der Sohn des Vorsitzenden überlegte. Vielleicht sollte er sich anhören, was sie zu sagen hatten. Es ist immer gut, beide Seiten zu kennen. Und jemandem in die Augen schauen zu können, ist auch wichtig, jedenfalls wenn es um Leben und Tod geht. Denn das würde eine Maschine niemals leisten, zu erkennen, wem man vertrauen kann und wem nicht. Das war immer noch Menschen vorbehalten und das würde auch, trotz aller KI, so bleiben. Er ließ die beiden zu sich bringen.

Leon und Pol waren endlich dort angekommen, wo sie seit Wochen hinwollten, zum council. Sie hatten gehofft, den Leiter administration sprechen zu können. Aber sie waren schon am äußeren ersten Sicherheitsring, der um die Gebäude des councils gelegt worden war, von der security festgesetzt worden. Pol konnte einen schnellen Blick auf den Computer des Wachhabenden erhaschen, nachdem sie festgenommen worden waren. Da war sein Bild, ein älteres zwar, aber gut erkennbar. Und obendrüber stand in roten Buchstaben „Widerstand". Also war das schon mal geklärt. Jetzt war es also offiziell. Er gehörte zum Widerstand. Was für eine Karriere.

Leon hatte es noch geschafft, eine Nachricht an Jekar abzusetzen. „Bin festgenommen." stand da schlicht. Dann wurde sein screen abgeschaltet. Jekar, der gerade auf dem Weg zum Sohn des Vorsitzenden war, nahm die Nachricht eher beiläufig zur Kenntnis. Darum müsste er sich kümmern, wenn er von der Besprechung zurück war.

Und so kam es zu der Begegnung, von der später gesagt werden würde, sie habe alles verändert. Da waren der Sohn des Vorsitzenden und der

Vorsitzende administration, die gerade dabei waren, sich ein Bild von den beiden gefesselten jungen Männern zu machen, die von der security in das Büro gebracht worden waren, als sich die Tür öffnete und Jekar hereinkam. Er nickte kurz, dann sah er seinen Sohn. Das Strahlen in seinem Gesicht war nicht zu übersehen und er ging, ohne zu überlegen, an den Wachleuten vorbei zu Pol, zog ihn an sich, drückte ihn, freute sich ganz offensichtlich und sagte „Ich habe alles so gemacht wie du es gesagt hast."

Er schaute in die erstaunten Gesichter der anderen, dann lächelte er. „Das ist Pol, mein Sohn."

Es dauerte eine Weile und viele Erklärungen, bis den anderen klar war, was hier passierte und sie verstanden hatten, welche besonderen Verbindungen hier bestanden.

Die Sicherheitsleute wurden hinausgeschickt und fünf Menschen, die hier – zufällig oder nicht – zusammengekommen waren, begannen sich kennenzulernen. Und ohne es zu wissen, bauten Pol und Leon weiter an der Brücke zwischen dem Widerstand und dem council, die Jekar begonnen hatte. Jedenfalls wurde das später so interpretiert und historisiert. Nur dadurch, dass sie da waren und redeten. Von ihren Ideen und ihren Idealen. Sie gaben dem Widerstand ein Gesicht und eine Meinung.

Sie fanden in den Vertretern des councils aufmerksame, dann fast fassungslose Zuhörer. Fassungslos, weil die langsam begriffen, dass dieser Moment ein entscheidender Moment zwischen der Vergangenheit und einer anderen Zukunft war. Einer Zukunft, von der sie bislang nur eine diffuse Vorstellung hatten, die aber immer klarer wurde, je länger sie redeten. Es war ein Moment, der alles verändern würde. Vor allen Dingen das, an das sie bislang geglaubt hatten. Von dem sie davon ausgegangen waren, dass es unverrückbar sei. Das war es nämlich nicht.

Warum waren sie nicht selbst auf diese Gedanken, auf diese Visionen von einer anderen Zukunft gekommen? Es war alles so einfach und schien so richtig, was die beiden jungen Leute sagten und berichteten. Eine andere

Ebene. Anders, aber besser. Vielleicht lag es daran, dass man immer einen Blick von außen braucht, um etwas zu erkennen. Einen Abstand. Nur so kann man das Ganze überblicken. Nur so hat man einen bird view. Und den braucht jeder Politiker.

Der Sohn des Vorsitzenden jedenfalls wusste schon nach kurzer Zeit, dass er in den wenigen Stunden mehr gelernt hatte als in den letzten Jahren. Da waren zwei junge Männer in seinem Alter, die das artikulierten, was er irgendwo verborgen in seinem Inneren immer schon gewusst hatte. Das Vieles nicht mehr richtig war. Und dass Veränderungen notwendig waren. Und irgendwann spürte er, dass er zwei Freunde gefunden hatte. Wenn sie denn wollten. Das machte ihn gerade ziemlich glücklich.

Da war Leon, der Programmierer, der begeistert von den Minidrohen berichtete und davon, wie sie das Dorf gerettet hatten. Und vielleicht dazu beigetragen hatten, einen Krieg zu verhindern. Und von den technischen Möglichkeiten, die mind bot. Und von den neuen Ansichten, die im Widerstand diskutiert wurden.

Und da war Pol, der einen erfrischend einfachen, aber nach Überlegung immer richtigen Blick auf die Situation zu haben schien. Der ohne Angst offen aussprach, woran das bisherige System gescheitert war, wo es nicht mehr funktionierte und warum so viele Menschen da draußen unzufrieden waren. Und vor allen Dingen konnte er benennen, was verbessert werden musste: Die Ungerechtigkeit, die Verteilung der Macht, die Überwachung und die Abschottung gegen die, die Hilfe am meisten brauchten. Und seine Begeisterung für die Ideen des Widerstandes teilen konnte.

Zwei neue Freunde, dachte der Sohn des Vorsitzenden. Das konnten wirklich zwei neue Freunde werden. Freunde hatte er viel zu wenig. Er musste es ihnen nur noch beibringen.

Auch der Leiter administration war beeindruckt von den beiden jungen Leuten. Sie waren klar in ihren Ansichten und er erwischte sich dabei, ihnen immer wieder innerlich zuzustimmen. Ja, es war Zeit, eine politische Neuausrichtung vorzunehmen. Und es war richtig, die

Menschen daran zu beteiligen. Eine demokratische Neuausrichtung. Eine Wahl. Das war nicht nur ein Widerstand. Es war ein Widerstand mit Visionen.

Jekar folgte dem Gespräch nicht so, wie es hätte sein sollen. Die Inhalte waren für ihn gerade nicht so wichtig. Er sah nur immer wieder seinen Sohn an und freute sich. Über einen jungen Mann, einen Freigeist, mit offensichtlich vielen Talenten. Dem man glaubte, was er sagte und der es ohne Anstrengung gelang, zu überzeugen.

Er war dankbar über das Geschenk, das ihm so unverhofft gemacht worden war. Und dass er gar nicht verdient hatte.

Es war der Leiter Administration mit seinem trainierten strukturellen Denken, der die Diskussion am Ende ordnete und Prioritäten setzte.

Es war klar, dass Jekar und Leon die Programmierung von mind übernehmen müssten. Die Anweisungen dafür sollten vom Sohn des Vorsitzenden und ihm selbst kommen.

Pol war die Verbindung zu den anderen Mitgliedern im Widerstand. Sie mussten in die nächsten Schritte eingebunden werden. Und er würde dafür sorgen, dass eine geordnete, freie und unabhängige Wahl zu den Themen, die anzugehen waren, stattfinden könnte. Er war offen für den Ausgang der Wahlen, selbst wenn sie bedeuten würden, dass auch er nicht mehr an der Spitze stehen würde. Und vielleicht keiner der Entscheider mehr sein würde. Er bat Jekar, ihn zu begleiten, um die nächsten Schritte im council vorzubereiten.

So kam es, dass drei junge Männer, einer schon immer im System, einer bis vor kurzen im System und einer, der mit dem System nichts zu tun hatte, in einem Büro im council zusammensaßen und nach Gemeinsamkeiten suchten. Und der kleinste gemeinsame Nenner war, dass sie alle drei Hunger hatten. Und wie das bei jungen Männern so ist, war das die oberste Priorität.

Leon und Pol bemerkten während des Mittagessens, dass der Sohn des Vorsitzenden nicht nur ein intelligenter Mensch war, der viele ihrer

Ansichten teilte. Sondern auch jemand, mit dem man reden konnte und der offensichtlich einen großen Einfluss im council haben musste. Aber irgendetwas schien ihn zu bedrücken. Beim Digestif fasste sich Leon fasste sich ein Herz und fragte ihn geradeheraus: „Da ist etwas, was du uns noch sagen möchtest?"

Der Sohn des Vorsitzenden schaute ihn lange an. Dann entschied er sich, ins Vertrauen zu gehen. „Mein Vater. Er ist wieder da. Und ich glaube, er hat etwas mit dem vergifteten Wasser zu tun."

„Wir wissen bereits, dass dies vom council ausgegangen sein muss", sagte Pol vorsichtig. „Wir haben die Daten analysiert und sind auf den Ausgangspunkt hier in diesem Haus gestoßen."

„Ich habe ihn gefesselt", sagte der Sohn unvermittelt. „Ich wusste nicht, was ich machen sollte." Er erzählte, was vorgefallen war.

„Es gibt nur eine Lösung", sagte Pol. „Mein Vater muss sich darum kümmern. Wir sollten es ihm überlassen, zu entscheiden."

Kurz darauf war Jekar informiert. Er entschied wie immer schnell und überlegt. „Ich werde ihn in Gewahrsam nehmen, bis wir mehr wissen. Er wird isoliert und bewacht werden. Seine Zugriffsberechtigungen schalte ich ab. Aber ich übergebe ihn nicht der security. Nicht bevor wir wissen, was passiert ist."

Damit konnte auch der Sohn des Vorsitzenden leben. Er war erleichtert, dass er diese Entscheidung nicht treffen musste.

18. Neue Paare

Marie hatte Großes vor. Sie hatte Khor, der aus Afrika zurück war, zum Essen eingeladen. Und, wenn alles sich so entwickeln würde, wie sie es sich wünschte, nicht nur zum Essen. Schade nur, dass Pol nicht da war. Aber andererseits war sie ganz froh, mit Khor allein sein zu können. Ein wenig wehmütig dachte sie an das letzte Mal zurück, als sie für einen

Mann ein Abendessen vorbereitet hatte. Damals, als sie mit Pol schwanger war.

Aber diesmal würde es anders sein. Sie war darüber hinweg. Pol hatte seinen Vater kennen gelernt und es schien, als würde sich eine Beziehung entwickeln können. Das hatte ihr ein Gefühl der Freiheit gegeben. Sie war nicht mehr allein für Pol verantwortlich. Er war jetzt erwachsen. Sie durfte wieder frei sein. Auch für jemand Neuen. Und wer das sein sollte, das wusste sie schon lange, zu lange.

Auch Jérôme war froh, mit Rana allein zu sein.

„Rana?" Sie drehte sich um zu und sah ihn mit ihren großen Augen wohlwollend an. Das ging Jérôme, wie immer, durch und durch. „Ja?" „Was muss ein Mann bei eurem Volk tun, wenn er einer Frau gefallen will?"

Ein leises Lächeln huschte über Rana´s Gesicht. „Er muss mutig sein", antwortete sie, ohne seinen Blick loszulassen.

„Aber wenn er ein entflohener Sträfling ist und nichts hat außer sich selbst?" Rana lächelte wieder. „Dann muss er besonders mutig sein!"

Sie beugte sich vor. „Ich habe nicht vergessen, Jérôme, dass du mein Leben und das von Aissa gerettet hast. Dafür werde ich dir ewig dankbar sein." Sie beugte sich noch weiter vor und küsste ihn leicht auf den Mund. „Außerdem bist du ein schöner Mann. Das ist doch ein guter Anfang, oder?"

Jérôme war sprachlos. Wie immer überraschte ihn ihre Offenheit und die Klarheit ihrer Gedanken.

Rana stand auf und wandte sich der Tür zu. „Rana?" Sie sah über ihre Schulter zurück. „Ich habe mich in dich verliebt." „Das freut mich", sagte sie schlicht. Und nach einer Weile: „Ich denke darüber nach."

Jérôme stand noch wie benommen da als die Tür wieder aufging und Khor hineinkam. Himmel, ahnte er etwas? Konnte es ein Zufall sein, dass er gerade jetzt auftauchte?

„Jérôme", sagte er, „kann ich dich sprechen?"

„Ich wollte auch gerade mit dir sprechen", antwortete Jérôme.

„Ah ja? Worüber denn?" Jérôme wurde unsicher. Aber vielleicht war es das Beste, Khor sofort die Wahrheit zu sagen. Immerhin hatte Rana nicht nein gesagt, sie hatte ihn auf den Mund geküsst. Das war zumindest ein Anfang.

„Ich habe mich in Rana verliebt." Khor zog die Augenbrauen hoch, sagte aber nichts. Er sah Jérôme lange an, so wie wohl alle Väter einen jungen Mann ansehen, der sich für ihre Tochter interessiert. Jérôme wurde zusehends nervös. Er konnte das Schweigen nicht mehr ertragen und stammelte: „Ich werde immer auf sie aufpassen, sie beschützen. Sie ist wie eine schöne Blume!"

„Mmh", machte Khor. „Das musst du ihr sagen und nicht mir. Eigentlich wollte ich dich fragen, ob du Rana zu einem Projekt begleiten kannst. Aber vielleicht frage ich ja lieber Hagen."

Jérôme gefiel die Vorstellung, mit Rana allein sein zu können. Natürlich wollte er Rana begleiten. „Hagen kann gerade nicht, der sucht was", sagte er.

„Und was sucht er?" fragte Khor.

„Einen neuen Partner", antwortete Jérôme.

Wieder zog Khor die Augenbrauen hoch. „Oh, er sucht einen Mann?" Jérôme nickte. „Also gut", sagte Khor, „Du fährst morgen mit Rana in den Süden. Es kommt eine Lieferung für mich an. Nehmt den Lieferwagen. Und, Jérôme? Du weißt was mein Volk mit Männern macht, die Frauen belästigen?" Jérôme schüttelte den Kopf.

„Wir schneiden ihnen das Geschlechtsteil ab." Jérôme nickte heftig. Er hatte verstanden.

„Es scheint, als wenn alle auf der Suche nach einem neuen Partner sind", sinnierte Khor, als er sich umdrehte und zurück zur mairie ging.

Noch hatte er keine Vorstellung davon, wie nah er selbst vor einer neuen Beziehung stand. Davon bekam er eine erste leise Ahnung, als Marie ihm am Abend die Tür öffnete und glücklich den Strauß Blumen entgegennahm, den er mitgebracht hatte. Es waren nicht nur die Blumen, die dufteten. Und sie waren nicht das einzig Blühende in diesem Moment. Khor registrierte im Unterbewusstsein wie schön Marie heute ausschaute.

Vielleicht stimmt es wirklich, wenn gesagt wird, dass Männer länger als Frauen brauchen, um das zu verstehen, das mit der Liebe. Manchmal muss man ihnen zeigen, was sie vermissen. Was ihnen die ganze Zeit gefehlt hat. Ohne dass sie von allein darauf gekommen wären. Dann nehmen sie es dankbar an.

19. Rebound

„Afrika, so sagt man, ist die Wiege der Menschheit. Von hier aus hat sich die Spezies Mensch in alle Welt ausgebreitet, hier finden sich die ältesten Zeugnisse menschlichen Lebens und menschlicher Kultur. Hier entstanden Wissenschaftszweige, Dynastien, Techniken, die wir auch heute noch kennen und vor allen Dingen eine Gesellschaft, die viele Werte repräsentiert, die wir schätzen und die als Vorbild dienen können."

So begann Khor seine Rede. Er sprach vor dem Rat, der aus dem ehemaligen council und den durch die Wahl bestimmten Delegierten gebildet worden war, virtuell natürlich. Viele waren im großen Kongresszentrum im Auditorium, andere waren live zugeschaltet. Fast 6.000 Delegierte warteten gespannt auf die Vorschläge, die Khor unterbreiten würde.

„Es ist eine falsche Vorstellung, dass Menschen nicht zuerst an sich selbst denken dürfen. Das sollen sie und das dürfen sie. Dann kommt ihre Familie, dann die Menschen, mit denen sie leben. Erst dann sind sie verpflichtet, an andere, ihnen fremde Menschen, zu denken. Gesellschaft ist ein abstrakter Begriff, der sich nur schwer fassen lässt. Die, die mir am nächsten stehen, sind zunächst für mich wichtig. Für jeden Menschen ist das so. Und erst dann kommt das Ganze, die Gesellschaft. So war es auch immer in jeder Gesellschaft in Afrika." Khor sah in die Bildschirme vor sich und dann lange in das Publikum.

„Es war ein Fehler, dies bei der Festlegung der Ziele, die bisher vom council definiert waren, zu vernachlässigen. Es geht für jeden Menschen immer zuerst um sich, sein Umfeld und dann erst um ein Ganzes. Daher lehnen wir eine Punktevergabe, die sich ausschließlich an der Erreichung gesellschaftlicher Ziele orientiert, als Maßstab in Zukunft ab.

Es ist Aufgabe einer Regierung, solche übergeordneten Ziele zu verfolgen und umzusetzen. Es ist keine Aufgabe für den Einzelnen. Es muss eine klare Unterscheidung zwischen der Politik für das Ganze und eine Politik für die Menschen geben."

Die Konferenz applaudierte. Khor schaute in die Monitore vor sich und nickte dankbar.

„Und es war ebenso ein Fehler, Politik allein an wirtschaftlichem Denken zu orientieren. Wohlstand und Wachstum sind wichtig, aber nur ein kleiner Teil dessen, was die Menschheit anstreben sollte. Und was ist das? Ganz einfach: das Glück und die Freiheit jedes Einzelnen."

Applaus brandete in der Videokonferenz auf. Khor kam nach dieser Einführung zu seinen wichtigsten Anliegen.

„Niemand soll durch ein politisches System zu Zielen gezwungen werden, die er nicht mittragen möchte. Es gibt viele und vielfältige Gesellschaften auf der Erde und alle haben ihre Daseinsberechtigung. Es gibt kein Richtig oder Falsch, sondern nur ein Gewolltes oder Ungewolltes. Und das mit vielen Unterschieden. Wir sind ein Ganzes, gehören zusammen und dürfen doch verschieden sein. Die vielen Formen und Arten von Leben vertragen keine Generalisierung. Und folglich keine Vorschriften, die ohne Differenzierung für alle gelten sollen. Es muss differenziert werden. Dieses Leben verträgt keine Mission, keine politischen Ideen, keine Religionen, die hier vielleicht richtig sind, dort aber an der Wirklichkeit und an den Menschen vorbeigehen. Auch die Natur kennt diese Vielfalt. Und wir sind alle ein Teil dieser Natur.

Daher haben wir vorgeschlagen, dass der Rat die Intelligenz aller Menschen nutzt. In einer komplizierten und vielfältigen Welt ist es unmöglich für einen, alles zu wissen und richtig zu entscheiden. Unser neues politisches Entscheidungssystem sieht den Einfluss jedes Menschen auf jede Entscheidung vor. Und jede Entscheidung wird von den Wissenschaftlern und den Fachleuten vorbereitet, die dafür am besten qualifiziert sind. Das kann und muss seinen Anfang in der Kenntnis der Lebensumstände vor Ort haben. Daher wird in unserem neuen Programm vieles lokal bewertet und entschieden werden. Wir brauchen die Zusammenarbeit vieler, um die richtigen Entscheidungen treffen zu können. Das ist die Schwarmintelligenz, die eine bessere Welt braucht.

Mind gibt uns die technischen Möglichkeiten, das umzusetzen. Politik von oben herab ist nicht mehr zeitgemäß. Es gibt nur eine Erde, aber viele Welten, viele Kulturen und viele verschiedene Menschen. Und alle sollen entscheiden können, in ihrer Welt und aus ihrer Welt heraus. Die gesellschaftlichen und politischen Bedingungen, unter denen wir leben, haben einen großen Einfluss darauf, ob wir glücklich sind. Jedem von uns ist daher so wichtig, dass unsere Angelegenheiten vor Ort diskutiert und entschieden werden.

Das gilt auch und insbesondere für das Vermögen der Welt. Es wird künftig in zwei Bereiche aufgeteilt. Der council hat für die Bereiche, die alle Menschen angehen, die Entscheidung über die Mittelverwendung. Aber der Großteil des Vermögens wird den Regionen zur Verfügung gestellt, damit die Regionen ihre Ziele erreichen können.

Daher bitte ich alle, dem Programm „**Diversity**" zuzustimmen. Es gibt die Mittel und die Freiheit der Entscheidung in die Regionen. Das gilt für alles, was nicht harmonisiert werden muss. Die Regierung beschränkt sich auf das, was nur gemeinsam gestaltet und verwaltet werden kann."

Wieder war Applaus zu hören.

„Und Diversity hat noch einen wichtigen Vorteil. Die vernetzte Welt ist verletzlich. Überall da, wo Netze zusammengeknüpft sind, an den Knotenpunkten, kann man sie leicht stören oder sogar zerstören. Ob Daten, Energie oder Wasser. Das haben wir gelernt. Es ist fast so, als würde die Vernetzung mit einem gleich großen Risiko an Angreifbarkeit einhergehen. Dem kann man nur mit unglaublich aufwendigen Sicherheitsmaßnahmen begegnen. Sicherheitsmaßnahmen, deren Aufwand den Nutzen der Vernetzung egalisiert oder sogar übersteigt. Dabei ist die Lösung so einfach. Wir dezentralisieren. Wir teilen auf. Wir werden uns nicht mehr Risiken aussetzen, die früher aufgrund der Zentralisierung für alle entstanden sind. Und die Welt ist vielfältig, viel zu bunt, um sie zentral zu regieren. Der council wird alle Entscheidungsgewalt, die nicht unbedingt notwendig ist, abgeben. "

Khor verneigte sich leicht und sah sich nach Mara um, die an der Seite hinter dem Vorhang stand und ihm zunickte.

Wenn der Rat diesem Programm zustimmen würde, dann wäre der größte Wunsch des Widerstandes in Erfüllung gegangen: die Vielfalt der Systeme, Kulturen und Wünsche zu berücksichtigen und eine Dezentralisierung und Verteilung der Macht möglich zu machen. Mind würde die Verwaltung, Verteilung von Gütern und Priorisierung von Aufgaben nach den Vorgaben der 12.600 gebildeten Distrikte und Provinzen einspielen und jeder Region viele freie Entscheidungen und Eigenverwaltung ermöglichen. Und Risiken minimieren, die durch Zentralismus und Vernetzung entstanden waren.

Samir und Amil hatten die technischen Voraussetzungen dafür geschaffen und der Vorsitzende des sub-councils Administration hatte die anstehenden Aufgaben vorbereitet.

Administration selbst war nach den Plänen die erste Verwaltung, die dezentralisiert arbeiten würde, lokale Zuständigkeiten und Entscheidungsbefugnisse einführen und die Mittel dazu bereitstellen sollte. Damit konnten Entscheidungen vor Ort umgesetzt werden. Eine Dezentralisierung der Verwaltung und des staatlichen Eigentums. Niemand sollte mehr darauf warten müssen, dass der council Mittel freigeben würde. Das würden die Distrikte selbst entscheiden, vor Ort und mit den Kenntnissen der örtlichen Gegebenheiten und Bedürfnisse. Sie würden ein jährliches Budget erhalten und selbst verwalten.

Es wäre eine neue Ära der Vielfalt und die Zukunft für basisdemokratische Entscheidungen. Kaum vorstellbar, dass es mit dieser diversifizierten Macht- und Güterverteilung noch zu Streit oder sogar Kriegen zwischen Menschen kommen würde. Ein weltweiter Föderalismus. Und das revidierte social-points Programm würde Jedem Chancen in seiner Welt und seiner Kultur eröffnen. Wie es die Mehrheit dort planen und bestimmen würde.

Leon war mit Mara dafür verantwortlich gewesen, die Bereiche, die harmonisiert wurden, weil sie alle angingen, zu definieren. Für diese Bereiche sollte der Rat eine zentrale Zuständigkeit behalten. Hier sollte es für alle Distrikte verbindliche Regelungen geben. Für eine gemeinsame Ordnung und Struktur war das unerlässlich und erklärte sich aus den Aufgaben. Das betraf die Katastrophenabwehr, Seuchen, Klima und Verteidigung. Auch die Teile der Wirtschaft, die besondere Vernetzung benötigen, waren im neuen Grundgesetz der Kompetenz des Rates zugeordnet. Und die Zusammensetzung des Rates spiegelte genau diese Kompetenzbereiche wider.

Kultur, Bildung, Polizei und Gerichtsbarkeit und alle speziellen social-credit-Systeme waren Aufgabe der Provinzen. Und alle örtlichen Probleme und Fragen.

Niemand sollte dem Rat angehören, der ausschließlich aufgrund seines früheren Reichtums einen Sitz hatte. Der neue Reichtum war nicht die Menge an Gütern, die jemand eingebracht hatte, sondern die Lebensleistung eines Menschen. Das was er für andere getan hatte.

Khor fuhr mit seiner Rede fort.

„Der Gendermain-Act wird abgeschafft. Jede unterschiedliche Behandlung wegen eines Geschlechtes, einer Religion, Politik oder Hautfarbe stellt eine Diskriminierung dar. Alle haben die gleichen Rechte und werden weder bevorzugt noch benachteiligt. Der council wird jeder erkennbaren Diskriminierung entgegentreten. Aber dass jeder gleich sein soll, die Gleichschaltung, hört auf. Wir erkennen und respektieren Unterschiede. Jeder darf bei gleichen Rechten verschieden sein. Wir nennen das Programm „**Equality**". Es wird keine Quoten mehr geben. Nicht für Frauen, nicht für Behinderte. Es sind die Quoten selbst, die diskriminieren. Und es soll nicht mehr verboten sein, Unterschiede zu benennen, denn es gibt diese Unterschiede. Die sprachliche und faktische Neutralisierung aller Unterschiede, auch in der Sprache, war nicht zielführend. Wir wollen Gleichheit, aber keine verordnete Gleichheit. Die Aufgabe des councils wird es sein, Ungleichheit zu bekämpfen, nicht Gleichheit aufzuoktroyieren."

Das Auditorium schwieg. Es war ersichtlich, dass hier Einiges zu diskutieren war.

„Das Nächste ist die Politik des Zusammenhaltes aller Menschen, unser Programm „**Solidarity**." Unsere jüngste Vergangenheit hat, für jeden klar erkennbar, gezeigt: Ohne Solidarität, ohne gegenseitige Hilfe, gibt es keinen Fortschritt. Ohne die Hilfe von Afrika, das der council jahrelang im Stich gelassen hatte, wären viele von euch nicht mehr hier. Ohne diese Hilfe hätten wir die Krise nicht überstanden. Mein Dank gilt all jenen, die sich selbstlos und ohne gefragt zu werden eingesetzt haben und denen viele von euch ihr Leben verdanken. Afrika hat uns durch seine Hilfe tief beschämt. Wir haben gelernt, dass wir alle ein Teil eines großen Ganzen sind. Weil es alle getroffen hat. Das hat uns wieder solidarischer gemacht und uns gezeigt, dass wir zusammenhalten müssen.

Das Ende jeder Krise ist eine Befreiung, eine Befreiung von Ängsten und Zukunftssorgen. Es ist wie eine Einladung jetzt wieder zu leben, wie ein Aufatmen in frischer Luft. Frei sein von Angst. Und das gute Gefühl, dass es vorbei ist. Und jetzt das zu tun, was wichtig und richtig wurde während der Krise. Denn jede Krise definiert Werte und Ziele neu. Wir haben erfahren, wie wichtig es ist, zusammenzuhalten.

Und die Krise hat viel Falsches aufgezeigt: Egoismus, Populismus, Machtstreben und wirtschaftliches Wachstum um jeden Preis. Das Streben nach immer mehr war falsch. Das Wachstumscredo hat versagt. In der Krise haben wir eine unsichere Zukunft vor Augen gehabt. Wir haben nach dem oder denen gesucht, die uns Sicherheit geben können. Das war richtig und gut. In der Krise braucht man vielleicht die Starken und strenge Führung. Aber jetzt ist die Krise vorbei. Jetzt können wir alles das umsetzen, was wir uns in den dunklen Stunden und Tagen erträumt haben. Unsere Energie auf das konzentrieren, was wichtig geworden ist. Wir laden alle ein, mitzumachen. Bauen wir uns eine bessere, schönere, sicherere und gesündere Welt!

Es wird ein Solidaritätsfonds eingerichtet, der sowohl Kapital, die technischen Mittel und die Menschen umfasst, die sich einsetzen, alles, was notwendig ist. Jeder junge Mensch muss ein Jahr seines Lebens für diesen Fonds arbeiten. Ein Opfer, ja, aber es wird eine gute Erfahrung für die sein, die des Wohlstandes und ihrer Freiheit überdrüssig sind. Es wird für jeden ein Jahr der Arbeit, der Disziplin und des Dienens sein. Jeder leistet seinen Beitrag zum Solidaritätsfonds.

Wir wissen, dass Menschen ohne Arbeit unglücklicher sind als Menschen, die eine Arbeit haben, auch wenn das Einkommen gleich ist. Für junge Leute ist das soziale Jahr die Möglichkeit, durch Arbeit Zufriedenheit kennen zu lernen. Und vielleicht finden sie das, was sie später in ihrem Leben machen wollen.

Wir werden ebenfalls erlauben, die Mitarbeit im Solidaritätsfonds über eine selbständige Tätigkeit zu erbringen. Menschen, die selbständig arbeiten, sind genauso wertvoll wie Menschen, die in hierarchischen Strukturen arbeiten. Und sie wissen, was sie können und was sie wollen. Damit kommen wir den jungen Leuten entgegen, die es schätzen, selbständig zu sein. Und eine weitere Besonderheit ist, dass die Mitarbeit im Fonds jedem offensteht, also auch Älteren. Und wer zwei Jahre machen will – gerne!"

Khor wurde durch erst zaghaften, dann immer stärker werdenden Applaus unterbrochen. Auf den screens war zu sehen, dass immer mehr Ratsmitglieder von ihren Sitzen aufstanden. Auch im großen Konferenzsaal erhoben sich die Zuhörer.

„Das Nächste, was wir vorschlagen, halten wir für ebenfalls wichtig. Wir brauchen eine angepasste Gewichtung der Wählerstimmen.

Angepasst an die Herausforderungen, denen wir uns stellen müssen. Nicht jeder muss gleiche Wählerstimmen haben. Es hat bereits früher eine Gewichtung nach Stand bei den Römern gegeben und oft eine Gewichtung nach Reichtum. Das können nicht die Kriterien für eine gerechte Wahl sein. Eine Wahl muss berücksichtigen, dass die Jungen viel mehr Zukunft haben als die Alten. Sie müssen das Recht haben, diese Zukunft mehr als die Alten zu bestimmen. Daher soll die Numerik der Stimmen der Wahlen um den Faktor der Restlebenszeit ergänzt werden. Ein Mensch, der noch 50 Jahre zu leben hat, wählt mit der Stimme 1,5, ein anderer, der nur noch 20 Jahre zu leben hat, mit der Stimme 1,2. Das soll für alle Entscheidungen gelten, die in der Zuständigkeit der Provinzen stehen. Die Gewichtung der Stimmen ist ein Beitrag zur Generationengerechtigkeit. Wir werben daher für unser Programm **„Weighted voting"**.

An dieser Stelle war kein Applaus zu hören. Ein erstes Zeichen dafür, dass dieser Teil des Programms streitig sein würde.

Khor fuhr fort. „Die Menschen haben auch gegen die Zuordnung gestimmt. Und das sehr deutlich. Es ist nicht die Aufgabe eines Staates, Menschen zusammenzubringen. Wir geben der Liebe wieder eine Chance. Der council wird erarbeiten, ob und wie eine freiwillige Zuordnung in Zukunft angeboten werden kann.

Und es wird keine staatlich verordneten Drogen mehr geben. Schon gar nicht als Belohnungssystem. Die rewards werden abgeschafft. Wir wollen klardenkende, wache Menschen."

Das waren Anliegen vieler Bürger gewesen. Sowohl die staatlich verordneten Glücksdrogen als auch die auf wissenschaftlichen Daten begründete Zwangspartnerschaft wollten die meisten Menschen nicht. Und daher war es nicht verwunderlich, dass die Abgeordneten Beifall zollten.

„Auch das staatliche tracking wird abgeschafft. Die ständige Überwachung von Menschen schafft mehr Unrecht und Ungerechtigkeit als Recht und Gerechtigkeit. Wir werden niemals sicherstellen können, dass diese Daten nicht missbraucht werden. Daher darf jeder Mensch wählen, ob und welche Daten gesammelt werden oder nicht. Es gehört zur Freiheit des Menschen, nicht überwacht zu werden. Wer will, kann sich orten lassen. Auch das ist eine Freiheit. Mind gibt uns die Möglichkeit, solche Wahlmöglichkeiten jederzeit und an jedem Ort online durchzuführen.

Das screen kann von jedem Menschen individuell auf seine Bedürfnisse eingestellt werden. Das ist das Programm „**Freedom**“.

Auch hier stimmten die Abgeordneten per Akklamation zu.

„Dann wollen wir Ressourcen schonen, die Umweltverschmutzung begrenzen und nicht zuletzt den Klimawandel aufhalten. Wir werden das Programm „**Circle**“ beschließen. Alles was produziert wird, muss zurückgenommen werden. Und zwar vom Produzenten. Und von ihm wiederverwendet oder entsorgt werden. Das stellt sicher, dass schon bei der Produktion darauf geachtet wird, Ressourcen zu schonen. Alles soll so konstruiert und produziert werden, dass es in einen Produktionskreislauf zurückkommen kann. Das erfordert enorme Aufwendungen in der Materialforschung, Herstellung, in der Logistik und bei der Verwertung. Es werden tausende Ingenieure gesucht, neue Arbeitsplätze geschaffen, es wird die erste supranationale und weltumspannende Initiative werden, koordiniert von mind.

In Zukunft kann niemand mit dem Verkauf seiner Ware seine Verantwortung für das Produkt mehr abgeben. Es wird eine vollkommen neue Ausrichtung der Produktion an Nachhaltigkeit, Energie- und Ressourcenschonung!" Applaus war zu hören.

„Unser nächstes Anliegen am heutigen Tag ist der Erhalt des Wissens aller Menschen. Es war und ist immer noch eine Katastrophe, dass mit dem Tod eines Menschen alles Wissen stirbt, das er hatte, wenn es nicht vorher dokumentiert wurde. Wir werden dies in Zukunft mit zwei Maßnahmen verhindern.

Zum einen wird jeder alte Mensch Mentor eines jungen Menschen und bringt ihm das bei, was er gelernt hat, begleitet ihn und ist sein Berater. Und lehrt ihn das, was er selbst kann. Das ist unser Programm „**Mentorship**". Jeder Mentor bekommt Punkte für seine Leistung und ist damit im Alter nicht mehr mittellos.

Zum anderen wird mind um eine neue Computerarchitektur erweitert, die den Namen „**Remind**" tragen soll, eine Datenbank des menschlichen Wissens, offen für alle und mit einem Zugriff für die Vernetzung und Auswertung dieses Wissens. In diese Datenbank kann jeder sein Wissen einstellen.

Mit dem zusätzlichen Programm „**Privacy**" verbieten wir endgültig die Nutzung von privaten Daten für kommerzielle Zwecke. Es wird in Zukunft verboten, Daten zu handeln, zu verkaufen, zu erheben um, für welche Zwecke auch immer, daraus Profit zu schlagen. Private Daten sind geschützt und werden nur für staatliche Zwecke verwendet. Das bedeutet, dass die Nutzung von Daten, etwa für personalisierte Werbung oder Einschätzung von Risiken, etwa für Versicherungen, verboten sind. Die staatliche Daseinsvorsorge für jeden Menschen macht all dies überflüssig.

Und zuletzt möchte ich für das neue Programm „**Gold**" werben. Menschen, die bescheiden, selbstlos und nachhaltig leben, sollen belohnt werden. Es sind Tugenden, die das frühere „mehr, höher, schneller, weiter" ablösen sollen. Wir brauchen kein weiteres Wachstum. Nicht jeder muss alles haben. Wir brauchen Ressourcenschonung und Nachhaltigkeit.

Jetzt werdet ihr euch fragen, wie man solche bescheidenen Menschen belohnen kann. Es liegt in der Natur der Bescheidenheit, nichts zu fordern. Oder sich zu wünschen. Wir schlagen vor, dass diese Menschen den Status „Gold" bekommen. Gold war schon immer ein Sinnbild für Reinheit, aber auch Reichtum. Menschen, die so leben, bescheiden, selbstlos und nachhaltig, haben freien Zugang zu allen Dienstleistungen und die beste medizinische Versorgung, weil sie es verdienen, lange zu leben. Sie genießen unseren besonderen Respekt."

Wieder war Applaus zu hören. Die Delegierten erhoben sich von ihren Sitzen.

„Ich bitte darum, alle diese Vorschläge zu erwägen und die Abstimmung über unsere neue Gesellschaft am morgigen Tag, nach bestem Wissen und Gewissen, vorzunehmen. Das Ergebnis der Abstimmung wird um Mitternacht bekannt gegeben."

Khor verneigte sich. Die Übertragung war zu Ende.

20. Endzeit

Nur wenige Wochen später war das große Auditorium des neu gewählten councils bis auf den letzten Platz gefüllt. Vorne saßen die Ehrengäste, weiter hinten drängten sich die Zuschauer. Nach der Vorstellung des Regierungsprogrammes, über das die Bürger abgestimmt hatten, warteten alle gespannt auf die Auswertung, mit der mind in den letzten Wochen beauftragt worden war. Die Idee war, die KI zu nutzen und Anforderungen und Wünsche der Regionen zu programmieren. Mind hatte die Aufgabe, Empfehlungen und Planung der politischen und wirtschaftlichen Notwendigkeiten, priorisiert und gewichtet nach Dringlichkeit und Wichtigkeit zu präsentieren. Und vorauszuberechnen, was geschehen würde, wenn die Maßnahmen nicht umgesetzt würden.

Administration hatte die Kosten/Nutzen und den Abdeckungsgrad zwischen den Wünschen und Zielen der Menschen und den Empfehlungen des Zentralrechners berechnen lassen, so dass eine

Ordnung in den Datenströmen entstanden sein musste. Und mind sollte jetzt zusätzlich zu den politischen Änderungen die Vorschläge der künstlichen Intelligenz präsentieren.

Ein paar Tage lang waren Visualisierer damit beschäftigt gewesen, alles in Bilder, Statistiken und Grafiken umzusetzen. Diese wurden auf die über zehntausend einzelnen screens der größten Leinwand, die es jemals gegeben hatte, projiziert, wobei jedes screen ein Pixelbündel der Bilder darstellte. Fast war es so, als ob die riesige Leinwand, gebildet aus vielen kleinen Teilen, das repräsentierte, was die Menschen wollten. Vielfalt, aber auch Gemeinsamkeit.

Es war Leon, der die Ehre hatte, die Ergebnisse zu präsentieren. Er war bei der Programmierung der Aufgaben immer mehr zum Kopf der KI-Truppe geworden, nicht weil er es darauf angelegt hatte, sondern weil er mit seinen Ideen und seinen Fähigkeiten eine natürliche Autorität geworden war. Als Khor gefragt hatte, wer die Sendung moderieren sollte, hatten alle Leon angeschaut und so war diese Frage ohne weitere Diskussion geklärt.

Leon trat an das Rednerpult auf der Bühne und begrüßte die Anwesenden und die Millionen Menschen draußen an den Bildschirmen. Er legte Wert darauf mitzuteilen, dass niemand die Auswertungen von mind vorher geprüft oder gesehen hatte.

„Es war mind selbst, die künstliche Intelligenz, die die folgenden Vorschläge erarbeitet hat. Niemand hat Einfluss genommen. Wir sind sehr gespannt auf die Vorschläge."

Er machte eine kurze Pause. „Was immer mind mit all den Daten gemacht hat, die wir eingegeben haben, alle Menschen werden die Ergebnisse gleichzeitig erfahren und können sich eine Meinung bilden. Es gibt keine Filter. Niemand weiß also gerade mehr als der Andere. Auch das ist Demokratie. Wir erfahren gleichzeitig, was uns die künstliche Intelligenz der besten Computersysteme vorschlagen wird. Wir alle wissen nicht, was mind gerechnet hat und zu welchen Ergebnissen es gekommen ist. Vielleicht gibt es ja einige Überraschungen! Und weil ihr da draußen bestimmt genauso gespannt seid wie ich selbst bitte ich jetzt die Ergebnisse hochzuladen!"

Das Auditorium applaudierte.

Mit einer heroischen Musik im Hintergrund hob sich langsam ein virtueller Vorhang auf den screens. Nur Richard fiel auf, dass die Musik die Propagandafanfare der Nationalsozialisten war, die zuletzt während der Nazidiktatur in Deutschland gespielt wurde. Irgendein Event-Manager ohne Geschichtskenntnisse hatte sie ausgewählt. „Kein guter Anfang" dachte er.

„Priorisierte Maßnahmen zur Verbesserung der Lebensbedingungen der Menschen auf dem Planet Erde"

stand da zu lesen. Dann erschien eine große „**EINS**".

Eine Reihe von Grafiken erschien und eine leuchtende Überschrift.

„Abschaffung aller Waffen und militärischen Investitionen und Infrastrukturen"

Auf der rechten Seite der screens lief ein Laufband mit den schlagenden Argumenten für diese Maßnahme. Sie reichten von den Klimaauswirkungen und der Freiwerdung der gebundenen Manpower bis hin zu den Kosten des Militärapparates.

Die Kosten-Nutzen-Relation der militärischen Aufwendungen fiel in einer Welt, die regionalisiert und dezentralisiert geführt war und in der das Glück der Menschen stärker gewichtet war als Macht und Reichtum – verheerend schlecht aus.

Es dauerte nicht lange und das Auditorium applaudierte. Das konnte man nachvollziehen, dass in Friedenszeiten ein Militär so überflüssig war wie ein Mantel im Sommer.

„Aber wenn es doch mal Krieg gibt?" raunte Elli Richard zu, der neben ihr lächelte. Gut sah er aus in seinem neuen Anzug.

„Wer in der Zukunft lebt, hat Angst" sagte er. Elli schaute ihn staunend an. Diese philosophische Seite an ihm kannte sie ja gar nicht. „Wir leben jetzt", ergänzte Richard. „Und ich habe Lust auf dieses Leben!" Elli schenkte ihm ihr schönstes Lächeln.

„Kommen wir zur zweiten Maßnahme, die mind vorschlägt" sagte Leon und ließ die zweite Präsentation öffnen, die mind vorbereitet hatte.

Augenblicklich brandete lautes Gelächter auf. Unter einer großen „**ZWEI**" stand

„Abschaffung der Systemarchitektur „mind"

Mind hatte die katastrophalen CO2-Emissionen, den Verbrauch von Energie und Rohstoffen und die dadurch gebundene Manpower in Relation mit dem Nutzen der Rechner gesetzt und war zu dem Ergebnis gekommen, dass ohne mind eine bessere, nachhaltigere und sicherere Welt sein würde.

Auch Leon musste lachen. Er hatte nicht geahnt, dass mind auch Humor hatte. Aber natürlich hatte die Maschine nur die Fakten in eine logische Reihenfolge gebracht und diese mit den Zielen und Wünschen der Menschheit abgeglichen, nicht mehr und nicht weniger. Und die eigene Abschaffung war die zweitwichtigste Erkenntnis, die mind gefunden hatte.

Erst nach einer ganzen Weile war es im Auditorium wieder so ruhig, dass er fortfahren konnte.

„Ihr seht, KI macht vor nichts Halt, nicht einmal vor sich selbst!" feixte er. „Wir werden den Vorschlag in Erwägung ziehen. Aber lasst uns den dritten Vorschlag anschauen."

Der virtuelle Vorhang öffnete sich wieder und es erschien eine große „**DREI**".

„Reduktion der menschlichen Population auf 12,8% der jetzigen Größe"

Auch dieser Vorschlag der Maschinen löste Heiterkeit aus, allerdings eine Heiterkeit mit einem bitteren Beigeschmack. Der Computer hatte auch den CO2-Ausstoß der Menschen und den Ressourcenverbrauch in Relation zu ihrem Nutzen für den Planeten, die Natur und den Fortbestand der Arten berechnet.

Das Publikum wurde unruhig. Vielleicht waren die Computer ja doch nicht schlauer, es fühlte sich eher so an, als wären sie überfordert.

„Ich glaube mind will damit sagen, du dünstest zu viel CO2 aus" sagte Richard zu Elli. Die schaute ihn empört an. „Also das ist ja eher dein Part, oder?" gab sie zurück. Richard grinste.

„Und ich sag dir noch was, und das kann mind ruhig wissen", sagte sie. „Wenn wir Liebe machen, dann stoße ich noch viel mehr CO2 aus als sonst!"

Richard grinste wieder. „Das muss ich unbedingt verifizieren!" Eleonore sah ihn erstaunt an. „Verifizieren? Solche Wörter kenn ich ja gar nicht von dir. Du warst wirklich zu lange mit all den Intellektuellen zusammen!"

„Ha", machte Richard. „Ich bin immer noch ein Mann der Tat und nicht der Worte!" Er stand langsam auf. „Lass uns die Welt mit erhöhten CO2-Werten zugrunde richten!" Elli sah ihn erst staunend an. Die Show war ja noch gar nicht zu Ende. Dann stand sie auf, war sie ihm nicht immer gefolgt? Auch wenn sie nicht immer wusste, wohin? Richard drängte sich durch die Reihe der Ehrengäste zum Mittelgang, wartete auf seine Frau, nahm ihre Hand, hob sie dann hoch, nahm sie, ohne ein Wort zu sagen, auf seine Arme und trug sie langsam den Gang hinunter zum Ausgang.

Das war Elli unglaublich peinlich. Sie errötete, was werden die Leute sagen? Aber es war gleichzeitig auch irgendwie sehr schön. War doch klar, was Richard wollte. Und wann hatte er sie zuletzt auf Händen getragen? Wie stark er immer noch war! Und so ließ sie es geschehen, mit einem leisen Lächeln und natürlich nicht ohne gespielten Widerstand.

Und als wenn der Regisseur der Sendung geahnt hatte, dass dieses Bild das wichtigste der ganzen Veranstaltung sein würde, ließ er alle Kameras auf die beiden zoomen, in Großaufnahme, bis sie zur Tür hinaus waren, sie wurden aus jeder Perspektive auf allen screens gezeigt. Und die ganze Welt schaute zu.

Weder Elli noch Richard bekamen mit, dass sie unter den Ersten sein sollten, die den Status „Gold" für ihre Verdienste im Widerstand erhalten sollten. Ein sorgenfreies Leben. Es wäre ihnen in diesem Moment auch ziemlich egal gewesen.

Auch der Sohn des Vorsitzenden lächelte still in sich hinein. Er war gerade weniger interessiert an den Ergebnissen der KI für eine bessere Welt. In seiner eigenen Welt hatte er auch etwas regeln müssen. Etwas, was ihm wichtig war. Sein Vater.

Es waren Leon und Pol, die ihm geholfen hatten, eine Lösung zu finden. Und natürlich die beiden Brüder von der Programmierung.

Sein Vater musste für das, was er getan hatte, bestraft werden. In archaischen Gesellschafen hätte man ihn wahrscheinlich zum Tode verurteilt. Oder zu lebenslanger Haft. Aber das war vor den technischen Möglichkeiten, die es heute gab. Natürlich musste dafür gesorgt werden, dass er nie wieder Schaden anrichten konnte, da waren sie sich einig. Aber er sollte auch eine Chance zur Wiedergutmachung bekommen. Wenn man denn den Tod von Menschen wieder gut machen kann.

Hatte sein Vater nicht immer gesagt, die Dienlichkeit jedes Einzelnen für die Gemeinschaft sei der Maßstab für die Existenz, die oberste Maxime jeden politischen Handelns? Jeder müsse genau überwacht werden? Genau das war die Lösung gewesen, die sie zusammen erarbeitet hatten. Und die dann technisch umgesetzt wurde. Er konnte seine Schuld nur begleichen, indem er für den Rest seines Lebens für Andere da sein musste. Arbeiten musste. Völlig selbstlos, ob er wollte oder nicht. Und ohne eine Möglichkeit, je wieder in Freiheit zu kommen.

Seine neuen Freunde hatten das screen seines Vaters umgebaut und neu programmiert. Es funktionierte perfekt, nur anders als zuvor. Er war ständig überwacht. Seine Aufgaben und das Leben, das er führen musste, waren genau vorgegeben.

Jede Abweichung von dem, was sie programmiert war, löste einen schmerzhaften Impuls durch das screen aus, bis hin zur Lähmung, wenn notwendig. Aber das konnte er vermeiden, wenn er sich wohlverhielt. Wenn er genau das tat, was sie programmiert hatten. Jeden Morgen um sechs Uhr wurde er geweckt und zu harter körperlicher Arbeit gezwungen. Im Interesse der Gemeinschaft. Sein Bewegungsprofil, sein Kalorienverbrauch, seine Arbeitsleistung und seine neuronalen Reaktionen wurden gesteuert und überwacht. Und da waren natürlich die anderen, die auch zu Strafen verurteilt worden waren und die, die alle bewachen mussten. Eine eigene Welt, kein Gefängnis, aber eine Umgebung, in der alle die Regeln einhalten mussten, weil sie sonst kollektiv bestraft werden würden. Die würden nichts durchgehen lassen.

Es war ein gutes Gefühl, ihn so zu wissen. Kontrolliert, aber am Leben. Bestraft, aber nicht tot. Frei, aber doch eingesperrt.

Er konnte nicht ahnen, dass es seinem Vater gerade ziemlich gut ging. Anders als vorher, aber doch gut. In dem alten Hof, wo er ein winziges Zimmer mit zwei weiteren Arbeitern bewohnte, begann der Tag im Morgengrauen. Nach einem kurzen Frühstück mit den anderen ging es hinaus auf die Felder, die zu bewirtschaften waren. Hier wuchs Wein, es gab Wiesen mit Obst- und Nussbäumen, weite Felder, im Frühjahr Spargel, Erdbeeren, Gemüse und im Herbst die Früchte. Und am Rand der weiten fruchtbaren Talsenke begann der Wald, der sich bis hinauf in die Berge zog. Auch in den Wäldern war immer etwas zu tun. Besonders im Winter, wenn Holz eingeschlagen wurde. Und da war die sich ständig verändernde Natur, die Tiere und die Pflanzen, das Wasser, der Wind, die Wolken und die Sonne.

Bis zur Mittagszeit wurde gearbeitet, nur unterbrochen durch kurze Trinkpausen, es gab Wasser aus den Quellen im Tal. Und erst am Abend ging es zurück. Jeden Tag, bei jedem Wetter stand harte körperliche Arbeit auf dem Plan.

Alle achteten darauf, dass er gut arbeitete und das Tagespensum erfüllt wurde. Denn wenn etwas nicht geschafft wurde, fiel das Abendessen aus. Für alle. Erstaunlich, wie motivierend das war, das fehlende Essen und die Angst vor den anderen. Und am nächsten Tag war alles aufzuholen, was sie nicht geschafft hatten.

Am Anfang hatte er einmal versucht, zu fliehen. Sein screen hatte einen lauten Alarm von sich gegeben und die Schmerzen wurden so unerträglich, dass er froh war, als sie in fanden. Jetzt dachte er nicht mehr an Flucht. Er begann den Hof mit seinen alten Holzbalken und den großen Sandsteinen zu mögen, die Gerüche und Geräusche, die Pflastersteine und alles, was schon immer hier gewesen war. Die Menschen, die seit Generationen hart gearbeitet hatten, um es warm und etwas zu essen zu haben, die das alles gebaut hatten, um leben zu können. Ihre Spuren waren überall zu finden, jeder Stein, jeder Balken und jeder Baum erzählte eine Geschichte. Auf der Bank im Garten hatten viele Menschen vor ihm gesessen. Er wusste nicht, ob sie glücklich gewesen waren. Sie hatten wohl keine Wahl. Sie mussten arbeiten. So wie er jetzt. Sie mussten hart arbeiten, um zu überleben. Und das musste er jetzt auch. Früher war die Landschaft hier Frankreich gewesen, dann wieder Deutschland, dann wieder Frankreich. Eine uralte Kulturlandschaft. Ein Dorf im Elsass. Grenzgebiet.

Vielleicht hielten die Menschen deshalb die Traditionen und alles Alte in Ehren. Das gab Sicherheit bei all den Veränderungen, die da draußen passierten. Manchmal mussten sie den alten jüdischen Friedhof pflegen, der schon immer hier gewesen war. Das war irgendwie tröstlich. Hier würde sich nichts ändern.

Und irgendwann strahlte all das auf ihn selbst aus, da war diese innere Ruhe, die er spüren konnte. Das Gefühl, das alles so war, wie es sein sollte. Weil sich nichts mehr ändern würde. Und man sich das auch nicht mehr wünscht.

Er begann, sich an die langen Tage zu gewöhnen. An die Arbeit. Die Einfachheit. Er freute sich an seinen Händen. Sie waren groß und rau geworden. Knochig. Sie passten zu dem neuen ehemaligen Vorsitzenden, zu dem Geruch der Erde und der Müdigkeit am Abend.

Ja, er hatte etwas gutzumachen. Das hatte sein Sohn sehr deutlich gemacht. Es gab einen Preis für das, was er getan hatte. Er war schuldig, er hatte gemordet, eine Last, die er tragen musste, dass sah er jetzt ein. Aber es fiel ihm immer weniger schwer, diese Last zu tragen und diesen Preis zu bezahlen. Er würde es beweisen, vor allem sich selbst und seinem Sohn, dass er das durchhalten würde. Fast war es so, als würden die harte Arbeit und das karge Leben ihn heilen können. Er war ein Niemand geworden. Manchmal wünschte er sich, dass sein Sohn ich jetzt sehen könnte.

Aber er kam nicht. Auch das war zu einem Teil der Strafe geworden. Aber auch das musste er aushalten und er war entschlossen, nicht zu versagen. Das gebot ihm seine Selbstachtung. Zu lernen, wie man das aushält, wurde fast zu einem Trost. Tief im Inneren hoffte er, sein Sohn würde irgendwann kommen und feststellen, dass sein Vater sein Bestes gegeben hatte. Klaglos seine Strafe angenommen hatte. Vielleicht würde er ihn dafür respektieren. Auch das war ein Trost.

21. Shengzen

China war das einzige Land gewesen, das sich den Wirren der Revolution und allem, was der council anbot, entzogen hatte. Schon früh hatten die Machthaber erkannt, dass man autark sein konnte, als Land, und auch auf sich allein gestellt eine funktionierende Wirtschaft und Gesellschaftsordnung aufrechterhalten konnte. Mit einer Politik der Abschottung war es gelungen, China fast wie eine Insel unabhängig zu machen. Von allem, was in der restlichen Welt passierte. Natürlich erst, nachdem man dafür gesorgt hatte, dass genügend Technologien und Ressourcen im Land vorhanden waren, um das zu erreichen.

Die neue chinesische Mauer bestand aus Einreisebeschränkungen für Menschen, Waren und Nachrichten und rigorosen Grenzkontrollen. Und, das war rückschauend besonders vorausschauend gewesen, in einem eigenen Internet und eigenen Netzen. Ein System, das es erlaubte, jede Information von außen zu überwachen, zu blockieren oder zu steuern. Um die eigene Politik und Kultur durchzusetzen.

Erstaunlich war, dass fast alle Menschen im Land diese Politik akzeptierten. Vielleicht lag es daran, dass sie unablässig durch die Staatspropaganda darauf aufmerksam gemacht wurden, wieviel besser sie es in China hatten und dass der chinesische Weg der einzig Richtige war. Und keine Möglichkeit hatten, das zu hinterfragen.

Etwas außerhalb der Millionenstadt Shengzen in den unzugänglichen Bergen im Norden saß eine Gruppe von hochkarätigen Wissenschaftlern und IT-Experten um einen großen Tisch in einem unterirdischen Bunker und verfolgte die Übertragung der großen Sitzung des councils auf einem riesigen screen. Sie kamen aus aller Welt und alle waren gut bezahlt. Und gut bewacht. Von den Triaden, die sie hier zusammengebracht hatten.

Ihre Aufgabe war klar definiert. Schwachstellensuche in der Vernetzung des neuen politischen Systems. Ausarbeitung von Maßnahmen zum Vorteil der Triaden. Ausnutzen der neuen Strukturen.

Die Dezentralisierung der Verwaltung, Versorgung und Macht im neuen Programm des councils würde es schwieriger machen, großen Schaden bei der Störung der Datennetze anzurichten. Kleine Strukturen, kleiner Schaden. Aber man würde sehen. Ein einfaches Geschäftsmodell war vorgesehen. Man stört die Netze und droht, sie lahmzulegen. Dann lässt man sich dafür bezahlen, dass es aufhört. Ein gutes Geschäft für gewissenlose Menschen. Menschen ohne Werte. Egoisten. Denen es nichts ausmacht, auf Kosten anderer zu leben.

Ein hochgewachsener, schlanker Mann betrat den Raum mit dem großen screen, gefolgt von einem Hünen, der offensichtlich zu seinem Schutz abgestellt war und einer kleinen, ernst dreinblickenden Frau.

„Willkommen", sagte der Mann ohne Umschweife. „Wir werden die Transition der zentralen Verwaltung des councils in die Regionen, sagen wir, zu unserem Vorteil begleiten. Wir werden alle verfügbaren Daten sammeln und nutzen. Und wir werden alles, was nicht geschützt ist, herausfiltern und aufarbeiten. Eure Aufgaben sind klar definiert. Ihr werdet mind verstehen, kopieren, programmieren und sabotieren. Und ihr werdet unser Parallelsystem ans Laufen bringen." Der Mann lächelte.

„Ich habe die besondere Ehre, euch jemanden vorzustellen, der die Insiderinformationen hat, die wir brauchen. Jemanden, den ihr alle kennt. Die beste und gefährlichste Frau aus dem Bereich Datenverwaltung, die ich kenne. Sie übernimmt die Leitung."

Er drehte sich um und die Tür öffnete sich. Eine sehr blonde, schlanke Frau kam herein, blieb dann stehen, schaute prüfend um sich, musterte jeden der Männer und Frauen, die um den Tisch saßen. Das waren die Spezialisten, die sie führen sollte. Die in die neuen Systeme eindringen sollten, sie vielleicht manipulieren, das war immer klüger als zerstören, aber wenn nötig auch zerstören sollten.

Und sie wusste auch schon, welches Einfallstor sie nutzen würde. Die neuen Prüfprogramme. Mind würde nach den Plänen des councils die neuen politischen Programme ständig evaluieren. Parallellaufende Systeme würden Fehler oder Missstände bei mind und den lokalen Verwaltungen ausschließen. Das vom council „Audit" genannte Vorhaben war bestens geeignet, diese diversifizierte Verwaltung zu stören, denn es war die Klammer, die für alle Bezirke, für alles gelten sollte. Jede Manipulation würde sich vervielfältigen. Sind Wächter nicht immer gefährlich, wenn sie nicht loyal sind? Oder es zumindest vorziehen, zuerst an sich selbst zu denken?

Silva war von dem langen Flug noch etwas müde, aber sie fühlte sich großartig. Es kam ihr vor wie ankommen, dort ankommen, wo sie jetzt sein wollte. Der council war von den Befürwortern des Widerstandes übernommen worden, von den Reformern, den Idealisten, den ewig Gestrigen, den Romantikern. Gutmenschen. So empfand sie das, was in den letzten Wochen passiert war. Da gehörte sie nicht hin. Sollten sie doch ihre schöne neue Welt bauen, das würde eine Zeit lang gutgehen, aber dann scheitern. Denn es gab sie immer noch, die Menschen, die wie sie selbst waren, egozentrisch und ohne Skrupel, und die würden am Ende immer gewinnen. Weil sie klar definierte Ziele hatten und sie mit allen Mitteln durchsetzen würden.

Sie verspürte in diesem Moment nichts als Genugtuung. Da war eine Freude in ihrem Innern, Vorfreude auf das was hier passieren und kommen würde. Und sie empfand keine Spur von schlechtem Gewissen, nur Hass auf die, die sie aufgehalten hatten. Die gewonnen hatten und damit ihr Leben verändert hatten ohne, dass sie es wollte.

Aber ist es nicht immer so, dass man gerne einen Schuldigen sucht, wenn man selbst etwas falsch gemacht hat? Darüber dachte sie aber nicht nach. Davon wollte sie nichts wissen. Das war schon immer ein gut funktionierender Selbstschutz gewesen.

Sie konnte nicht anders, als die zu hassen, die ihr in die Quere gekommen waren. Den Widerstand, den arroganten Khor und sogar Jekar. Es lag in ihrer Natur, jeden, der ihr nicht passte, als Konkurrent zu sehen, der bekämpft werden musste. Es stand ihr zu, sich zu rächen. Schließlich war sie Silva. Und sie würde bald wieder da sein, wo sie sich selbst sah. Oben. Ganz oben. Jetzt kam ihre Chance, alles wieder gut zu machen.

Und genau deswegen fühlte sie sich hier und jetzt zu Hause und angekommen. Und sie begann sofort mit der Arbeit.

22. Metadatenanalyse

Irgendwie war gar nichts passiert und doch war eben alles anders geworden. Warum das so war, wurde ihm erst klar, als sich die letzten Besucher verabschiedet hatten. Er brauchte einen Moment um zu erkennen, woran es lag. In dem Durcheinander seiner Präsentation war keine Zeit dazu gewesen, der Saal war bis auf den letzten Platz gefüllt und er war ganz auf seinen Vortrag konzentriert. Erst als er dankbar den Applaus der Zuhörer entgegengenommen hatte, bemerkte er es. Jetzt, als er erschöpft aber zufrieden vor einem Glas Wasser an der Bar des Hotels saß, begriff er langsam, was geschehen war.

Es war diese Frau gewesen, die in dem auffällig engen Kleid, sie hatte in der zweiten Reihe gesessen. Nur zweimal hatte sie ihn angeschaut, aber so, dass er im gleichen Moment irritiert innegehalten hatte. Für eine Weile hatte er nicht weitergesprochen. Sie hatte seinen Blick festgehalten, zwei Mal, war seinem Blick nicht ausgewichen, aber es war keine Regung in ihrem Gesicht zu erkennen gewesen. Nur Interesse. Er versuchte sich zu erinnern, aber das war nicht so einfach. Die roten Haare hatte sie streng nach hinten gebunden und sie war in seinem Alter. Sie hatte nur geschaut, sonst nichts. Und jetzt war sie nicht mehr da. Den Zuhörern waren diese Kontakte bestimmt nicht aufgefallen, es war ja nur ein kurzer Moment. Und war es nicht immer so, dass Redner Pausen machen können, die für sie selbst unglaublich lang erschienen, für die Zuhörer aber nicht?

Aber warum hatte sie ihn so beeindruckt, warum musste er an sie denken? Weil sie ihn so angesehen hatte, als würde sie ihn kennen. Verrückt. Er bestellte einen Wodka-Martini, einmal um die gelungene Veranstaltung ein wenig zu feiern, aber auch, um sich zu entspannen. Er war nicht der geborene Redner, hatte sich die Fähigkeit, ein Publikum zu faszinieren, hart erarbeiten müssen. Was nicht bedeutete, dass er nicht vor jeder Präsentation zitterte wie ein Schuljunge und erst dann, wenn er seine eigene sonore Stimme hörte, sich allmählich beruhigte und nur tat, was er trainiert hatte. Nicht nur zu reden, sondern die Zuhörer fesseln, den Raum zu ganz füllen. Und die Menschen bei seinem Vortrag zu beobachten und auf ihre Reaktionen zu achten. Das war das Schwierigste. Nur dann kam er langsam in einen Dialog mit ihnen, einen Dialog, von dem nur er wissen konnte, dass er sich entwickelte. Er konnte erkennen, was wichtig war und was nicht. Auf sie eingehen. Und darin war er gut geworden über die Zeit, er konnte es selbst kaum glauben, dass er das jetzt konnte. Das machte seine Präsentationen besonders. Und darauf war er mit Recht stolz.

Diese interessante Art des Vortrages hatte ihm viele Einladungen eingebracht, man buchte ihn gern und er war froh, jetzt so seinen

Lebensunterhalt verdienen zu können. Die Forschungsarbeit hatte er nie gemocht, sie war nur eine notwendige Zwischenstation für das gewesen, was er jetzt machte. Es war nur die Spezialisierung gewesen, die es ihm jetzt ermöglichte, fachkundig zu sprechen. Und die komplizierten Zusammenhänge, die sonst kaum zu verstehen waren, auf das Niveau der Zuhörer herunterzubrechen.

Das Interesse an seiner Arbeit war plötzlich gekommen, mit der Auswertung der Daten von mind für die neue Ordnung, die Programme, die der council jetzt durchsetzen wollte. Die Metadatenanalyse war jetzt in aller Munde, jeder wollte wissen, worum es dabei ging und was es bedeutete. Denn die Daten sollten die Grundlage für die Umverteilung der Macht sein. Die Demokratisierung der Möglichkeiten, die vorher nur dem council zur Verfügung standen. Und er konnte es erklären wie kaum ein anderer, wie das funktionieren sollte. Er hatte diese Fähigkeit, auf sein Publikum einzugehen und mit ihren Worten das zu beschreiben, was eigentlich nur für IT-Spezialisten und die Programmierer in der Zentrale zu verstehen war.

„An der Erläuterung der Publikationsbias musst du noch arbeiten!"

Als er die rauchige Stimme hinter sich hörte, wusste er genau, dass sie es sein würde. Sie stand hinter ihm in ihrem blauen Kleid, elegant und selbstbewusst und schaute ihn genauso lange an wie vorher. Er wandte sich ihr zu und lächelte schief. Sagen konnte er nichts.

Ohne zu fragen setzte sie sich neben ihn, winkte die Bedienung zu sich und bestellte Wein. Er sah ihre gepflegten Hände mit den mandelförmigen, rot lackierten Fingernägeln und wagte nicht, sie anzuschauen. Der Wein kam und sie drehte sich zu ihm und prostete ihm zu. „Ein guter Vortrag" sagte sie und sah ihn wieder an. Er nickte ihr zu und nahm einen Schluck aus seinem Glas. Ihre schönen Beine berührten sein Knie und er wurde noch verlegener.

„Arbeitest du in der Analyse?" hörte er sich sagen.

Sie lächelte. „Aber nein, das ist lange her. Ich bin jetzt in der Modebranche."

Das erklärte ihr feminines Outfit. „Und was machst du da?" fragte er.

„Ich hoffe, mit all den Veränderungen kommt auch die Lust auf schöne Mode wieder", antwortete sie. „Diese Uniformen waren doch schrecklich, findest du nicht?"

Er nickte und wusste nicht, was er sagen sollte. Es war lange her, dass er einer Frau so nahe gewesen war. Einer attraktiven Frau.

„Aber ich interessiere mich natürlich auch für die Metadatenanalyse", sagte sie. „Besonders für die Auswertung von Verhaltensmustern. Wenn man weiß, wie Menschen reagieren, kann man das Geschäft besser steuern."

„Ja", sage er. „Das ist wichtig. Viele Prozesse laufen heute in der digitalen Welt ab und dann fehlt immer der Bezug zu den Menschen, das Feedback, die Reaktion. Virtuell bedeutet eben etwas nicht Existentes, was aber den Anschein einer Wirklichkeit hat." Er war froh, genau dazu etwas sagen zu können.

„Das stimmt!", bestätigte sie. „Wenn wir nicht analysieren, wie und worauf die Menschen reagieren, können wir nicht auswerten oder planen." Sie schenkte ihm ein Lächeln.

Diesmal glaubte er, so etwas wie Bewunderung in ihrem Lächeln zu erkennen. Das tat gut und er lächelte zurück.

„Du weißt, dass der council die Auswertung von privaten Daten unter Strafe gestellt hat?"

„Natürlich", antwortete sie, „aber wir schauen ja nur auf die Metadaten und die sind ja wohl kaum privater Natur…ich würde mich gerne mit dir über Datenanalyse unterhalten", sagte sie. „Ich vertrete eine Investorengruppe, die ein neues Modelabel aufbauen will. Hier ist meine Karte, es würde mich freuen, wenn du mich in meinem Büro besuchen könntest. Vielleicht können wir uns dann länger unterhalten, heute habe ich habe leider noch Termine."

Sie kam ihm ganz nah, als sie ihm die Karte gab und schaute ihm direkt in die Augen. Es verfehlte seine Wirkung wieder nicht. Dann stand sie langsam auf, reckte ihre Arme nach hinten, so dass ihre weiblichen Formen für einen Moment bestens zur Geltung kamen und ging dann, ohne sich noch einmal umzudrehen, hinaus.

Im ersten Moment war er enttäuscht darüber, dass sie schon gehen musste. Er hätte sie gern näher kennengelernt. Aber dann schaute er auf die Karte und sah ihr Profilbild darauf und dann die Adresse. Das war nicht weit weg.

„Naomi L., Shengzen Investments, Director" stand unter ihrem Foto. Er würde sie auf jeden Fall anrufen.

Silva lächelte zufrieden in sich hinein, als sie aus der Drehtür des Hotels hinausging und einen Moment in der Sonne stehenblieb. Manipulation war zu einem ihrer Lieblingswörter geworden und einen IT-Spezialisten zu manipulieren war das kleine ABC. Männer sehen, Frauen fühlen. Das war schon immer so gewesen. Er würde wahrscheinlich noch heute anrufen wollen, es aber auf morgen verschieben. Und er würde in die Falle gehen.

Sie hatten ihn genau überprüft. Er hatte Zugang zu allen entscheidenden Datenbanken. Und er konnte sie nicht kennen, sie waren sich nie begegnet. Sie hatte ihr Aussehen verändert, sie hatte jetzt rote Haare und trug die Kontaktlinsen mit der intensiven blauen Farbe. Und das leichte Parfüm, das sie trug, war mit der neuesten Art von Pheromonen versehen. Es wurde unbewusst wahrgenommen aber wirkte direkt auf den männlichen Sexualtrieb. Aber auch ohne diesen Trick, da war sich Silva sicher, würde er ihr verfallen…

Sie hatte sich nicht getäuscht. Schon am nächsten Vormittag rief er an. Sie tat hocherfreut. „Das passt gerade sehr gut, warum kommst du nicht vorbei und ich zeige dir alles und wir gehen essen!", sagte sie und er zögerte nicht lange.

Ihre Büroetage war spektakulär eingerichtet, mit Blick über die ganze Stadt und ausstaffiert mit Modefotos, Stoffproben und Designmöbeln und Kunst. Ein Angestellter öffnete ihm die Tür und begrüßte ihn. „Naomi erwartet dich bereits."

Sie saß an einem riesigen Schreibtisch aus Glas und erhob sich, als er hereinkam. Heute trug sie ein elegantes Kostüm in Beige, das mit mintgrünen Accessoires und einem Seidenschal von Hermès ergänzt hatte. Sie begrüßte ihn wie einen alten Freund und blieb einen Moment zu lange ganz nah bei ihm stehen. Sie sah umwerfend aus, fand er.

„Wir haben so lange nach einem Experten für Datenbanken gesucht, wir lassen dich bestimmt nicht wieder gehen!" sagte sie und er konnte nicht anders als sich geschmeichelt und willkommen zu fühlen.

Der Plan der Mafia war so einfach wie effektiv. Die Vermögenszuteilung durch den council in die einzelnen neuen Distrikte sollte gehackt werden. Möglichst schon, bevor die ersten Transfers erfolgten. Das konnte nur auf der Ebene der zentralen Verteilung geschehen. Einen einzelnen Distrikt anzugreifen wäre viel zu aufwendig gewesen und wäre wohl bald entdeckt worden. Der Angriff musste bei der Zuteilung der Budgets in die einzelnen Distrikte erfolgen. Jeden Monatsanfang sollte das nach einem Protokoll erfolgen, das zentral von mind gesteuert wurde. Die Distrikte sollten regelmäßig die Bedarfsanforderungen übersenden, die nach Prüfung zu den zugeteilten Transfers führten. Alle Vorgänge wurden bei mind über ein Verschlüsselungsprotokoll gebucht, zu dem nur ausgewählte Personen Zugang hatten. Und die das Manual zur Entschlüsselung kannten.

Jetzt brauchten sie jemand mit dieser Zugangsberechtigung. Die konnte man duplizieren. Und zur Not den Inhaber unschädlich machen.

Zunächst hatten sie an ein kleines unbemerkt im Hintergrund laufendes Programm gedacht, das viele kleine Zuteilungen abzweigen konnte…aber dann schien ihnen die klassische Erpressermethode vielversprechender. Das System lahmlegen und dann ein Lösegeld für die Freischaltung verlangen.

23. Am anderen Ende der Welt

Silva konnte nicht wissen, dass der council die Brüder Amil und Samir zu dataprotectoren ernannt hatte, die zuständig für die Sicherheit der neuen Netze sein sollten. Und die beiden hatten ohne zu zögern Leon eingeladen, mitzumachen. Der war nur unter der Bedingung einverstanden, dass Pol ebenfalls an Bord sein müsse. Und so gab es vier junge Leute, jeder mit seinem eigenen Stil und eigenen Erfahrungen, die völlig unkonventionell an die Aufgabe herangingen indem sie erst mal auf einen gemeinsamen Segeltörn gingen um ihre Ernennung zu feiern. Und auch nicht vergaßen, einige Flaschen Rotwein zu leeren und herumzualbern. Und wie so oft entstand aus dieser völlig planlosen und verrückten Situation etwas Besonderes.

Sie hatten an einem der vielen einsamen Strände gelegen, an denen noch vor kurzem Immigranten gejagt worden waren und ein Lagerfeuer angezündet. Das Boot dümpelte vor der Bucht und sie hatten bereits jetzt, am Nachmittag, mit Trinken begonnen.

„Daten sind doch nur Informationen", sagte Pol. „Man könnte sie verschlüsseln."

„Gibt´s schon", warf Amil ein. „Aber man könnte den Zugang überwachen."

„Firewalls?", fragte Leon. „Die können geknackt werden!"

„Vielleicht sollte man die Daten selbst und nicht den Zugang bewachen", meinte Pol.

„Du meinst so eine Art Leibwächter?", fragte Samir.

„Stellen wir uns die Daten als ein Buch vor, das ist auch eine Ansammlung von Daten, nur mit dem Unterschied, dass es physisch vorhanden ist. Die sicherste Art, Daten vor Cyberattacken zu schützen? Man braucht dazu nur ein Stück Papier und einen Bleistift.“

„Das gefällt mir“, sagte Pol. „Wir nehmen so etwas wie Papier und überwachen das Papier.“

Leon grinste. „Das klingt ganz danach, als könnte man eine Überwachungsdrohne darüber schweben lassen!“

Pol grinste auch. „Schöne Vorstellung. Aber wie wäre es, wenn es keine existierende Drohne, sondern eine virtuelle wäre?“

„Virtuelle Drohnen, hab´ ich ja noch nie gehört“, überlegte Amil. „Aber man kann ja darüber nachdenken.“

„Etwas Virtuelles, das physische Daten überwacht“, sinnierte Pol. „Obwohl es eigentlich umgekehrt sein sollte. Aber ein Angreifer rechnet nicht damit, dass die Daten physisch vorhanden sind. Das sollte ihn überraschen! Und eine virtuelle Überwachung des Ganzen ist auch nicht gerade üblich.“

„Aber wie können sich ständig verändernde Daten aufgeschrieben statt gespeichert werden?“

„Indem wir ein Medium definieren, das es bislang noch nicht gibt“, sagte Leon. Die anderen sahen ihn mit großen Augen an.

Samir sah sein Glas Rotwein und hob es plötzlich hoch. „Es ist eine Flüssigkeit!“

Die anderen sahen staunend zu ihm. „Rotwein?“, fragte sein Bruder. Samir grinste. „Warum nicht?“

Für ein paar Minuten waren alle still, jeder war in Gedanken und überlegte für sich.

„Das machen wir!“ sagte Leon schließlich. „Pol, du baust die virtuelle Drohne. Ihr beiden macht euch an die Arbeit mit der Flüssigkeit als

Datenträger. Und ich werde als Projektmanager hier die Aufsicht haben und Datenträger trinken!"

Alle lachten. Es war ein fröhliches Lachen, aber ein wenig war es auch schon ein nachdenkliches Lachen. Vier junge Leute mit außergewöhnlichen Fähigkeiten und jeder begann langsam in die Visionen zu versinken, die plötzlich da waren, sich aus einer Dunkelheit, einer dunstigen Melange lösten und begannen, sich allmählich zu ordnen. Ist es nicht immer das Undenkbare, das Unmögliche, das besonders inspiriert? Und das Menschen kreativ werden lässt? Um das Neue, das nicht Gelernte zu denken.

Silva würde es nicht leicht haben. Aber war nicht immer der Kampf Gut gegen Böse, Richtig oder Falsch, der Motor allen Fortschritts gewesen? Brauchte es nicht beide Seiten, beide Welten und die Spannung dazwischen damit das Bessere möglich wird, kristallisiert?

So hatte selbst eine Existenz wie Silva eine Daseinsberechtigung, durfte da sein und beeinflusste, ohne es beabsichtigen, die Zukunft, den Fortschritt und war irgendwie auch mitverantwortlich für eine neue, vielleicht bessere Welt.

Viel weiter im Norden waren Eleonore und Richard auf der Terrasse eines kleinen Cafés und schauten auf die Saar, die sich ruhig in der Sonne spiegelte. Wie so oft in den letzten Tagen grinste Richard vor sich hin.

„Was?" fragte Eleonore, obwohl sie genau wusste, woran er dachte.

Richard grinste immer noch. „Gold!" strahlte er seine Frau an. Die schüttelte den Kopf.

„Ich darf gar nicht daran denken", sagte sie. „So viele Möglichkeiten, ich weiß gar nicht, was ich damit anfangen soll."

Richard hob die Augenbrauen. „Kaffee trinken in Tokio?", fragte er. „Oder möchtest du lieber in die Berge? Eine Kreuzfahrt um die Welt wäre auch nicht schlecht."

„Das ist es ja", sage Elli. „Jetzt, wo wir machen können, was wir wollen, fällt mir nichts ein, was ich mir wünsche. Am liebsten würde ich nichts tun und hier sitzen bleiben!"

Richard lächelte sie an. „Mach dir keine Sorgen, ich kümmere mich um alles. Wir fahren erst nach Tokio, dann in die Berge und das machen wir alles erster Klasse mit dem Schiff!"

„Richard", sagte Eleonore, „weißt du was? Ich brauche das alles gar nicht. Ich will das alles gar nicht. Ich will solche Sachen machen wie früher, Marmelade kochen, im Garten arbeiten, die Tiere versorgen…und Zeit haben. Jetzt habe ich das Gefühl ich verpasse alles."

Richard sah seine Frau an. Sie meinte es ernst. Und sie wollte ernst genommen werden. „Dann machen wir etwas, was der wahre Luxus ist."

„Und was ist das?"

„Wir verzichten. Du hast Recht. Alles, was Geld und Gold ermöglicht, ist gar nicht unsere Welt. Wir sind glücklich, wenn wir das haben, was wir brauchen. Und mehr brauchen wir auch nicht. Wir werden keine Kreuzfahrt machen. Und Kaffee trinken kann man auch hier. Es ist gar nicht wichtig, wo man ist oder was man macht. Wichtig ist, dass man dort, wo man ist, glücklich ist. Es geht uns gut. Und wir haben uns beide. Und wir haben Zeit. Alles andere ist bling-bling. Dann verpassen wir auch nichts. Und was wir alles machen könnten, das ist nicht hier und nicht jetzt. Das ist nur die Zukunft. Und in der Zukunft wollte ich noch nie sein, ich will hier und jetzt leben."

Eleonore fast erschrocken über den langen und ungewohnten Monolog von Richard. Es schien, als hätte er auch ernsthaft über den Gold-Status nachgedacht. Wie sie auch. Sie freute sich darüber, dass er das getan hatte, beugte sich zu ihm herüber und zog ihn ein wenig an sich. „Das wollte ich hören", sagte sie.

„Und was machen wir jetzt?", fragte Richard.

„Was für eine Frage", antwortete Elli. „Wir sind hier und wir sind glücklich."

Und sie schenkte Richard ihr schönstes Lächeln.